指导委员会

主 任 王其江
副主任 孙琬钟 张月姣 赵 宏 林中梁
委 员（以姓氏拼音为序）
　　　韩立余 孔庆江 李顺德 刘敬东 屈广清
　　　石静霞 王传丽 吴 浩 徐崇利 杨国华
　　　于 安 赵宏瑞 左海聪

编委会（以姓氏拼音为序）

陈咏梅 龚柏华 韩立余 贺小勇 刘敬东 石静霞
史晓丽 肖 冰 杨国华 余敏友 张乃根 赵 骏
朱榄叶 左海聪

秘书处

杨国华 石静霞 吕 勇 史晓丽 周小康

中国法学会资助出版

WTO Rules for Trade in Goods
WTO货物贸易规则

左海聪 主编

图书在版编目(CIP)数据

WTO 货物贸易规则 / 左海聪主编. -- 北京：北京大学出版社，2025.1. -- (世界贸易组织法丛书).
ISBN 978-7-301-35882-5

Ⅰ. D996.1

中国国家版本馆 CIP 数据核字第 2025BD1794 号

书　　　名	WTO 货物贸易规则 WTO HUOWU MAOYI GUIZE
著作责任者	左海聪　主编
责 任 编 辑	孙维玲
标 准 书 号	ISBN 978-7-301-35882-5
出 版 发 行	北京大学出版社
地　　　址	北京市海淀区成府路 205 号　100871
网　　　址	http://www.pup.cn　新浪微博：@北京大学出版社
电 子 邮 箱	zpup@pup.cn
电　　　话	邮购部 010-62752015　发行部 010-62750672 编辑部 021-62071998
印 刷 者	天津中印联印务有限公司
经 销 者	新华书店 730 毫米×980 毫米　16 开本　23.75 印张　377 千字 2025 年 1 月第 1 版　2025 年 1 月第 1 次印刷
定　　　价	88.00 元

未经许可，不得以任何方式复制或抄袭本书之部分或全部内容。
版权所有，侵权必究
举报电话：010-62752024　电子邮箱：fd@pup.cn
图书如有印装质量问题，请与出版部联系，电话：010-62756370

总　序

世界贸易组织（WTO）是全球范围内唯一一个在多边层面规范国家和地区间贸易规则的国际组织，也是世界上最有影响力的国际组织之一，目前已有一百六十多个成员。WTO拥有全面和完善的贸易协定体系，涵盖货物贸易、服务贸易和知识产权三大领域，达成的贸易协定和决定已有六十多个。WTO旨在通过推动各成员进行多边谈判、达成多边贸易协定和解决各成员之间的国际贸易争端，促进贸易自由化，以实现国际贸易流动的稳定性和可预见性，改善和提高各成员的国民福利。

中国法学会世界贸易组织法研究会是中国法学会所属的专门从事世界贸易组织法研究的全国性学术团体，2001年8月29日成立。研究会的宗旨是，推动全国法学工作者和法律工作者结合我国实际开展世界贸易组织法的理论和实务研究，为促进依法治国以及我国参与国际贸易规则的谈判和制定提供服务。研究会的主要活动包括：组织召开世界贸易组织法研究会学术年会、专题研讨会、座谈会和其他学术会议；向相关部门提供政策建议和咨询意见；设立世界贸易组织法科研项目；组织评选世界贸易组织法优秀学术论文；编辑和出版《WTO法与中国论丛》以及与世界贸易组织法有关的其他学术成果；组织和参与世界贸易组织法模拟竞赛；促进和推动世界贸易组织法教学和人才培养；根据需要开展相关法律服务等。

为加快构建开放型经济新体制，坚持世界贸易体制规则，2014年，《国务院办公厅关于进一步加强贸易政策合规工作的通知》发布，要求国务院各部门、地方各级人民政府及其部门建立贸易政策合规工作审查机制，确保制定的有关或影响货物贸易、服务贸易以及与贸易有关的知识产权的规章、规范性文件和其他政策措施符合《马拉喀什建立世界贸易组织协定》及其附件和后续协定、《中华人民共和国加入议定书》和《中国加入工作组报告书》的规定。2015年,国家发展改革委、外交部、商务部联合发布了《推动共建丝绸之路经济带和21世纪海上丝绸之路的愿景与行动》,贸易自由化是其重要组成部分,而在WTO多边规则基础上进一步推动"一带一路"建设是我国政府尊重和恪守国际规则的必然选择。此外,自2001年我国加入WTO以来,世界贸易组织法成为我国法学研究和法律教育的重要组成部分,在将其纳入国际经济法教学内容的同时,许多高校还专门开设了独立的"世界贸易组织法"课程。

为服务"一带一路"建设,满足贸易政策合规工作的需要,加强WTO人才培养工作,让更多的人了解和掌握WTO多边贸易规则,中国法学会世界贸易组织法研究会组织从事WTO研究和实务工作的专家学者,编写了世界贸易组织法丛书,供政府、企业、高校和有志于多边贸易规则和"一带一路"规则体系研究的人士选用。

本丛书的编写集中了全国各地的专家力量,分别由我国长期从事WTO研究的权威人士担任主编,力求在理论联系实际、以案说法的基础上,全面和准确地阐述世界贸易组织法规则、多边贸易规则与区域贸易规则的关系、WTO的作用,充分反映WTO谈判和发展的动向。尽管各位主编为本丛书的编写倾注了很多精力,但是错误在所难免,欢迎广大读者提出宝贵意见,以便再版时加以完善。

中国法学会世界贸易组织法丛书指导委员会
2018年1月18日

序

一

WTO货物贸易规则以《马拉喀什建立世界贸易组织协定》(以下简称《WTO协定》)附件1A《货物贸易多边协定》为载体,包括1994年《关税与贸易总协定》(GATT1994)、《农业协定》《卫生与植物卫生措施协定》《纺织品与服装协定》《技术性贸易壁垒协定》《与贸易有关的投资措施协定》《反倾销协定》《海关估价协定》《装运前检验协定》《原产地规则协定》《进口许可程序协定》《补贴与反补贴措施协定》《保障措施协定》《贸易便利化协定》等14个协定。其中,《纺织品与服装协定》已经失效,《贸易便利化协定》是多哈回合新增的一个协定,因此目前真正有效的协定为13个。此外,诸边协定中的《政府采购协议》,由于调整范围覆盖了货物贸易领域的政府采购,也可以归入WTO货物贸易规则的研究范畴。

WTO货物贸易规则,以1947年《关税与贸易总协定》(GATT1947)为发端,经历了东京回合的发展,在乌拉圭回合完成具有历史意义的编纂,并增加了《贸易便利化协定》,是WTO规则中最为成熟的部分。这些规则,对实现WTO贸易自由化宗旨、助推世界经济繁荣、规制贸易救济起着保障作用。

二

WTO成立以来,货物贸易争端占了贸易争端总数的绝大部分。从1995年到2021年,WTO争端解决机构受理了607起案件,其中依据GATT1994、《反倾销协定》《补贴与反补贴措施协定》《农业协定》《保障措施协定》《技术性贸易壁垒协定》《卫生与植物卫生措施协定》《进口许可程序协定》《与贸易有关的知识产权协定》《与贸易有关的投资措施协定》《服务贸易总协定》提起的案件数分别为 488、137、130、80、60、54、47、49、42、45、30 起。[①] 其中，以 1994 年《关税与贸易总协定》为依据提起的案件数量占总案件的比例达到 80.4%。

在这些案件中，美国汽油标准案、日本酒税案、智利酒税案、美国外国销售公司税收待遇案、欧盟牛肉案、欧共体香蕉案、美国 301 条款案、印度数量限制案、美国海虾案、韩国牛肉案、欧共体石棉案、美国大型民用飞机案、欧共体飞机案、巴西飞机补贴案、加拿大飞机案、巴西陆地棉案、中国汽车零部件案、中国出版物案、中国原料出口案、中国稀土出口案、美国双反案[②]、美国关税措施案等，都是影响深远的案件。这些案件分别涉及：美国汽油标准、日本酒税、智利酒税、中国汽车进口、中国出版物进口中的国民待遇问题；美国外国税收制度、美欧加巴四大贸易体的飞机出口补贴制度、巴西陆地棉补贴、中国多项产品补贴制度中的补贴、倾销和双反问题；印度因国际收支平衡采取的数量限制措施、中国对稀土和原料的出口限制、美国因为保护海龟实施的海虾进口限制、欧盟因为食品健康而实施的牛肉进口限制、欧盟因为区域贸易协定而限制香蕉进口、美国对中国产品征收附加关税中的关税和进出口限制、环境保护例外、安全例外、道德例外问题等。

上述案件所涉及的关税和贸易问题虽然关系到相关国家的重要产业和贸易政策，但 WTO 各主要成员和发展中国家成员都愿意将其提交 WTO 争端解决机构，由专家组和上诉机构作出是否符合 WTO 义务的裁决，而且在裁决作出后败诉方大多执行了裁决。这样的司法裁判和执行制度，无疑为避免国际经贸关系政治化提供了法治保障，为各成员的制造商和进出口商提供了可预见性，为广大的消费者提供了价廉物美和多样化的消费品。这样的法律规制仍然是国际关系法治化的典范。

通过对上述案件及其他案件的审理，专家组和上诉机构对 WTO 货物贸易规则进行澄清和发展。专家组和上诉机构通过对"国民待遇""最

---

① 因为一起案件可能涉及一个以上的货物贸易协定，《服务贸易总协定》《与贸易有关的知识产权协定》，所以各协定所涉案件之和远远超过 WTO 争端解决机构受理的案件总数。

② 反倾销和反补贴是两种不同的贸易救济措施，但它们经常一起使用，因此被称为"双反"。

惠国待遇""数量限制""倾销""补贴""损害""一般例外""安全例外""健康风险评估"等关键词和重要概念的阐释,丰富了WTO规则的判理,明确了货物贸易规则的内涵和边界,澄清了主要法律制度的法律要素和构成要件,也为各成员履行WTO义务、规制国际贸易提供了指引。

三

WTO成立以来,遭遇过多次危机,主要有2008年全球金融危机、2018年中美贸易摩擦、2020年新冠病毒感染疫情和2022年俄乌冲突。在2008年全球金融危机中,中国与美国相向而行,坚持自由贸易承诺,避免了世界滑向1929年式的危机。2018年中美贸易摩擦,中美在进行对等报复的同时,达成第一阶段贸易协定,使得美国来势汹汹的关税提高被逐渐化解;而专家组就中国诉美国关税措施案的裁决清楚地表明了美国措施的非法性。2020年新冠病毒感染疫情暴发,各国坚持自由贸易承诺,尤其是确保防疫物资的顺畅交易,为共克时艰做出了积极贡献。2022年俄乌冲突,美国等西方国家援引WTO安全例外对俄罗斯实施贸易制裁,表明在安全问题压倒正常贸易之时WTO规则仍然是其成员行为的衡量标准,也预示着冲突过后成员仍然会回归WTO自由贸易体制之中。

从WTO体制在上述危机中发挥的作用来看,WTO体制仍然是第二次世界大战(以下简称"二战")以来最为重要的国际公共产品之一,仍然是国际经济关系的基石。

目前方兴未艾的区域贸易体制,包括RCEP和CPTPP等,其法律依据即WTO规则中的例外条款,其货物贸易规则基本继承了WTO的货物贸易规则。这些区域贸易体制,与WTO体制并行不悖,共同承担起促进贸易投资自由化、推动世界经济共同繁荣的使命。①

正如杰克逊教授所言,"经验丰富的专业人士已经认识到,今天在对顾客做咨询时如果忽视WTO规则的影响,咨询质量很难说是合格的;具

---

① 参见左海聪:《世界贸易组织的现状与未来》,载《国际法研究》2015年第5期,第70—76页。

有长期规划的重要跨国企业都紧密追踪 WTO 上诉机构的工作和报告"[①]。事实上,各国政府在制定和实施贸易、经济制度和政策时,也都需要考虑 WTO 法合规性问题,而且各国政府仍然在积极推动 WTO 谈判取得新的进展。因此,WTO 货物贸易规则作为 WTO 法的精髓,仍然值得大学生、政府及企业人士等认真学习和持续关注。

四

本书作为"世界贸易组织法丛书"之一,旨在对 WTO 货物贸易规则进行全面阐述。从体系上看,我们分别以关税和非关税、非歧视待遇、例外制度、检疫和技术贸易壁垒、反倾销、补贴和反补贴、保障措施、农业、政府采购、贸易便利为主题,将全书分为十章。从方法上来看,我们运用实证分析的方法,对相关领域的立法、判例和原理进行综合分析,力图阐述 GATT1947 以来尤其 GATT1994 以来 WTO 货物贸易规则的实质发展。

本书是集体合作的结晶。左海聪(第一章)、罗洁(第二章)、曾炜(第三章)、肖冰(第四章)、胡建国(第五、六章)、陈佳(第七章)、廖诗评(第八章)、何红锋(第九章)、陈咏梅(第十章)诸位作者,均对各自撰写的章节有专门的研究,这使得本书具有较高的学术水准和一定的参考价值。

WTO 货物贸易规则涉及的判例法非常丰富,相关理论观点也多有分歧,本书的系统探讨仍然是一个尝试,期望国内外同仁不吝赐教,提出宝贵意见,以不断完善本书。

左海聪
2024 年 12 月于北京惠新里

[①] 〔美〕约翰·H. 杰克逊:《国家主权与 WTO:变化中的国际法基础》,赵龙跃、左海聪、盛建明译,社会科学文献出版社 2009 年版,第 56 页。

缩略语表

简称	英文全称	中文全称
ADA	Anti-Dumping Agreement	《反倾销协定》
CPTPP	Comprehensive and Progressive Agreement for Trans-Pacific Partnership	《全面与进步跨太平洋伙伴关系协定》
DSB	Dispute Settlement Body	争端解决机构
DSU	Understanding on Rules and Procedures Governing the Settlement of Disputes	《关于争端解决规则与程序的谅解》
FTA	Free Trade Agreement	自由贸易协定
GATS	General Agreement on Trade in Services	《服务贸易总协定》
GATT	General Agreement on Tariffs and Trade	《关税与贸易总协定》
GPA	Agreement on Government Procurement	《政府采购协议》
MFN	Most-Favoured Nation Treatment	最惠国待遇
OECD	Organisation for Economic Co-operation and Development	经济合作与发展组织
SCM	Agreement on Subsidies and Countervailing Measures	《补贴与反补贴措施协定》
SDR	Special Drawing Right	特别提款权
SPS	Agreement on the Application of Sanitary and Phytosanitary Measures	《卫生与植物卫生措施协定》
TBT	Agreement on Technical Barriers to Trade	《技术性贸易壁垒协定》
TFA	Trade Facilitation Agreement	《贸易便利化协定》
TPP	Trans-Pacific Partnership Agreement	《跨太平洋伙伴关系协定》
WTO	World Trade Organization	世界贸易组织

目　　录

第一章　关税和非关税制度 /001
　　第一节　GATT1994 的构成 /001
　　第二节　关税制度 /003
　　第三节　数量限制 /007
　　第四节　国营贸易企业 /011

第二章　国际货物贸易的非歧视待遇制度 /014
　　第一节　货物贸易中的最惠国待遇制度 /016
　　第二节　国际货物贸易中的国民待遇制度 /032

第三章　货物贸易例外制度 /050
　　第一节　幼稚产业保护条款：GATT1994 第 18 条 A 节、C 节 /050
　　第二节　收支平衡例外：GATT1994 第 12 条和第 18 条 B 节 /053
　　第三节　一般例外：GATT1994 第 20 条 /060
　　第四节　GATT1994 其他例外条款 /088

第四章　技术性贸易壁垒和检疫措施 /092
　　第一节　《技术性贸易壁垒协定》/093
　　第二节　《卫生与植物卫生措施协定》/107
　　第三节　《装运前检验协定》/123

第五章　WTO 反倾销制度 /127
　　第一节　WTO 反倾销制度概述 /127
　　第二节　实体规则 /129

第三节　程序规则 /161
第四节　其他规则 /175

第六章　WTO 补贴与反补贴制度 /178
第一节　WTO 补贴与反补贴制度概述 /178
第二节　补贴的构成要素 /182
第三节　补贴类型与法律规制 /214
第四节　针对补贴的救济措施 /225
第五节　发展中国家成员的特殊和差别待遇 /232

第七章　保障措施制度 /238
第一节　保障措施及其理论基础 /238
第二节　WTO 保障措施法及其历史发展 /246
第三节　WTO 保障措施法的核心规范 /251
第四节　中国的保障措施立法 /272

第八章　农产品贸易法律制度 /283
第一节　农产品贸易法律制度概述 /283
第二节　农产品市场准入 /291
第三节　国内支持措施 /297
第四节　农产品出口补贴 /309

第九章　《政府采购协议》/317
第一节　《政府采购协议》概述 /317
第二节　《政府采购协议》的适用范围 /322
第三节　《政府采购协议》规定的采购程序 /331

第十章　《贸易便利化协定》/341
第一节　《贸易便利化协定》概述 /341
第二节　《贸易便利化协定》的主要内容 /345
第三节　《贸易便利化协定》与 WTO 其他协定的关系 /352
第四节　《贸易便利化协定》与中国 /358

第一章　关税和非关税制度

第一节　GATT1994 的构成

GATT1994 包括四个部分：

一、GATT1947，包括《WTO 协定》生效之日前已生效的对 GATT1947 的各种更正、修正或修改

GATT1994 并没有在文本中重复 GATT1947 的内容，而是将 GATT1947 全部整体转变为 GATT1994。

按照 GATT1994 的解释性说明，由 GATT1947 转变而来的 GATT1994 需作一些技术上的修改。GATT1994 第 1.2(a)(b)条"解释性说明"规定："(a)GATT1994 的条款所指的'缔约方'应视为读作'成员'。所指的'欠发达缔约方'和'发达缔约方'应视为分别读作'发展中国家成员'和'发达国家成员'。所指的'执行秘书'应视为读作'WTO 总干事'。(b)第 15 条第 1 款、第 15 条第 2 款、第 15 条第 8 款、第 38 条及关于第 12 条和第 18 条的注释中，以及 GATT1994 第 15 条第 2 款、第 15 条第 3 款、第 15 条第 6 款、第 15 条第 7 款和第 15 条第 9 款关于特殊外汇协定的规定中所指的采取联合行动的缔约方全体，应视为 WTO。GATT1994 的条款指定采取行动的缔约方全体履行的其他职能应由部长级会议进行分配。"[①]

[①] 本书所引 WTO 规则文本译文主要参照对外贸易经济合作部国际经贸关系司译：《世界贸易组织乌拉圭回合多边贸易谈判结果法律文本》（中英文对照），法律出版社 2000 年版。少量译文有调整。

二、《WTO 协定》生效之日前在 GATT1947 项下已生效的各项法律文件

这些法律文件包括:(1) 与关税减让相关的议定书和核准书;(2) 加入议定书[不包括(a) 关于临时适用和撤销临时适用的规定,及(b) 规定应在与议定书订立之日已存在的立法不相抵触的最大限度内临时适用 GATT1947 第二部分的条款];(3) 根据 GATT1947 第 25 条给予的且在《WTO 协定》生效之日仍然有效的关于豁免的决定;(4) GATT1947 缔约方的其他决定。

关于"GATT1947 缔约方的其他决定",在日本酒类税案Ⅱ中,上诉机构指出:《WTO 协定》第 16 条第 1 款和将 GATT1947 并入 WTO 的附件 1A 第 1 条第 1 款(b)项(iv)目将 GATT1947 的历史与经验带入 WTO 的新领域。这一转变是以保证和 GATT1947 的连续性和一致性的方式来实现的。这种平滑的过渡保证了成员能将其在 GATT 时期积蓄的经验用于 WTO 这一新的贸易体制之下。被接受的专家组报告就是成员在 GATT 时期获得的重要经验之一种。后续的专家组通常会考虑过去的专家组作出的报告。这些报告为成员创设了合法期待,因此,当与报告有关的任何争端被提起时,相关报告都应该被列入考虑的范围内。但是,除了约束特定争端的当事方外,报告是没有约束力的。① 报告的性质和法律地位并不因为《WTO 协定》的生效而改变。但是,上诉机构不同意专家组报告同一段中的这一结论:通过的专家组报告本身就构成将 GATT1947 并入《WTO 协定》附件 1A 第 1 条第 1 款(b)项(iv)目"GATT1947 缔约方的其他决定"。②

在美国外国销售公司税收待遇案中,上诉机构通过审查 GATT1947 的理事会通过专家组报告的决定是否构成《WTO 协定》附件 1A 第 1 条第 1 款 b 项(iv)目所指的"GATT1947 缔约方的其他决定",认可专家组的决定:"不仅要考察决定的字面意思,而且要审查作出决定的背景。"③

---

① 原注释:值得注意的是,《国际法院规约》第 59 条是一条能够产生相同效果的明文规定。当然,这并不阻碍国际法院发展出一套判例体系来。
② Appellate Body Report on Japan-Alcoholic Beverages Ⅱ (1996),p.14.
③ Appellate Body Report on US-FSC (2000), para.108.

三、解释 GATT1994 的 6 项谅解

根据 GATT1994 第 1(a)条,这 6 项谅解是:(1)《关于解释 1994 年关税与贸易总协定第 2 条第 1 款(b)项的谅解》;(2)《关于解释 1994 年关税与贸易总协定第 17 条的谅解》;(3)《关于 1994 年关税与贸易总协定国际收支条款的谅解》;(4)《关于解释 1994 年关税与贸易总协定第 24 条的谅解》;(5)《关于豁免 1994 年关税与贸易总协定义务的谅解》;(6)《关于解释 1994 年关税与贸易总协定第 28 条的谅解》。

四、《1994 年关税与贸易总协定马拉喀什议定书》

该议定书主要规定各国实施关税减让表的方法和步骤。除非减让表中另有规定,每一成员同意的关税削减应分五次均等税率削减实施。第一次削减应在《WTO 协定》生效之日实施,每下一次削减应在每下一年的 1 月 1 日实施,最终税率应不迟于《WTO 协定》生效之日后 4 年实施。

第二节 关税制度

一、约束关税

(一)关税及其效果

关税是由海关对进口或出口货物征收的税种。按征收方式的不同,关税可以分为从价税(ad valorem duty)、从量税(specific duty)和混合税(mixed duty)。从价税,是指按照进口或出口货物的价值的百分比征收的关税;从量税,是指按照进口或出口货物的计量单位,比如件数或容积,征收的关税;混合税,是指对同一进口或出口货物同时征收从价税和从量税。此外,还有一种关税配额(tariff-rate quota or tariff quota),是指在进口货物达到一定数量时就改变关税税率(通常是提高)的关税征收方法。比如,对某类汽车的进口,在进口数达到 10 万辆之前按 10%的税率征收,超过 10 万辆之后则按 20%的税率征收。应该说,关税配额是一种特殊的关税,而不是配额。

关税显然对贸易有阻碍作用,会减少进口货物的数量。由于关税会

提高国内市场相同货物的价格,国内生产商和销售商可因此而获益,政府因征收关税而增加财政收入,消费者利益则会因支付较高的价格而受损。

与数量限制、国营贸易企业、出口补贴等贸易壁垒相比,关税具有可以计量、透明的特点。关税征收具有明确性,可为外国出口商提供可预见性:只要其产品具有足够的竞争力,就能够在征收关税后进入进口国市场。同时,可以计量的关税还能够通过谈判得到降低。因此,在 GATT/WTO 中,基本的规则设计是取消或限制数量限制、国营贸易企业、出口补贴等贸易壁垒,使关税成为主要的合法保护手段,同时通过多轮贸易谈判降低和约束关税,从而逐步实现货物贸易的自由化。

(二) GATT 的相关条款

约束关税规则主要规定在 GATT 第 2 条第 1 款。该条款的主要内容是,成员应受其在关税减让表中所作关税税率承诺的约束,不得征收超过约束税率的关税。当然,成员可以征收低于约束税率的关税。

依据 GATT 第 2 条和有关判例,关税减让表不能单方面改变,也不能直接或间接改变。关税的重新分类、货币兑换方式的改变、货币的重新定值、决定完税价格方法的改变都不能损害关税减让表的价值。[①]

在中国诉美国某些产品关税案中,2018 年 4 月 4 日,中国起诉认为美国依据其贸易法 301—310 节针对中国某些产品征收的关税违反了 GATT1994 第 1 条第 1 款和第 2 条第 1 款(a)(b)项。在该案中,美国依据其 301 报告认为中国与技术转让、知识产权和创新相关的行为是"国家准许的盗窃",是对美国技术、知识产权和商业秘密的盗用,是不公平和扭曲的政策。美国决定在 2018 年 6 月对年度贸易价值 340 亿的中国产品(清单一)征收 25% 的附加关税,针对年度贸易价值 2000 亿的中国产品(清单二)在 2018 年 9 月征收 10% 并随后于 2019 年 5 月提高到 25% 的附加关税。针对中国的起诉,美国认为其措施依据 GATT1994 第 20(a)条作出,是保护美国公共道德所必需的,因而具有正当性。

专家组认为,美国的被诉措施初步构成违反 GATT1994 第 1 条,因为其只适用于来自中国的产品;也初步构成违反 GATT1994 第 2 条,因

[①] See M. Matsushita, T. J. Schoenbaum & P. C. Mavroidis, et al., *The World Trade Organization: Law, Practice, and Policy*, Oxford University Press, 2015, p.115.

为其超出了约束关税的税率。针对美国根据 GATT1994 第 20 条(a)项提出的公共道德抗辩,专家组采用了整体的方法来决定涉讼措施是否为"保护公共道德所必需的"。由于美国征收附加税所针对的产品是宽泛的,而不是针对某些限定产品,而美国没有证实其征收附加税与所援引的公共道德目标之间有一种目的和手段的真实联系。① 因此,专家组裁定,美国没能证明其措施依据 GATT1994 第 20 条(a)项具有临时合法性。

二、海关估价

（一）概述

海关估价是指海关为征收进口货物的从价关税目的而确定货物的价格,这一价格被称为"完税价格"。

GATT 第 7 条确立了海关估价的基本准则,即应根据进口商品的实际价格,而不是国产商品的价格或任意的、虚构的价格进行;实际价格应该是在正常贸易过程中,在充分竞争条件下,某一商品或同类商品销售的价格。

东京回合关于海关估价的守则包含更详尽的规则,并被认为是成功的,WTO《海关估价协定》只对其作了很小的修改。

（二）海关估价方法

（1）成交价格(transaction price)。即在货物销售至进口国时实际支付或应该支付的价格,通常为销售发票上的价格。

（2）相同货物的成交价格。即在上一方法无法运用时,与该货物同时或大约同时销售至进口国的相同商品(identical goods)的成交价格。

（3）类似货物的成交价格。即在上一方法无法运用时,与该货物同时或大约同时销售至进口国的类似商品(similar goods)的成交价格。

（4）进口后的转卖价格。即在上一方法无法运用时,货物(相同或类似货物)在进口国出售给无关联关系的购买者的价格,并作适当扣减。扣减的部分包括佣金、利润和运输费用。

（5）计算价格。按进口商品的原料和加工制造费、利润及销售费计算出来的价格。

---

① See Panel Report on U.S.-Tariff Measures (2020), paras. 7.201, 7.215, 7.227.

上述第 4 种、第 5 种方法应进口商的请求可颠倒使用。如以上方法均不能确定价格,则可根据可获得的数据,以合理的方法确定价格。

《关于争端解决规则与程序的谅解》可适用于海关估价方面的争议,但实践表明,此类争议一般通过磋商解决,经常需要通过技术帮助解决。

三、《原产地规则协定》

(一) 概述

确定原产地是征收关税的前提,也是给予配额、实施贸易救济措施、给予优惠待遇和统计进出口数据的依据。原产地规则,是指一国为确定货物原产地而实施的普遍适用的法律、法规和行政裁决。

目前,国际上并没有统一的原产地规则。大多数海关根据产品进行最后一次实质性改变的地点来确定原产地。第一,运用最广泛的确定原产地标准是"税则归类改变标准",即如果某一产品在一国发生了实质性改变,那么该产品的税号变为另一个税号,该国则变为其原产地。第二种标准为"百分比标准",以在某一国家产品增值的具体比例确定原产地。第三种标准为制造或加工工序标准,即按照产品的具体技术加工工序发生国确定原产地。

(二)《原产地规则协定》的内容

《原产地规则协定》的核心内容是建立新的协调原产地规则的工作计划。协调应遵守的原则包括:原产地规则不能用作贸易政策的工具;规则必须客观、可预见、一致并根据肯定性标准;特定产品的原产地应为完整产出的国家,或当生产过程包括一个以上的国家时,应为进行最后一次实质性改变的国家。工作计划原定三年完成,但现仍在进行中。工作计划分三步:(1)确定完全获得标准;(2)确定税则归类改变时表示实质性改变的标准;(3)确定税则归类改变但无法表示实质性改变时的补充标准,包括以百分比标准、制造或加工工序标准来确定实质性改变。

过渡期内成员的义务包括:原产地规则需明确规定应满足的要求;不能用作实现贸易目标的工具;不能对国际贸易造成限制性的、有扭曲作用或损害性的影响;确认原产地应根据肯定性标准,虽然否定性标准可以用于澄清;原产地规则应以一致、统一、公平和合理的方式进行管理;应请求,海关必须在 150 天内对有关货物的原产地提出认定意见,有效期为三年。

第三节 数量限制

一、一般禁止数量限制

（一）相关条款

一般禁止数量限制规则，规定在 GATT 第 11 条。该条第 1 款规定，任何成员不得对任何其他成员领土产品的进口或向任何其他成员领土出口、销售供出口的产品设立或维持除关税、国内税或其他费用外的禁止或限制，无论此类禁止或限制通过配额、进出口许可证还是其他措施实施。

（二）立法理由和在 GATT 中的地位

在土耳其纺织品案中，专家组较精辟地阐明了 GATT 第 11 条的立法理由、历史发展和在 GATT 中的地位：禁止使用数量限制构成 GATT 体制的基石之一。GATT 体制的一项基本原则是，关税是可供选择和可以接受的保护形式。关税可以通过互惠减让而得到削减，并应该以非歧视的方式（最惠国待遇）实施征收。要求成员实行最惠国待遇的 GATT 第 1 条和规定关税必须不能超过约束税率的 GATT 第 2 条，构成 GATT 的第一部分。GATT 第二部分规定了其他相关义务，以确保成员不得规避第一部分的义务。GATT 第二部分的两项基本义务就是国民待遇和禁止数量限制。其中，禁止数量限制是 GATT 选择关税作为边境保护的设计的反映。数量限制是对进口施加绝对限制，而关税并非如此。与关税允许最有效率的竞争者提供进口产品相比，数量限制通常具有扭曲贸易的效果，而且数量的分配容易产生问题，数量限制的管理可能不透明。①

尽管有禁止数量限制的规定，GATT1947 缔约方多年来并没有完全遵守这一义务。在 GATT 早期，在农产品等行业，数量限制得以维持，而且后来发展到必须要对其加以限制的地步。这一问题在乌拉圭回合中成为谈判的核心议题之一。在纺织品和服装行业，数量限制依据《多种纤维协定》而得以维持。某些缔约国甚至认为，数量限制已经逐步变得可以容

---

① See Panel Report on Turkey-Textiles and Clothing (1999), para. 9.63.

忍、接受,并成为可以谈判的事项,因为 GATT 第 11 条不能被认为,也从来没有被认为,是一个不顾具体情形而禁止数量限制的条款。但是,这种主张在 WTO 争端解决机构通过的欧共体限制从土耳其纺织品案专家组报告中被彻底否定。①

乌拉圭回合谈判各方承认非关税边境限制的总体不利影响,支持采用更透明的价格基础(即关税基础)措施。为实现这一目的,谈判各方为农产品、纺织品和服装行业设计了逐步取消数量限制的机制。这种承认反映在《关于 1994 年关税与贸易总协定国际收支条款的谅解》《保障措施协定》之中,也反映在取消数量限制的《农业协定》和在 2005 年之前取消数量限制的《纺织品与服装协定》之中。②

(三)举证责任

通常来说,起诉方应证明被诉方存在违反 GATT 第 11 条的数量限制的措施。

在印度数量限制案中,专家组需要审查印度的进口许可制度是否与 GATT 第 11 条相符合,以及如果不符合,是否可以因 GATT 第 18 条而获得正当性。当事方对举证责任各执一词,专家组在审理过程中未明确向当事方说明 GATT 第 18 条第 11 款注释的举证责任,上诉机构对此作了澄清。即美国应证明印度违反了 GATT 第 11 条第 1 款、第 18 条第 9 款以及第 18 条第 11 款的注释。也就是说,美国应分别证明印度的数量限制违反取消数量限制原则;印度的外汇储备状况不再为印度的数量限制提供正当性;取消数量限制并不随之产生为印度再度实施数量限制提供正当性的条件。印度若要援引 GATT 第 18 条第 11 款但书作为抗辩,则需承担证明其规定的条件成立,即美国要求印度取消数量限制将使印度改变其发展政策。③

(四)何种行为构成 GATT 第 11 条下的"禁止或限制"

这是解释和适用 GATT 第 11 条的关键。

1. 以认证条件限制进口是否构成 GATT 第 11 条下的"禁止或限制"

在美国海虾案中,争议事实是,美国禁止从没有获得特别认证(认证

---

① See Panel Report on Turkey-Textiles and Clothing (1999), para. 9.64.
② Ibid., para. 9.65.
③ 参见左海聪:《国际经济法的理论与实践》,武汉大学出版社 2003 年版,第 167 页。

其捕捞方法不会附带杀死海龟)的国家进口海虾。专家组认为,美国的这种认证程序可以构成 GATT 第 11 条下的"禁止或限制"。①

2. 是否需要考查涉案措施对贸易的实际影响

在阿根廷皮革案中,欧共体主张,阿根廷对用于出口的皮革在海关检验程序中授权鞣革师在场检验,不符合 GATT 第 11 条第 1 款的规定,构成事实上的出口限制。专家组在审查时,考虑了在一般情况下和本案的特殊情况下是否需要考查涉案措施对贸易的实际影响的问题。

一般情况下,不需要考查涉案措施对贸易的实际影响,因为 GATT 第 11 条第 1 款与 GATT 第 1 条、第 2 条、第 3 条一样,保护的是进口产品的竞争机会,而不是实际的贸易流量。②

至于本案,专家组认为,由于欧共体主张涉案措施构成事实上而非法律上的出口限制,作为一个证据问题,措施对贸易的实际影响占了很重的分量。而在考查措施对贸易的实际影响时,主要是要看措施与贸易的低水平之间是否有因果关系。③

3. 国营贸易企业的运作是否构成 GATT 第 11 条下的"禁止或限制"

GATT 关于第 11 条、第 12 条、第 13 条、第 14 条和第 18 条的注释明确规定,第 11 条、第 12 条、第 13 条、第 14 条和第 18 条中的进口限制或出口限制,包括通过国营贸易企业的运作而实施的限制。

在印度数量限制案中,专家组认为,国营贸易企业的运作本身并不一定构成 GATT 第 11 条下的"禁止或限制",要确定是否构成 GATT 第 11 条下的"禁止或限制",需要考查国营贸易企业的运作对贸易的实际影响。④

在韩国牛肉案中,专家组认为,如果一个国营贸易企业对某一产品既拥有进口垄断,又拥有销售垄断,则其对进口产品销售所施加的限制将导致对该产品的进口限制。⑤

---

① See Panel Report on US-Shrimp (1998), para. 7.16.
② See Appellate Body Report on Japan-Alciholic Beverages Ⅱ (1996), p.16; Korea-Alcoholic Beverages, paras. 119-120, 127; Panel Report on Argetina-Hides and Leathers (2000), para. 11.20.
③ See Panel Report on Argetina-Hides and Leathers (2000), paras. 11.20-11.21.
④ See Panel Report on Indian-Quantitative Restrictions (1999), paras. 5.134-5.135.
⑤ See Panel Report on Korea-Various Measures on Beefs(2000), para.751.

4. 海关保证金是否构成 GATT 第 11 条下的"禁止或限制"

在美国针对欧共体的某些产品措施案中,争议的措施是美国对来自欧共体的进口要求缴纳海关保证金。该案专家组大多数成员认为,海关保证金构成 GATT 第 2 条下的关税或费用,但有一个专家组成员认为,海关保证金构成 GATT 第 11 条下的"禁止或限制"。

5. 许可证要求是否构成 GATT 第 11 条下的"禁止或限制"

在印度数量限制案中,专家组认为,裁量性的或非自动的进口许可证要求构成 GATT 第 11 条下的"禁止或限制"。①

二、《进口许可程序协定》

(一)概述

《进口许可程序协定》包括一套简单的原则和详细的规则,其目的是防止许可程序本身成为贸易的障碍。该协定不是乌拉圭回合的创新,而是对东京回合相关守则的修改。

进口许可程序分为非自动许可和自动许可两类,前者一般用于管理数量限制,后者仅仅用于记录进口数量以利于统计。《进口许可程序协定》既包含适用于两种许可的一般规定,也包含分别适用于非自动许可和自动许可的规则。

(二)一般规定

进口许可程序规则的实施应保持中性,并以公平、公正的方式进行管理。所有规则和相关信息,必须在可行的情况下,由成员在要求生效之前 21 天对外公布,并且无论如何不得迟于要求生效的日期。规则和相关信息包括申请人的资格、受理机关和受许可要求限制的产品清单。申请表格应尽量简单,只要求提供必要的单证和信息。如果申请有截止日期,则该期限应不少于 21 天,而且通常只需要与一个管理机构接洽。申请不得因为单证的微小错误或遗漏而被拒绝或受到不适当的处罚。获得许可的产品不得因为实际价值与许可价值的细微差异而被拒绝进口。许可证持有者所需外汇应与无须进口许可货物的进口商在相同基础上获得。

---

① See Panel Report on Indian-Quantitative Restrictions(1999), paras. 5.129-5.130.

(三) 自动进口许可

自动进口许可是指申请在所有情况下均能获得批准的许可,对贸易没有限制性影响。在没有其他更适当的程序实现有关管理目的的情况下,可以采用自动进口许可。自动进口许可必须符合下列条件:符合进口经营条件的所有个人、公司和机构均可申请并获得许可;申请可在货物结关前任何一个工作日提交;符合要求的申请,在管理上可行的限度内管理机构应在收到后立即批准,最多不超过10个工作日。

(四) 非自动进口许可

非自动进口许可是指并非所有申请均能获得批准的许可,即能否获得批准取决于审批机构的裁量权的许可。

非自动进口许可不得在数量限制之上再产生附加限制作用。在许可目的不是实施数量限制的情况下,成员应公布充分的信息,以使其他成员和贸易商了解发放或分配许可证的依据。如果许可证用于管理进口配额,那么审批机构必须公布配额的数量或价值以及申请的日期。如果配额是在供应国之间进行分配的,那么所有有关供应国必须得到通知。任何满足法律要求的进口商都有资格提出申请并被审批机构适当考虑;如申请未获批准,应申请人的请求审批机构应告知原因;申请人应有上诉或要求司法审查的权利。如果配额以"先来先领"的方式进行,审批机构对提交的申请应在30天内完成审查;如果所有申请同时予以考虑,审批机构对提交的申请应在60天内完成审查。许可证的有效期应该足够长,以允许来自最远地方的进口商进口;许可证允许的量应足够大,以达到经济数量。制定许可程序或更该改许可程序的成员应在许可程序公布后60天内通知进口许可程序委员会。

第四节 国营贸易企业

一、国营贸易企业及其影响

《关于解释1994年关税与贸易总协定第17条的谅解》第1条将"国营贸易企业"定义为:"被授予包括法定或宪法权力在内的专有权、特殊权利或特权的政府和非政府企业,包括销售局,在行使这些权利时,它们通过其购买或销售影响进出口的水平或方向。"这一定义表明,国营贸易企业具有三个特点:(1)国营贸易企业可以是政府企业,也可以是非政府企业。其中,政府企业可以理解为政府所有或控股的企业。(2)这些企业之所以被称为国营贸易企业,是因为它们依据宪法或法律被政府授予销售特定产品的专有权或特权。(3)由于享有专有权,它们对特定产品的购买或销售将影响产品进出口的水平或方向。

国营贸易企业的行为可能阻碍国际贸易,使得关税减让的效果大打折扣。例如,国营贸易企业可能利用垄断地位歧视性地对待不同国家的产品;进行非商业化的运作,人为定价;对国内产品给予比进口产品更优惠的待遇;等等。为此,GATT 对国营贸易企业的行为加以多种规制,以确保关税减让的效果。

二、GATT 第 17 条和《关于解释 1994 年关税与贸易总协定第 17 条的谅解》的规定

依照 GATT 第 17 条和《关于解释 1994 年关税与贸易总协定第 17 条的谅解》的规定,成员应确保国营贸易企业遵循的义务包括:

(1)透明度。每一成员应向货物贸易理事会提交关于国营贸易企业的通知,每一成员应注意在其通知中保证最大限度透明度的必要性,以便明确评价所通知国营贸易企业的经营方式及其经营活动对国际贸易的影响。①

(2)国营贸易企业在涉及进口或出口的购买和销售方面,应遵循非歧视待遇的一般原则。② 这里的非歧视原则包括 GATT 第 1 条最惠国待遇原则是无疑问的,但是否包括 GATT 第 3 条国民待遇原则则存有疑问。在加拿大外国投资审查法执行案中,专家组否定国营贸易企业遵循的非歧视原则包括国民待遇原则。但是,在加拿大省级营销机构对酒精饮料的进口、分销和销售案中,专家组对国营贸易企业适用了国民待遇原则。

(3)国营贸易企业应仅依照商业因素运作。国营贸易企业应仅依照

---

① 《关于解释 1994 年关税与贸易总协定第 17 条的谅解》第 2 条。
② GATT 第 17 条第 1 款(a)项。

商业因素进行任何此类购买或销售,包括价格、质量、可获性、适销性、运输和其他购销条件,并应依照商业惯例给予其他缔约方的企业参与此类购买或销售的充分竞争机会。①

三、GATT 其他条款对国营贸易企业的管制

在关税领域,国营贸易企业所经营的产品的关税显然在关税减让表中,而且国营贸易企业的运作不能使关税减让表的约束关税受到不利影响。②

GATT 关于第 11 条、第 12 条、第 13 条、第 14 条和第 18 条的注释明确规定,这些条款中的进口限制或出口限制包括通过国营贸易企业的运作而实施的限制。因此,如果国营贸易企业的运作产生数量限制的效果,则其应受 GATT 第 11 条的约束。

综合而言,由于 GATT 第 17 条要求国营贸易企业遵循非歧视原则、依照商业因素运作,而且 GATT 第 2 条和第 11 条也约束国营贸易企业,因此,从法律上说,国营贸易企业可能带来的不利影响受到了有效的规制。

---

① GATT 第 17 条第 1 款(b)项。
② GATT 第 2 条第 4 款。

第二章 国际货物贸易的非歧视待遇制度

非歧视待遇制度是 GATT 的核心制度之一，其中 GATT 第 1 条最惠国待遇以及第 3 条国民待遇条款是 GATT 最重要的两个非歧视条款。

自 1947 年《关税与贸易总协定》(GATT1947)确立多边货物贸易规则以来，经过多轮贸易谈判，当代国际贸易主要围绕着世界贸易组织(WTO)及其一系列协定所确立的贸易规则在进行。《WTO 协定》序言以及 GATT 序言都呼吁"消除国际贸易关系中的歧视待遇"，因此非歧视原则作为 WTO 的基本原则之一，成为世界贸易规则体系的重要基石。非歧视原则要求 WTO 成员进行国际贸易时，不得在源于 WTO 成员的产品间形成歧视性待遇(最惠国待遇原则)；不得因支持国内产品而歧视其他 WTO 成员的产品(国民待遇原则)。

非歧视原则对实现 WTO 的基本目标至关重要，但从理论上讲，这些规则的适用范围非常广泛，并且对各国政府制定和实现其贸易政策具有一定的干扰性，因此它们会受到各种例外情况的限制。这些例外情况主要是为 WTO 成员提供足够的政策空间，促进其达成合法的政策目标，以实现国际贸易规则与各成员的政策利益之间的真正平衡。事实上，WTO 争端解决机构在实践中面临的主要难题之一就是如何在各种规则和例外之间达到适当的平衡。国际公法中关于条约解释的一般规则同样适用于 WTO 规则的解释，因此，WTO 争端解决机构在确定这些非歧视规则和例外的具体含义时，不仅要考虑协定条款的一般含义、WTO 成员约定的特殊含义，还必须考虑这些规则条款的历史背景以及 WTO 相关协定的目的和宗旨。只有在充分理解 WTO 目的和宗旨的前提下，并结合相关协定上下文，才能正确解释非歧视原则。

"歧视"(discriminate)一词在字典中一般是指对人事物的不同待遇。例如，剑桥在线词典将其解释为因肤色或性别等因素而以不同的方式对待部分人;朗文在线词典则将其解释为给予某个人或某些人不同的待遇,往往特指不公平的待遇。① WTO争端解决机构经常引用的《新牛津英语词典》对"歧视"的定义则更为细致:"(1)在其中或之间产生或构成差异。(2)用心分辨;感知其中或之间的差异。(3)产生或承认差别;提供或作为区别;行使辨别力。(4)区别对待不同类别的人或物,尤其是以种族、肤色、性别、社会地位、年龄等为由不公正或有偏见地针对他人。"② 从法律的角度理解,非歧视原则最基本的要求就是,两个本质上相同的人或物不应该被区别对待,或者对类似情况作不同处理(或不同情况的相同处理),否则就构成歧视。在欧共体关税案中,上诉机构指出:"关于'歧视'的不同含义在一个重要方面趋于一致:在处境相似的受益人之间进行区分是歧视性的。"③

然而,实践中歧视待遇并不总是直观和明确的。正如专家组在加拿大药品专利保护案中指出的,"'歧视'是一个规范性术语,在内涵上通常带有贬义,指的是不合理地施加差别待遇的结果。歧视可能源于明显不同的待遇,即法律上的歧视,也可能产生于表面上相同的待遇,即事实上的歧视"④。如果某项措施是在法律、法规或政策文本中明确规定不同的待遇,如规定"进口商品需缴纳20%的税款,而国内生产的商品需缴纳10%的税款",那么这种表面上显而易见的歧视即属于法律上的歧视措施。相比之下,事实上的歧视措施可能没有明确区分不同产品的不同待遇,可能仅规定依据不同产品的物理特性来识别不同的产品。例如,对酒精饮料征收差别比例税率,酒精含量较高的饮料则税率更高,酒精含量较低的饮料则税率较低。表面上看这一措施并不当然地具有歧视性,但是在审查与实施该措施有关的所有事实后可能发现,该措施在实践中或事实上明显地区别对待不同的WTO成员或国家的同类产品,可能构成事实上的歧视。GATT/WTO关于非歧视待遇规则的大部分案例都属于

---

① See discriminate, https://dictionary.cambridge.org/dictionary/english/discriminate; discriminate, https://www.ldoceonline.com/dictionary/discriminate, last visited on Oct. 30, 2024.
② Lesley Brown, *The New Shorter Oxford English Dictionary on Historical Principles* Clarendon Press, 1993, p.689.
③ Appellate Body report on EC-Tariff Preferences (2004), para.153.
④ Panel Report on Canada-Pharmaceutical Patents (2000), para.7.94.

此类事实上的歧视。

正是由于"歧视"这一基础概念的不确定性,"当有更精确标准可用时,应避免使用'歧视'这一术语,并且在使用时还应对其进行谨慎地解释,尽量不再为其增加新的内涵"[①]。适用非歧视待遇规则取决于确定所涉情形和待遇是否相似的具体性规则。例如,GATT 第 1 条和第 3 条中规定了所涉产品必须具有某种程度的相似性的具体标准,其中使用了"同类产品"和"直接竞争或可替代产品"等术语。WTO 与非歧视待遇规则相关的大部分案例都关注了是否存在类似的情况以及是否提供了类似的待遇,而这些问题的解决就需要结合 WTO 有关协定的具体条款规定来分析。换而言之,非歧视待遇在国际货物贸易领域的具体适用需要根据最惠国待遇义务和国民待遇义务的具体要求来判断。

第一节　货物贸易中的最惠国待遇制度

一、最惠国待遇的历史

最惠国待遇(Most Favored Nation Treatment,MFN)原则是国际经济法领域最古老、最重要的法律原则之一,起源于中世纪,第一个以文字形式出现、包含最惠国待遇条款的国际双边条约是 1226 年 11 月 8 日弗雷德克二世(Frederick Ⅱ)与马赛市签订的条约,根据该条约的规定,弗雷德克二世将把比萨市和热那亚市居民所享有的特权同样给予马赛人。[②] 进入 17 世纪,欧洲国家之间的经贸往来日益增多,经贸关系日益密切,各种规定最惠国待遇的商事条约也越来越多。到 17 世纪末,最惠国待遇条款已经被绝大多数欧洲国家接受,且出现了最惠国条款(Most Favored Nation Clause),并在 18 世纪谈判的双边贸易条约中逐步确立。

然而在贸易谈判中,当两国达成关税减让协议时,对于其他国家是否可以通过最惠国条款也享受该利益的问题,各国的观点却存在分歧。有些国家认为,在特定贸易协定中对一国作出的关税减让应适用于所有其

---

① Panel Report on Canada-Pharmaceutical Patents (2000), para. 7.94.
② 参见王贵国:《世界贸易组织与最惠国待遇原则》,载《国际经济法学刊》2002 年第 2 期,第 137 页。

他国家,这种给予优惠的行为并不以互惠为前提。另外一些国家则认为,一项协定中的利益只有在其他国家也会反过来向自己提供某种优惠时才能被赋予。前者被称为"无条件最惠国待遇",而后者则被称为"有条件最惠国待遇"。换言之,对于有条件最惠国待遇,A 国给予 B 国的关税减让,作为两国之间相互削减关税的协议的一部分,只有在 C 国向 A 国也提供关税减让的情况下,才会给予 C 国。美国独立后的第一个贸易条约就采用了有条件最惠国待遇的方式,①一些欧洲国家也在条约中采用有条件最惠国待遇。有人统计,19 世纪上半叶,有条件最惠国待遇条款在国际贸易条约中是相当普遍的。然而,从 1860 年的《英法条约》(《柯布敦-舍瓦利埃条约》)开始,无条件最惠国待遇开始逐渐占据主导地位。②

第一次世界大战进一步推动了这一原则的演变。战后,许多国家逐渐认识到贸易关系中的平等待遇可以在和平与安全的环境下发挥更为重要的作用,将该原则纳入各种双边贸易协定中。由于可操作性问题,美国也在 20 世纪 20 年代转向无条件最惠国待遇的阵营。③随后,国际联盟经济委员会也对有条件最惠国待遇提出批评,认为最惠国待遇制度旨在贸易伙伴间消除一切形式的歧视,而有条件最惠国待遇条款,就其性质而言,本身就构成一种歧视,对于消除经济冲突、简化国际贸易没有任何好处。④ GATT 第一次将最惠国待遇原则从双边扩大到多边,是各国在汲取了 MFN 发展历史的经验教训之后达成的一致性认识。而 MFN 的确立也带来了广泛的政治、经济利益,具体包括:消除生产模式的扭曲;促进更

---

① 美国独立后于 1778 年与法国签订的第一个友好通商条约规定:"The Most Christian King and the United States engage mutually not to grant any particular favor to other nations in respect of commerce and navigation, which shall not immediately become common to the other party, who shall enjoy the same favor freely, if the compensation was freely made, or on allowing the same compensation, if the concession was conditional." See U. S. Senate Committee on Finance, The Most-Favoured-Nation Provision, in Executive Branch GATT Studies No. 9, https://www.finance.senate.gov/imo/media/doc/exec8.pdf, p. 2, last visited on June 23, 2024.

② See U. S. International Law Commission, Draft Articles on most-favoured-nation clauses with commentaries, 1978, https://legal.un.org/ilc/texts/instruments/english/commentaries/1_3_1978.pdf, p. 34, last visited on June 23, 2024.

③ Ibid.

④ See U. S. International Law Commission, Draft Articles on most-favoured-nation clauses with Commentaries, 1978, https://legal.un.org/ilc/texts/instruments/english/commentaries/1_3_1978.pdf, p. 36, last visited on June 23, 2024.

广泛的贸易自由化;通过无条件最惠国待遇简化贸易谈判;制定更直接和透明的海关政策;缓和国际紧张局势;不分大小和实力,对所有国家一视同仁,在促进贸易自由化的同时传播和平与安全。

WTO 涉及国际货物贸易的一揽子协定中,除 GATT 包含最惠国待遇制度外,还有很多其他协定,如《技术性贸易壁垒协定》《卫生与植物卫生措施协定》和《原产地规则协定》等,也包含有关最惠国待遇义务的规定,本章仅围绕 GATT 进行讨论。

二、GATT 最惠国待遇制度的特点

国际货物贸易领域的普遍最惠国待遇(General Most-Favored Nation Treatment)的准确界定见于 GATT 第 1 条第 1 款:"在对进口或出口、有关进口或出口或对进口或出口产品的国际支付转移所征收的关税和费用方面,在征收此类关税和费用的方法方面,在有关进口和出口的全部规章手续方面,以及在第 3 条第 2 款和第 4 款所指的所有事项方面,任何缔约方给予来自或运往任何其他国家任何产品的利益、优惠、特权或豁免应立即无条件地给予来自或运往所有其他缔约方领土的同类产品。""其他任何国家"包括 WTO 成员和非成员。该表述建立在几百年国际贸易基础之上,以精练的语言对人类智慧结晶和实践经验进行了科学概括,也是对最惠国待遇最完整和最具权威性的阐述。[1] 在加拿大汽车增值税案中,上诉机构亦指出该条款的真实含义和目的应是"禁止对源自或运往不同国家的同类产品的歧视"[2]。换言之,该条款禁止优待某些国家而歧视其他国家的差别措施,要求将所有的成员置于平等地位,保证贸易机会平等,在同等条件下自由竞争,以推动世界生产的扩大和贸易的增长。除此之外,GATT 的最惠国待遇原则还具有适应时代需求等诸多特点。

(一)多边性和无条件性

多边性是指 WTO 某成员给予另一成员在货物贸易方面的利益、优惠、特权和豁免都必须同样给予所有其他成员,不应歧视其中任何一个成员,不应存在规则允许以外的特殊的双边互惠关系。例如,在 A、B 两国

---

[1] 参见赵维田:《最惠国与多边贸易体制》,中国社会科学出版社 1996 年版,第 31 页。
[2] Appellate Body Report on Canada-Autos (2000), para. 84.

贸易谈判中，A 国同意将玉米进口关税税率由 8％降到 4％，那么 A 国削减后的税率必须适用于来自其他所有成员的玉米。多边性是 GATT 规定的最惠国待遇中权利与义务关系的基本特征，所有成员均有权自动享受任何成员相互赋予的利益、优待、特权和豁免，从而突破了传统的双边互惠形式，以多边和无条件的互惠为基础，在历史上第一次使最惠国待遇制度建立在多边协定基础之上。[①] 所有缔约方不再需要相互通过签订双边条约来实现最惠国待遇，而是只要加入 GATT 即可得到各国的最惠国待遇。如此一来，GATT 通过第 1 条的自动适用，有效避免了重复谈判大量双边关税减让协定的烦琐程序，大大提高了最惠国待遇条款的各种程序效能。[②] 相比之下，之前传统的双边条约常常附有歧视性规定或限制条件，即在给惠国给予优惠的同时，受惠国必须给予给惠国相应的补偿。例如，在 1979 年《中美贸易关系协定》中，中美两国需要互相给予最惠国待遇，但美国给予中国的有条件最惠国待遇不仅不包括非关税措施，而且还需要每年进行审议。而 GATT 规定的最惠国待遇的无条件性则体现在，任何成员给予第三方的优惠应该立即、无限制、无补偿地平等适用于另一成员，即成员给予另一成员最惠国待遇，不能要求另一方承担相应的义务、满足一定的条件或提供相应的补偿。由此，多边性和无条件性使 GATT 成员之间的双边互惠变为多边互惠，贸易自由和市场开放具有了普遍性，更加有利于形成良好的国际贸易秩序，给多边贸易体制注入活力。

（二）*广泛性和普遍性*

GATT 第 1 条规定的最惠国待遇原则，其范围几乎涵盖所有的政府措施。既适用于影响货物进出口的边境措施，也适用于进口国当局所制定的影响货物销售的国内税措施及国内规章。但需注意的是，该条款中的最惠国待遇与服务贸易中的最惠国待遇有所不同，前者仅适用于产品，而并不直接适用于生产产品的商人。除了适用范围的广泛性，GATT 的最惠国待遇条款在适用主体方面也存在普遍性，既适用于缔约方，也可以

[①] 参见张克文：《关税与贸易总协定及其最惠国待遇制度》，武汉大学出版社 1992 年版，第 58 页。

[②] 参见王毅：《关贸总协定中多边最惠国条款的法律特点》，载《国际贸易》1986 年第 2 期，第 34 页。

通过双边条约扩及非缔约方。即一个缔约方在双边最惠国待遇条款中给予对方的任何利益和好处,应立即无条件地给予所有GATT缔约方的相同产品。这样一来,GATT体制内的利益、优惠、特权和豁免就扩大到了缔约方范围之外,从而突破了传统双边条约的局限,改变了第三方只能是非缔约方的传统概念,使得第三方既可以是GATT的缔约方,也可以是非缔约方。[①]该特点也是国际贸易规则全球化的结果,随着世界经济联系的紧密度不断加深,产品的原产地以及各成员的社会制度对贸易的影响不断减弱,更多成员选择将最惠国待遇广泛、普遍性地适用于与更多国家的各种贸易之中。

(三)稳定性和制度性

最惠国待遇有一定的稳定性,并通过一套监督和申诉体系得以制度化。第一,相较于双边最惠国待遇容易受到缔约双方之间的政治经济局势影响,GATT中的多边最惠国待遇的效力更具稳定性和可靠性。例如,经多边谈判达成的关税减让为"固定税率",根据GATT最惠国待遇条款得到多方适用后,非经法定程序协商和修正,任何缔约方不得单方撤销或提高它所作出的减让,否则其他国家有权要求赔偿。这就保障了缔约方授予其他缔约方的最惠国待遇的稳定性。第二,WTO成员给予另一成员的最惠国待遇以谈判达成的关税减让表为依据。根据GATT第2条第1款的规定,一缔约方给予其他缔约方的待遇,不得低于协定所附的这一缔约方关税减让表中有关部门所列的待遇。也就是说,关税减让表确定了实行关税优惠的水平并提供据以区别同类产品的分类标准,而GATT规则及其例外规定则为实施最惠国待遇提供了具体指引。如此一来,最惠国待遇的内容便以法律形式加以固定。除此之外,最惠国待遇的制度性还体现在WTO部长级会议、总理事会及相关机构负责监督这项原则在成员之间的实施。有组织、有安排的监督实施使缔约方享受到比双边协定下更为稳固的最惠国待遇,从而有利于最惠国待遇的落地实施。

(四)例外和限制繁多

例外和适用限制多而杂是GATT的显著特点,但这也是它得以缔结

[①] See John H. Jackson, World Trade and the Law of GATT, Indianapolis: Bobbs-Merrill, Vol. 482, 1969, p. 257.

和存在的一大先决条件①。不同国家利益集团之间的相互妥协,贸易自由主义与贸易保护主义之间的相互让步促成了 GATT 及最惠国待遇条款。也正因此,每项原则和规则均有若干例外和限制,如历史性特惠、关税联盟和自由贸易区、对发展中国家的特别规定以及豁免与中止义务等,无一不关系到最惠国待遇制度的实施。这些例外和限制的存在虽然有利于各缔约方灵活应对多变的国际贸易局势,但同时,诸多例外的存在也使得许多术语和规则含糊其辞、语意不明,许多条款相互交错、相互影响,其复杂程度常使人难解其真谛。②这些例外将在后文中详细阐述。

三、GATT1994 第 1 条的适用

根据 GATT1994 第 1 条第 1 款的规定,确定一成员影响货物贸易的措施是否符合第 1 条第 1 款规定的最惠国待遇义务,必须对以下四个问题作出判断:(1)所涉措施是否属于 GATT1994 第 1 条第 1 款所涵盖的范围;(2)这一措施是否会带来利益或优惠;(3)有关产品是否为同类产品;(4)是否立即且无条件地给予所有成员的同类产品同等利益或优惠。在印度尼西亚汽车案中,专家组通过论证认定争议措施是否违反 GATT1994 第 1 条最惠国待遇义务的顺序也证实了上述四个判断标准的存在。③

(一) GATT1994 第 1 条的措施

GATT1994 第 1 条详细规定了最惠国待遇原则的适用范围,涉及任何成员就以下方面给予源自或目的地为任何其他成员的任何产品"任何利益、优惠、特权或豁免":(1)关税;(2)对进出口征收的或与进出口有关的任何种类的费用,如进口附加费、出口关税、海关费用或质量检验费;

---

① 参见张克文:《关税与贸易总协定及其最惠国待遇制度》,武汉大学出版社 1992 年版,第 63 页。
② 参见杜厚文主编:《世贸组织规则与中国战略全书》(上卷),新华出版社 1999 年版,第 218 页。
③ 在印度尼西亚汽车案中,专家组指出,在认定某一措施是否违反 GATT1994 第 1 条的最惠国待遇义务时,应该先审查相关的税费是否为该条所规定的优惠利益,然后确定这种优惠利益是否无条件地提供给所有同类产品,可以看出专家组也是认可这样四个标准。但是,该案中专家组对最惠国待遇义务的一致性的测试中,第一个和第二个问题被合并了。具体参见 Panel Report on Indonesia-Autos (2001), para. 14.138。

(3)对进出口国际转移支付征收的关税和费用;(4)征收此类关税和费用的方法,如评估征收关税或费用基准价值的方法;(5)与进出口有关的所有规则和手续;(6)国内税或其他内部费用,即 GATT1994 第 3 条第 2 款所述事项;(7)影响提供任何产品的销售、购买、运输、分销或使用的法律、法规和要求,即 GATT1994 第 3 条第 4 款所述事项。可以看出,这一条款规定的义务范围很广,几乎涵盖了所有的政府措施,既适用于影响货物进出口的边境措施,也适用于相关的国内措施,即成员所制定的影响货物销售的国内税及国内规章措施。

一般来说,关于 GATT 第 1 条第 1 款所涵盖措施的范围争议较少,但是在具体案件中,还是会有一些问题存在。例如,在确定何种规则或手续是"与进出口有关的规则和手续"时,对"与…有关"一词的理解就起到了决定性的作用。尽管在 GATT 以往的实践中对这一概念往往会作广义的解释,但 WTO 专家组研究了"与进出口有关的规则和手续"一词的含义后指出,对于被视为与进出口有关的规则和手续的措施,各该措施和进出口之间必须存在某种关联、链接或逻辑关系,并且就 GATT1994 第 1 条第 1 款所适用的措施而言,这种联系不能仅凭任何与进出口有假设或远程的联系就确定。①

另外一个需要注意的问题就是,GATT 第 1 条的最惠国待遇义务是否适用于贸易救济措施。原则上,反补贴税和反倾销税及其征收规则和手续属于该条规定的最惠国待遇义务的范围。《反倾销协定》第 9.2 条规定,"如对任何产品征收反倾销税,则应对已被认定倾销和造成损害的所有来源的进口产品根据每一案件的情况在非歧视基础上收取适当金额的反倾销税,来自根据本协定条款提出的价格承诺已被接受的来源的进口产品除外"。《补贴与反补贴措施协定》第 19.3 条也有非常类似的规定,并且为 WTO 实践所证实。②《保障措施协定》第 2.2 条亦明确规定,最惠国待遇义务通常适用于保障措施。③

---

① See Panel Report on Argentina-Financial Services (2015), paras. 7.984, 7.995.
② 专家组在美国非橡胶鞋案中指出,适用于反补贴税的规则和手续,包括撤销反补贴税令的规则和手续,是在 GATT 第 1 条第 1 款含义范围内的与进口有关的规则和手续。See Panel Report on US-MFN Footwear (1992), para. 6.8.
③ 《保障措施协定》第 2.2 条规定:"保障措施应针对一正在进口的产品实施,而不考虑其来源。"

(二) 如何定义"利益、优惠、特权或豁免"

GATT1994 第 1 条第 1 款的文字表述是"任何缔约方给予来自或运往任何其他国家任何产品的任何利益、优惠、特权或豁免",但是 GATT 并没有对这些概念进行明确的界定,理解它最好的切入点便是 WTO 的司法实践。鉴于"任何"一词的使用,"利益"一词在从 GATT 到 WTO 时期的判例中都被赋予了广泛的含义。①

在欧共体香蕉案Ⅲ中,专家组将 GATT 第 1 条第 1 款所指的"利益"认定为创造"更有利的竞争机会"或"影响源于不同产地产品之间商业关系"的情形。② 自欧共体成立伊始,香蕉问题就一直是一项敏感议题。原因在于,一方面,不少亚非拉发展中国家需要通过出口香蕉换取外汇;另一方面,欧共体将从不同国家进口香蕉的比例作为贯彻其对外经济和外交政策的重要杠杆。欧共体将市场上的香蕉来源主要分成三种:一是欧共体成员国自产或来自直接隶属于某些欧共体国家的海外领土,如加勒比地区的英联邦成员国及法国的海外省等;二是来自通过《洛美协定》(Lomé Convention)同欧共体保持特惠经贸关系的非洲、加勒比海和太平洋地区国家(Africa, the Caribbean and Pacific,以下简称"ACP 国家"或"非加太国家");三是来自拉丁美洲国家。在该案中,根据欧共体/欧盟的有关规则,一方面香蕉税率配额的分配会因香蕉的来源不同而不同。另一方面,在程序和行政要求上,对于进口源于第三国的香蕉和非传统非加太国家的香蕉与进口非加太国家香蕉也有所不同,对于前者的要求显然更严苛。该案上诉机构认为,应当坚持美国非橡胶鞋案的做法,对"利益"一词作广义上的界定。该案中,欧共体/欧盟通过差别税率配额以及不同的程序和行政要求给予传统非加太国家香蕉的"利益",符合 GATT 第 1 条第 1 款"利益"的含义,但并未给予从其他成员进口的香蕉。③ 由此可以看出,GATT 第 1 条所规定的"利益"不仅包括直接获利,还包括给予不同产地的产品的任何优势竞争机会。

---

① e.g., Panel Report on Belgium-Family Allowances (1952), para. 3; Panel Report on US-Customs User Fee (1988), para. 122; Panel Report on US-MFN Footwear (1992), para. 6.9; Panel Report on Colombia-Ports of Entry (2009), paras. 7.340, 7.345.
② See Panel Report on EC-Bananas III (1997), para. 7.239.
③ See Appellate Body Report on EC-Bananas III (1997), para. 206.

专家组在哥伦比亚入境口岸限制措施案中发现,哥伦比亚关于纺织品、服装和鞋类进口的海关条例要求来自巴拿马的货物进口商提前提交进口报关单,并相应地提前支付关税税款,而来自其他国家的货物进口商则无须事先提交进口报关单。因此,专家组认为哥伦比亚对来自巴拿马以外国家的货物给予了优势便利,而这种便利亦构成GATT1994第1条第1款所指的"利益"。① 在加拿大汽车增值税案中,上诉机构进一步明确,在前述措施适用范围内,GATT第1条第1款所指的"利益"不是针对某些成员、某些产品,而是针对源自或目的地为"任何国家"的"任何产品"的"任何利益"。②

(三)所涉产品是否为同类产品

根据GATT第1条,另外一个确定最惠国待遇义务的核心概念就是"同类产品"(like product)。"同类产品"的概念一直是WTO判例中的一个难点。这一概念不仅出现在GATT第1条第1款,而且在减让表(GATT第2条)、国民待遇(GATT第3条第2款和第4款)、反倾销条款(GATT第6条第1款)、原产地标记(GATT第9条第1款)、普遍取消数量限制(GATT第11条第2款)、数量限制的非歧视管理(GATT第13条第1款)、反补贴条款(GATT第16条第4款)和保障措施条款(GATT第19条第1款)中都有所规定,甚至其他协定中亦有所涉及,如《反倾销协定》第2条第6款等。③ 然而,"同类产品"的概念和确定标准在WTO各协定中并没有明确的界定。

"同类产品"的一般含义是具有许多相同或类似特征的产品,但是该含义不足以解决所有的问题。例如,在评估"同类性"(likeness)时哪些特征或品质是重要的?产品必须在多大程度上拥有相同的品质或特性才能认定为"同类"?④ WTO实践普遍认为,不同条款中的"同类产品"往往具

---

① See Panel Repor on Colombia-Ports of Entry (2009), para. 7.352.
② See Appellate Body Report on Canada-Autos (2000), para. 79.
③ 《反倾销协定》第2条第6款规定:"本协定所用'同类产品'一词应解释为指相同的产品,即与考虑中的产品在各方面都相同的产品,或如果无此种产品,则为尽管并非在各方面都相同,但具有与考虑中的产品极为相似特点的另一种产品。"《SCM协定》《保障措施协定》和《TBT协定》中也有相关条款。
④ See Appellate Body Report on EC-Asbestos (2001), para. 91.

有不同的含义或范围。① 在日本酒税案Ⅱ中,上诉机构通过手风琴的比喻,形象地说明了 WTO 不同协定的不同条款中"同类产品"概念范围可能存在的差异,"'同类性'的手风琴在不同的地方打开,其宽度必须根据'同类'一词遇到的特定条款及其上下文以及该条款适用的特定情况来确定。"② 比如,GATT 第 3 条第 2 款在讨论国民待遇中的"同类产品"时,不仅包括一般意义的同类产品,还包括直接竞争和可替换产品,其范围明显大于 GATT 第 1 条第 1 款最惠国待遇中的"同类产品"。即使同是涉及 GATT 第 1 条第 1 款最惠国待遇的案件,对于"同类产品"也必须结合个案的具体案情来认定。

西班牙咖啡案是历史上对 GATT 第 1 条"同类产品"判断的一个经典案例。1979 年之前,西班牙对未经烘焙的咖啡征收统一关税。随着新法令的实施,西班牙将咖啡分为五个单独的税目,并按两种不同的税率征收关税:两种淡咖啡免征关税,而另外三个税目下的咖啡则征收 7% 的关税。巴西向西班牙出口的咖啡的主要品种恰恰为后者,因此受到新税制的影响较大,故巴西主张西班牙的关税措施违反了 GATT 第 1 条第 1 款。专家组认为:首先,就农产品而言,受地理因素、种植方法、豆类加工和遗传因素的影响,产品的味道和香气会有所不同是常见情况,仅仅由于感官的不同就采取不同的关税待遇并不合理。其次,在西班牙,未经烘焙的咖啡豆主要是以混合的形式进行销售,即各种类型的咖啡豆通常会以混装的形式出售,并且不同风味的咖啡最终被消费者普遍认为是一种饮品。最后,其他国家并没有采用类似的关税分类方法。因此,专家组得出结论,在该案中,所有未经烘焙的咖啡豆都应被视为 GATT 第 1 条第 1 款所指的"同类产品"。③ 随着 WTO 争端解决的进一步实践,专家组和上诉机构逐渐总结出一套衡量"同类产品"的标准:(1) 产品的性质、特征和品质,即产品的物理特性;(2) 产品的最终用途,即产品能够执行相同或类似功能的程度;(3) 消费者的口味和习惯,也称"消费者对产品的感知和行为",即消费者愿意区别使用产品的程度或消费者认为产品可替代的

---

① See John H. Jackson, World Trade and the Law of GATT, *Indianapolis*: *Bobbs-Merrill*, Vol. 482, 1969, p. 260.
② Appellate Body Report on Japan-Alcoholic Beverages Ⅱ (1996), para. 21.
③ See Panel Report on Spain-Unroasted Coffee (1981), paras. 4.6-4.9.

程度;(4)产品的关税分类,即其他成员是否采取了类似的关税税制。这套标准同样不是一个封闭的列表,它随着社会的发展和个案的需要而变化或完善。比如,现在人们对咖啡的销售和消费习惯显然与 40 多年前有了很大的差异,所以不同口味的咖啡是否还能如西班牙咖啡案中那样被认定为"同类产品"就有待商榷了。

即使已经有了一套可供参考的标准,确定产品是否同类仍然是一项重大挑战,所以 WTO 的很多案例又发展出了"假定同类产品法"。①这种分析方法回避了两种产品是否为同类产品的问题,认为当出现基于来源地的歧视或因注入进口禁令等原因为无法进行同类产品比较时,则可以推定所比较的产品构成"同类产品"。例如,如果来源地成为产品被区别对待的唯一标准时,那么就足以证明产品间存在"同类性"。②

(四) 所给予的利益是否"立即"和"无条件"

检验是否符合 GATT1994 第 1 条第 1 款规定的最惠国待遇义务的最后一个要素涉及有关措施所给予的利益是否"立即"和"无条件"地给予来自或运往其他成员的同类产品。在"立即"给予所有同类产品利益的要求上很少存在争议。"立即"是指"立刻、毫不迟延",即在授予产品利益和将该利益应用于所有其他成员的同类产品之间不应有任何时间间隔。③实践中争端主要是由"无条件"给予利益的含义引起的。

在欧共体关税案中,专家组针对"无条件"一词作出了阐释。欧共体提出,GATT 第 1 条第 1 款中的"无条件"意味着给予的任何优惠不应以要求补偿为条件,而本案中欧共体给予的关税优惠并不以受惠方的补偿回报为前提,因此就应该是"无条件"的。专家组显然不同意这种说法。专家组认为,GATT 第 1 条第 1 款中"无条件"一词的含义应比不要求补偿更广泛。虽然专家组承认欧共体的论点,即传统双边条约中最惠国条款的条件性可能与接受最惠国待遇的贸易补偿条件有关,但专家组认为,

---

① See Panel Report on Colombia-Ports of Entry (2009), para. 7.357; US-Poultry (China) (2010), paras. 7.431-7.432. 在后案中,美国提出中国与其他 WTO 成员不同肉禽的安全水平会对同类产品分析法有所影响,但无法提供相关证据。因此,专家组也采用了假定同类产品法。

② 参见陈咏梅、陈雨松主编:《世界贸易组织法律实务》,厦门大学出版社 2017 年版,第 255 页。

③ See Peter van den Bossche, & Werner Zdouc, *The Law and Policy of the World Trade Organization*(3rd Ed.), Cambridge University Press, 2013, p.319.

这并不是 GATT 第 1 条第 1 款中"无条件"的全部含义。相反,专家组认为,应该赋予该术语在 GATT 第 1 条第 1 款下的一般含义,即"不受任何条件的限制"。①

在印尼汽车案和加拿大汽车增值税案中,专家组和上诉机构进一步解释了这一要求。在该两案中,其他成员的同类产品是否能享受相关优惠或利益,都要受制于出口商与进口国国内特定企业间是否达成相关协议。尽管专家组在两案中的分析方法不尽相同,但是都认为,将成员享受优惠或利益的权利与任何和产品本身无关的条件相联系违反了 GATT 第 1 条第 1 款关于"立即"和"无条件"最惠国待遇义务的要求。② 在欧共体密封产品案中,上诉机构进一步澄清:"从根本上看,GATT 第 1 条第 1 款的目的就是为了保护所有成员的所有同类产品的同等竞争机会……因此,它禁止那些不利于成员同类产品获得竞争机会的条件。"③在美国金枪鱼案 II 中,上诉机构也重申了欧共体密封产品案的观点,认为判断美国相关措施是否违反 GATT 第 1 条第 1 款最惠国待遇义务时,需要考虑相关措施是否改变了美国市场的竞争条件,进而损害了墨西哥金枪鱼产品相对于或其他成员金枪鱼产品的竞争机会。④

因此,从 WTO 实践来看,起诉方在主张某成员违反 GATT 第 1 条第 1 款最惠国待遇义务时,并不"需要证明该具体措施实际对贸易产生的影响"⑤,而仅仅需要指出被诉方的某项措施或规定与产品本身无关,并且该措施为部分 WTO 成员创造更有利的竞争优势这一事实。⑥

四、GATT1994 中涉及 MFN 的其他条款

除第 1 条外,GATT1994 中还有若干其他规定要求给予所有成员产品最惠国待遇的。例如,第 3 条(关于当地含量要求)、第 4 条(关于电影

---

① See Panel Report on EC-Tariff Preferences(2003), paras. 7.56-7.60.
② See Panel Report on Indonesia-Autos(1998), para. 14.145. 本案并未上诉。See also Panel Report on Canada-Autos(2000), paras. 10.18-10.50. 本案上诉机构并未论证该问题,仅支持了专家组的结论。
③ Appellate Body Report on EC-Seal Products(2014), para. 5.88.
④ See Appellate Body Report on US-Tuna II(2012), para. 7.338.
⑤ Appellate Body Report on EC-Seal Products(2014), para. 5.82.
⑥ See Panel Report on EC-Bananas III (1997), para. 7.239.

放映配额分配)、第 5 条(关于过境自由)、第 9 条(关于原产地标记)、第 13 条(关于数量限制的非歧视管理)和第 17 条(关于国营贸易企业)。这些条款的存在本身就表明了最惠国待遇原则在国际货物贸易领域的普遍性。

GATT1994 第 3 条规定,在满足国民待遇义务前提下实施特定数量或比例要求的国内数量限制措施时,"不得以在外部供应来源之间分配任何此种数量或比例的方式实施"。[1]

GATT1994 第 4 条是关于电影放映配额的特殊规定,"如任何缔约方制定或维持有关已曝光电影片的国内数量法规",则依照该法规实施的任何放映配额,"不得在形式上或实际上在各供应来源之间进行分配"[2]。

GATT1994 第 5 条规定了在特定情况下各国产品应有过境自由,但是这种自由同样应遵守最惠国待遇义务,即"不得因船籍、原产地、始发地、入港、出港或目的地,或与货物、船舶或其他运输工具所有权有关的任何情况而有所区分"。同时,在有关过境的所有费用、法规和程序,以及任何成员产品的待遇方面,也要满足最惠国待遇的要求。[3] 在哥伦比亚入境口岸限制措施案中,哥伦比亚规定来自巴拿马的货物必须满足某些要求才能进行国际运输,而来自其他国家的货物则不需要满足这些要求,专家组认为这样的要求违反了 GATT1994 第 5 条的规定。[4]

GATT1994 第 9 条第 1 款提出了关于原产地标记的最惠国待遇义务要求:"每一缔约方在标记要求方面给予其他缔约方领土产品的待遇不得低于给予任何第三国同类产品的待遇。"

GATT 第 13 条规定非歧视地实施数量限制,要求"任何缔约方不得禁止或限制来自任何其他缔约方领土的任何产品的进口,或向任何其他缔约方领土的任何产品的出口,除非来自所有第三国的同类产品的进口或向所有第三国的同类产品的出口同样受到禁止或限制"。同时,在实施这样的限制(包括配额和关税配额的分配)时,采取限制措施的缔约方"应旨在使此种产品的贸易分配尽可能接近在无此类限制的情况下各缔约方

---

[1] GATT1994 第 3 条第 5 款和第 7 款。
[2] GATT1994 第 4 条(b)项。
[3] GATT1994 第 5 条第 2 款、第 5 款和第 6 款。
[4] Panel Report on Colombia-Ports of Entry(2009), paras. 7.427-7.430.

预期获得的份额"。①

GATT1994 第 17 条是关于国营贸易企业的规定,它要求"每一缔约方承诺,如其建立或维持一国营企业,无论位于何处,或在形式上或事实上给予任何企业专有权或特权,则该企业在其涉及进口或出口的购买和销售方面,应以符合本协定对影响私营贸易商进出口的政府措施所规定的非歧视待遇的一般原则行事。"除此之外,GATT 要求此类企业在符合相关协议的基础上,"应仅依照商业因素进行任何此类购买或销售,包括价格、质量、可获性、适销性、运输和其他购销条件,并应依照商业惯例给予其他缔约方的企业参与此类购买或销售的充分竞争机会"。② 需要注意的是,尽管根据第 17 条第 1 款(6)项规定,在政府采购方面,(a)项规定并不适用,但 WTO 还有一项单独的有关政府采购的诸边协定,该协定也明确了对特定政府机构的某些采购行为的最惠国待遇和国民待遇要求。

除了上述规定外,GATT1994 第 18 条规定了政府采取的对经济发展的援助措施必须符合最惠国待遇义务。③第 20 条则规定了在满足某些特定的例外条件时,缔约方所采取的某些措施可能与 WTO 义务不符,但实施该措施也必须符合非歧视的义务,如满足"所有缔约方在此类产品的国际供应中有权获得公平的份额"的要求。④

五、MFN 的例外

如前所述,GATT 最惠国待遇制度的一个显著特点就是例外多且杂。除了历史上出现过的特惠制安排外,GATT 中还有很多有关 MFN 的例外规定。

(一)一般例外

作为 GATT1994 的"一般例外",第 20 条的规定显然也适用于 WTO 货物贸易的最惠国待遇义务。例如,为保护人类、动物或植物的生命或健康,或者为了保护具有艺术、历史或考古价值的国宝,成员都可能有权采取不符合 MFN 义务的措施。当然,该条对适用"一般例外"的条件作出

---

① GATT1994 第 13 条第 1 款和第 2 款。
② GATT1994 第 17 条第 1 款(a)(b)项。
③ GATT1994 第 18 条第 20 款。
④ GATT1994 第 20 条序言和(j)项。

了限定。一般而言,采取此类措施要满足以下条件:(1)此类措施应当符合第 20 条规定的 10 种例外措施的具体要求;(2)此类措施的实施还必须符合第 20 条序言的要求,对情况相同的成员不得构成武断的或不合理的差别待遇。想要适用这一条款并非易事,后续章节将详细介绍。

(二)安全例外

GATT1994 第 21 条的"安全例外"是为保护国家基本安全利益而制定的规定和禁令。例如,不得基于 MFN 原则要求任何成员提供其根据国家基本安全利益认为不能公布的资料;不得阻止任何成员为保护国家基本安全利益对有关事项采取其认为必须采取的任何行动。

(三)边境贸易、关税联盟、自由贸易区

根据 GATT1994 第 24 条第 3 款(a)项的规定,GATT 的各项义务不得解释为阻止"任何缔约方为便利边境贸易而给予毗连国家的优惠"。也就是说,MFN 原则不适用于任何成员为便利边境贸易而提供或将来要提供给相邻成员产品的利益与优惠。因为这种优惠是基于地理位置相邻的特性而发展出来的,不具备普遍的延续性。

区域贸易协定也是 GATT 最惠国待遇义务的一个很重要的例外。区域贸易协定的主要形式包括关税同盟和自由贸易区。关税同盟是指一个单独的关税领土代替两个或两个以上的关税领土。组成关税同盟缔约方之间的内部贸易取消关税和其他贸易限制,同时,关税同盟缔约方的外部贸易采用相同的关税税率和相同的贸易规制,这样关税同盟完全代替了各个同盟缔约方的关税主权。可以看出,关税同盟的基本特征就是"对内取消关税,对外设置统一关税"①。自由贸易区在内部与关税同盟一样,取消了缔约方之间的各种关税及贸易限制,但在对外关系上两者存在很大的区别:"在关税同盟情况下,缔约方对区域外进口适用统一税率;在自由贸易区内,缔约方对区域外进口继续适用各自在本国减让表中列明的未经协调的关税税率。"②即在内部自由、统一的基础上,组成自由贸易区的缔约方保留了对外部的关税主权和贸易规制权,对外实施不同的关

---

① 黄东黎、杨国华:《世界贸易组织法:理论·条约·中国案例》,社会科学文献出版社 2013 年版,第 161 页。

② 联合国国际贸易中心、英联邦秘书处:《世界贸易体系商务指南(第二版)》,上海财经大学出版社 2001 年版,第 81 页。

税税率和贸易政策。以关税同盟或者自由贸易区形式达成区域贸易协定的,缔约方彼此之间给予的特别优惠和豁免也可以不给予其他 WTO 成员。

但是,根据 GATT1994 第 24 条的规定,关税同盟和自由贸易区作为适用 MFN 制度的例外是有条件的,需要满足对外和对内两部分要求。第一,组成区域贸易协定的内部"缔约方领土之间的实质上所有贸易或至少对于产于此类领土产品的实质上所有贸易,取消关税和其他限制性贸易法规"①,如果只对某项或某几项产品取消关税或其他限制,则 GATT 不承认其能够作为 MFN 义务的例外。第二,区域贸易协定在促进内部贸易自由化的同时,不能以牺牲外部贸易自由为代价。即关税同盟和自由贸易区成员不得损害其他 GATT 缔约方的利益,不得形成歧视待遇。相应地,因区域贸易协定利益受损的缔约方有权得到相应的补偿。②

(四)"授权条款"例外

GATT1994 第四部分"贸易与发展"的各项规定体现了发展中国家成员的根本利益要求,特别是第 36 条第 8 款,首次确立了非互惠原则,冲破了 GATT 最惠国待遇的要求。但是,如果发达国家成员有意根据这一条款给予发展中国家成员某项优惠,或发展中国家成员之间相互给予某项优惠,则必须按照 GATT1994 第 25 条第 5 款规定的豁免条件,在解除 GATT 第 1 条最惠国待遇义务后才能实施。1979 年东京回合谈判结束时,GATT 缔约方通过了一项《给予发展中国家差别和更优惠待遇、互惠和更全面参与的决定》的决议,该项决议也被称为"授权条款"。③ 该决议的第 1 段规定,"尽管有关贸总协定第 1 条的规定,缔约方仍然可以给予发展中国家差别和更优惠的待遇,而不必给予其他缔约方此种待遇"。这使得发展中国家成员在多边贸易体系中获得贸易优惠有了新的法律基础,不必再根据 GATT 第 25 条提出豁免。WTO 成立时,GATT 和该"授权条款"皆被纳入《WTO 协定》,成为 WTO 法的组成部分。

---

① GATT1994 第 24 条第 8 款(a)项(i)目。
② GATT1994 第 24 条第 9 款。
③ WTO, Differential and More Favourable Treatment, Reciprocity and Fuller Participation of Developing Countries, Nov. 28. 1979, L/4903, https://www.wto.org/english/docs_e/legal_e/tokyo_enabling_e.pdf, last visited on June 23, 2024.

"授权条款"的主要内容就是授权发达国家成员可以背离最惠国待遇原则,给予发展中成员差别的和更优惠的待遇。"授权条款"第 2 段(a)至(d)明确了缔约方可以采取的四种方式:(1) 发达国家成员给予发展中国家成员关税优惠;(2) 发达国家成员给予发展中国家成员非关税优惠;(3) 发展中国家成员间相互的关税和非关税优惠;(4) 在向发展中国家成员提供优惠的前提下可对最不发达国家提供进一步优惠。"授权条款"在脚注中进一步说明发达国家成员向发展中国家成员提供的是"普遍的、非歧视的、非互惠的"贸易优惠,即发达国家成员给予所有发展中国家成员以同样的优惠待遇。[①] 同时,发达国家成员根据"授权条款"提供的差别和更优惠任何待遇,"其设计和必要时的修改应积极满足发展中国家的发展、财政和贸易需要"[②]。"授权条款"第 5 段进一步规定,"发展中国家不应该,也不被要求对任何与其发展、金融和贸易需要不一致的贸易优惠作出任何让步和妥协"。可以看出,发展中国家成员根据"授权条款"享受优惠时,并不需要对给惠方提供对应的优惠。

"授权条款"同时规定了提供差别和更优惠待遇的条件:(1) 提供的这些待遇不应妨碍在最惠国待遇基础上减少或撤除关税和其他限制;(2) 提供的这些待遇应促进发展中成员的贸易,但不应损害其他成员的贸易利益;(3) 随着发展中成员经济贸易上的积极发展,可酌情修改这些待遇。[③]但是,"授权条款"在制度设计上也存在着一些缺陷和不足。例如,"授权条款"未对"发展中国家成员"的概念作出界定,既没有认定的标准,也没有认定的程序,其他 WTO 法律文件也未对"发展中国家成员"加以明确界定,导致了实践中对"发展中国家"的认定困难。[④]

第二节 国际货物贸易中的国民待遇制度

国民待遇原则是非歧视原则的另外一项重要内容,也是 WTO 全体

[①] "授权条款"第 2 段脚注 3。
[②] "授权条款"第 3 段(c)。
[③] 参见高田甜:《世界贸易组织授权条款研究》,载《商业研究》2013 年第 11 期,第 206 页。
[④] 参见沈木珠:《WTO 体制下普惠制的变化与未来——以欧盟新普惠制方案为实证的分析》,载《国际贸易问题》2012 年第 4 期,第 160 页。

成员必须遵守的基本原则之一。有学者认为,有关货物贸易的国民待遇原则是 WTO 国民待遇法律体制中最为详尽、丰富和生动的组成部分。[①] 国民待遇原则适用于国内产品与外国产品之间,它要求成员给予清关后进口产品的待遇不低于其同类国产品的待遇,禁止进口产品和国内产品间的歧视。WTO 成员在关税谈判中就国内产品的保护水平协商一致,并承诺不会对国内产品提供额外的间接保护。如果没有这样的制度规定,关税谈判的效力可能被清关后对外国产品采取的歧视性措施削弱。在 GATT 中,国民待遇义务是所有成员的普遍义务,适用于国内税费和国内法律法规方面的规定。

一、简介

GATT1994 第 3 条规定了国民待遇原则,共十款,是 GATT1994 中最为复杂的条款之一。其中,第 3 款、第 6 款是历史性的安排,已无实际意义;第 5 款和第 7 款规范产品混合时国内含量及外国供应来源的关系;第 8 款是政府采购和政府补贴对于国民待遇的例外;第 9 款是进口国限价;第 10 款是对电影片的例外;第 1 款、第 2 款和第 4 款是第 3 条中最为重要也最易引发争议的条款,构成 GATT1994 第 3 条"国内税和国内规章的国民待遇"的核心内容。

第 3 条第 1 款的原文规定为:"各缔约方认识到,国内税和其他国内费用、影响产品的国内销售、标价出售、购买、运输、分销或使用的法律、法规和规定以及要求产品的混合、加工或使用的特定数量或比例的国内数量法规,不得以为国内生产提供保护的目的对进口产品或国内产品使用。"该条款是国民待遇制度适用的原则性条款,其目的是建立一项总原则,用来理解和解释包含在第 2 款等其他段落部分中的具体义务,同时以尊重而非减损的方式理解其他各款中用语的含义。第 1 款具有纲领性质,构成第 3 条其他条款的上下文或组成部分,起着统率和指导作用。第 3 条第 2 款、第 4 款分别具体性地规定了国内税费和国内法律法规方面的国民待遇义务。

---

① 参见王毅:《WTO 国民待遇的法律规则及其在中国的适用》,人民法院出版社 2005 年版,第 52 页。

在日本酒税案Ⅱ中,上诉机构对GATT第3条进行了解释,即对第3条目的和宗旨进行了论述:"第3条主要与根本的目的是避免在国内税和法律措施方面采取保护主义。更具体地讲,第3条的目的是确保在对进口产品或同类国内产品实施国内措施时不得为国内生产者提供保护。为此目的,第3条要求WTO成员对进口产品与国内产品提供平等的竞争条件。第3条不保护对特定贸易量的任何预期,而是保护进口产品与国产品之间平等的竞争关系。进口产品和国内产品因不同税负所产生的'贸易效果'主要由进口量体现,贸易效果是否明显与认定是否违反国民待遇无关。WTO成员可通过国内税收或法规实现其国内监管目标,但不能违反第3条或其在WTO项下的所作的其他任何承诺。"[①]

GATT第3条与其他诸多关键条款密切相关,并且这些关键条款之间是相互作用的。第3条第2款和第4款的主要内容国内税费和国内法律法规被纳入GATT第1条最惠国待遇条款中,GATT的两大非歧视条款实质上相互联系。第3条的目的之一是保护关税减让谈判的结果,因而第3条与第2条"减让表"相关。但第3条的适用范围不局限于第2条关税减让表中的产品,第3条的国民待遇义务禁止使用国内税收或其他国内法律法规措施来保护国内生产,并且同样适用于不受第2条约束的产品。GATT第17条"国营贸易企业"第1款(a)项规定,"企业在其涉及进口或出口的购买和销售方面,应以符合本协定对影响私营贸易商进出口的政府措施所规定的非歧视待遇的一般原则行事",而国民待遇本身就是非歧视待遇的重要组成部分,因而有观点认为GATT第17条实质上涵盖了国民待遇条款。此外,WTO成员政府经常援引GATT第20条"一般例外"中公共道德、自然资源、环境保护等款项为国内管制措施进行辩护,因而GATT第3条也会涉及一般例外条款,援引第20条对第3条的解释发挥着间接作用。综上所述,第3条在GATT法律体系中占据核心地位。

从GATT到WTO的国民待遇制度发展历程看,无论是争端解决机构还是各成员政府,都面临着贸易自由化和国内管理自治的"囚徒困境"。各成员既希望在贸易自由化中获取最大利益,但同时也要考虑自由化对

---

① Appellate Body Report on Japan-Alcoholic Beverages Ⅱ(1996),p.16.

于本国利益的影响,考虑自己的行为是否会危害其他贸易伙伴以及多边体制。WTO国民待遇问题也演变成为在尊重国内管制自主权的基础上,区分和认定保护性或歧视性措施,以推进贸易自由化。①近些年来,扩大国内管制自主权的呼声越发强烈,在国际市民社会和发达国家政府的双重压力下,如何平衡国内管制自主权和贸易自由化成为国民待遇原则适用中面临的棘手难题。

二、GATT1994 第 3 条关于国内税费的适用

GATT1994 第 3 条第 2 款规定了国内税和其他费用方面的国民待遇,内容如下:"任何缔约方领土的产品进口至任何其他缔约方的领土时,不得对其直接或间接征收超过对同类国产品直接或间接征收的任何种类的国内税或其他国内费用。此外,缔约方不得以违反第 1 款所列原则的方式,对进口产品或国产品实施国内税和其他国内费用。"可以看出,第 2 款内容结构较为复杂。除了第 2 款第 1 句禁止对进口产品征收超过国内同类产品的国内税费外,第 2 款第 2 句还要求征收国内税费的方式不得违反第 1 款所列的原则。第 1 句和第 2 句的规制范围存在区别:如果进口产品遭受与国内同类产品不同的歧视性待遇,那么违反第 3 款第 1 句的规定;如果受歧视产品与国内相关产品不属于同类产品但构成直接竞争或可替代关系的产品,那么只要进口国的税费为本国产品提供了保护,就违反了第 3 款第 2 句的规定。第 3 条第 2 款虽然结构较为复杂,但明确规定了两项义务:一是禁止对进口产品直接或间接征收超过同类国产品的国内税或其他国内费用。二是要求对进口产品与其直接竞争或可替代产品同样地征税。

实践中,WTO 成员直接对外国产品征收相较于国内产品更高国内税的歧视性做法极度罕见,更常见的是对某种产品组的某些类别征收比其他类别更高的税。日本酒税案Ⅱ是此种做法的典型代表,该案涉及修改后的日本 1953 年《酒税法》,该法将酒分为十类:清酒、清酒混合酒、烧酒(分 A 组和 B 组)、甜米酒、啤酒、葡萄酒、威士忌和白兰地、烈性酒、餐

---

① 参见杨向东:《WTO 体制下的国民待遇原则研究》,中国政法大学出版社 2008 年版,第 8 页。

后酒、其他酒。申诉方认为,烧酒与伏特加、金酒、白朗姆酒和杜松子酒是同类产品,日本对其适用不同税率违反了 GATT 第 3 条第 2 款第 1 句。如果不能确认它们是同类产品,则应认定其为直接竞争或可替代产品,日本的做法违反了 GATT 第 3 条第 2 款第 2 句。日本政府则解释并认为,烧酒是一种面向工人阶级的廉价酒精饮料,而不是申诉方关注的价格较高的高档酒精饮料,烧酒与威士忌、白兰地等为不同产品,因而存在税收差异。虽然日本《酒税法》没有规定基于原产地的税收差异,但在申诉方加拿大、欧盟、美国看来,事实上存在不利于进口产品的差异。该种征税方法是否违反 WTO 规则取决于争议产品与日本烧酒是否足够相似,如果完全相同或类似,则承担的税负也应相同。该案上诉机构对 GATT 第 3 条第 2 款第 1 句和第 2 句作出了详细的解释和说明,有助于第 2 款的实践运用,后续多个案件援引了该案的上诉机构报告。[1]

(一) GATT 第 3 条第 2 款第 1 句

国内税费方面的国民待遇包括两种情形,情形一即 GATT 第 3 条第 2 款第 1 句涉及的进口产品与国内同类产品之间的待遇。进口成员对进口到境内的产品直接或间接地征收的国内税或其他国内费用,不得超过其对国内同类产品直接或间接征收的国内税或其他国内费用。确定进口成员是否违反该规定时,需要审查两个方面的内容:(1)进口产品与国内产品是否为同类产品。(2)进口产品承担的国内税费是否超过对国内同类产品征收的税费。如果这两方面的答案都是肯定的,那么可以得出进口成员违反 GATT 第 3 条第 2 款的结论。如果有一个方面的答案是否定的,就得继续审查该措施是否违反 GATT 第 3 条第 2 款第 2 句。

1. 同类产品

"同类产品"一词在《WTO 协定》中多次出现,但并没有固定的定义。在不同的情况下,同类产品有着不同的含义。同类产品是直接竞争或可替代产品的子集,但并非所有的直接竞争或可替代产品都具有同类性。即对"同类产品"要作狭义的解释,而对"直接竞争或可替代产品"要作广义的解释。直接竞争或可替代产品的范围明显较同类产品更为宽泛,二者的划分需依个案酌情判断。

---

[1] Appellate Body Report on Japan-Alcoholic Beverages II(1996), pp. 18-23.

尽管法律中一直未确立产品"同类性"(likeness)的统一审查标准,但WTO《边境税调整工作组报告》勾勒了分析产品同类性的一种方法,此后实践中多个案件的裁决采用了这一方法,并对其加以发展。即在确定同类性时应对如下四个方面进行分析:(1)产品的结构、性质和品质;(2)产品的最终用途;(3)消费者的偏好和习惯;(4)产品的关税分类。[①]

日本酒税案Ⅱ专家组采用了此种传统方法。虽然日本烧酒不能用白桦木炭过滤,而传统的伏特加是用白桦木炭过滤的,但在物理特性和最终用途方面,两种产品没有差异。专家组分析后认为,伏特加和烧酒应被归入同类产品,而其他争议的酒精饮料与烧酒相似之处不多,不足以认定为同类产品。因此,在该案中唯一的同类产品是烧酒和伏特加。上诉机构维持了专家组的这一结论,并以手风琴作比,形象地描述了同类产品在不同案件中涉及不同条款时的判断。[②]

2. 国内税费

GATT 第 3 条第 2 款第 1 句涉及"国内税费"(internal tax or charge)的概念,要给它下一个准确定义有一定难度。有人曾建议以过海关这一时间节点对国内税和关税进行划分,但事实上存在海关所征收的税收为国内税或者名为国内税但实际上是进口关税的情形,以进口时间、地点对国内税和关税进行划分并不妥当。

GATT1947 附件九"注释和补充规定"中规定:"如在进口时或在进口口岸对进口产品征收或执行,则仍应被视为国内税或其他国内费用或第 1 款所指类型的法律、法规或规定,并因此应遵守第 3 条的规定。"1948 年哈瓦那会议报告也对国内税进行了说明:"被进口国法律定为国内税的东西,其本身并无国内税的地位。"即名为国内税的税收有可能实质为关税,原因是:(1)它们是在货物进口时作为入境条件征收的;(2)它们是专门对进口产品实行的,与本国对国内同类产品征的同类税费毫无关系。

中国汽车零部件案专家组认为,费用收取或支付的时间点并不具有决定性的作用,一项收费是否构成 GATT 第 3 条第 2 款意义上的"国内

[①] WTO, Report by the Working Party on Border Tax Adjustments, GATT, L/3464, Nov. 20,1970, https://docs.wto.org/gattdocs/q/GG/L3799/3464.PDF, pp. 18-19, last visited on June 23, 2024.

[②] Appellate Body Report on Japan-Alcoholic Beverages II(1996), p. 21.

税或其他国内费用"的关键标志是"支付费用这一义务的产生是否基于国内因素(比如相关产品重新在国内销售或因为这些产品是在国内使用),而这些国内因素是产品进口后才出现的"。而普通关税则是在货物进入另一成员的关税领土时所发生的付费义务,并且一项普通关税必须以货物进口时的价值为估价标准。

3. 超过

GATT 第 3 条第 2 款第 1 句禁止对进口产品征收超过国内同类产品的税费。在日本酒税案Ⅱ中,上诉机构强调:"即便是最少的'超过'也太多了,第 1 句中认定税收歧视不以贸易效果为前提条件,也不受所谓'微量标准'的限制。"①只要确定进口产品承担的税费高于国内产品承担的税费,最少的"超过"就足以认定进口国的税收措施违反 GATT 第 3 条。GATT 第 3 条第 2 款第 1 句禁止歧视性税费,和贸易量、贸易效果没有任何关系,它所追求的是未来的贸易机会。

一旦认定两种产品为同类产品,想要证明对两种产品采取的税收措施不违反 GATT 第 3 条第 2 款,就得证明对两种产品的征税水平没有差异,或者该税收措施并不是真正的税收措施。实践中,判断对进口产品征收的税费是否超过在某些实际情况下对同类国产品征收的税费十分复杂,涉及多种情形。如在阿根廷皮革案中,阿根廷的税收措施要求在进口时预缴增值税和所得税,对进口产品预征的款项大于对国内产品预征的款项,但进口产品与国内同类产品最终的税收负担是相同的。专家组认为,可以通过比较进口产品和国内同类产品的实际税收负担来考察二者是否平等竞争。②在某些情况下进口商需要预付更多的税款,与国内产品的买方相比,进口商承担的利息成本相对较高。专家组最后认定,该项税收措施违反了 GATT 第 3 条第 2 款。

总体而言,专家组和上诉机构对同类产品多进行严格解释,同类产品的适用范围相当狭窄。同时,GATT 第 3 条第 2 款的第 2 句还涉及对直接竞争或可替代产品的征税,故而认定有关产品为不同产品并不会结束对争议措施是否违反 GATT 第 3 条第 2 款的分析。

---

① Appellate Body Report on Japan-Alcoholic Beverages II(1996),p. 23.
② Panel Report on Argentina-Hides and Leather(2000),paras. 11.82-11.83.

(二) GATT 第 3 条第 2 款第 2 句

国内税费方面的国民待遇情形二是,GATT 第 3 条第 2 款第 2 句中具有直接竞争或可替代关系的进口产品与国内产品之间的待遇。从上文对第 3 条第 2 款第 1 句的讨论可知,GATT 对歧视性税收的主要规制体现在第 3 条第 2 款第 2 句中。第 2 句的文本内容有点含糊,它要求"缔约方不得以违反第 1 款所列原则的方式,对进口产品或国产品实施国内税或其他国内费用"。第 3 条第 1 款规定的国民待遇原则要求不应采用国内税收措施来保护国内生产。第 2 款第 2 句本身没有提及"直接竞争或可替代产品",但与 GATT 正文具有同等地位的第 3 条第 2 款注释规定:"符合第 2 款第 1 句要求的国内税,只有在已税产品与未同样征税的直接竞争或可替代产品之间存在竞争的情况下,方被视为与第 2 句的规定不一致。"

根据该注释,只有当进口产品与直接竞争或可替代产品未被同样地征税时,才可被视为违反 GATT 第 3 条第 2 款第 2 句。在日本酒税案 Ⅱ 中,上诉机构认为,审查是否违反第 2 句需要考虑如下三个独立的问题:(1)进口产品与国内产品是否为直接竞争或可替代产品。(2)直接竞争或可替代的进口产品与国内产品是否"未同样征税"。(3)没有同样地征税是否为了保护国内生产。

1. 直接竞争或可替代产品

无法达到同类产品程度的产品,根据竞争环境和相对市场状况,完全可能是直接竞争或可替代产品。认定两种产品是否存在竞争关系,是否属于直接竞争或可替代产品,不仅要考虑产品的物理特性、最终用途和关税分类,还要考虑市场偏好。这些因素通常是带有主观色彩的,直接竞争或可替代产品的认定缺乏更客观的、可量化的竞争性和可替代性的衡量标准。于经济学家而言,产品是否存在竞争关系可以通过相关产品的交叉价格弹性来确定。例如,如果产品 B 的价格保持稳定,但产品 A 的价格上涨,产品 A 的一些用户会转向产品 B。当一种产品的价格过高,另一种产品很容易被证明是其直接竞争或可替代产品,认定时需考虑竞争力度或可替代的程度。交叉价格弹性方法不是证明直接竞争或可替代产品的决定性方法。此外,将交叉价格弹性这一理论方法运用于特定市场也是一大现实难题:任意单一市场都有其自身特点,两种产品在某一市场上可能被视为"直接竞争或可替代产品",而在另一市场上却未必被视为此类产品。在日本酒税案Ⅱ中,上诉机构批准适用交叉价格弹性方法以及《边境税调整工作组报告》确立的产品同类性的传统方法来判断两产品是否具有直接竞争性或可替代性。

在日本酒税案Ⅱ中,申诉人向专家组提交了一项研究报告。该报告指出,烧酒和伏特加、金酒、白朗姆酒和杜松子酒等蒸馏酒之间存在高度的价格弹性。① 可替代性的经济研究成为专家组得出最终调查结果的关键。

在韩国酒税案中,专家组审查了有关产品的物理特性、最终用途、分销渠道和相对价格,还考虑了价格弹性,但没有像日本酒税案Ⅱ专家组那样重视交叉价格弹性研究。② 该案上诉机构特别指出,"一种只注重竞争的数量重叠的办法,实质上将使交叉价格弹性成为确定产品是'直接竞争还是可替代'的决定性标准"。专家组裁决案件时没有过分依赖对竞争关系的定量分析,这一做法得到了上诉机构支持。③

在智利酒税案中,专家组认为,皮斯科酒的生产和营销决策显示其未来将与最高档的进口蒸馏酒进行竞争,这表明智利的皮斯科酒和进口蒸馏酒之间当时存在一定程度的竞争,未来可能出现更大的竞争。此外,智利一委员会在决定两家主要皮斯科酒生产商之间的合并时观察到:"酒精饮料市场是皮斯科酒的相关市场,这个市场包括啤酒、葡萄酒和白酒。"④

不同于日本酒税案Ⅱ专家组裁决,韩国、智利酒税案专家组都没有过分依赖交叉价格弹性的经济研究。智利酒税案专家组强调,即便一项研究显示相关产品可替代性相对较低,也极有可能存在潜在竞争的大量重要证据。在酒精饮料领域,WTO 专家组一致认为蒸馏酒之间具有竞争关系。

2. 未同样征税

GATT 第 3 条第 2 款注释规定的"未同样征税"不等同于该条款第 1 句中的"超过"。"未同样征税"有更大的灵活性,政府对竞争性产品征税

---

① Panel Report on Japan-Alcoholic Beverages II (1996), paras. 6.29, 6.30.
② Panel Report on Korea-Alcoholic Beverages (1996), paras. 10.95-10.98.
③ Appellate Body Report on Korea-Alcoholic Beverages (1998), para. 134.
④ Panel Report on Chile-Alcoholic Beverages (1999), paras. 7.98-7.110.

可以略有不同。违反该条款第 1 句的规定,对进口产品征收的税费超过国内同类产品的税费,不论其差额大小,均可认定该征税措施违反了 GATT 第 3 条。

要达到"未同样征税"标准,对国内产品征收的税费与对直接竞争或可替代关系的进口产品征收的税费之间应存在一定差额,并且差额不能是微量的,"微量的"标准和判断须根据个案具体情况斟酌确定。而即便是对直接竞争或可替代关系的进口产品征收较高的国内税费,如果差额没有超出"微量",则不足以得出"未同样征税"的结论,也不应认为该税收措施违反 GATT 第 3 条第 2 款第 2 句的规定。

在日本酒税案Ⅱ中,A 组烧酒每公升税负为威士忌的 16%、利口酒的 47%,A 组烧酒每度酒的税负为威士忌的 25%、利口酒的 76%。专家组认定这存在税收差额,且超出了微量标准。①

在韩国酒税案中,专家组发现稀释烧酒的税率为 38.5%,蒸馏烧酒和利口酒的税率为 55%,伏特加、杜松子酒、朗姆酒和龙舌兰酒的税率为 104%,威士忌、白兰地和干邑的税率为 130%。专家组认为这些税收差异为"未同样征税"。②

在智利酒税案中,智利对酒精度数 35 度以下的酒精饮料征收 27% 的税。而对酒精度数 35 度以上 40 度以下的酒精饮料,酒精度数每增加一度,税率上调 4 个百分点。根据规定,威士忌、伏特加、朗姆酒、杜松子酒和龙舌兰酒的酒精度数必须为 40 度及以上。由此,绝大多数皮斯科酒被征收 27% 的税,而许多欧盟出口的酒精饮料被征收 47% 及以上的税。税率随酒精含量变动而不随价格变动,此种征税方式与奢侈品税无关。③ 该案专家组和上诉机构一致认为,皮斯科酒与直接竞争的进口产品未被同样地征税。

3. 保护国内生产

在考察未同样征税是否为了保护国内生产时,确定保护国内产业的目的是解决该问题的关键。在日本酒税案Ⅱ中,专家组不认为"保护国内生产"是违反 GATT 第 3 条第 2 款第 2 句的要件之一,但上诉机构认为,

---

① Panel Report on Japan-Alcoholic Beverages Ⅱ (1996), para. 6.33.
② Panel Report on Korea-Alcoholic Beverages (1998), para. 10.100.
③ Panel Report on Chile-Alcoholic Beverages (1999), paras. 7.98-7.110.

专家组在作出裁决的过程中实际上已经认定日本税收措施的适用是为了向国内生产提供保护:"日本将关税与国内税结合在一起,产生了下列影响:一方面,外国产的烧酒很难进入日本市场;另一方面,日本没有保证烧酒和其他无色或棕色酒的平等竞争条件。通过高关税和不同的国内税,日本把其他国产烧酒同外国产品——不管是外国产的烧酒还是其他无色或棕色酒的竞争隔离开来。"①

上诉机构则认为有必要审查其意图,专家组报告在确定日本《酒税法》是否"保护国内生产"时没有考虑目的与效果是错误的做法。在上诉机构看来,应当全面客观地分析税收的结构和实施情况,虽然确定一项措施的目的并不容易,但通过对措施的设计、建构以及相关结构等方面进行考察,通常还是可以发现各该措施的保护性质。上诉机构还特别强调了目的与意图的划分,目的具有客观性,而意图具有主观性,立法者认为其没有主观意图不能影响对保护目的的客观认定。在个案中,税收待遇的不同可以成为具有保护性目的的一个佐证。本案中税收待遇差别之大使得专家组认为其"保护国内生产",但"税收待遇差别"与"保护国内生产"实际上是两个问题,证明保护国内生产时不仅要考虑税负差别,还要考虑其他因素。

同类产品适用范围较小意味着,GATT 第 3 条第 2 款第 1 句主要用于处理法律上基于原产地的歧视问题,而第 2 句则涉及事实上的歧视,如果成员方根据第 2 句进行申诉,则需要证明税收措施是为了保护国内生产。简而言之,目前对 GATT 第 3 条第 2 款的解释为政府选择产品的征税方式提供了相当大的政策空间。

三、GATT1994 第 3 条关于国内法律法规的适用

GATT1994 第 3 条第 4 款规定了国内法律法规方面的国民待遇义务,在影响产品的国内销售、标价出售、购买、运输、分销或使用的所有法律、法规和规定方面,给予进口产品的待遇不得低于国内同类产品的待遇。根据《维也纳条约法公约》第 31 条条约的一般解释原则,GATT 第 3

---

① Appellate Body Report on Japan-Alcoholic Beverages II (1996), p. 31; Panel Report on Japan-Alcoholic Beverages II (1996), para. 6.35.

条的其他款项,特别是第3条第1款以及其他条款构成该第4款的上下文,对"同类产品"等概念的解释有重要影响。

GATT第3条第4款涉及以下三个关键问题:(1)如何解释"同类产品"问题,该条款仅处理同类产品的相关事项,不涉及直接竞争或可替代产品。GATT中规定的每一处"同类产品"含义都有可能不同,极难适用。(2)如何理解文本中"影响其国内销售、标价出售、购买、运输、分销或使用的所有法律、法规和规定"。这就涉及"法律、法规和规定"的解释问题,其中"规定"的内涵不如"法律、法规"那么清晰。(3)如何解释"不得低于同类国产品所享受的待遇"。

(一)同类产品

1. 目的与效果测试方法

GATT第3条第4款只涉及同类产品的待遇问题,对同类产品的解释和确定是认定是否违反国民待遇义务的关键问题。

在美国麦芽饮料案中,专家组首次在判断同类产品时引入目的与效果测试。专家组在该案中认定低度啤酒和高度啤酒不是同类产品,并在裁决中体现了对国内政府政策空间的担忧:"根据第3条将进口产品和国内产品认定为同类产品,可能对GATT规定的各缔约方义务范围以及缔约方在其国内税收法律和法规方面的监管自主权产生重大影响:一旦产品被指定为同类产品,即便对产品进行规制的国内法律法规只是为了达致标准化或环保的目标而没有用于保护国内生产的目的,这项国内法律法规也会被认定为与第3条不相符。因此,专家组认为,在第3条范围内确定同类产品时,必须避免不必要地损害缔约方的自主管理权和国内政策选择权。"[①]

在日本酒税案中,美国认为采用目的与效果测试能够得出日本《酒税法》违反GATT第3条第2款的结论。日本则辩称,其《酒税法》规定的税收差异有其社会原因,不是保护主义。该案专家组驳回了这种"目的与效果测试方法"(the aim and effect test),认为"同类产品"或GATT第3条没有任何内容规定了美国和日本提出的测试。目的与效果测试背后的基本原理是"挽救"政府采取的某类管理措施。虽然政府也有可能援引

---

① Panel Report on US-Malt Beverages (1992), para. 5.72.

GATT 第 20 条的一般例外条款以豁免其违法行为,但第 20 条规定的情形是有限的。专家组认为,通过目的与效果测试来定义"同类产品"从根本上改变了 GATT 规则。在传统方法下,如果发现某项措施违反了规定,那么被申诉方将有权利确定适用例外情况。根据美国/日本的方法,申诉方必须通过证明保护主义目的或效果的存在来界定相关同类产品,举证责任加重。该案专家组指出,确定一项措施的目的和效果可能相当困难。虽然美国/日本的方法有一些有限的先例,但专家组仍支持确定同类产品的传统方法。上诉机构在后来的裁决报告中也明确表示拒绝目的与效果测试。日本认为其《酒税法》没有保护国内生产的意图,试图利用其自身的主观意图来进行抗辩。上诉机构特别强调"目的"与"意图"的区分,立法者认为其并没有相关的保护意图不能影响对保护目的的客观认定。[1] 在欧共体香蕉案中,上诉机构进一步明确了在解释 GATT 第 3 条第 4 款中"同类产品"概念时,依然应该遵循《边境税调整工作组报告》中确定的传统方法,不能将政策考量纳入其中。[2]

WTO 争端解决机构之所以在实践中未采纳目的与效果测试方法,也有若干原因。其中,最重要的一个原因是,如果将目的与效果测试引入 GATT 第 3 条下"同类产品"的判断,则会导致本来应该在 GATT 第 20 条下对国内管制措施政策目标进行的审查被转移至第 3 条下,而第 20 条会变得多余,这将严重违反法律解释的有效原则,并且在 GATT 规则体系中造成严重的结构问题。另一个原因是,GATT 第 3 条的结构一定程度上可以支持在"同类产品"的判断中引入目的与效果测试,但第 3 条的其他结构特点却不支持引入目的与效果测试。在涉及对直接竞争产品征收国内税费问题时,GATT 第 3 条第 2 款注释引用了第 3 条第 1 款,要求对进口直接竞争产品征收税费"不得以为国内生产提供保护"而实施。但是,第 3 条第 2 款第 1 句和第 3 条第 4 款在涉及"同类产品"时,法律文本中没有引用第 3 条第 1 款。法律文本的这种差异暗示,GATT 的起草者对第 3 条的不同具体规定有着不同的考虑,即在 GATT 第 3 条第 2 款第 2 句中,立法者要求考虑国内管制措施的政策目标,而在其他条款中则不

---

[1] Appellate Body Report on Japan-Alcoholic Beverages II(1996), p. 28.

[2] Appellate Body Report on European Communities-Regime for the Importation, Sale and Distribution on Bananas(1997), paras. 215-216.

要求考虑。①

2. 同类产品的范围

GATT第1条和第3条第2款中都有"同类产品"这一概念,但这并不意味着GATT中每一处"同类产品"都是相同的含义。在日本酒税案后,WTO争端解决机构在欧共体石棉案中详细审查了GATT第3条第4款,其中一个基本问题是在何种程度上解释"同类产品"。GATT第3条第4款只规定了同类产品的待遇,而第3条第2款第1句规定了同类产品的待遇,第2句规定了直接竞争或可替代产品的待遇。如果两个条文中"同类产品"的概念完全相同,这两款的适用范围将大不相同。鉴于第2款和第4款都受第1款一般性原则的指导,旨在实现第1款所述的目标,即避免使用国内措施来保护国内生产,创造平等的竞争条件。因此,第2款和第4款适用的产品范围不应有很大差别,将两款的适用范围解释得完全不同没有任何意义。

鉴于此,GATT第3条第4款"同类产品"的范围应大于第2款国内税费情形下的同类产品,小于国内税费情形下的直接竞争或可替代产品。

(二)国内法律、法规和规定

日本胶卷案的专家组通过将GATT第3条第4款的"国内法律、法规和规定"与GATT第23条中一成员实施的导致"利益的丧失或减损"的措施进行比较来界定"国内法律、法规和规定"的范围。第3条第4款的"法律、法规和规定"应作广义解释,其外延延伸的范围很广,既包括实体法,又包括程序法;既可以是法律强制性义务,也可以是自愿接受的要求。

印度汽车案专家组在审视"规定"一词的含义时认为,该词包含两种不同的情况:(1)企业在法律上必须履行的义务;(2)企业为从政府处获得某种好处而自愿接受的要求。中国汽车零部件案专家组审查了中国政府对使用进口的零部件的制造商所施加的各种程序措施后指出,虽然汽车制造商可以选择不使用进口的零部件,进而避免被施加这些管理措施,但这些措施对于所有使用进口零部件的制造商而言却是强制性的,因此争议措施仍旧违反了GATT第3条第4款规定的"法律、法规和规定"。

---

① 参见贾海龙:《WTO制度下的国内管制措施——二十年来关于平衡国内管制自主权与国民待遇原则的学说与实践》,载《国际经济法学刊》2019年第4期。

(三)不低于同类国产品享受的待遇

在确定同类产品或直接竞争或替代产品之后,接下来要比较国内产品和进口产品是否存在待遇上的差别或歧视。GATT 第 3 条第 4 款规定进口产品享受的待遇不得低于国内同类产品,即不低于待遇。如果同类进口产品未享受不低于待遇,进口国就会被视为对同类国产品提供保护。那么,需要达到什么程度才会被视为不低于待遇呢?

根据 GATT 第 3 条第 4 款的规定,不低于待遇要求进口产品与根据最惠国待遇标准给予其他外国产品的待遇或根据国民待遇标准给予国产品的待遇是同等的,即要求进口产品与国产品在各成员国内的法律、法规方面所享受到的权利和应当履行的义务应当是同等的。因此,在 GATT 实践中,不低于待遇被赋予了非常广泛的范围。

GATT 第 3 条的主要与根本目的是避免在采用内部税收和监管措施时出现保护主义。更具体地说,其目的是确保国内措施不应为了保护国内生产而用于进口或国内产品。为此,第 3 条要求 WTO 成员为进口产品提供与国内产品平等的竞争条件。GATT 起草者的意图很明确,即一旦进口产品通过海关清关进入另一成员领土,将在国内销售、推销、购买、运输、配送或适用方面与国内同类产品在法律、法规和规定方面被同等对待。

不低于待遇问题的典型案件是韩国牛肉案,该案中澳大利亚和美国认为韩国的牛肉零售制度违反了 GATT 第 3 条第 4 款。韩国要求进口牛肉只能在经营进口牛肉的专卖店出售,虽然超市可以同时销售进口牛肉和韩国国产牛肉,但是进口牛肉和国产牛肉必须在不同的窗口销售。韩国声称,该零售制度是为了防止有人将廉价的外国牛肉冒充昂贵的韩国国产牛肉销售从而获取非法利益。

专家组认为,韩国的双重零售制度违反了 GATT 第 3 条第 4 款,因为它是完全基于产品的国籍或原产地进行区分。但是,上诉机构驳回了这一理由,认为 GATT 第 3 条第 4 款仅要求国内措施给予进口产品的待遇不低于国内同类产品,但为进口产品提供不同于同类国内产品待遇的措施并不必然意味着该成员违反了不低于待遇。[①] 上诉机构的解释侧重于进口产品与国内同类产品之间的竞争条件,而对进口产品实行形式上

---

① Appellate Body Report on Korea-Various Measures on Beef(2000), paras. 135-137.

不同待遇的措施本身并没有要求。进口产品和国内同类产品之间的销售方式的不同不足以表明该成员违反了 GATT 第 3 条第 4 款。相比国内产品,进口产品是否受到不利待遇,应审查该申诉措施是否改变了国内相关市场的竞争条件进而导致进口产品受到损害。

上诉机构认为专家组并没有审查韩国政府为国产牛肉和进口牛肉提供的不同的销售方式是否改变了竞争条件,也没有审查是否因为该双重零售制度导致进口牛肉低于韩国国产牛肉享受的待遇,却直接得出了韩国违反 GATT 第 3 条第 4 款的结论,专家组的论断是不准确的。

实际上,在认定韩国的措施表面上违反了 GATT 第 3 条第 4 款后,专家组继续审查该措施是否违反不低于待遇。专家组认为,导致进口牛肉和国产牛肉不同等待遇的原因是:(1) 双重零售制度将限制消费者比较进口产品和国内产品的可能性,从而减少进口产品与国内产品直接竞争的机会;(2) 在双重零售体制下,在超市之外,进口牛肉只有经过零售商同意才能上架,但这意味着零售商此后只能销售进口牛肉而不得再销售国产牛肉;(3) 双零售体制将进口牛肉排除在"绝大多数销售网点"之外,限制了进口牛肉的潜在市场机会;(4) 双零售体系对进口产品施加更多成本,因为国内商家将倾向于继续以现有零售店销售国产牛肉,而进口牛肉则需要开设新店;(5) 双重零售制度容易误导人们认为进口牛肉和国产牛肉不同,而实际上它们是属于同一市场的产品;(6) 双重零售系统有利于维持价格差异,从而有利于国产牛肉销售。①

上诉机构最终得出了与专家组相同的结论,即认为韩国双重零售体系违反了 GATT 第 3 条第 4 款义务。但上诉机构认为,不能只从表面上判定政府制订的监管计划是否违反了国民待遇,还应当判定其为进口产品提供的待遇是否会让进口产品在国内市场竞争中受到不利影响。还应注意的是,一个国家要求使用国内产品代替进口产品就已经违反了 GATT 第 3 条第 4 款。在这种情况下,专家组很容易发现进口产品的待遇不如国内产品。

总体而言,根据 GATT 第 3 条第 4 款被诉方必须证明其对进口产品提供的不低于待遇并没有对起诉方构成太大障碍。一般来说,任何差别

---

① Appellate Body Report on Korea-Various Measures on Beef(2000), paras. 631-634.

待遇都足以证明其对进口产品的竞争条件造成不利影响。只有在差别待遇是由于进口商或进口产品自身性质的差异造成的情况下,这种待遇才不足以构成违反 GATT 第 3 条第 4 款。WTO 既往判例中关于 GATT 第 3 条第 4 款国民待遇的主题一直都是进口产品进入国内市场后保证平等竞争的重要性。归根结底,国民待遇就是确保进口产品在国内市场竞争中得到公平待遇,防止由于执行国内法律、法规和规定造成贸易保护主义。

四、国民待遇的例外

除了 WTO 规定的一般例外之外,GATT1994 第 3 条本身包含两种例外情况:

(一)政府采购

政府采购的例外情况规定在 GATT 第 3 条第 8 款(a)项,该条规定国民待遇"不得适用于政府机构购买供政府使用、不以商业转售为目的或不以用以生产供商业销售为目的的产品采购的法律、法规或规定"。

《WTO 协定》项下有效的两项诸边贸易协议之一即为《政府采购协议》,大多数传统发达国家以及一些新兴发达国家都是该协议的缔约方,该协议仅对其缔约方有效,未参加该协议的 WTO 成员仍按 GATT 第 3 条第 8 款(a)项的规定执行。《政府采购协议》要求缔约方在国内法中赋予外国产品或外国供应商平等的法律地位,实施包含国民待遇内容的准入制度,禁止或限制在政府采购环节实施准入歧视,促使政府在从事采购时以经济利益为基础,从而保证更充分的国际采购竞争。[①]《政府采购协议》还包含透明度规则,要求缔约方有允许他方质疑签订合同的内部机制。也就是说,不是所有的政府采购合同都属于国民待遇原则的例外。

目前,《政府采购协议》仅有 22 个缔约方(包括 49 个 WTO 成员,其中欧盟及其 27 个成员国视为一个缔约方)[②]。该协议缔约方相对较少这一事实表明许多政府对这个问题是比较敏感的,同时 WTO 有关该协议的实践也极少。

[①] 参见任际:《〈政府采购协议〉的非歧视原则及其适用例外》,载《法学研究》2005 年第 6 期,第 103 页。

[②] GPA Parties and observers, https://www.wto.org/english/tratop_e/gproc_e/memobs_e.htm, last visited on Oct. 30, 2024.

(二) 补贴

GATT 第 3 条第 8 款(b)项规定不妨碍成员对国内生产商给予特殊的补贴,且这种补贴包括从国内税费所得收入中提供的补贴以及通过政府购买国内产品的方式向国内生产者提供的补贴。意大利农业机械案专家组报告指出,GATT 第 3 条第 8 款(b)项政府补贴的例外表明国民待遇的适用范围非常广泛。[1] 但是,政府补贴例外仅涵盖专门支付给国内生产者的补贴。也就是说,即使给予非生产者的补贴所产生的经济影响与给予生产者的补贴可以达到同样的效果,但只有后者属于例外。因此,在意大利农业机械案中,对意大利拖拉机制造商的补贴属于国民待遇的例外,但是向农民提供购买国产拖拉机的贷款补贴不在例外范围内。同时,尽管 GATT 第 3 条第 8 款(b)项的例外包括对国内生产者的补贴,且税收的减免可能构成对生产者的补贴,但能够符合该例外条件的仅限于政府向国内生产商"支付"的补贴,即仅指涉及付款的直接补贴,而非税收抵免或税收减免等形式的其他补贴。此外,即使非歧视性产品税的收益可用于后续补贴,国内生产商与其国外竞争者一样,也必须先缴纳应缴的产品税。综上所述,GATT 第 3 条第 8 款(b)项将允许的生产者补贴限定为收税后的"付款"或符合该条规定的付款,而不包括减税或免税。[2]

当然,如果没有政府支出,则不适用例外条款。在加拿大期刊案中,上诉机构发现加拿大政府将资金从一个单位转移到另一个单位,以便后者可以对指定的期刊收取较低的邮资,但这一措施不属于 GATT 第 3 条第 8 款(b)项的政府补贴例外。上诉机构认为,GATT 第 3 条第 8 款(b)项豁免"仅涉及通过政府税收支出的补贴"。[3] 由于降低的邮政费率不涉及政府支出,因此不包括在内。除了补贴本身之外,GATT 第 3 条第 8 款(b)项还涵盖了支付补贴的监管框架。

---

[1] Panel Report on Italian Agricultural Machinery (1958), para. 13.
[2] Panel Report on US-Malt Beverages(1992), paras. 5.7-5.12.
[3] Appellate Body Report on Canada-Periodicals(1997), p.34.

第三章 货物贸易例外制度

GATT1994允许适度保护的规则包括第6条、第12条、第18条、第19条、第20条、第21条、第25条、第28条,这些条款均准许缔约方在特定情况下停止履行协定所规定的正常义务,对某一或某些特定产业提供适度的保护。这些例外和免责条款既是一种保险机制,又发挥着安全阀的作用,它们对WTO多边贸易体制的存在和运作往往至关重要,为政府提供了在必要时违背特定自由化承诺的途径;而如果没有这些条款,各国政府可能不愿签署大量减少保护的贸易协定。[①] 由此,WTO成员依据国家主权原则,有权在促进自由贸易框架下提出保障一国内部的公共利益。这样,在国际组织集体权力和成员主权相互协调的过程中产生了例外条款。

由于GATT1994第6条规定的反倾销和反补贴措施、第19条规定的保障措施后来都发展为独立的协定,后文将分别以专章论述,本章只对其余的例外制度进行讨论。

第一节 幼稚产业保护条款:GATT1994第18条A节、C节

GATT1994第18条A节、C节,即幼稚产业保护条款,[②]允许发展中国家基于经济发展的目的,为促进特定产业的建立和发展,暂时偏离

---

① See Bernard M. Hoekman & M. M. Kostecki, *The Political Economy of the World Trading System: From GATT to WTO*, Oxford University Press, 1995. p.161.

② 关于幼稚产业保护条款更详尽的论述,可参见左海聪:《WTO/GATT幼稚产业保护条款及其在中国的运用》,载《国际经济法学刊》2002年第2期;左海聪:《WTO幼稚产业保护条款再探》,载《法商研究》2003年第1期。

WTO 的义务——修改或撤销关税减让或实施进口限制。①

一、GATT1994 第 18 条 A 节

(一)缔约方援引 GATT1994 第 18 条 A 节的实质要件

缔约方援引 GATT1994 第 18 条 A 节,必须满足以下两个实质条件:

第一,缔约方必须是只能维持低生活水平、处于发展初期阶段的国家。根据 GATT1994 的注释和补充规定,在考虑一缔约方的经济是否"只能维持低生活水平"时,缔约方全体应考虑这一缔约方经济的正常状态,而不应以这一缔约方的某项或几项主要出口产品暂时处在特别有利条件的特殊情况作为判断的基础。所谓"处于发展初期阶段",不仅适用于经济开始发展的缔约方,也适用于经济正在经历工业化以改变过分依靠初级产品局面的缔约方。

第二,处于发展初期阶段的缔约方认为,为了实施旨在提高人民生活水平的经济发展计划和政策,有必要修改或撤回关税减让以促进国内特定产业的建立(GATT1994 第 18 条第 2 款、第 7 款)。也就是说,援引 GATT1994 第 18 条 A 节的缔约方需证明,修改或撤回关税减让是为了促进其国内特定产业的建立,而促进特定产业的建立是实施其国民经济发展计划或政策的需要。

"特定产业"不仅包括建立一项新的产业,也包括在现有产业中建设一个新的分支生产部门以及对现有工业进行重大改建,还包括对只能少量供应国内需要的现有产业进行重大扩建以及对因战争或自然灾害遭到破坏或重大损坏的工业的重建。此外,依据 1979 年《为发展目的采取保障行动的决定》,按照经济发展的优先次序,意在实现更充分、更有效的资源利用而发展新的生产结构或改扩现有的生产结构也属于特定产业,进一步扩大了特定产业的范围。

关于特定产业的数目,GATT1994 第 18 条未曾涉及。在实践中,有的缔约方仅就某一特定产业援引第 18 条进行保护,也有的缔约方同时就多项特定产业援引第 18 条进行保护。

---

① GATT1994 第 18 条 D 节,广义上也属于幼稚产业保护条款的范围,但该节只适用于西方工业国家中相对不发达国家,而且自 1948 年以来从未被援引过,形同虚设,故本书不加讨论。

GATT1994 文本并未使用"幼稚产业"(infant industry)这一用语,但该用语在实践中被广泛使用。须注意的是,使用"幼稚产业"一词,有时可能导致误解。如有人认为,幼稚产业与产业建立的时间长短有关,产业建立时间较长即不能视为幼稚产业。事实上,特定产业能否予以保护,与其建立时间长短并无直接关联。只要该特定产业是发展中国家经济发展计划所促进的产业,又有保护的必要,即可进行保护。似乎可进一步推论,发展中国家具有国际竞争力的产业,即不需要促进和保护的产业,不能再援引 GATT1994 第 18 条加以保护;不具有国际竞争力,需要进行保护的产业,可援引 GATT1994 第 18 条进行保护。特定产业的保护必须是为了实施国民经济发展计划和政策,这表明缔约方可引用其国民经济发展计划或政策作为对特定产业进行保护的依据。实践中,也有缔约方引用其特定的国内产业发展法作为依据的。

经济发展计划和政策的执行通常会带来一国人民生活水平的提高,但某一特定产业的建立并不一定直接提高人民生活水平。依照 GATT1994 第 18 条的规定,即便某一产业的建立并不直接提高人民生活水平,但如果属于经济发展计划和政策所促进的对象,仍可援引 GATT1994 第 18 条。

(二)援引 GATT1994 第 18 条 A 节的程序

GATT1994 第 18 条 A 节只适用于约束关税产品,因为对于非约束关税产品,进口国可任意提高关税,无须援引第 18 条 A 节。对于约束关税产品,援引 GATT1994 第 18 条 A 节与援引 GATT1994 第 28 条有相似之处,援引国需要与利害关系国进行关税修改谈判。如果通过谈判达成协定,则可以修改或撤销原来的关税减让。如果谈判未达成协定,则可提交 WTO 总理事会审查,但总理事会的审查并不能否决援引国的请求,援引国可修改或撤销关税减让,而受到影响的其他缔约方也可修改或撤销大体相等的关税减让(即所谓"报复")。

(三)1979 年《为发展目的采取保障行动的决定》

1979 年《为发展目的采取保障行动的决定》为援引国规定了更为灵活的程序。依该决定,缔约方全体认识到,在一些异常情形下,推迟实施发展中缔约方依据第 18 条 A 节拟采取的措施,可能对执行其经济发展计划和政策造成困难。因此,它们同意在这种情形下,有关发展中缔约方可在通知后立即临时性采用想采取的措施。这一规定增加了发展中国家使用关税措施的弹性,在这种特殊情形下,有关发展中国家可先行采取关税措施,嗣后再进行谈判或提交缔约方全体审查。

二、GATT1994 第 18 条 C 节

GATT1994 第 18 条 C 节授权缔约方为经济发展目的实施进口限制,以促进特定产业的建立。援引第 18 条 C 节,缔约方必须满足三个条件。其中,前两个条件与援引 GATT1994 第 18 条 A 节相近:缔约方须为只能维持低生活水平、处于发展初期阶段的国家;通过数量限制促进特定产业的建立,须是为了执行经济发展计划和政策;除非特殊情形,实施数量限制通常必须获得缔约方全体的同意。第三个条件是,只有在与 GATT1994 其他条款相一致的其他措施不可行时,才可实施数量限制。这是 GATT1994 普遍取消数量限制原则的体现。按照 GATT1994 的相关规定,关税和国内补贴是合法的保护手段,但数量限制一般是禁止的,只有在例外情形下、在其他合法保护手段都无法奏效时,才可使用。

援引 GATT1994 第 18 条 C 节时,援引国通常需与缔约方全体磋商。在磋商过程中,援引国要向缔约方全体证明符合 GATT1994 其他规定的措施(比如关税或国内补贴)都不可行,而且需要劝说缔约方全体同意其所提出的进口限制(通常为配额或许可证)。进口限制针对的对象是约束关税产品时,如果缔约方全体不能同意援引国的证明或请求措施,则该请求即被否决。如果进口限制针对的是非约束关税产品,即便缔约方全体认为与 GATT1994 其他规定相符合的措施都不可行,但不能接受援引国提出的请求措施,援引国仍可实施该措施,缔约方全体对此并无否决权。

第二节 收支平衡例外:GATT1994 第 12 条和第 18 条 B 节

一、概述

GATT1994 第 12 条和第 18 条 B 节,即 GATT1994 的收支平衡例外条款。依据这两个条款的规定,成员为保护其对外金融地位和保证适用于实施其经济发展计划的储备水平,可通过限制允许进口的商品或价

控制其进口的总体水平,而且这种限制可在歧视的基础上先行自主实施,再与受影响缔约方和缔约方全体磋商。

GATT1994 第 12 条可以由发达国家成员或发展中国家成员援引,而第 18 条 B 节只供发展中国家成员援引。这两个条款的援引条件和程序基本相同。但是,第 18 条 B 节关于渐进放松和取消数量限制的下列规定是第 12 条所没有的:随着条件的改善,有关成员应逐步放宽根据本节实施的任何限制,将限制只维持在本条第 9 款所规定的必需的程度内,而且在条件不再为这种维持提供正当性时取消限制;如果取消数量限制将使该成员改变其发展政策,则该成员可以不取消数量限制。

值得注意的是,《关于 1994 年关税与贸易总协定国际收支条款的谅解》实质改变了 GATT1994 第 12 条和第 18 条 B 节的内容,依该谅解的规定,一成员为国际收支平衡目的而采取限制贸易措施时,应优先选择以价格为基础的措施,比如进口附加税、进口押金要求,只有以价格为基础的措施无法阻止其国际支付地位的急剧恶化,才可采取数量限制。这大大增加了援引 GATT1994 第 18 条 B 节采用数量限制的难度。[①]

二、GATT1994 第 18 条 B 节

(一) 主要款项、分析方法和举证责任

GATT1994 第 18 条 B 节是 WTO 众多复杂条款之一。首先,该节作为 GATT1994 第 11 条"普遍取消数量限制"的例外规定之一,与第 11 条有着密不可分的联系。其次,第 18 条第 9 款规定,"设立、维持或加强进口限制不得超过以下所必需的限制:(a) 为防止货币储备严重下降的威胁或制止货币储备严重下降,或 (b) 在一缔约方货币储备不充足时,不超过获得合理的储备增长率所必需的程度。"再次,第 18 条第 11 款第 2 句规定:"随着条件的改善,有关缔约方应逐步放宽根据本节实施的任何限制,仅在根据本条 9 款的条件证明必要时维持此类限制,并在条件不再证明维持其属合理时予以限制;但是不得以一缔约方发展政策的变更而使根据本节正在实施的限制成为不必要为由,要求该缔约方撤销或修改限制。"最后,GATT1994 第 18 条 11 款的注释规定:"第 11 款中的第 2 句

---

① 《关于 1994 年关税与贸易总协定国际收支条款的谅解》第 2、3、4 段。

不应解释为要求一缔约方放松或取消限制,如果此种放松或取消会因此造成条件证明加强或设立根据第18条第9款采取的限制是正当的。"

案例 3-1　印度数量限制案

1997年7月15日,美国依据《关于争端解决规则与程序的谅解》(DSU)第4条、GATT1994第22条第1款、《农业协定》第19条以及《进口许可程序协定》第6条要求与印度就其对某些农产品、纺织品及工业产品维持的数量限制与WTO的一致性进行磋商。美国认为,印度维持的数量限制违反了印度在GATT1994第11条第1款、第18条第11款、《农业协定》第4条第2款以及《进口许可程序协定》第3条下的义务。1997年10月3日,美国要求WTO争端解决机构(DSB)成立专家组审查印度的收支平衡限制与其在GATT1994第11条第1款、第18条第11款、《农业协定》第4条第2款以及《进口许可程序协定》下的义务的一致性问题。

关于GATT1994第11条第1款,美国声称,印度依据其进出口政策实施的四项措施构成GATT1994第11条第1款意义上的数量限制:(a)进口许可制度;(b)通过政府机构进口制度;(c)特别进口许可证制度;(d)对进口许可证的"实际使用者"要求。印度尽管寻求反驳美国的某些观点,但没有对其措施在GATT1994第11条第1款下的地位表示怀疑。印度主张其已将所有限制措施通知收支平衡委员会,因此不存在关于这些进口限制措施在GATT1994第11条第1款下的合法性争议。专家组认为,印度将这些措施通知收支平衡委员会不仅仅是简单地对事实的承认,也意味着印度对争议措施是"数量限制"的承认。印度采取的进口许可制度、通过政府机构进口制度、特别进口许可证制度以及"实际使用者"要求属于GATT第11条第1款意义上的进口限制或禁止,因而违反了该条款。专家组还对四类措施构成GATT1994第11条第1款意义上的数量限制逐一进行了分析。

关于GATT1994第18条B节的适用,是本案的焦点。专家组的结论是,依据GATT1994第18条第9款,印度的外汇储备现状使其数量限制不再具有正当性,GATT1994第18条第11款注释和但书也都不能为印度维持数量限制提供正当性。专家组的法律解释和推理详见后述。

关于利益的丧失或减损。美国主张,既然印度违反其WTO义务并不能依GATT1994第18条B节收支平衡进口限制例外得以免除,那么美国可以依DSU第3条第8款推定构成利益丧失或减损。印度认为其措施依据GATT1994第18条B节具正当性,并且依据其发展政策实施。专家组裁定,印度的争议措施违反了GATT1994第11条第1款、第18条第11款及《农业协定》第4条第2款,并且该措施不能依据GATT1994第18条B节获得正当性。DSU第3条第8款规定,"如发生违反在适用协定项下所承担义务的情况,则该行为被视为初步构成利益丧失或减损案件"。专家组裁定,印度的措施使美国依据GATT1994和《农业协定》的利益丧失或减损。

专家组的最后结论是,印度所实施的争议措施违反了GATT1994第11条第1款、第18条第11款,并且不能依据GATT1994第18条B节获得正当性;争议措施适用于《农业协定》所调整的产品时,违反了《农业协定》第4条第2款;争议措施使美国依据GATT1994和《农业协定》的利益丧失或减损。因此,专家组建议DSB要求印度使其措施符合其在《WTO协定》下的义务。

印度就五个法律问题提起上诉:(1)专家组错误地裁定其有权审查印度依据GATT1994第18条B节实施数量限制的正当性问题;(2)专家组错误地配置和适用了第18条第11款但书和注释的举证责任;(3)专家组错误地解释了第18条第11款注释,尤其是"随之"一语;(4)专家组错误地裁定印度取消数量限制不需要对其发展政策作出重大改变;(5)专家组将其对事项作出客观评价的职责委托给IMF,违反了DSU第11条。

上诉机构审查后的最终结论是:支持专家组关于其有权审查印度依据GATT1994第18条B节实施数量限制的正当性问题的裁定;专家组在配置和适用第18条第11款但书和注释的举证责任上没有错误;支持专家组对第18条第11款注释,尤其是"随之"一语的解释;专家组的裁定没有要求印度改变其发展政策;专家组对提交给它的事项作出了DSU第11条所要求的客观评价。上诉机构建议DSB要求印度使其已被专家组裁定违反GATT1994第11条第1款、第18条第11款和《农业协定》第4条第2款的收支平衡限制措施符合其在WTO上述协定的义务。

美国作为起诉方主张印度依据GATT1994第18条B节实施数量限制不具有正当性。专家组依据上述条款的内容和当事方的观点分析：第一，印度的收支平衡状况是否满足GATT1994第18条第9款的条件，即印度的收支平衡状况（货币储备是否正严重下降或有这种威胁，或是否充分）能否为其数量限制提供正当性。如果情形是肯定的，美国就得承认印度有权维持数量限制，并随着收支条件的改变逐渐地放松限制，而不得要求其取消限制。第二，如果情形是否定的，专家组就需要考虑第18条第11款的注释。第三，考虑GATT1994第18条第11款但书的规定，即美国要求印度取消数量限制是否将使印度改变其发展政策。第四，印度是否能主张其维持数量限制的权利，只要总理事会未作出其限制措施与第18条B节不相符的决定，或者如果不能维持争议措施，印度是否有权逐步取消限制。针对印度比较周密的辩护，专家组的分析包含四个步骤，其中第四个步骤可能因在另一个GATT1994第18条B节案件中被诉方未提起而被略去，但前三个步骤均具有一般意义，适用于所有第18条B节案件。在这三个步骤中，GATT1994第18条第9款是分析的基础，第18条第11款注释和但书是该款的两个例外。尤其需要注意的是，对于GATT1994第18条第11款注释和但书，专家组审查的逻辑顺序是，先审查第11款的注释，后审查作为第11款正文的但书。上述分析步骤决定了案件审理的面貌，为当事方的辩驳指明了路径。

该案中，美国应证明印度违反了GATT1994第11条第1款、第18条第9款以及第18条第11款的注释，以初步成立案件。也就是说，美国应分别证明印度的数量限制违反取消数量限制原则；印度的外汇储备状况不再为印度的数量限制提供正当性；取消数量限制并不会随之产生为印度再度实施数量限制提供正当性的条件。印度若援引第18条第11款但书作为抗辩，则需证明该但书的条件成立，即美国要求印度取消数量限制将使印度改变其发展政策。

（二）GATT1994第18条第9款

这是GATT1994第18条B节最重要的款项，规定GATT1994第18条B节下的数量限制在何种条件下具有正当性，第18条第11款注释和但书是该款的两个例外。该款要求成员的数量限制不得超过防止外汇储备严重下降或严重下降威胁所必需的程度；或者在成员外汇储备不充足的情况下，数量限制不得超过获得合理的储备增长率所必需的程度。从专家组和上诉机构的推理来看，GATT1994 第 18 条第 9 款的一个必然推论是，只有在存在外汇储备严重下降或严重下降威胁时，或者在成员外汇储备不充足的情况下，才需要考虑数量限制；如果外汇储备没有严重下降或严重下降威胁，或者成员外汇储备充足，则根本不应设立或维持数量限制。因此，在印度数量限制案中，专家组审理的出发点就是，如果印度的外汇储备没有严重下降或严重下降威胁，或印度外汇储备充足，则印度应取消 GATT1994 第 18 条 B 节下的数量限制。而这需要考察印度的外汇储备状况。

对印度外汇储备状况的分析和认定，是印度数量限制案中最重要的事实认定。对此，应专家组的请求，IMF 所作的分析和结论是：(1) 印度外汇储备是否严重下降或有严重下降威胁。1997 年 11 月 21 日（该案专家组设立之日），印度的外汇储备（不含黄金）为 251 亿美元，比上一年增长 56 亿美元，比 1997 年 3 月末增长 28 亿美元。尽管专家组成立时正值印度外汇市场发生动荡，1997 年 11 月外汇储备总值下跌 19 亿美元，但借助宏观经济的适当反应及对波动传导性的控制，其外汇储备看上去并未处于严重下降状况。(2) 印度外汇储备是否充足。按照 IMF 的分析方法，印度外汇储备充足水平线为 160 亿美元，低于这一水平线将被视为不充足或储备很低。显然，251 亿美元的储备是充足的。印度认为，其外汇市场正发生动荡，储备银行不得不改变货币政策以保卫卢比，这表明其外汇储备正面临严重下降的威胁，否则，印度储备银行不会这样做。关于外汇储备是否充足，印度认为，存在比 IMF 的分析方法更适宜的方法，而按照这一方法，其外汇储备充足水平线要高于现有的外汇储备，其外汇储备并不充足。

专家组认为，印度当局在 1997 年下半年改变其货币政策目标以保卫卢比的行动本身不能证明印度的外汇储备严重下降或有严重下降威胁。IMF 的分析和印度储备银行的有关证据表明，印度的外汇储备并无严重下降或严重下降威胁。印度提出了另外四种评估外汇储备充足性的方法。专家组对之加以考察发现，其中只有一种方法支持印度外汇储备不充足的结论，并且即使依据这一方法，相关数据也是极相近的。综合所掌握的证据,专家组认为印度外汇储备是充足的,尤其是这一观点为 IMF、印度储备银行和印度提出的其他三个评估方法所支持。

（三）GATT1994 第 18 条第 11 款注释和但书

在 GATT1994 第 18 条第 11 款注释和但书这两项例外上,专家组和上诉机构均支持美国的主张。

关于取消数量限制是否会随之产生重新设立数量限制的条件,专家组主要基于 IMF 的观点认为:宏观经济政策工具足以单独解决外汇收支平衡问题,不需使用数量限制;只要在一个相对较短的时间内以渐进的方式取消数量限制,就不会立即产生重新设立数量限制的条件。

关于取消数量限制是否要求印度改变发展政策,专家组仍然援引 IMF 关于单独运用宏观经济政策工具就能避免产生重新设立数量限制的条件的结论。IMF 所指的宏观经济政策工具包括汇率机制、经常项目的可兑换性以及短期外债水平的削减等。

从印度数量限制案来看,以 IMF 的影响力,加上 WTO 政治机构和司法机构的支持所产生的合力,WTO 成员以后实施新的数量限制作为解决外汇收支平衡的可能性已微乎其微,尤其是《关于 1994 年关税与贸易总协定国际收支条款的谅解》明确规定,各成员必须尽力避免因国际收支问题采取新的数量限制措施,除非国际收支出现紧急情况且价格机制无法有效遏制对外支付的急剧恶化。在此情形下,几乎唯一可行的手段就是通过 IMF 倡导的宏观经济政策工具。

印度数量限制案的一般意义还在于,当一个发展中国家的外汇储备呈现印度这种积极的状况时,已不大可能再以 GATT1994 第 18 条 B 节为依据维持其先前的数量限制;发达国家成员在这一问题上已不再有宽容的政治意愿。不过,从现实情况来看,发展中国家成员已很少以 GATT1994 第 18 条 B 节为依据实施数量限制。WTO 的一项统计表明,2000 年只有 2 个发展中国家成员援引 GATT1994 第 18 条 B 节。[1] 就我

---

[1] See WTO, Committee on Trade and Development, Implementation of Special and Differential Treatment Provisions in WTO Agreements and Decisions, WT/ COMTD/ W/77, Dec. 6 2000, https://docs.wto.org/dol2fe/Pages/FE_Search/FE_S_S009-DP.aspx? language = E&CatalogueIdList = 12283&CurrentCatalogueIdIndex = 0&FullTextHash = 1&HasEnglishRecord = True&. HasFrenchRecord=False&HasSpanishRecord=False, last visited on June 23, 2024.

国而言,现在外汇储备水平高居世界第一,只要这种情况不发生根本变化,就无须也不能援引 GATT1994 第 18 条 B 节。

第三节 一般例外:GATT1994 第 20 条

一、基本条款、分析方法和举证责任

(一)基本条款及其宗旨

GATT1994 第 20 条规定,在遵守此类措施的实施不在情形相同的国家之间构成武断或不合理歧视的手段或构成对国际贸易的变相限制的要求前提下,本协定的任何规定不得解释为阻止任何缔约方采取或实施以下措施:

(a)为保护公共道德所必需的措施;

(b)为保护人类、动物或植物的生命或健康所必需的措施;

(c)与黄金或白银进出口有关的措施;

(d)为保证与本协定规定不相抵触的法律或法规得到遵守所必需的措施,包括与海关执法、根据第 2 条第 4 款和第 17 条实行有关垄断、保护专利权、商标和版权以及防止欺诈行为有关的措施;

(e)与监狱囚犯产品有关的措施;

(f)为保护具有艺术、历史或考古价值的国宝所采取的措施;

(g)与保护可用尽的自然资源有关的措施,如此类措施与限制国内生产或消费一同实施;

(h)为履行任何政府间商品协定项下义务而实施的措施,该协定符合提交缔约方全体且缔约方不持异议的标准,或该协定本身提交缔约方全体且缔约方全体不持异议;

(i)在作为政府稳定计划的一部分将国内原料价格压至低于国际价格水平的时期内,为保证此类原料给予国内加工产业所必需的数量而涉及限制此种原料出口的措施;但是此类限制不得用于增加该国内产业的出口或增加对其提供的保护,也不得偏离本协定有关非歧视的规定;

(j)在普通或局部供应短缺的情况下,为获取或分配产品所必需的措

施;但是任何此类措施应符合以下原则:所有缔约方在此类产品的国际供应中有权获得公平的份额,且任何此类与本协定其他规定不一致的措施,应在导致其实施的条件不复存在时即行停止。缔约方全体应不迟于1960年6月30日审议对本项的需要。

"本协定的任何规定"表明,本条适用于 GATT 的所有规定。即成员可以在个案中援引本条不履行 GATT1994 的任何义务,包括最惠国待遇和国民待遇。

在美国海虾案中,上诉机构阐明了 GATT1994 第 20 条的宗旨:"将进入成员方内市场的条件建立在出口成员是否遵循或采取进口国成员单边规定的政策上,可以说在某种程度上是 GATT1994 第 20 条(a)到(j)各项例外的措施的共同特征。(a)到(j)各项所包含的措施是被承认为 GATT1994 所确立的实体法义务的例外,因为体现了国内政策的这些措施在性质上已被承认为重要而合法的。不可一概认为,要求出口国遵循或采取进口国单方面规定的某项政策(尽管从原则上已包括进这项或那项例外中),就先验地使一项措施失去引用 GATT1994 第 20 条获得正当性的资格。这样一种解释在绝大多数情况下,即使不是全部情况下,会使 GATT1994 第 20 条的各项例外成为无用的废话,这与我们必须遵行的解释原则是背道而驰的。"[①]

尽管 GATT1994 第 20 条列举的例外有 10 项之多,但现实中援引较多的是(b)项、(d)项、(g)项,其中尤以环境保护为理由援引(b)项和(g)项为最。本书以下的阐述即以这几项为主。

案例 3-2 美国海虾案

1987 年,美国政府根据 1973 年《濒危物种法》发布规章,要求所有美国的拖网虾船在对海龟有重大伤害的规定地域捕虾时使用批准的海龟驱逐装备,以避免附带杀死海龟。1989 年 11 月,美国修订 1973 年《濒危物种法》,增加第 609 条。根据该条,没有安装海龟驱逐装备的拖网捕虾渔船所捕获的海虾及其产品禁止进入美国市场。印度、马来西亚、巴基斯坦和泰国将美国诉至 WTO,请求裁定美国的措施违反了 GATT1994 第 1

---

① Appellate Body Report on US-Shrimp (1998),para. 121.

条、第 11 条和第 13 条。专家组裁定,美国对海虾及海虾产品的进口禁令违反了 GATT1994 第 11 条 1 款,且不能根据第 20 条获得正当性。美国提出上诉。上诉机构认为,争议措施虽然根据 GATT1994 第 20 条(g)项获得临时正当性,但没有满足第 20 条序言的要求。

(二)分析方法

在美国汽油标准案中,上诉机构阐明了适用 GATT1994 第 20 条的两步分析方法,即在援引第 20 条时,抗辩方必须证明:(1)该项措施至少属于第 20 条所列 10 种例外情况——(a)至(j)项中的一种;(2)该项措施满足第 20 条序言部分的要求,即"此类措施的实施不在情形相同的国家之间构成武断或不合理歧视的手段或构成对国际贸易的变相限制"。换言之,分析要分两步走:第一步,争议措施依据具体款项进行定性,取得临时正当性;第二步,依据序言部分对同一措施进行进一步的审议。①

案例 3-3　美国汽油标准案

根据美国 1963 年《空气清洁法》的 1990 年修正案,美国环境保护署在 1993 年颁布了关于汽油成分与排放物的新的汽油规则。自 1995 年 1 月 1 日起,在美国严重污染地区只允许销售精炼汽油,在其余地区只能销售不比在基准年 1990 年所售汽油清洁度低的汽油(即传统汽油)。汽油规则适用于全美汽油炼油厂、合成厂和进口商。根据汽油规则,任何在 1990 年营业 6 个月以上的美国炼油厂,必须确立代表其 1990 年所产汽油质量的单独基准。同时,美国环保署确立了代表 1990 年美国汽油平均质量的法定基准,适用于任何在 1990 年营业不足 6 个月的美国炼油厂以及所有的合成厂和进口商。这样,美国国内汽油生产企业以其各自 1990 年的生产质量标准为基线,进口汽油则必须符合美国环保署制定的固定标准。巴西和委内瑞拉所产汽油大量出口美国,但无法达到美国严格的新标准,因而出口受到严重打击。经磋商未果后,巴西和委内瑞拉诉至 WTO,指控美国汽油规则违反了 GATT1994 第 3 条第 1、4 款以及《TBT

---

① Appellate Body Report on US-Gasoline (1996), p.22.

协定》第 2 条的规定。专家组裁定,美国的汽油规则与 GATT1994 第 3 条第 4 款不一致,并且不能依据第 20 条获得正当性。美国提起上诉。上诉机构认为,美国的措施符合 GATT1994 第 20 条(g)项,但未能满足第 20 条序言的要求。

(三) 举证责任

正如上诉机构在 1997 年美国羊毛衫进口案中所阐释,并在其后案件专家组和上诉机构报告中被援引的,WTO 争端解决程序中的举证责任在提出"积极性"(affirmative)诉讼请求或抗辩的一方,无论其是起诉方还是被诉方。如果一方提出的证据足以作出其要求是真实的推论,则举证责任转移到另一方,该方如果不能提出足够的证据反驳该推论,则败诉。上诉机构同时指出,在《WTO 协定》框架中,提供多少、何种证据来成立推论,因措施的不同而不同,因规定的不同而不同,因案件的不同而不同。这一阐释指出了举证责任的复杂性,也为专家组或上诉机构审理案件提供了灵活性。

在该案中,起诉方印度提出:引用例外条款的一方,必须提供证据证明满足该条款规定的条件,这已是 GATT 的习惯做法。上诉机构承认,一些 GATT 和 WTO 专家组报告要求提出违反 GATT1994 义务抗辩的一方提供这样的证据,指出 GATT1994 第 20 条或第 11 条第 2 款(c)(i)项规定的是"GATT1994 其他条款义务的有限的例外,而不是本身确立义务的积极规则",在性质上属于"积极抗辩"(affirmative defences),并进而指出"只有确立这种抗辩的责任归于主张的一方才是合理的"。也就是说,如果一成员的措施违反了有关协定的实体性规定,该成员希望引用例外条款,则其必须证明满足引用这一例外条款所要求的条件。

在美国汽油标准案中,上诉机构确定,即使一方已经确立了其措施在 GATT1994 第 20 条具体款项下的正当性,它仍要承担证明该措施符合第 20 条序言部分要求的责任。因此,援引 GATT1994 第 20 条一般例外的一方必须证明:其一,该违反有关协定实体性规定的措施属于第 20 条项下所列的某种措施;其二,该措施符合第 20 条序言的规定。除此之外,上诉机构还指出,后者比前者更难以证明:"证明一项因属于第 20 条所列具体例外情况中的一种而获得临时正当性的措施在其实施中不会构成第20条序言意义上的对该例外条款的滥用的责任应由援引该例外条款的一方承担。那必然是一个比证明是该条所列的某例外情况导致该措施更艰巨的任务。"

二、判例对 GATT 第 20 条的主要发展

案件审理结果的重大变化,源于专家组和上诉机构对例外条款在解释和适用上的发展。

(一) 对 GATT 第 20 条(b)项的发展

审查争议措施是否为 GATT 第 20 条中"必需"的是专家组工作中的一个关键步骤。在 GATT/WTO 判例中,对"必需"这一关键词的解释经历了微妙的变化。

1. GATT 时期

"必需"这一术语最早是美国第 337 节案[1]专家组在对 GATT 第 20 条(d)项的分析中界定的。[2] 在泰国香烟案中专家组也遵循了相同的解释。这两起案件确立了"最低贸易限制"(least-trade restrictiveness)要求。

在美国第 337 节案中,专家组认为,在诸多可合理采用的措施中,如果存在与 GATT1994 其他条款不相抵触的措施,就必须选用这样的措施;即使不存在上述措施,如果可能,也必须选择比争议措施"更少不一致"的替代措施。这一标准被称为"最低贸易限制"要求。

泰国香烟案专家组借鉴了美国第 337 节案专家组报告中的最低贸易限制要求。该案专家组认为,可供泰国采用的既符合 GATT 规定又符合保障人民生命健康这一目的的替代措施是很多的,如采取严格标记和充分披露香烟成分的方法可以控制香烟的质量,禁止香烟广告、维持烟草专卖或提高香烟的价格可以控制香烟的销售量等。因此,泰国对进口香烟

---

[1] SICE, US-Section 337 of the Tariff Act of 1930, Panel Report adopted on 7 November 1989, L/6439-36S/345, http://www.sice.oas.org/dispute/gatt/87tar337.asp, last visited on June 23, 2024.

[2] 本案及后面的韩国牛肉案涉及的都是第 20 条(d)项中的"必需"的解释,但是,由于第 20 条(b)项和(d)项中"必需"一语的含义相同,本案关于 20 条(d)项中的"必需"的解释也适用于第 20 条(b)项。

的数量限制不是依 GATT 第 20 条(b)项所必需的,不能取得正当性。

案例 3-4　泰国香烟案

泰国依据其 1966 年《烟草法案》禁止进口香烟,但却授权国内香烟的销售。美国诉称泰国香烟进口限制违反了 GATT1947 第 11 条,并且不能根据第 20 条(b)项获得正当性。泰国主张其进口限制因第 20 条(b)项而具有正当性。专家组根据 WHO 专家的看法,同意抽烟会对人类健康造成危害,禁止香烟进口可以保证香烟的质量及减少香烟消费的数量,从而实现维护人类健康的政策目标,但专家组同时发现,泰国可采取其他不违反 GATT1947 且可同样有效保证香烟质量及降低消费数量的替代措施,如设置严格且不歧视的标示及成分揭示规定、禁止刊登香烟广告等。专家组认为存在可有效达到目标的替代措施,故裁定泰国所采取的香烟禁止进口措施不符合"必需"要求,亦即泰国的香烟进口限制措施违反了 GATT1947 第 11 条,并且不属于第 20 条(b)项的例外。

2. WTO 时期

(1) 美国汽油标准案:维持最低贸易限制要求

在美国汽油标准案中,专家组采取了同样的评估标准,认为有效阻止进口产品享有国内产品优惠的销售条件的方式,对实现汽油规则的既定目的不是必需的——基准确立方法可以以给予进口汽油的待遇与 GATT1994 一致或较少不一致的方法适用于经营进口汽油的实体。

(2) 韩国牛肉案:"权衡"概念的引入

在韩国牛肉案中,上诉机构认为,在评估措施是否"必需"时,必须注意 GATT1994 第 20 条(d)项中"必需"的上下文,争议措施必须是为确保法律、法规得到遵守所必需的,这些法律、法规包括有关海关执行、合法垄断经营、防止欺诈行为以及保护专利、商标及版权的措施。显然,GATT1994 第 20 条(d)项可以在更广的应执行的法律、法规种类范围内适用。GATT1994 第 20 条(d)项中包含不同类型的法律和法规,上诉机构认为,条约解释者在评估争议措施是否为确保与 WTO 规定不相抵触的法律、法规得到遵守所必需的措施时,可能必须考虑执行该法律、法规所要保护的公众利益或公众价值:公众利益或公众价值越重要,旨在作为执行工具的措施越容易被接受为"必需"的。

上诉机构指出,在评估措施是否"必需"时,还应考虑该措施的其他方面。其中,一个方面是该措施对于目标(确保法律、法规得到遵守)实现的贡献度;贡献度越大,越容易被视为"必需"的。另一方面是遵循该措施对国际贸易所产生的限制效果的程度,即违反GATT第3条第4款的措施对进口产品所产生的限制效果。对进口产品的限制效果较小的措施,与加强或扩大限制效果的措施相比,更容易被认为是"必需"的措施。

上诉机构进一步指出,确定一项并非"唯一可获得"的措施是否仍是GATT1994第20条第(d)项所"必需"时,每个案件都涉及对一系列因素进行权衡的过程,这一系列因素主要包括法律、法规所保护的共同利益或价值的相对重要性、被诉措施促进追求目标实现的贡献程度以及遵循该措施对国际贸易产生的限制性效果的程度。可以说,这是对GATT1994第20条(b)项和(d)项中术语"必需"的解释的一次改进。因为在本案中上诉机构增加了对贸易限制程度因素之外的一系列因素的"相称性测试"(proportionality test)。

(3) 欧共体石棉案:"权衡"概念的细化

上诉机构在回顾韩国牛肉案中的结论后指出,替代措施"为实现追求目标做出的贡献"程度应被纳入考虑。所追求的"共同利益或价值越关键或越重要",旨在作为其实现工具的措施就越容易被接受为"必需"的。① 这似乎是在暗示,鉴于争议措施所服务的利益或价值的重要性,必需性检测的分析将适用不同的审查标准。在该案中争议措施旨在追求的目标是人类生命或健康的保护,其价值既"关键"又是"至关重要的"。因此,通过对一系列因素的相称性检测,上诉机构支持专家组的意见,裁定申诉方加拿大所提议的替代措施的功效在某些情况下是特别令人怀疑的,使法国(被申诉方)不能实现其所追求的"零风险"健康保护水平。② 法国政府所颁布的禁止石棉和石棉制品的法令是依GATT1994第20条(b)项所"必需"的,具有正当性。

---

① Appellate Body Report on EC-Asbestos (2001), para.172.
② Ibid., paras.172,174.

案例 3-5　欧共体石棉案

1996年12月24日,法国发布《第96-1133号法令》,禁止各种石棉纤维和含石棉纤维产品以任何名目生产、加工、销售、进口、投放于国内市场和运输;同时,该法令规定有临时性的例外,在严格限定的条件下,允许温石棉纤维和含温石棉产品不适用有关禁令。事实上,从1988年以来,法国所进口的石棉产品全部都是温石棉类的。在该法令生效之前,法国每年从加拿大进口温石棉及含温石棉产品2万至4万吨,占法国总进口量的2/3。在该法令生效后,类似的进口法国全年仅有18吨;在加拿大提起争端解决之时,有关产品已经被完全排除在法国市场之外。加拿大认为,尽管石棉对健康危害极大,但在适当条件下,尤其是通过"控制性使用",温石棉并不具有类似的危险。经磋商未果后,加拿大诉至WTO,请求裁定该法令违反了GATT1994第3条第4款、第11条和《TBT协定》第2条。专家组裁定,该法令违反GATT第3条第4款,但依据GATT第20条(b)项具有正当性。专家组认为,从法国所希望达到保护公共健康的目的来看,就法国所实行的石棉禁令,欧共体已提出初步证据证明并不存在合理可用的替代措施,而加拿大没有能够反驳欧共体确立的这一推定,而且欧共体的观点也为本程序中的咨询专家的意见所确认,故专家组裁定争议措施具有必要性。加拿大不服该裁决,对全部裁决提起上诉。

上诉机构提出,在决定所建议的替代措施是否合理可用时,除实施上的困难之外,还必须考虑另外的一些因素。在泰国香烟案中,专家组在评估一措施是否符合GATT1994第20条(b)项中的"必需"时指出:"泰国为了实现健康政策目标所采取的措施,只有不存在与GATT一致的其他替代措施,或不存在违反GATT程度更小的措施时,泰国实施的进口限制措施才可以被认为在GATT1994第20条(b)项下是必需的。"

在韩国牛肉案中,上诉机构同意该案专家组遵循美国第337节案专家组提出的标准:如果可以合理地期待一缔约方使用其他替代措施,且该替代措施并不违反GATT1994的其他规定,那么该缔约方所采取的违反GATT1994其他规定的措施,依据第20条(d)项不得认为是"必需"的。同理,即使一缔约方在合理情况下并无符合GATT其他规定的措施,该缔约方仍有义务采用其他违反GATT1994规定程度最低的措施。

此外,韩国牛肉案的上诉机构还指出,决定是否存在符合WTO规定的合理可用的替代措施时,需要权衡的一个方面是替代措施促进所追求的目标实现的程度。在本案中,欧共体成员追求的目标是,通过消除或降低石棉纤维所造成的广为人知的危害生命和健康的风险,保护人类生命和健康。这一目标的价值具备最高程度的重要性,那么,是否存在可以同样实现该目标并且比禁止进口的贸易限制性更小的替代措施。

加拿大主张,控制使用是合理可用、能实现同一目标的替代措施。那么,能否合理期待法国实行控制使用这一措施来实现其所选择的健康保护水平,即停止与石棉相关的健康风险的传播。

上诉机构认为,由于法令期望禁止的是持续性的风险,在合理情况下,无法期待法国采取其他替代措施,任何替代措施在效果上将使法国无法达到其选择的健康保护水平。根据提交专家组的科学证据,专家组认为关于控制使用的有效性仍待证实;即便在控制使用具有更大确定性的情况下,科学证据表明,在某些情况下暴露程度仍过高,仍有相当高的致癌风险。专家组还发现,对建筑工人及家庭成员而言,控制使用的效果非常值得怀疑,而这些人员是温石棉水泥产品最主要的使用者。考虑到专家组的这些事实性裁定,上诉机构认为控制使用并不能达到法国所选择的保护水平,即阻止与石棉相关的健康风险的传播。因此,控制使用不是实现法国追求的目标的替代措施。

根据上述理由,上诉机构维持专家组的裁决:欧共体已提供初步证据证明不存在法令中的禁止措施的合理可用的替代措施;该法令属于GATT1994第20条(b)项意义上的保护人类生命或健康所必需的措施。可见,上诉机构对必需性检测更强调有关措施必须是实现其本身的目标所必要的,并从是否能实现健康目标的角度考察是否存在合理可用的替代措施,并没有着重考察"最低违反程度"或"最少贸易限制",从而为今后对必需性检测提供了一种新的可行性标准。[①]

[①] 申进忠:《从石棉案看WTO协调环境与贸易关系的未来走势》,载《中国海洋大学学报(社会科学版)》2005年第4期,第59页。

(4) 巴西翻新轮胎案:"权衡"概念的进一步发展

在韩国牛肉案、欧共体石棉案中,上诉机构对必需性检测作出解释,对"必需"的适用作了澄清,特别是在必需性检测中引入了"权衡"的方法。在巴西翻新轮胎案中,专家组和上诉机构除了遵循前述上诉机构的解释,还对必需性检测作了进一步的发展。上诉机构主张,权衡是一个整体的过程,包括把全部的因素放在一起,在单独审查各个因素之后还要评价它们相互之间的关系,这样才能得出一个全面的结果。

案例 3-6 巴西翻新轮胎案

巴西认为废旧轮胎是携带疾病的蚊虫的滋生地,并且在燃烧时释放出有害的化学物质,威胁到人类的生命健康,因此禁止进口翻新轮胎。巴西自2000年起禁止进口翻新轮胎,但自2002年起恢复进口来自南方共同市场(MERCOSUR)缔约国的翻新轮胎。然而,对于其他国家(包括欧共体)的翻新轮胎,不论是进口还是有关的销售、运输、仓储等,都持续禁止进口,违者处以罚金。巴西禁止进口翻新轮胎的措施,对于欧共体(及其他出口国)的翻新轮胎生产者造成严重及负面的贸易影响。欧共体主张巴西限制进口翻新轮胎的措施违反 GATT1994 第 11 条第 1 款和第 3 条第 4 款,而巴西则主张其措施符合 GATT1994 第 20 条(b)项。专家组裁定,巴西的措施依据 GATT1994 第 20 条(b)项可以取得正当性。

欧共体提出上诉,认为专家组的分析在如下三个方面存在问题:首先,专家组在评估巴西进口禁令对其拟追求的目标所做的贡献时采用了错误的法律标准,并在分析进口禁令的必要性时不适当地权衡了这一贡献;其次,专家组没有正确地定义进口禁令的替代措施,并错误地将欧共体所建议的替代措施排除在外;最后,在分析 GATT1994 第 20 条(b)项时,专家组没有适当地权衡相关的因素。

一、进口禁令对目标的贡献

在分析该进口禁令"对该政策的实现目标是否有所贡献,例如人类、动物及植物的生命及健康免于废弃轮胎累积的危险"时,专家组审查了两个问题。其一,进口禁令对于在巴西境内生产废弃轮胎数量的减少是否有所贡献。专家组提及巴西对该禁令的解释,"当进口翻新轮胎由用于巴西国内的翻新轮胎或将来可用于翻新的新胎所取代,对于减少废弃轮胎数量的实现目标有所贡献",故认定该禁令"对减少巴西境内产生废弃轮胎的总数量是有所贡献的"。其二,专家组认定该进口禁令可使巴西境内废弃轮胎总数量减少,从而逐渐降低对于人类、动物及植物的生命及健康暴露于潜藏的特定危险。①

上诉机构接受了专家组关于进口禁令对实现目标的贡献的分析方法。当目标与措施之间存在目的与工具的关系时,这种贡献就是存在的。选择评估措施贡献度的方法就是确定风险的性质、所追求的目标和所追求的保护水平的过程。这根本上取决于作出分析时已经存在证据的性质、数量和质量。专家组作为事实真伪的检验者,为了评估这些因素,在设计适当的方法和决定如何分析争议措施对所追求目标的贡献时有一定的裁量权,但是这种裁量权并不是没有限制的。事实上,专家组必须依据GATT1994 第 20 条和 DSU 第 11 条的要求来分析争议措施对实现其所追求目标的贡献。

专家组承认,进口禁令具有"最大的贸易限制作用",上诉机构也同意专家组关于此时该措施仍可能是必要的结论。在韩国牛肉案中,上诉机构指出"必需"一词的含义不限于"不可或缺"。当一措施对国际贸易产生限制作用,就如进口禁令那样,专家组很难裁定该措施是必需的,除非该措施对其目标构成实质性的贡献。这样,上诉机构不同意巴西提出的"因为该措施旨在最大程度降低风险,进口禁令带来的边际或微不足道的贡献仍然可以被视为必需的"。

专家组认为,进口禁令将导致进口翻新轮胎被国产翻新轮胎和新轮胎取代,新轮胎比翻新轮胎的使用期限要长,因此进口禁令可能减少废弃轮胎的数量。上诉机构赞同专家组的裁定,即进口禁令会减少废弃轮胎,有助于降低废弃轮胎带来的风险。专家组在分析中采取定性的而不是定量的方法估算进口禁令导致的废弃轮胎减少的数量。这种估算对于巩固专家组裁定的基础无疑很有用处。

另外,巴西已经制定和实施全面的处理废弃轮胎措施。作为其中的关键因素,进口禁令可能对降低废弃轮胎的积累做出实质性的贡献。

---

① Appellate Body Report on Brazil-Retreaded Tyres (2007), paras. 134-136.

二、进口禁令可能的替代措施

为确定一项措施是否为 GATT1994 第 20 条(b)项意义上"必需"的,专家组必须评估全部相关的因素,特别是该措施对目标的贡献度和其贸易限制作用。即使通过分析得出该措施是必需的初步结论,这一结果也必须通过比较该措施与可能的替代措施来确认。如果替代措施能同样实现目标并具有更少贸易限制作用,那么该措施就不是必需的。

欧共体提出了两种可能的替代措施:(1) 减少巴西废弃轮胎数量的措施;(2) 改进巴西废弃轮胎管理的措施。专家组认为,这些措施都没有构成巴西进口禁令的可行的替代措施。专家组拒绝的理由是,这些措施已经存在,但不能实现巴西选择的保护水平或可能产生其他的风险。[①]

关于减少废弃轮胎积累的措施,专家组认为,巴西鼓励国内翻新或改进翻新国内使用过轮胎的能力的措施已经被实施或正在实施,其效果和进口禁令的效果是累积的,而不是互相替代的。[②] 因此,专家组认为欧共体建议的上述措施不能起到进口禁令的效果。

关于巴西应该通过法院禁令来防止进口旧轮胎,专家组注意到,在巴西法律已经禁止进口旧轮胎。因此,专家组裁定,欧共体建议的可能替代措施仅仅是巴西已经实施的辅助措施。[③]

对于旨在改进废弃轮胎管理的替代措施,专家组首先审查回收与处置计划,然后审查处置方法。

在上诉程序中,欧共体认为专家组错误地分析了其提出的替代措施,没有正确地解释"替代措施"的概念,并主张巴西应将改进禁止进口旧轮胎和既存的回收与处置计划作为进口禁令的替代措施。[④]

在可能的替代措施中,欧共体提出鼓励国内翻新或改善翻新轮胎能力的措施、改进禁止进口旧轮胎以及既存的回收与处置计划。事实上,这些措施与进口禁令一样,是巴西处理废弃轮胎策略的辅助措施,替代任何组成部分都将削弱其整体效果。上诉机构因此认同专家组的裁定。[⑤]

---

① Appellate Body Report on Brazil-Retreaded Tyres (2007), para. 157.
② Ibid., para. 7.169.
③ Ibid., para. 7.172.
④ Ibid., para. 167.
⑤ Ibid., para. 172.

关于其他替代措施,欧共体认为,专家组在定义替代措施时错误地缩小了替代措施的范围,由于这一定义不同于争议措施所追求的目标,导致欧共体提交的应被接受为进口禁令的替代措施的处置和管理措施被拒绝。上诉机构同样认为不产生废弃轮胎的措施更容易实现上述目标,因为这样的措施能够防止废弃轮胎的积累。事实上,专家组考虑了每个建议措施附带的具体风险。上诉机构认为,如果无视这些可能的替代措施造成的风险,专家组比较可能的替代措施与争议措施就没有意义。而欧共体建议的替代措施,如掩埋、存储和焚烧,即使这些处置方法在受控的条件下实施,它们仍可能导致对人类健康的风险。由于这些措施都存在各自的风险,并且这些风险不是不产生废弃轮胎的措施如进口禁令所导致的,因此,上诉机构接受专家组的观点,认为这些措施不是合理可用的替代措施。[1]

三、相关因素的权衡

欧共体认为,专家组在分析进口禁令的必要性时,没有权衡所有相关因素。尽管上诉机构没有对"权衡"一词作出定义,但是其涉及一个过程:其一,独立评估每个因素的重要性;其二,为确定争议措施是否为实现目标所必需,应将每个因素的作用和相对重要性与其他因素一起考虑。由于专家组不能确定进口禁令对减少废弃轮胎造成的风险的实际贡献程度,因此不能权衡这一贡献与其他任何相关因素。此外,欧共体还主张专家组的权衡建立在其错误地分析替代措施的基础上。

上诉机构注意到,专家组分析了进口禁令的贸易限制性及其对于实现目标的贡献,且考虑到依进口禁令的目标所要保护的利益的重要性,认为进口禁令对于实现目标的贡献比其贸易限制性更为重要。上诉机构裁定,专家组的分析并无错误;[2]上诉机构驳回欧共体认为专家组对于提议的全部替代措施没有进行适当的整体评估的抗辩。[3]

本案揭示了国际贸易与公共健康、环境之间存在的紧张关系。WTO的基本原则是成员有权决定其认为适当的保护水平。在GATT1994第20条(b)项下分析一措施的必需性的另一个关键因素是该措施对其目标

---

[1] Appellate Body Report on Brazil-Retreaded Tyres (2007), paras.173-175.
[2] Ibid., para.179.
[3] Ibid., para.181.

的贡献。如果目标和争议措施之间存在真实的目标与手段之间的关系，那么贡献就存在。同时，主张措施是必需的并不需要证明其是不可或缺的。但是，措施对目标实现的贡献必须是实质的，特别是具有贸易限制性的措施，如进口禁令，必须在其贡献和贸易限制作用之间权衡，并考虑其所追求目标的根本价值的重要性。作为旨在减少废弃轮胎累积导致风险的整体策略的重要组成部分，进口禁令对目标的实现起到了实质性的作用。在缺乏合理可用的替代措施的情况下，这种贡献足以证明进口禁令是必需的。

欧共体提出了一系列的替代措施。但是，巴西进口禁令是不产生废弃轮胎的预防性措施，欧共体建议的大多数替代措施是废品管理和处置措施，属于补救性质。上诉机构认为，这些鼓励国内翻新或改进国内翻新能力、改善禁止进口旧轮胎的管理，以及改进既存的回收和处置计划的建议措施只是进口禁令的补充措施，不是进口禁令的替代措施。至于掩埋、储存和焚烧及再生利用这些补救方法，本身就存在风险，或者成本高昂，因此仅能处理有限数量的废弃轮胎。专家组裁定这些替代措施不是合理可用的替代措施是正确的，上诉机构赞成专家组的裁定：进口禁令是保护人类、动物或植物生命健康所必需的。

3. 评论

关于 GATT1994 第 20 条中"必需"的判断，最初是采取最低贸易限制要求，要求争议措施必须是"违反 GATT 程度最低"或"贸易限制程度最低"的。最低贸易限制理论最大的瑕疵在于，专家组在无须考虑其他替代措施可行性与有效性的前提下，就可以主观地断定是否存在成员可选择采用的替代措施。尽管美国第 337 节案中提及替代措施还必须符合"合理可用"的标准，但在实践中，专家组往往强调"违反 GATT 程度最低"与"贸易限制程度最低"，并以此作为排除争议措施不符合"必需"要件的唯一理由，而忽视了合理可用的标准。因此，最低贸易限制理论严重限制成员就其所欲追求的国内政策目标所能采取的措施，并严重侵害成员的管制主权。

由于最低贸易限制理论存在上述不足,因此在韩国牛肉案、欧共体石棉案中被专家组和上诉机构摒弃。韩国牛肉案上诉机构在审查措施是否"必需"时,将其分为两种情况:其一,该措施是"不可或缺"的措施;其二,虽然争议措施并不是不可或缺的措施,但仍符合 GATT1994 第 20 条意义下的"必需"的。就第二种情况,上诉机构认为,该"必需"必须权衡各种不同要素以决定是否存在贸易限制较低且合理可用的替代措施,其中必须考虑的三个因素为:该措施对目标的贡献度、该措施的贸易限制程度以及拟保护价值的重要性。如果措施对目标的贡献度愈大,或措施的贸易限制程度愈小,或措施拟保护的价值愈重要,则该措施将愈容易被认定为必要。也就是说,在最低贸易限制概念上强调"合理可用",并以权衡概念协助进行判断。因此,自韩国牛肉案和欧共体石棉案以来,必需性判断采取弹性的标准,贸易措施必要与否受争议措施所追求目标的重要性、措施对目标的贡献度以及措施所造成贸易限制的程度等因素的影响,要根据个案的具体情形决定必需性。而在巴西翻新轮胎案后,WTO 面临必需性要件内涵剧扩张的情形。巴西翻新轮胎案除沿用前面数个案例所建立的必需性要件判断标准之外,还确立成员所欲追求目标或利益重要性的影响程度,以及根据争议方的发展情形进行权衡。

(二)对 GATT1994 第 20 条(g)项的发展

1. 可用尽的自然资源

(1)美国汽油标准案:清洁空气是可用尽的资源

在美国汽油标准案中,美国主张清洁空气属于 GATT1994 第 20 条(g)项意义上的可用尽的自然资源,可因为污染物的排放而用尽。在污染最为严重的地区,空气长期被污染并长时间维持该种状况,空气污染物可以长距离移动污染其他物质。而通过阻止空气恶化,《清洁空气法》同样保护受空气污染影响的其他可用尽的资源,诸如河流、小溪、公园、庄稼和森林。因此,改良和常规汽油项目的目标属于保护清洁空气和其他自然资源的政策范围之内。

委内瑞拉认为,根据 GATT1947 确立的惯例,只有一项措施"主要旨在"(primarily aimed at)保护自然资源与保护一项可用尽的自然资源相关。① 美国甚至没有设法表明汽油规则中的歧视性要求(该争端中所争议的措施)主要旨在保护自然资源,而只设法证明其改良和常规汽油要求属于 GATT1994 第 20 条(g)项的范围之内。同时,美国只将保护健康作为改良和常规汽油要求的主要目的,但这与 GATT1994 第 20 条(g)项的分析并不相关。委内瑞拉认为,美国汽油规则方法论存在影响其保护目标的漏洞,证实歧视性基准制度并不是"主要旨在"保护可用尽的自然资源。

专家组支持了美国的主张:"清洁的空气是一种资源(它具有价值),是自然资源,是可能被用尽的。根据性质来界定可被用尽的资源并不是绝对的。同样,一项资源是可再生的事实也并不能作为反对的理由。过去,专家组曾裁定可再生的鲑鱼存量构成一种可用尽的自然资源。因此,降低清洁空气损耗的政策是一项 GATT1994 第 20 条(g)项意义上的保护自然资源的政策。"②

(2) 美国海虾案:动物也可能是可用尽的自然资源

在美国海虾案中,争端各方对于海龟是否属于可用尽的自然资源产生了严重的分歧。印度、巴基斯坦和泰国认为,"可用尽的"一词的合理解释是指"诸如矿产品等有限的资源,而不是生物或可更新的资源"。在它们看来,这类有限资源"因为供给有限,是可以一点点地消费耗尽的",所以是可用尽的。如果把所有的自然资源都当作可用尽的,那么"可用尽的"一词就成多余的了。③ 它们还提到 GATT1994 第 20 条的立法历史,尤其是对于矿产品如锰等,有些谈判代表提出的条文中允许作出口限制,以保护稀有的自然资源。④ 马来西亚则补充,海龟是一种有生命的动物,只能考虑引用 GATT1994 第 20 条(b)项,因为第 20 条(g)项指"无生命的可用尽的自然资源"。⑤

上诉机构并没有接受上述主张,认为 GATT1994 第 20 条(g)项不限

---

① See WTO, Canada-Measures Affecting Exports of Unprocessed Herring and Salmon, Panel Report adopted on 22 March 1988, L/6268-35S/98, https://www.wto.org/english/tratop_e/dispu_e/gatt_e/87hersal.pdf, last visited on June 23, 2024.
② Panel Report on US-Gasoline (1996), para. 6.37.
③ Panel Report on US-Shrimp (1998), para. 3.237.
④ Ibid., para. 3.238.
⑤ Ibid., para. 3.240.

于保护矿产的或非生命的自然资源。申诉方的主要理由是"有生命的"自然资源是可以再生的,因此不是"可用尽的自然资源"。上诉机构认为,"可用尽的自然资源"与"可再生的自然资源"并非互相排斥的。现代生物科学告诉人们,尽管在原则上有生命的物种是可以再生的,但由于人类的活动,有生命的物种在某种情况下确实是可能耗尽、用尽并灭绝的。因此,有生命的资源和石油、铁矿石及其他无生命的资源一样,也是"有限的"。

GATT1994 第 20 条(g)项中的"可用尽的自然资源"一词,实际上是 50 多年以前创造出来的。条约解释者必须参照国际社会当时所关心的环境保护来理解。《WTO 协定》序言中相关内容为:"认识到在处理它们在贸易和经济领域的关系时,应以提高生活水平、保证充分就业、保证实际收入和有效需求的大幅稳定增长以及扩大货物和服务的生产和贸易为目的,同时应依可持续发展的目标,考虑对世界资源的最佳利用,寻求既保护和维护环境,又以与它们各自在不同经济发展水平的需要和关注相一致的方式,加强为此采取的措施。"

乌拉圭回合虽然未对 GATT 第 20 条作出修改,但《WTO 协定》上述内容表明,1994 年该协定签字各方完全了解环境保护作为国内和国际政策的重要性和正当性,并在《WTO 协定》序言中明确认同可持续发展的目标。

上诉机构认为,从《WTO 协定》序言包括的观点来看,GATT1994 第 20 条(g)项里的"自然资源"的含义或所指者并非静止不变的。因此,现代国际公约和宣言经常把自然资源看作兼指有生命和无生命的资源。例如,1982 年《联合国海洋法公约》在定义沿海国在专属经济区的管辖权时,第 56 条第 1 款(a)项规定:"沿海国在专属经济区内有:以勘探和开发、养护和管理海床上覆水域和海床及其底土的自然资源(不论为生物或非生物资源)为目的的主权权利……"该公约在第 61 条和第 62 条中反复提到"生物资源",规定了各国在其专属经济区的权利与责任。联合国环境和发展大会 1992 年《生物多样性公约》使用了"生物资源"的概念。联合国环境与发展会议 1992 年 6 月 14 日通过的《21 世纪议程》中的"自然资源"含义最广泛,并详细说明了海洋生物资源。此外,与《保护野生动物迁徙物种公约》一道通过的"援助发展中国家决议"指出,发展的重要内容在于保护和管理有生命的自然资源,而迁徙物种是这类资源的重要组成部分。

由于国际社会已认识到采取双边或多边协同行动保护有生命的自然资源的重要性,并忆及 WTO 成员明确承认《WTO 协定》序言中的可持续发展的目的,上诉机构认为,仍把 GATT1994 第 20 条(g)项理解为仅指养护可用尽的矿产或无生命的自然资源,未免太落伍了。此前,已有两个专家组报告裁决,鱼类属于 GATT1947 第 20 条(g)项意义上的可用尽的自然资源。[①] 上诉机构认为,按照条约解释的"有效性原则"(principle of effectiveness),养护可用尽的自然资源的措施,不论是有生命的还是无生命的,都属第 20 条(g)项范围。

在美国海虾案中,根据 GATT1994 第 20 条(g)项的规定,必须确定该措施要养护的有生命的自然资源是否属于"可用尽"的自然资源。对本案所涉五种海龟来说,这是一个所有当事方和第三方本来就都承认的事实。由于今天所有七种海龟已都被列入《濒危野生动植物种国际贸易公约》的附件 1 之中,该附件包括"所有受贸易影响可能遭到灭绝威胁的物种",[②] 海龟是"可用尽的"事实上已是无可争议的问题。

最后,上诉机构认为海龟是游动性很强的动物,出没于许多沿海国有管辖权的海域和公海。本案专家组报告说,"摆在专家组面前的资料,包括专家的书面说明在内,倾向于认定这样的事实:在特定生存环境里,海龟游动经过很多国家的水域和公海……"[③]美国 1973 年《濒危物种法》第 609 条所包括的海龟品种,都出现美国行使管辖权的水域。[④] 当然,这并不是说在这个或那个时间内,所有这些品种的海龟都游在或穿过美国有管辖权的水域。不管是上诉方还是任何被上诉方,都不能宣称对海龟有

---

① Foreign Trade Information System, United States-Prohibition of Imports of Tuna and Tuna Products from Canada, adopted 22 February 1982, L/5198-29S/91, http://www.sice.oas.org/dispute/gatt/80tuna.asp, para. 4.9, last visited on June 25, 2024; WTO, Canada-Measures Affecting Exports of Unprocessed Herring and Salmon, Panel Report adopted on 22 February 1982, L/5198-29S/91. para. 4.4., https://www.wto.org/english/tratop_e/dispu_e/gatt_e/87hersal.pdf, last visited on June 23, 2024.

② Convention on International Trade in Endangered Species of Wild Fauna and Flora (CITES), Article II.1.

③ Panel Report on US-Shrimp (1998), para. 7.53.

④ Ibid., para. 2.6.

排他的所有权,至少当海龟在其栖息地海洋里自由游动的时候。上诉机构从来没有对 GATT1994 第 20 条(g)项是否隐含管辖权限制的问题作出判断,以及如果有的话,其性质或范围。上诉机构仅注意到,就本案所审理的特定情况而论,为第 20 条(g)项的目的,在所涉的这些游动并濒危的海洋物种与美国之间有着足够的联系。

综上所述,上诉机构裁定本案所涉的海龟构成 GATT1994 第 20 条(g)项所指的"可用尽的自然资源"。

2. GATT1994 第 20 条(g)项的"与保护可用尽的自然资源有关"

(1)加拿大鲑鱼和鲱鱼案:"有关"即"主要旨在"

专家组在该案中裁定:"一项贸易措施不必非是保护可用尽的自然资源所必需或必须的,但它必须主要旨在保护可用尽的自然资源,才能被视为 GATT1994 第 20 条(g)项意义上的'与保护可用尽的自然资源有关'。"[1]自该案后,专家组引入了这样的解释,即争议措施应是"主要旨在"而非"必需或必须的"。专家组和上诉机构在此后数案中参照了这一解释。

(2)美国汽油标准案:"实质联系"即"有关"

上诉机构在该案中认为:一项措施如果与保护可用尽的自然资源之间存在"实质联系",而不是仅仅"顺带地或无意中地"保护可用尽的自然资源,那么该措施即"与保护可用尽的自然资源有关"。上诉机构裁定,基准确立规则与保护美国清洁空气之间的"实质联系"是一种"手段与目的之间密切而真实的关系",是"主要旨在"保护可用尽的自然资源的措施。值得一提的是,在该案中上诉机构明确指出:"'主要旨在'一词其本身并不是条约用语,它也并未被设计成检测争议措施是被包括还是排斥在 GATT1994 第 20 条(g)项之外的一种简单的石蕊试纸。"[2]尽管上诉机构并未对这一问题进行更深入的探讨,但其报告的字里行间已显示出限制解释的倾向。

(3)美国海虾案:密切而真实的联系即是"有关"

本案中,上诉机构必须审查的争议措施即美国 1973 年《濒危物种法》

---

[1] Panel Report on Canada-Salmon and Herring (1998),para. 4.6.
[2] Appellate Body Report on Canada-Salmon and Herring (1998),p. 17.

第 609 条的总体设计与结构,和它旨在服务的政策目标即保护海龟之间的关系。第 609 条(b)款(1)项规定,禁止进口用会伤及海龟的商用捕鱼技术打捞的海虾,旨在促进各国采取要求捕虾的渔民装置海龟隔离器(turtle excluder device, TED)的管理办法。就此而论,第 609 条及其执行指令的总体设计与结构的焦点是相当集中的。同时,美国对禁止进口有两个基本例外,都明确和直接与保护海龟的政策目标有关。其一,第 609 条及其实施细则的《1996 年指令》,不禁止进口"在不伤及海龟条件下"打捞的海虾。根据其条件,该措施把以下几种虾,哪怕来自无证书的国家,均排除在进口禁令之外:养殖场的虾,在正常情况无海龟出没海域捕获的某几种虾,以及全用手工操作捕获的虾。这样捕捞的海虾显然不伤害海龟。其二,根据第 609 条(b)款(2)项,该措施把有证书各国管辖海域捕捞的海虾也排除在禁止进口之外。

第 609 条(b)款(2)项规定了证书的两种模式。第一种,在商业拖网捕鱼过程中不会威胁顺带伤及海龟的渔业环境的各国所需证书。在这种环境下拖网捕虾没有伤及海龟的风险,或者这种风险可忽略不计。第二种,如 1996 年指令所详细规定的那样,要求希望向美国出口海虾的国家采取与美国相似的管理办法,并且附带伤及海龟的比率也与美国船只的平均率相当。这相当于要求用商业拖网捕鱼的国家在可能拦截海龟的海域,必须采取要求在捕虾船上装置 TED 的管理办法。上诉机构认为这种要求直接与保护海龟的政策有关。

本案各当事方对下列看法并无争议,专家组咨询的专家们也都承认:在海虾与海龟共生的海域用装有机器收网设备的商用拖网渔船捕虾,是导致海龟死亡的重要原因。另外,专家组并"未怀疑过为专家们都承认的事实,即在当地海域采取 TED 设施,是保护海龟的有效工具"。因此,第 609 条的总体设计与结构并非不顾捕捞方式是否有顺带捕杀海龟的后果而简单地一律禁止海虾进口。在上诉机构看来,第 609 条及其 1996 年指令,在关系到保护与养护几种海龟的政策目标时,其适用范围并非不讲分寸的,原则上该措施与目的有合理的联系。该措施与目的的关系即第 609 条与保护可用尽或事实上受威胁的物种的政策之间的联系,显然有密切而真实的联系,其实质性联系完全像上诉机构在美国汽油标准案里所裁定的设定基准与保护空气清洁之间的关系一样。

综上,上诉机构认为第609条属于GATT1994第20条(g)项意义上的"与保护可用尽的自然资源有关"的措施。

3. 评论

通过对环境措施的相关性进行限制性解释,将其限定为"实质性联系",同时对"可用尽的自然资源"进行扩充解释,将其理解为包括空气、某些生物,第20条(g)项的环保关联性增强,WTO成员也可以更多地和相对容易地援引该项规定来保护自然资源。

(三) 对GATT1994第20条序言的澄清和发展

1. 序言的审查对象

按照适用GATT1994第20条的顺序,在确定争议措施符合第20条具体例外的范围而获得临时正当性后,专家组应进一步依据该条序言对其进行审查以确定争议措施是否具有最终的正当性。

在美国汽油标准案中,上诉机构指出,第20条序言通过明确的用语表明其调整的是措施的实施方式,而不是措施的具体内容。[①]

2. 序言对限制措施在实施方式上的三个要求

GATT1994第20条序言部分包括例外措施的三个实施标准:第一,不得构成情形相同的国家间的武断歧视的手段;第二,不得构成情形相同的国家间的不合理歧视的手段;第三,不得构成对国际贸易的变相限制的要求。

但是,"武断""不合理""变相"等措辞的具体含义令人难以捉摸,可能导致成员因无法正确理解例外规定的具体含义而产生歧义甚至发生贸易摩擦。事实上,从GATT到WTO发生的许多贸易摩擦事件,都是有意或无意地错误理解例外规定所致。[②]

关于GATT1994第20条序言的解释,以往争端解决案件的专家组认为,如果争议措施不只针对一个国家适用,即同时或先后对多数国家实行类似措施,则不属于武断或不合理的歧视;至于对国际贸易的变相限制,以往专家组均着重于"变相"的字面意义,认为只要成员采取的措施是"公开宣示"的,就不是对国际贸易的变相限制。

---

① Appellate Body Report on US-Gasoline (1996), p.22.
② 参见崔广平:《论世界贸易组织规则中的环境保护条款》,载《河北法学》2004年第12期,第85页。

但是,在美国汽油标准案和美国海虾案中,上诉机构对 GATT1994 第 20 条序言的解释却和以往不同。在此两案中,对于被诉方主张其措施符合该条(g)项,并通过(g)项的审查,上诉机构的分析并不是如一般情况下那样审查争议措施在适用序言上是否构成权利的滥用,反而是进行必要性审查,即审查是否存在贸易限制程度较小且合理可用的替代措施。

(1) 武断的歧视与不合理的歧视

上述第一和第二两个实施标准联系密切,都以存在歧视为前提。上诉机构在美国海虾案中指出,措施"在情形相同的国家间构成武断或不合理歧视",必须具备三个要素:首先,措施的实施必须导致歧视;其次,该歧视在性质上必须是武断的或不合理的;最后,该歧视必须发生在情形相同的国家间。[①] 因此,如果在情形相同国家间不存在歧视,也就不需要考察是否不合理或武断了。

在美国海虾案中,上诉机构首先审查美国 1973 年《濒危物种法》第 609 条的实施方式是否构成"在情形相同的国家之间构成武断或不合理歧视",理由有二:(1) 第 609 条的法律条文本身并没有要求其他 WTO 成员采取与美国实质上相同的政策和执行方式,单独来看,该法律条文似乎允许一定程度的裁量权或灵活性,但这种灵活性实际上被美国国务院颁布的 1996 年指令及实施认证决定的行政做法彻底废除了。上诉机构指出,美国措施的适用实际上是要求所有其他出口成员都必须采取和美国本质上相同的保护政策及执行方式。[②] 其适用的结果是确立了严格的僵化的标准,美国政府即根据该标准来决定其他国家是否可予以认证,进而授予或拒绝其他国家出口虾类至美国的权利。同时,其行政人员在进行判断时,实际上并未考虑其他出口国为保护海龟所实施的特定政策与措施。上诉机构理解美国在其境内实施统一的标准,一政府在采取和实施其国内政策时采取对其境内实体适用单一的标准虽然可以接受,但是在国际贸易关系中,WTO 不能接受一成员运用经济禁令要求其他成员采取本质上相同的全面性管制计划,以实现特定政策目标,却没有考虑其他成员领域内可能存在的不同情况。上诉机构还强调,第 609 条规定适

---

① Appellate Body Report on US-Shrimp (1998), para. 150.
② Ibid., paras. 157-161.

用上不仅针对出口国拖网捕虾船在捕获过程中没有使用 TED 装置的虾类产品,也包括使用与美国拖网捕虾船完全相同的捕获方式但捕获海域并未经第 609 条认证的虾类产品,这种情况与美国所宣称的保护海龟的目标有很大的差异。

(2) 美国在实施进口禁止措施之前,没有与包括申诉方在内的其他 WTO 成员进行严肃而全面的协商,以缔结关于海龟保护的双边或多边协议。专家组在其审查过程中曾作出类似的认定。① 上诉机构更进一步提出多项理由支持其"国际合作优先"的观点。第一,美国国会立法明确认识到协商保护海龟物种的国际协议的重要性,美国 1973 年《濒危物种法》第 609 条(a)款规定要求国务院尽快与其他国家展开磋商以缔结双边或多边协议。然而,除了 1996 年缔结的《美洲国家间保护海龟公约》外,美国政府并没有遵照国会指示与其他出口国进行任何认真且实质的国际协商工作。② 第二,无论基于 WTO 贸易与环境委员会报告、相关多边环保协议规范还是国际重要的环保宣言与文件等,均强调经由国际合作以解决各种区域或全球环境问题的适当性。事实上,对于迁移高度频繁的海龟的保护需要很多国家协作努力。第三,由上述《美洲国家间保护海龟公约》可知,美国确实有与其他国家协商以缔结区域性国际协议,且由此公约可证实该公约的签署国(包括美国在内),承认共识与多边程序是建立海龟保护计划的可行方式。当美国有其他合理可用的措施以实现环保政策目标时,上诉机构认为,第 609 条规定存在片面且不具有共识的性质,更可证明该禁止进口措施适用上构成不合理歧视。③ 第四,在第 609 条规定适用上,美国给予最初及后来受影响的国家不同的过渡期,而后来的国家(包括申诉方在内)被给予的过渡期较短,给这些国家造成很大的困难与负担,且仅受到较少来自美国的技术转移帮助。综上,上诉机构认定美国措施构成不合理歧视。④

此外,在武断的歧视方面,虽然采取相当于美国管制计划的国家可以依第 609 条规定得到认证,但在核准及拒绝认证的过程中并未赋予申请

---

① Appellate Body Report on US-Shrimp (1998), paras. 163-166.
② Ibid., para. 167.
③ Ibid., paras. 168-173.
④ Ibid., paras. 174-176.

国听证与回应的机会,申请国也只能从公告中得知其是否被列入受认证的国家名单,美国不会个别通知,被拒绝的国家也不会收到拒绝通知及其理由。上诉机构指出,这种不透明的认证程序使得被拒绝的出口国的基本公平及正当程序权利受到损害,因此所有被拒绝的国家都受到歧视待遇,因而美国的措施构成武断的歧视。①

(2) 对国际贸易变相的限制

专家组在欧共体石棉案中认为,"变相"一词包含了"隐藏在欺骗性的外观之下""改变以进行欺骗"的含义。② 关于如何揭示一项贸易措施的贸易保护性质,专家组认为,应该按照上诉机构在日本酒税案中的办法,即从一项措施的"设计、内部构造和外表结构"来辨别是否具有贸易保护性质。

3. GATT1994 第 20 条序言和个别例外条款的审查顺序

在 GATT 时期,专家组并不强调审查顺序,如关于 GATT 第 20 条(d)项的案件中,有的先审查序言(如美国汽车弹簧配件进口案③),也有的先审查个别要件(如美国第 337 节案④)。到 WTO 时期,上诉机构在美国汽油标准案中建立两步分析方法,⑤即应先审查争议措施是否符合第 20 条(a)项至(j)项中的某一项,再审查其是否符合第 20 条序言,即此类措施的实施不在情形相同的国家之间构成武断或不合理的歧视手段或构成对国际贸易的变相限制。⑥

对于美国汽油标准案中上诉机构所提出的审查顺序,在美国海虾案中,专家组持不同意见。该案专家组虽然赞同美国汽油标准案中上诉机构所提出的两步分析方法,但同时认为争议措施即便符合第 20 条某项的规定,仍要适用序言,因而也可以先分析序言部分。⑦ 因此,专家组首先确定本案争议措施是否满足了第 20 条序言的条件,如果满足,则继续审

---

① Appellate Body Report on US-Shrimp (1998), paras. 180-181.
② Panel Report on EC-Asbestos (2001), para. 8. 236.
③ Panel Report on US-Spring Assembly (1982), paras. 54-57.
④ Panel Report on US-Section 337 (1989), paras. 5. 22.
⑤ D. A. Osiro, GATT/WTO Necessity Analysis: Evolutionary Interpretation and its Impact on the Autonomy of Domestic Regulation, *Legal Issues of Economic Integration*, Vol. 29, No. 2, 2002, p. 129.
⑥ Appellate Body Report on US-Gasoline (1996), p. 22.
⑦ Panel Report on US-Shrimp (1998), para. 7. 28.

查其是否为第20条(b)项或(g)项所包括。不过,该案上诉机构不同意专家组的看法,认为其于美国汽油标准案中所提出审查顺序并不是任意的,而是第20条的基本架构与逻辑所要求的,其次序颠倒会产生截然不同的结果。在没有确定和检查有滥用威胁的具体例外的情况下,解释序言部分以防止具体例外的滥用或误用是十分困难的。同时,第20条序言部分确立的标准在范围和广度上必然是宽泛的,当受审查的措施不同时,这些标准的内涵和外延会发生变化:在一类措施中被视为武断、不合理的歧视或变相的限制,在另一类措施中未必如此。[①] 简言之,第20条序言中的关键用语不宜抽象界定,其各项具体例外提供了适用序言的上下文,因此审理涉及第20条争端的逻辑应是先根据相关的具体例外分析争议措施,然后再转向序言。[②] 美国汽油标准案所确立的这种审查程序,可避免争议措施因违反序言的宗旨而先完全被否定的情况,体现了WTO相关协定对各缔约方享有根据本国的健康水平和环境目标采取保护环境政策的权利的肯定。

4. 评论

通过以上判例,专家组和上诉机构明确了"不合理歧视"和"武断歧视"的一些具体情形,强调执行的灵活性和正当程序在判明"不合理"或"武断"问题上的核心意义。对"变相"一词也作了具体阐释,给出了具体的方法。这些都有助于以后案件的审理。但这些判例中对具体情形的列举能否为以后的案例所接受,还有待今后实践的检验。美国汽油标准案确定的两步分析方法,已为后案专家组或上诉机构所认可。

三、GATT1994第20条在解决贸易规则与非贸易规则冲突中的作用

GATT1994第20条规定了WTO成员在符合法定要件的情况下可以援引一般例外作为其国内管制措施正当性的理由。其功能在于提供成员方为了保护若干重要值价而不履行WTO相关义务的机制,如保护公共道德,保护人类、动植物的生命或健康等情形。

首先必须解决的问题是一般例外条款的性质。事实上,"一般例外"

---

① Appellate Body Report on US-Shrimp (1998), para. 119.
② 参见程红星:《WTO司法哲学的能动主义之维》,北京大学出版社2006年版,第28页。

这一用语本身就容易造成误解,将履行WTO义务视为一般情况,而在例外情况下得以拒绝履行WTO义务。在美国汽油标准案中,上诉机构认为一般例外是成员追求非经济目的的权利。① 在美国金枪鱼案中,上诉机构称一般例外为"受限制且有条件的例外供成员豁免履行义务"②。原因在于,早期多数学者认为一般例外会妨碍实现WTO的宗旨与目的,在性质上与WTO法的关系属于原则与例外的关系,故在解释一般例外时倾向严格解释。③

但在欧共体荷尔蒙案中,上诉机构指出,不能因为使用了"例外"一词,就直接忽略条约解释的解释原则而得出解释一般例外应采用严格或宽松的解释方式的结论。上诉机构认为,解释一般例外时仍然应依据《维也纳条约法公约》第31条提供的解释条约一般原则进行。比较而言,这种解释能为成员提供更宽松的裁量权去实现非贸易目标政策。④

相较于早期的见解而言,欧共体荷尔蒙案上诉机构的观点更有助于解决自由贸易体制下不同规范的冲突问题。《WTO协定》序言已经展现了成员并无意图使WTO以追求绝对的自由贸易为目标,而是将自由贸易作为确保可持续发展、实现人权的制度。而不论是可持续发展还是人权,其概念与规范性均来自非WTO法的国际法规范的范畴。依据条约必须有效原则以及《维也纳条约法公约》第31条下条约解释的通常原则,很难想象WTO成员一方面在序言表示确保可持续发展、实现人权,另一方面却排除通过一般例外解决国际贸易法、国际环境法及国际人权法冲突的可能。换言之,如果将WTO法与一般例外条款的关系理解为原则与例外的关系,就如同以履行WTO法为原则,不履行WTO法而履行国际环境法、国际人权法等其他国际法为例外。然而,当今国际法并无位阶关系,这些国际法也并无绝对的优先适用顺序,从而原则/例外关系并非理解一般例外的正确方式。此外,这种解释方式也将导致《WTO协定》无法实现其在序言表明的宗旨。

---

① Appellate Body Report on US-Gasoline (1996), para. 17.
② Ibid., para. 157.
③ Stefan Zleptnig, *Non-Economic Objectives in WTO Law*:*Justification Provisions of GATT*,*GATS*,*SPS*,*and TBT Agreements*, Martinus Nijhoff Publishers, 2010, p. 107.
④ Appellate Body Report on EC-Asbestos (2001), para. 104.

事实上，成员并非只承担WTO法下的义务，同时必须面对来自其他国际治理机制为解决其他全球问题所课予的国际法义务。换言之，当发生规范冲突时，在并无位阶层级关系的规则间应通过其冲突判断法则确定适用顺序。而其中又因后法优于前法原则实际上为特别法优于一般通法为特殊型态，当冲突规则间的时间先后顺序并无法表明缔约方修改规则的意图时，只能回归特别法判断法则处理。即如果某一事务同时受到一般法和更为具体的特别法拘束，则该特别法将先于一般法适用。如果案件中特别法的内容和地位明显地表明当事方有意图优先适用该特别法，则适用法律顺序并不会成为问题。然而，WTO法下并无条文明示WTO法应劣于其他规则适用，有学者认为此时的关键判断标准为"在有限且最重要的多个目标中，何者为所有当事方最心达成共识的期盼"。

WTO成员不仅在《WTO协定》序言中宣示了环境、人权等的重要性，更将其在一般例外条款中作出明确规定。因此，一般例外条款不仅是例外，更应进一步视为展现WTO法所表明的成员所真心达成共识的期盼为WTO法内建的特别法判断法则，除允许成员执行其他非属于经济事务的政策外，更在成员面临履行其他国际法义务冲突时作为安全阀，设定要件，允许WTO法下的义务屈从于其他义务，以解决国家义务的冲突问题。从GATT1994谈判历史我们可以发现，一般例外个别要件的谈判过程受到当时其他条约的影响，也考虑了其他条约与GATT1994之间的关系。① 由此可见，一般例外条款应视为WTO法内建的冲突解决条款，当规范冲突发生时，只有依据解释条约的一般原则，将《世界贸易组织宪章》规范作为一般例外规范内容的立法背景，才能正确理解一般例外的意义与功能。

争端往往涉及不同的国际法规则，可能出现根据《WTO协定》禁止采取该措施，而根据其他国际法规则却可以采取该措施的情形。比如，假设某国家为履行《京都议定书》下的减排义务而对温室气体排放实行总量管制与碳排放交易措施，为了避免发生碳泄漏（Carbon Leakage）而设计

---

① Douglas A. Irwin, Petros C. Mavroidis & Alan O. Sykes, *The Genesis of the GATT*, Cambridge University Press, 2008, pp. 163-164.

了边境调节税,针对在境外制造而售往本国的产品。若相关产品原产地不受《京都议定书》减排义务拘束且无减排机制,进口国将对从该国进口的产品课予边境调节税,亦即该国家的产品在出口至本国时必须购买排放额度。这一边境调节税实际上有助于减少温室气体,从国际环境法来看应予以支持。但从 WTO 法角度来看,却可能因进口产品在边境调节税下所负担的"气候成本"与进口国境内同类产品不同而有违反国民待遇义务之虞。除此之外,边境调节税在立法技术上虽然可以设计成针对所有国家实施,但是事实上只会向未实施气候变化机制国家出口的产品实施。在加拿大汽车增值税案中,加拿大虽然规定进口汽车在符合一定要件下可以豁免进口税,但是专家组发现,事实上仅有母公司国籍国为特定国家或受特定国家的公司控制的汽车制造商曾获得过该豁免,从而仍然构成歧视。[①] 换言之,GATT 第 1 条下的最惠国待遇不仅适用于法律上的歧视(de jure),同时也适用于事实上的歧视(de facto)。这种基于产品来源国的气候变化政策而决定给予不同待遇的机制,有可能违反最惠国待遇的规定。

  在这种案件中,由于实施争议措施的目的在于履行其他国际法义务,基于当前国际法规范之间并无位阶关系,WTO 争端解决机构、WTO 成员不得以该国际法义务违反 WTO 法为由宣告其无效。而应审视该国际法义务所欲保护的利益是否确实包含在一般例外的个别要件和《WTO 协定》序言明示目标之中,从而确认该国际法义务在自由贸易利益与国际社会共同体利益间发生冲突时是否享有优先于 WTO 法适用的特别法地位。换言之,一般例外条款所载明的利益(公共秩序、公共道德、人类及动植物健康、避免自然资源用尽等),反映了成员认同这些国际社会共同体利益在与自由贸易利益发生冲突时应优先获得保障。亦即一般例外充分展现了成员认定在这些为保障国际社会共同体利益的法律规范与 WTO 法发生冲突时,WTO 法不应就这些争议案件享有最终诠释权。

---

① Panel Report on Canada-Measures Affecting Exports of Unprocessed Herring and Salmon (1998), para. 10.43.

第四节　GATT1994 其他例外条款

一、GATT1994 第 25 条第 5 款

GATT1994 第 25 条第 5 款规定,"缔约方全体可豁免本协定对一缔约方规定的义务;但是任何此种决定应以所投票数的三分之二多数批准,且此种多数应包含全体缔约方的半数以上"。WTO 进一步严格了豁免的条件。在 WTO 体制下,一成员寻求豁免需获得 WTO 成员 3/4 多数通过。这种表决要求使寻求 WTO 的豁免变得十分困难。[①]

二、GATT1994 第 28 条第 1 款

GATT 的基本原则之一就是通过互惠谈判达成较低的关税税率,并受约束。但是,这种约束并非一成不变。根据 GATT1994 第 28 条第 1 款,在约束关税三年后,缔约方之间可通过谈判修改关税税率。谈判如果达成协定,包括对其他产品提供补偿性调整,则可依协定修改关税税率。如果不能达成协定,则提议修改或撤销关税减让的缔约方仍有权这样做,但最初谈判此项减让的缔约方、对该项关税减让有主要供应利益的缔约方和拥有实质利益的缔约方也可撤销实质相等的减让。这与 GATT1994 第 18 条 A 节的规定比较相近,但第 18 条 A 节下的撤销或修改关税减让不受三年期限的限制。

三、GATT1994 第 28 条第 4 款

经缔约方全体授权,一缔约方可不受三年期限的限制,提出修改或撤销关税减让的谈判。如果谈判成功,则可修改或撤销关税减让;如谈判未果,亦可自行修改或撤销,而其他受影响的缔约方也可撤销实质相等的关税减让。该条款与 GATT1994 第 18 条 A 节的不同之处在于,该条款要求缔约方全体的事先授权。

[①] 《WTO 协定》第 9 条第 3 款。

四、GATT1994 第 11 条

GATT1994 第 11 条第 1 款规定了普遍取消数量限制原则。该条第 2 款则规定了可以实施数量限制的若干例外情形：

(a) 为防止或缓解出口缔约方的粮食或其他必需品的严重短缺而临时实施的出口禁止或限制；

(b) 为实施国际贸易中的商品归类、分级和销售标准或法规而必需实施的进出口禁止或限制；

(c) 对以任何形式进口的农产品和鱼制品的进口限制，此类限制对执行下列政府措施是必要的：① 限制允许生产或销售的同类国产品的数量，或如果不存在同类国产品的大量生产，则限制可直接替代进口产品的可生产或销售的国产品的数量；或② 消除同类国产品的暂时过剩，或如果不存在同类国产品的大量生产，则消除可直接替代进口产品的同类国产品的暂时过剩，使国内消费者的某些群体免费或以低于现行市场水平的价格获得此种过剩；或③ 限制允许生产的任何动物产品的数量，此种产品的生产全部或主要直接依赖进口商品，如该商品的国内生产相对可忽略不计。

根据本款(c)项对任何产品的进口实施限制的任何缔约方，应公布今后特定时期内允许进口产品的全部数量或价值及数量或价值的任何变化。此外，与在不存在限制的情况下国内总产量和总进口量的可合理预期的比例相比，根据以上①目实施的任何限制不得减少总进口量相对于国内总产量的比例。在确定此比例时，该缔约方应适当考虑前一代表期的比例及可能已经影响或正在影响有关产品贸易的任何特殊因素。

五、安全例外

GATT1994 第 21 条规定，成员基于国家或国际安全原因可以不履行 WTO 下的义务。该条的具体规定是："本协定的任何规定不得解释为：(a) 要求任何缔约方提供其认为如披露则会违背其基本安全利益的任何信息；或(b) 阻止任何缔约方采取其认为对保护其基本国家安全利益所必需的任何行动：① 与裂变和聚变物质或衍生这些物质的物质有关

的行动;② 与武器、弹药和作战物资的贸易有关的行动,及与此类贸易所运输的直接或间接供应军事机关的其他货物或物资有关的行动;③ 在战时或国际关系中的其他紧急情况下采取的行动;或(c)阻止任何缔约方为履行其在《联合国宪章》项下的维护国际和平与安全的义务而采取的任何行动。"

据此,WTO承认各成员基于国家安全超越自由贸易利益的考虑,拥有实施贸易限制的权利。若无此免责条款,WTO成员无法确定其拥有保护自身国家安全免于外来威胁的权力,便不会同意接受或实施多边贸易规则,多边贸易体制也无从生存与发展。安全例外规定正是体现多边贸易体制对主权国家至关重要的特定安全利益的承认与支持。

六、对发展中国家成员的例外规定

(一)GATT1994第18条对发展权的修订

参见本章第一节"幼稚产业保护条款"部分的相应内容。

(二)GATT1994第四部分对发展权的增补

为扩大发展中国家成员的贸易,1963年,GATT第21届部长级会议决定成立了一个"与欠发达国家有关的法律和组织框架委员会",负责为发展中国家成员编纂新的贸易原则和规章。《贸易与发展章程》于1965年成为GATT第四部分,并于1966年开始生效。GATT第四部分包括GATT1947第36—38条,以增加发展中国家成员收入为目标,专门论及与国际贸易有关的发展中国家成员的发展需要,其中非互惠原则已成为GATT一项基本准则。

(三)普惠制的引入

普遍优惠制(Generalized System of Preference),简称"普惠制",是发达国家对发展中国家成员出口的制成品和半制成品提供普遍的、非歧视的和非互惠的关税优惠的制度,所有发展中国家成员都应同等地享受单方面的优惠待遇,不给发达国家以反向优惠。从1971年到1976年,GATT中的大约20个发达国家先后实施了普惠制方案,这在一定程度上对扩大发展中国家成员的出口起到了推动作用。目前,普惠制已成为国际社会普遍承认的贸易规则之一。

(四）授权条款的确立

在1979年11月结束东京回合之际,GATT缔约方通过了一份《给予发展中国家差别和更优惠待遇、互惠和更全面参与的决定》,即东京回合的授权条款,给予普惠制永久的豁免,并提出给予发展中国家关税外的"差别和更加优惠的待遇"(different and more favorable treatment)。该条款列出的授权范围为:(1)发达国家按照普惠制安排给予来自发展中国家产品的优惠关税待遇;(2)归于在多边贸易谈判中达成的关于非关税措施的协议,给予发展中国家差别和更加优惠的待遇;(3)除另有规定外,允许发展中国家在区域性或全国性贸易安排中相互给予减免关税和取消或削减非关税措施的待遇;(4)给予最不发达国家特殊优惠待遇,特别是在普惠制方面给予它们更大优惠。

第四章 技术性贸易壁垒和检疫措施

在现代市场体制下,能够对国际货物贸易关系产生影响的因素是多种多样的,任何"货物"从作为初始形态的原材料、能源、设备等基本要素,到生产、包装、储存、运输等制造加工环节,再到最终的产品形式,直至销售、消费,整个产品的生命周期无不蕴含着复杂的技术性实体规则、标准与合格评定的程序性要求。这些规则、标准与程序,一方面,对保证产品质量,保护人类、动植物生命、健康和生态环境以及维护正常的市场竞争秩序起着必不可少的积极作用;另一方面,在各国独立的政治、经济利益的驱动下,又不免被滥用,成为在合法、合理外衣遮掩下的贸易保护主义伎俩。

技术性贸易壁垒的国际法规制大致可以分为两大类,一类属于"法律化的规制"范畴,是指出于对技术性贸易壁垒国内法规制合法目的的认同(如维护安全、保护人类、动植物生命健康、保护环境等),利用国际法手段促进彼此间的合作与协调,以期形成国际统一、协调的技术性贸易法律保护网络。《濒危野生动植物种国际贸易公约》《生物多样性公约》《生物安全议定书》等都是其中最典型的例证。另一类为"以规制为调整对象的规制",是指为防止各国技术性贸易规制措施(包括但不限于技术性贸易壁垒的国内法规制)背离其所声称的政策目标而异化成不正当的贸易壁垒手段,在双边或多边建立的法律约束机制。

20世纪70年代以来,随着表现为各种技术性规制措施的国内法(如以保护人类、动植物生命健康、环境为目的的贸易法律法规)数量和范围的不断膨胀,贸易自由化受到了极大冲击:不仅在事实上引致大量的国际贸易争端,而且在法律上形成一股巨大的破坏力量,不断地削弱甚至抵消国际贸易法律制度在减少贸易壁垒方面的预期功效。这样,将包括国内规制法规在内各种技术性贸易措施纳入双边或多边贸易法律体制的约束范围就成为必然,国际法规制的"再规制"格局亦由此形成。倡导"通过达成互惠互利安排,实质性削减关税和其他贸易壁垒,消除国际贸易关系中的歧视待遇"以实现其既定目标[①]的WTO以及在其多边贸易体制下形成的各项贸易协定,努力维系着各项技术性措施(包括实体的与程序的)应有的积极作用与防范其可能给国际贸易带来的不利影响之间的平衡。WTO体制下的《TBT协定》《SPS协定》所担当的正是这样一种角色。

第一节 《技术性贸易壁垒协定》

一、由来与发展

(一)从《东京守则》到《TBT协定》

现行的《技术性贸易壁垒协定》(《TBT协定》)为GATT1994十二个附属协定之一,是在东京回合达成的《技术性贸易壁垒协定》的基础上完善与发展起来的。

东京回合达成的《技术性贸易壁垒协定》签署于1979年4月,被称为"标准守则"(Standard Code,以下简称《东京守则》),旨在保证:强制性技术法规、自愿性技术标准以及产品的合格评定程序均不得造成贸易的不必要的障碍。该协定最终有47个国家签署,是GATT各项守则中签署方最多和被证明是最成功的协定。

乌拉圭回合达成的《TBT协定》完全取代了《东京守则》。一方面,《TBT协定》与《东京守则》一样,既强调技术法规和标准,包括包装、标志和标签的要求,以及为符合技术法规和标准而制定的测试和认证程序不应对国际贸易造成不必要的障碍;又考虑充分尊重各成员所具有的采取必要手段和措施保护国家安全,防止欺诈行为,保护人类、动物和植物的生命健康,以及保护环境的主权权利。因而在内容上,《TBT协定》继承了《东京守则》中的实体与程序义务要求,要求技术法规和标准的制定不能以限制贸易为目的,在对进口产品实施这些法规和标准的过程中,要遵守最惠国待遇和国民待遇等GATT基本原则;鼓励成员在制定各自的法

---

① 《WTO协定》引言,第3节。

规和标准时,使用现有的国际标准,并要求它们相互通知各自与标准有关的活动;要求成员测试和认证机构避免对进口产品造成歧视,并尽可能地相互承认各自的测试和认证。为保证这些规则在实践中发挥作用,《TBT协定》规定了通知和磋商的详细程序。另一方面,《TBT协定》较《东京守则》增加了新的内容:其一,《东京守则》只涉及影响产品本身的法规和标准,而《TBT协定》还涉及适用于相关工艺和生产方法的法规和标准,影响的是最终产品如何产生的过程。其二,《TBT协定》对内容更广泛的合格评定程序规定了纪律,涉及的范围扩展到地方政府机构和非政府机构的活动,以及自愿标准的制定和实施。其三,除《TBT协定》外,GATT项下又达成新的单独的《卫生与植物卫生措施协定》(《SPS协定》),规范《TBT协定》未涉及的动植物卫生检疫措施问题,并由此避免其管辖范围上可能的空白。①

(二) 多哈回合的新发展

2001年11月14日,WTO第四次多哈部长级会议通过并立即实施《与实施有关的问题和考虑的决定》(Implementation-Related Issues and Concerns,以下简称"多哈决定"),其中有关《TBT协定》的内容规定在第五部分,②共有4项:

第一,确认由TBT委员会创设的反映该领域三年审议工作结果的技术援助途径,要求此项工作继续进行;

第二,根据《TBT协定》第2.12条③规定的条件,"合理时间间隔"(reasonable interval)应当被理解为通常不少于6个月的意思,除非它对于实现所追求的合法目标是无效的;

第三,鼓励WTO总干事继续在帮助发展中国家成员更多地参与国际标准制定活动以及与其他组织合作加强技术援助方面的努力,鼓励给

---

① 参见世界贸易组织秘书处编:《乌拉圭回合协议导读》,索必成、胡盈之译,法律出版社2000年版,第106—107页。
② WTO, Implementation—Related Issues and Concerns Decision of 14 November 2001, Section 5: Agreement on Technical Barriers to Trade, https://www.wto.org/english/thewto_e/minist_e/min01_e/mindecl_implementation_e.htm, last visited on June 23, 2024.
③ 该条款规定:"除第10款所指的紧急情况外,各成员应在技术法规的公布和生效之间留出合理时间间隔,使出口成员,特别是发展中国家成员的生产者有时间使其产品和生产方法适用进口成员的要求。"

予最不发达国家以该领域的优先权;

第四,鼓励各成员在可能的范围内向最不发达国家提供充分的财政和技术援助,使它们能够应对对其贸易有重大影响的各种新的 TBT 措施,并能够处理总体上实施《TBT 协定》所面临的任何具体问题。

二、宗旨、架构与适用范围

作为货物贸易协定的组成之一,为了促进 GATT1994 目标的实现,《TBT 协定》在序言中即表明了它所期望反映的两项主要政策目标:一是不应阻止任何国家在其认为适当的程度内采取必要措施,保护其基本安全利益;保证其出口产品的质量,或保护人类、动物或植物的生命或健康及保护环境,或防止欺诈。二是技术法规和标准,包括包装、标志和标签的要求,以及为符合技术法规和标准而制定的测试和认证程序(技术法规、标准与合格评定程序)不给国际贸易制造不必要的障碍。

《TBT 协定》的架构分为正文和附件两大部分。正文包括总则,技术法规和标准,符合技术法规和标准,信息和援助,机构、磋商和争端解决以及最后条款共六个方面 15 条规定。三个附件分别是:《本协定中的术语及其定义》(附件 1)、《技术专家小组》(附件 2)和《关于制定、采用和实施标准的良好行为规范》(附件 3)。

《TBT 协定》适用于一切产品,包括农产品和工业产品,但不适用于政府采购的技术规格或各企业自己使用的标准,也不适用于"卫生和植物卫生检疫措施"(Sanitary and Phytosanitary Measures,以下简称"SPS 措施")。

三、主要内容

为保证政策目标的实现,《TBT 协定》针对三类不同级别的活动规定了相似的要求。三类活动分别是技术法规的制定、采用和实施;标准的制定、采用和实施;符合技术法规和标准的确认与认可——合格评定程序。[①]

[①] 参见世界贸易组织秘书处编:《乌拉圭回合协议导读》,索必成、胡盈之译,法律出版社 2000 年版,第 107—110 页。

(一) 规制对象：技术法规、标准和合格评定程序

根据《TBT 协定》附件 1 第 1 条，技术法规是指："规定强制执行的产品特性或其相关工艺和生产方法，包括适用的管理规定在内的文件。该文件还可包括或专门关于适用于产品、工艺或生产方法的专门术语、符号、包装、标志或标签要求。"作为一项技术法规，需要具备三个条件：(1) 适用于特定的产品；(2) 列出该产品的一个或一个以上的特性；(3) 符合产品特性是强制性的要求。由此，技术法规是强制性的，具有法律约束力，常常是出于保护公众或动物的健康，或者为了保护环境的目的而订立。由于强制性的技术法规可能给国际贸易带来的阻碍更大，因而对其要求也更为严格。

根据《TBT 协定》附件 1 第 2 条，标准是指："经公认机构批准的、规定非强制执行的、供通用或重复使用的产品或相关工艺和生产方法的规则、指南或特性的文件。"当它们用于某种产品、工艺或生产方法时，标准也可以包括或仅仅涉及术语、符号、包装、标志或标签要求。与技术法规的强制性不同，标准是被自愿遵守的，通常由某项产业或某个非政府标准化机构制定。在大多数工业化国家，标准的数量远远超过技术法规的数量。

根据《TBT 协定》附件 1 第 3 条，合格评定程序是指"任何直接或间接用于确定是否满足技术法规或标准中的相关要求的程序"，尤其包括抽样、检验和检查，评估、验证和合格保证，注册、认可和批准以及它们的组合。

(二) 核心义务

总体而言，《TBT 协定》针对成员实施上述三类活动确立了两项核心义务：遵循 WTO 和 GATT 的基本原则；鼓励成员间的彼此协调。

1. 遵循 WTO 和 GATT 的基本原则

(1) 最惠国待遇原则与国民待遇原则

根据《TBT 协定》，技术法规、标准和合格评定程序对来自 WTO 其他成员方的进口产品适用，进口产品的待遇不得低于给予国内同类产品和来自其他任何国家的同类产品的待遇；其制定、采用和实施过程，不得对贸易造成不必要的障碍。

就技术法规而言，其一，对贸易的限制作用不能超过为实现合法目标

所必需的限制,同时要考虑不能实现合法目标(legitimate objectives)可能带来的风险。其中,合法目标主要包括:国家安全要求、防止欺诈行为、保护人类健康或安全、保护动物或植物的生命或健康和保护环境。风险评估应当考虑的相关因素主要包括:可获得的科学和技术信息、有关的加工技术或产品的预期最终用途。其二,如与技术法规有关的情况或目标已不复存在,或改变的情况或目标可采用对贸易限制较少的方式加以处理,则不得继续维持该技术法规。其三,只要适当,应按照产品的性能要求而不是按其设计或描述特征来制定技术法规。例如,对于一辆汽车来说,保护消费者安全的关键在于刹车产品的功能而非其设计。当然,有时一种设计会反映出系统的弱点,但真正检验的是产品的功效和耐久性。[①]

就标准而言,各成员中央政府标准化机构有义务接受并遵守《TBT协定》附件3《关于制定、采用和实施标准的良好行为规范》,同时应采取所能采取的合理措施,保证其地方政府和非政府标准化机构也接受该规范;不论其他标准化机构是否正式接受该规范,成员均有义务使其领土内的标准化机构符合这一规范。

对于合格评定程序,不能比使进口成员相信产品符合技术法规或标准所必需的限度更严格;应保证尽可能迅速地进行和完成这一程序;所用设备的设置地点及样品的提取不应造成不必要的不便。

(2) 透明度

《TBT协定》高度强调透明度要求,目的在于保证所有成员都可以提前获得技术法规、标准和合格评定程序的信息,从而使产品经营者有时间应对。具体义务为二:一是设立国家咨询点(national enquiry point),以回答其他成员及其利害关系方提出的所有合理询问和提供相关文件;二是及时公布、通报或通知其技术性贸易措施及其变更情况,并向其他成员提供评议的合理机会。

2. 鼓励成员间的协调

《TBT协定》鼓励各成员技术法规、标准和合格评定程序之间的协调一致,以减少彼此间的差异对贸易造成的障碍。协调义务主要包括以下几方面:

---

① 参见〔英〕布瑞恩·麦克唐纳:《世界贸易体制——从乌拉圭回合谈起》,叶兴国等译,上海人民出版社2002年版,第129页。

(1) 鼓励与国际标准协调一致。根据协定,如果已有相关的国际标准或国际标准即将拟就,成员应使用这些国际标准或其中的相关部分作为制定技术法规、合格评定程序的基础,除非国际标准对实现合法目标不适当或无效;在力所能及的范围内充分参与有关国际标准化机构制定国际标准、合格评定程序指南和建议的工作。

(2) 等效性:成员之间技术法规的协调一致。协定要求各成员积极考虑将其他成员的技术法规作为等效法规加以接受,即使彼此技术法规不同,只要确信能够实现相同目标即可。

(3) 相互承认:成员间合格评定程序的协调一致。协定鼓励成员彼此达成合格评定程序的相互承认谅解或协议,同时也要求在可能的情况下,接受其他成员的合格评定程序的结果,即使彼此程序不同,只要能够保证达到符合技术法规和标准的效果即可。

四、《TBT 协定》与 GATT1994 之间的关系

在 WTO 法律体系中,《TBT 协定》与 GATT1994、《SPS 协定》的关联最密切,为方便阐述,其与《SPS 协定》之间的关系详见下一节的阐释,其与 GATT1994 之间的关联主要体现在以下几个方面:

第一,体例结构上,《TBT 协定》是 GATT1994 的附属协定,与之构成特别规则与一般规则之间的关系。《TBT 协定》虽然与 GATT1994 同属于 WTO 货物贸易多边协定的组成部分,但作为 GATT1994 的附属协定之一,与其他十一项附属协定一样,《TBT 协定》与 GATT1994 之间构成类似于单行法典中的分则与总则的关系,或相当于同一部门法中的特别法与一般法之间的关系。换言之,《TBT 协定》是 GATT1994 制度或原则性规定在技术性贸易措施领域的具体化。正因为如此,一方面,《TBT 协定》序言将"促进 GATT1994 目标的实现"作为其首要宗旨;另一方面,当 GATT1994 条款与其各附属协定条款发生冲突时,后者优先适用。[1]

第二,规制范围上,TBT 措施部分归属于 GATT1994 第 20 条(b)项的例外措施。《TBT 协定》除序言中规定"不应阻止任何国家在其认为适当的程度内采取必要措施,……保护人类、动物或植物的生命或健

---

[1] 《WTO 协定》附件 1A 的总体解释性说明规定:"如 GATT1994 的条款与《WTO 协定》附件 1A 中另一协定的条款产生抵触,则以该另一协定的条款为准。"

康……"外,其核心条款还明确将保护人类、动植物生命和健康作为其合法目标之一,因而被视为根据 GATT1994 第 20 条(b)项授权采取的为保护人类、动植物的生命或健康所必需的措施的解释。但与此同时,由于《TBT 协定》所规定的合法目标还包括国家安全、防止欺诈、保护环境等,因而 GATT1994 第 20 条(b)项的措施并不能涵盖所有 TBT 措施。

第三,规范内容上,《TBT 协定》从正面重申了 GATT1994 的核心纪律。TBT 措施虽然可归入 GATT1994 第 20 条所列的若干例外事项,但《TBT 协定》并没有从例外角度确定其规范内容——例外的标准或条件,而是在技术性贸易措施领域内直接、具体地重申了 GATT1994 的基本义务,如最惠国待遇、国民待遇、透明度等。

五、《TBT 协定》在争端解决中的适用

(一)案件概况

自《TBT 协定》生效至 2021 年 8 月 30 日,提交 WTO 争端解决机制的 TBT 案件共有 57 件,约占 DSB 受案总数(606 件)的 9.4%。

表 4-1 TBT 案件情况一览表[①]

时间	数量	案号	时间	数量	案号
1995	8	DS2、3、4、5、7、12、14、20	2010	1	DS406
1996	5	DS26、41、48、56、61	2012	4	DS434、435、441、446
1997	4	DS72、77、84、100	2013	4	DS458、459、463、467
1998	5	DS134、135、137、144、151	2014	1	DS484
2000	2	DS203、210	2015	1	DS499
2001	3	DS231、232、233	2016	1	DS506
2002	2	DS263、279	2017	2	DS525、532
2003	4	DS290、291、292、293	2019	1	DS593
2007	1	DS369	2020	1	DS597
2008	3	DS381、384、386	2021	1	DS600
2009	3	DS389、400、401			

---

① WTO, Disputes by agreement, https://www.wto.org/english/tratop_e/dispu_e/dispu_agreements_index_e.htm, last visited on June 23, 2024.

表 4-2 发达国家成员与非发达国家成员涉 TBT 案件一览表

时间	案件总数	发达国家成员之间案数	发达国家成员与非发达国家成员(发展中国家成员、新兴经济体成员)之间案数		非发达国家成员之间
			发达国家成员被诉	非发达国家成员被诉	
1995—2021.8	57	25	19	6	7
1995—1998	22	15	5	2	0
2000—2011	19	9	6	3	1
2012—2021.8.30	16	1	8	1	6

表 4-3 WTO 案件与 TBT 案件解决状况一览表

解决状况	WTO 全部案件		TBT 案件		
	案数	比例	数量	比例	案号
磋商中	180	30%	17	30%	DS3、41、61、100、134、137、144、203、233、263、279、446、459、463、506、525、532
专家组设立中或已设立	62	10%	4	7%	DS389、593、597、600
裁决报告通过	96	16%	8	14%	DS135、400、401、435、441、458、467、499
已通知执行或执行和解	129	21%	9	16%	DS2、4、26、48、56、231、290、406、484
要求授权/已授权报复	22	4%	4	7%	DS291、381、384、386
中止、撤销或和解	117	19%	15	26%	DS5、7、12、14、20、72、77、85、151、210、232、292、293、369、434

TBT 案件呈现出以下几方面的主要特点：

(1) 从数量来看,总案数不少,在各涵盖协定案件数量中处于中等水平。

(2) 从当事方来看,发达国家/地区成员涉案居多,其中被诉案件占约 77%,申诉案件达约 54%。但是,近些年来,发展中国家成员和新兴经济体作为当事方涉案有明显增长态势,2012—2021年共16个TBT案件中,发展中国家和新兴经济体成员被诉的有7件,申诉的有14件。中国尚未涉案。

(3) 从解决结果来看,与总体状况相比,和解撤销的案件较多,但就已裁决案件而言,执行率偏低,请求授权报复率则明显较高。

(4) 从《TBT协定》的适用来看,作为裁决依据,DSB对于协定适用与否以及如何适用都存有一些争议。

(二)《TBT协定》的适用特点

《TBT协定》于WTO争端解决中,呈现出一种有别于常态的"大起大落"适用状态。大多数涵盖协定之适用虽有冷热不均,但基本规律尚属稳定。例如,在GATT1994的十二个附属协定中,《反倾销协定》《SCM协定》的援引和适用率始终占据高位,《原产地规则协定》《装运前检验协定》则长期无人问津。

《TBT协定》则不然,WTO争端解决机制运行至今,前17年(1995—2011年),真正适用该协定并以此为据作出实体裁决的只有一个案件——欧共体沙丁鱼案[1]。在此之前,《TBT协定》虽然时常被争议当事方援引或提及,但除欧共体沙丁鱼案外,其他此类案件中专家组和上诉机构无一论及其实体规则或将其作为裁决的直接依据,反而以多种理由排除其适用。例如,在早期的美国汽油标准案[2]中,专家组和上诉机构在认定美国的汽油规则违反GATT1994第1条、第3条,并且不符合GATT1994第20条的例外之后,根据司法经济原则(judicial economy),[3]认为无须再认定此项争议措施是否违反《TBT协定》的规则。之后,在著名的欧共体荷尔蒙案[4]中,申诉方将《TBT协定》作为根据之一提出自己的主张,但专家组和上诉机构均认为,该案争议措施属于《TBT协

---

[1] European Communities-Trade Description of Sardines, DS231。

[2] United States-Standards for Reformulated and Conventional Gasoline, DS2, DS4。

[3] 该原则主要是指司法机构在案件审理过程中,从效益出发,为了节省时间和资源,对其认为没有必要继续分析的问题不予分析,也不作结论。这一原则为很多国家的司法程序所采用。虽然WTO《关于争端解决规则与程序的谅解》中并没有对该原则予以明确规定,但专家组和上诉机构在大量的裁判中直接适用该原则,并得到争端解决机构的承认。

[4] European Communities-Measures Concerning Meat and Meat Products (Hormones), DS26, DS48。

定》排除适用的 SPS 措施,因而不适用《TBT 协定》。而在欧共体石棉案①中,虽然专家组和上诉机构都专门论证了争议措施是否属于《TBT 协定》的适用范围,但由于专家组得出的结论为否,因而拒绝适用协定;上诉机构虽然得出的结论正好相反,但又因缺乏专家组对这一问题的事实分析基础,以及囿于自身权限范围②而无法适用协定。

2012年,《TBT 协定》较少适用甚至不被适用的状态发生颠覆性改变。仅这一年,DSB 就适用《TBT 协定》作出 4 个实体裁决,③TBT 案件和《TBT 协定》也由此受到前所未有的关注。2014年,DSB 又就欧盟海豹案④适用协定作出了裁决。

案例 4-1　欧共体沙丁鱼案

2001年3月,秘鲁向 DSB 提出与欧共体进行磋商的要求。秘鲁认为,根据1978年国际食品法典委员会通过的《罐头沙丁鱼标准》(Codex Stan 94)第 6.1 条之规定,"产品的名称应当叫:6.1.1(ⅰ)'沙丁鱼'[完全由沙丁鱼(Sardina pilchardus Walbaum)制作];或 6.1.1(ⅱ)冠以一个国家、地理区域、种类或产品销售国的法律和习惯所称的通用名称的'X 沙丁鱼',其标注方式不得误导消费者。"该标准涵盖用 21 个鱼种[除沙丁鱼外,还包括沙脑鱼(Sardinops sagax)等其他鱼]制作的沙丁鱼或沙丁鱼类制品。但是,欧共体 1989 年 6 月通过、1990 年 1 月施行的 2136/89 号规则(EC Regulation,以下简称"欧共体规则")却规定,只有用沙丁鱼制作的产品才可以标注"沙丁鱼"进行销售。

---

① European Communities-Measures Affecting Asbestos and Products Containing Asbestos,DS135。

② 根据 WTO《关于争端解决规则与程序的谅解》(DSU)第 17.6 条的规定,上诉机构的审查权限于专家组报告涉及的法律问题和专家组所作的法律解释。

③ 分别为墨西哥诉美国影响金枪鱼及其制品进口、销售措施案(United States-Measures Concerning the Importation, Marketing and Sale of Tuna and Tuna Products,DS381,以下简称"金枪鱼案 Ⅱ");加拿大、墨西哥诉美国原产国标记要求案(United States-Certain Country of Origin Labelling Requirements,DS384、DS386,以下简称"原产国标记案");印度尼西亚诉美国影响丁香烟生产与销售的措施案(United States-Measures Affecting the Production and Sale of Clove Cigarettes,DS406,以下简称"美国丁香烟案")。

④ European Communities-Measures Prohibiting the Importation and Marketing of Seal Products,DS400,DS401。

上诉机构裁决首先援引了其在欧共体石棉案中对于《TBT 协定》附件 1 第 1.1 条有关"技术法规"定义的解释,即一份文件必须满足三个条件,才是《TBT 协定》所说的"技术法规":第一,文件必须适用于可认定的(identifiable)一种或一类产品,但产品不一定要在文件中指明(need not to be expressly identified)。第二,文件必须规定产品的一项或多项特性。这些特性可以是产品本身所具有的,也可以是与产品有关的,并可以用肯定或否定的方式描述或规定。第三,要求符合这些产品特性的规定必须是强制性的。经一一比对,上诉机构确定:欧共体规则是《TBT 协定》所指的"技术法规"。

围绕当事方争执的焦点,专家组、上诉机构的分析集中于《TBT 协定》第 2.4 条,主要针对该条适用的时间范围和其义务内涵展开,其中有关"国际标准协调"的解释,与以往相关案件的裁决结论相比,存在不少实质上的差异。

作为 DSB 适用《TBT 协定》实体规则的第一个案件,该案标志着长期处于尘封状态的《TBT 协定》开始在争端解决中得到适用,尽管其适用本身仍然存在着诸多限制。①

案例 4-2　**金枪鱼案 II、原产国标记案和美国丁香烟案**

这是 DSB 在 2012 年集中裁决的几个案件。

【**金枪鱼案 II**】　2008 年 10 月 24 日,墨西哥就美国针对金枪鱼及金枪鱼产品的进口、上市和销售所采取的某些措施,要求与美国进行磋商。

争议措施为美国有关金枪鱼生产和销售需向美国商务部申请"海豚安全"(dolphin-safe)标签的条件与程序规定的一系列措施:(1)《美国法典》第 16 章第 1385 节——《海豚保护消费者信息法》(Dolphin Protection Consumer Information Act,DPCIA);(2)《联邦法规》第 50 章第 216.91 节("海豚—安全标签标准")和第 216.92 节(东热带太平洋地区由大型围网船只捕获金枪鱼中的"海豚—安全要求");(3)美国联邦上诉法院在"地球岛屿研究所诉霍格加斯案"判决中的规则。根据 DPCIA,除非符合

---

①　参见肖冰:《TBT 第一案——秘鲁诉欧共体对于沙丁鱼的贸易标注案评析》,载《国际经济法学刊》2006 年第 3 期,第 173 页。

法定条件,在美国销售或自美国出口的金枪鱼上使用"海豚—安全"等标签,错误地标明其产品中包含的金枪鱼是以对海豚无害的方式捕获的,属于违法行为。DPCIA还规定,除非符合特定条件,在金枪鱼上使用涉及海豚、鲸类及其他海洋哺乳动物的其他标签或符号也是违法行为。

DPCIA将捕获金枪鱼的情形分为四个标准:位置[ETP(Eastern Tropical Pacific Ocean)内外],捕鱼装置(是否使用袋状围网),金枪鱼和海豚群的相互作用(两者间是否有常规和显著的联系),海豚死亡率和受伤情况(是否有严重伤亡率)。由此,捕获的金枪鱼分为五种类型:公海上使用流网捕获的;ETP之外用袋状围网捕获的(细分为两类:美国商务部官方确认存在金枪鱼和海豚常规联系的渔场捕获的,除第5类外的其他渔场捕获的);ETP内用袋状围网捕获的;以及上述各类之外对海豚造成普遍和严重伤害的渔场捕获的。

本案涉及墨西哥渔船最传统最常用的捕鱼方式,即在ETP内使用袋状围网捕获金枪鱼。根据DPCIA,美国商务部曾经认定以袋状围网捕鱼造成围困海豚的情形不会对ETP濒临灭绝的海豚造成显著不利影响,因此在符合一定条件下也可使用"海豚—安全"标签。但美国法院在霍格斯案中撤销了商务部的认定,使得在DPCIA条款规定下,以袋状围网捕获的金枪鱼不能再使用"海豚—安全"标签。与美国标签要求相比,一些海豚保护国际条约也有自己的要求。例如,在美国、墨西哥均属其成员方的《国际海豚养护项目协定》(Agreement on the International Dolphin Conservation Program,AIDCP)中,"海豚—安全"标签要求集中于对海豚造成的死亡率和严重伤害,而不考虑是否使用了袋状围网。所以,墨西哥主张这些措施是歧视且不必要的,与GATT1994第1.1条、第3.4条和《TBT协定》第2.1条、第2.2条和第2.4条不符。

【原产国标记案】 2008年12月1日,加拿大、墨西哥就美国某些强制原产国标志规定要求与美国磋商。争议措施为:(1)关于牛肉和猪肉强制性原产国标签体制的法律条款和实施条例(COOL措施);(2)美国农业部长威尔萨克签发的实施原产国标签措施的信("威尔萨克的信")。这些措施规定,在零售时应向消费者说明某些产品(包括牛肉和猪肉)的原产国,只有在美国出生、饲养和屠宰的牲畜才可以标为原产于美国;出口到美国喂养或直接屠宰的都不能使用原产于美国的标志。加拿大和墨西哥认为,这些措施不符合 GATT1994 第 3.4 条、10.3 条,《TBT 协定》第 2 条和第 12 条,《SPS 协定》第 2 条、第 5 条和第 7 条,以及《原产地规则协定》第 2 条。

【美国丁香烟案】 2010 年 4 月 7 日,印度尼西亚(以下简称"印尼")就美国有关香烟禁令提出与美国磋商。争议措施是 2009 年 6 月美国制定的一项烟草控制法案(《联邦食品、药品和化妆品法》)第 907(a)(1)(A)节,禁止一系列特定口味(如丁香等)香烟在美国国内生产、销售,但同时将另一些口味(薄荷)香烟排除在外。印尼是世界上丁香香烟的主要生产商,并且大多数此种香烟出口到美国销售。印尼主张,美国该禁令是歧视性的,也是不必要的,并认为其禁令内容及实施违反了 GATT1994 第 3.4 条、《TBT 协定》第 2 条和《SPS 协定》的一系列规定。

上述案件针对《TBT 协定》的适用及其有关技术法规的核心义务——第 2 条展开了多角度的争论,重点涉及两大类问题:其一,《TBT 协定》及其相关条款的适用,包括:(1)《TBT 协定》与其他协定之间的关系,特别是《TBT 协定》第 2.1 条与 GATT1994 第 1.1 条、第 3.4 条及第 20 条的关系;(2)"技术法规"的内涵及其强制属性的确定;(3)《TBT 协定》第 2 条各相关款项适用之间的关系,如第 2.4 条、第 2.6 条的约束范围及效力等。其二,《TBT 协定》第 2 条所规定的各项具体义务的内涵和判断标准,既包括实体义务,也包括程序义务。于前者,特别涉及第 2.1 "同类产品"、待遇"不低于";第 2.2 条"合法目标""必需的限度";第 2.4 条"有关国际标准""作为……基础"、有效性和适当性的构成要件及其认定标准;于后者,特别涉及第 2.5 条合理性说明、第 2.9 条"早期适当阶段"、第 2.10 条"紧急问题"以及第 2.12 条"合理时间间隔"的程序内涵。

【欧盟海豹案】 2009 年 11 月,加拿大和挪威分别提出申诉,要求就欧盟禁止海豹产品进口和销售的措施与欧盟进行磋商。争议措施涉及欧盟 1007/2009 号和 737/2010 号条例,这两个条例禁止海豹产品进口及在欧盟市场投放,除非产品符合条例规定的三个例外之一:(1) 因纽特人捕猎的海豹(IC hunts);(2) 根据自然资源管理计划捕猎(MRM hunts);(3) 旅行者携带入境(travelers imports)。条例适用于加工或未加工的海豹产品,包括肉、油脂、内脏、皮和皮革,以及上述产品的制品,如服装、饰品和鱼油胶囊等;对每一种例外,条例都规定了适用条件。

上诉机构推翻了专家组关于争议措施构成《TBT 协定》规定的"技术法规"的认定,与专家组在《TBT 协定》及其核心条款的适用和解释上存在分歧观点,并由此为更深入理解该协定带来新的视角。其一,上诉机构认为,专家组基于争议措施构成"技术法规"的错误认定而适用《TBT 协定》是无效的。其二,上诉机构和专家组均认为,《TBT 协定》第 2.1 条非歧视义务的法律标准不能等同适用于 GATT1994 第 1.1 条、第 3.4 条项下诉请。其三,上诉机构不同意专家组对于《TBT 协定》第 2.1 条与 GATT1994 第 20 条之间关系的分析。上诉机构认为,二者虽然内容关联并具有很大的相似性,但二者也存在着适用法律标准不同和主要功能及范围不同等重要区别。

六、中国的承诺与实施

根据《中国入世议定书》,《TBT 协定》属于其第 2 条"贸易制度的实施"(A)"统一实施"之 2"中国应以统一、公正和合理的方式适用和实施中央政府有关或影响货物贸易……的所有法律、法规及其他措施"所概括的范畴。有关 TBT 措施的具体承诺,规定于《中国入世议定书》第 13 条,主要内容包括:

(1) 中国应在官方刊物上公布作为技术法规、标准或合格评定程序依据的所有正式的或非正式的标准。

(2) 中国应自加入时起,使所有技术法规、标准和合格评定程序符合《TBT 协定》。

(3) 中国对进口产品实施合格评定程序的目的应仅为确定其是否符合与本议定书和《WTO 协定》规定相一致的技术法规和标准。只有在合同各方授权的情况下,合格评定机构方可对进口产品是否符合该合同的商业条款进行合格评定。中国应保证此种针对产品是否符合合同商业条款的检验不影响此类产品通关或进口许可证的发放。

(4) (a) 自加入时起,中国应保证对进口产品和国产品适用相同的技术法规、标准和合格评定程序。为保证从现行体制的顺利过渡,中国应保证自加入时起,所有认证、安全许可和质量许可机构和部门获得既对进口产品又对国产品进行此类活动的授权;加入1年后,所有合格评定机构和部门获得既对进口产品又对国产品进行合格评定的授权。对机构或部门的选择应由申请人决定。对于进口产品和国产品,所有机构和部门应颁发相同的标志,收取相同的费用。它们还应提供相同的处理时间和申诉程序。进口产品不得实行一种以上的合格评定程序。中国应公布并使其他WTO成员、个人和企业可获得有关其各合格评定机构和部门相应职责的全部信息。

(b) 不迟于加入后18个月,中国应仅依据工作范围和产品种类,指定其各合格评定机构的相应职责,而不考虑产品的原产地。指定给中国各合格评定机构的相应职责将在加入后12个月通知TBT委员会。

中国加入WTO时已经建立了一个TBT通知机构和两个咨询点,并已通知TBT委员会。自加入至今已全面履行了相关承诺。

第二节 《卫生与植物卫生措施协定》

乌拉圭回合之前,没有独立的《卫生与植物卫生措施协定》(《SPS协定》)存在,相关规则在很大程度上为东京回合达成的"标准守则"(《东京守则》)所涵盖。在乌拉圭回合中,体系化的货物贸易多边法律体制形成,《SPS协定》从《TBT协定》中分离出来,并与《农业协定》密切关联。

一、由来与发展

(一) 乌拉圭回合的新成就[①]

《SPS协定》是在乌拉圭回合达成的一个专门规范SPS措施的多边协定。它在充分肯定正常的SPS措施对保证产品质量,保护人类、动植物生命、健康和生态环境以及维护正常的市场竞争秩序的积极作用的基础上,力图建立一个规则和纪律的多边框架,以最大限度地减少SPS措施的滥用及其对国际贸易的消极影响。

---

① 参见肖冰:《〈实施卫生与植物卫生措施协定〉研究》,法律出版社2004年版,第22—24页。

乌拉圭回合中,独立的《SPS协定》得以成就取决于多方面的契机,除WTO总体上"一揽子"安排所提供的组织化制度约束之外,在很大程度上还要归因于农业谈判所取得的重大成果,以及各成员对《东京守则》适用范围的局限性方面所达成的共识。

第一,在乌拉圭回合谈判期间,《SPS协定》被当作《农业协定》的一部分进行讨论,①所以该协定的谈判一直与《农业协定》谈判一起进行。在《农业协定》确定"单一关税制"(tariff-only regime)②的同时,许多国家担心,禁止采用对农产品的非关税措施可能导致一些国家更多地和不合理地采用SPS措施,变相地限制农产品贸易,由此作为消除这种威胁的《SPS协定》应运而生。③ 所以,如果《农业协定》不被纳入WTO法律体制,制约SPS措施的《SPS协定》可能也就没有独立的基本条件和要求。

第二,《东京守则》在适用及效力范围方面均颇有局限。在实践中,除GATT本身的非组织体制性质所造成的效力范围上的限制外,该守则在适用范围上也存在明显的缺陷。换言之,《东京守则》难以适应SPS措施的技术复杂性、区域的差异性和国别的特殊性,对SPS措施缺乏有效约束,难以适应动植物产品和食品贸易不断增加的需要,这些也是在《TBT协定》之外派生出一个新的专项协定的重要原因。

(二)多哈回合的新发展

《多哈决定》第三部分是关于《SPS协定》实施的问题,涉及等效性、特殊和差别待遇、透明度、协定审议、发展中国家对SPS措施国际标准的参与以及财政和技术援助等六项内容。④

---

① 参见〔英〕伯纳德·霍克曼、迈克尔·考斯泰基:《世界贸易体制的政治经济学——从关贸总协定到世界贸易组织》,刘平等译,法律出版社1999年版,第113页。
② 指依照GATT法纪所要求的尽可能仅以关税提供保护的原则,把当时各国广泛使用的对农产品的所有保护措施,包括数量限制(quantitative restrictions)、差价税(variable levies)、进口禁令(import bans)或其他非关税措施,全部以进口关税取而代之。
③ 参见世界贸易组织秘书处编:《乌拉圭回合协议导读》,索必成、胡盈之译,法律出版社2000年版,第80—81页。
④ See WTO, Implementation—Related Issues and Concerns Decision of 14 November 2001, Section 3: Agreement on the Application of Sanitary and Phytosanitary Measures, 2001, https://www.wto.org/english/thewto_e/minist_e/min01_e/mindecl_implementation_e.htm, last visited on June 23, 2024.

(1)《SPS 协定》第 10.2 条规定:"如适当的卫生与植物卫生保护水平有余地允许分阶段采用新的 SPS 措施,则应给予发展中国家成员有利害关系产品更长的时限以符合措施,从而维持其出口机会。""更长的时限以符合措施"(longer time-frame for compliance)应当被理解为通常不少于 6 个月的意思。如果适当的卫生与植物保护水平不允许分阶段采用新的 SPS 措施,而一成员认为遵守措施存在特殊问题,则适用该措施的成员应请求,应当与另一方进行磋商以寻求为达到进口成员适当保护水平而相互满意的解决问题的方案。

(2)《SPS 协定》附件 B 第 2 条规定:"除紧急情况外,各成员应在 SPS 法规的公布和生效之间留出合理时间间隔,使出口成员特别是发展中国家成员的生产者有时间使其产品和生产方法适应进口成员的要求。""合理时间间隔"(reasonable interval)应当被理解为通常不少于 6 个月的意思。对于具体时间段的理解,则只能根据该措施及其实施必须采取行动的具体情况来考虑;有助于贸易自由化的措施的生效不应当有不必要的迟延。

(3)注意到 SPS 委员会有关等效性的决定,要求委员会尽快制定进一步实施《SPS 协定》第 4 条的具体计划。

(4)依照《SPS 协定》第 12.7 条规定,"委员会应在《WTO 协定》生效之日 3 年后,并在此后有需要时,对本协定的运用和实施情况进行审议",要求 SPS 委员会对协定的运用和实施情况至少每 4 年审议一次。

(5)鼓励 WTO 总干事继续在帮助发展中国家成员更多地参与国际标准制定活动以及与其他组织合作加强技术援助方面的努力,鼓励给予最不发达国家成员以该领域的优先权。

(6)鼓励各成员在可能的范围内向最不发达国家成员提供充分的财政和技术援助,使它们能够应对对其贸易有重大影响的各种新的 SPS 措施和在总体上实施《SPS 协定》所面临的任何具体问题。

二、宗旨、架构与适用范围

《SPS 协定》序言用了较长篇幅申明其目的,概括起来就是:尊重并维护任何成员保护人类、动植物生命或健康而采用或实施必要措施的权利,但需确保这些措施不为贸易保护主义目的滥用而构成国际贸易的障碍。

除序言外，《SPS协定》分为正文和附件两部分：正文共14条46项；附件则由附件A《定义》、附件B《卫生与植物卫生法规的透明度，法规的公布》和附件C《控制、检查和批准程序》组成。

根据协定第1条，协定适用于"所有可能直接或间接影响国际贸易的SPS措施"。"SPS措施"则专指由其附件A第1条所定义的、用于下列目的的任何措施：(a) 保护成员领土内的动物或植物的生命或健康免受虫害、病害、带病有机体或致病有机体的传入、定居或传播所产生的风险；(b) 保护成员领土内的人类或动物的生命或健康免受食品、饮料或饲料中的添加剂、污染物、毒物或致病有机体所产生的风险；(c) 保护成员领土内的人类的生命或健康免受动物、植物或动植物产品携带的病害，或虫害的传入、定居或传播所产生的风险；或(d) 防止或控制成员领土内因虫害的传入、定居或传播所产生的其他损害。SPS措施包括所有相关法律、法令、法规、要求和程序，特别包括：最终产品标准；工序和生产方法；检验、检查、认证和批准程序；检疫处理，包括与动物或植物运输有关的或与在运输过程中为维持动植物生存所需物质有关的要求；有关统计方法、抽样程序和风险评估方法的规定；以及与粮食安全直接有关的包装和标签要求。

三、主要内容

《SPS协定》的实体内容可归纳成三大基本原则：科学证据原则、国际协调原则和风险评估及保护适度原则，[①]分别规定于三个核心条款——第2条"基本权利和义务"、第3条"协调"和第5条"风险评估和适当的卫生与植物卫生保护水平的确定"之中。

（一）科学证据原则

各成员有权采取必要的SPS措施以保护人类、动植物生命或健康，但采取这些措施时，应同时保证：

（1）SPS措施的实施以科学原理为依据，并且仅在保护人类、动植物生命或健康所必需的限度内实施；没有充分科学依据的SPS措施，就不

[①] 参见赵维田：《世贸组织（WTO）的法律制度》，吉林人民出版社2000年版，第266—267页。

再维持;在科学依据不充分的情况下,可临时采取某种 SPS 措施,但应在合理的期限内作出评估。

(2) 保证所实施的 SPS 措施不在情形相同或相似的成员之间,包括成员自己的领土和其他成员领土之间构成武断的或不合理的歧视。SPS 措施的实施方式不得构成对国际贸易的变相限制。

(二) 协调

《SPS 协定》规定的协调义务是指不同成员制定、承认和实施的 SPS 措施之间的协调统一。为此,协定为成员履行义务提供了两种选择:

第一,根据现有的国际标准、指南或建议制定 SPS 措施。这是协定所倡导的方式:符合国际标准、指南或建议的 SPS 措施,应被视为与本协定和 GATT1994 有关规定相一致。

第二,可以实施和维持比根据现有国际标准、指南或建议制定的措施具有更高保护水平的 SPS 措施,但其制定和实施,其一,必须基于科学理由,或者依照协定第 5 条确定其保护水平是适当的;其二,不得与协定中任何其他规定相抵触。

协定所谓"国际标准、指南和建议",主要是三个国际组织制定的:(1) 对于食品安全,指食品法典委员会(Codex Alimentarius Commission,CAC)制定的与食品添加剂、兽药和除虫剂残余物、污染物、分析和抽样方法有关的标准、指南和建议,以及卫生惯例的守则和指南;(2) 对于动物健康和寄生虫病,指国际兽疫局(International Office of Epizootics,OIE)主持制定的标准、指南和建议;(3) 对于植物健康,指在《国际植物保护公约》(International Plant Protection Convention,IPPC)秘书处主持下和在该公约范围内运作的区域组织合作制定的标准、指南和建议。

(三) 风险评估和适当保护水平的确定

该义务涉及风险评估和确定适当保护水平两个方面。《SPS 协定》第 5.1 条—第 5.3 条涉及风险评估,第 5.4 条—第 5.6 条规定了确定适当卫生保护水平应当遵循的规则。

1. 风险评估及其义务

风险评估是指,根据可能适用的 SPS 措施评价虫害或病害在进口成员领土内传入、定居或传播的可能性,及评价相关潜在的生物学后果和经济后果;或评价食品、饮料或饲料中存在的添加剂、污染物、毒素或致病有机体对人类或动物的健康所产生的潜在不利影响。即包括对源于虫害或病害的风险评估和对源于食品的风险评估两种类型。

对于风险评估,协定要求,一方面,应保证其SPS措施的制定以对人类、动植物的生命或健康所进行的、适合有关情况的风险评估为基础,同时考虑有关国际组织制定的风险评估国际标准、指南和建议。另一方面,在进行风险评估时,各成员应考虑可获得的科学证据;有关工序和生产方法;有关检查、抽样和检验方法;特殊病害或虫害的流行;病虫害非疫区的存在;有关生态和环境条件;检疫或其他处理方法;评估风险和确定防范风险措施的经济因素。

2. 确定适当保护水平及其义务

所谓适当保护水平是指,成员制定SPS措施以保护其领土内的人类、动植物的生命或健康的成员所认为适当的保护水平。也可称为"可接受的风险水平"。

对于各成员确定适当保护水平,协定有以下义务要求:(1)应考虑将对贸易的消极影响减少到最低程度。(2)应避免在不同情况下存在任意或不合理的差异,如果此类差异造成对国际贸易的歧视或变相限制。同时,各成员应当在SPS委员会内进行合作。(3)应保证所制定或维持的SPS措施对贸易的限制不超过为达到适当保护水平所要求的限度,并同时考虑其技术和经济可行性。

四、《SPS协定》与其他相关协定之间的关系[①]

(一) 与GATT1994

《SPS协定》是GATT1994第20条(b)项的具体化与发展:一方面,协定从一个专门的角度使GATT1994第20条"一般例外"条款的内涵更加明确、具体,更具可操作性,从而达到有效地杜绝或防止例外被滥用的目的;另一方面,协定还进一步扩大了GATT1994对SPS措施规制的实体内容。

---

① 参见肖冰:《〈实施卫生与植物卫生措施协定〉研究》,法律出版社2004年版,第40—69页。

1.《SPS 协定》对 GATT1994 的从属性

《SPS 协定》对 GATT1994 的从属性是显而易见的:首先,在立法体例上,《SPS 协定》是 GATT1994 的附属协定,是 GATT1994 的组成部分。其次,在立法目的上,根据《SPS 协定》序言的规定,使 GATT1994 第 20 条(b)项明确化、具体化是制定该协定的目的之一。再次,在内容方面,尽管《SPS 协定》所规制的 SPS 措施并没有涵盖 GATT1994 第 20 条(b)项中"为保护人类、动物或植物的生命或健康所必需的措施"之全部,但它无疑是当今各国在对外经济交往中为实现此种目的而采取的最主要、最常见的措施,当然也就构成该领域中影响国际贸易的最重要因素。所以,《SPS 协定》所形成的法纪不是简单地解释 GATT1994 第 20 条(b)项中原本不尽明了的概念,而是进一步充实并发展了该项内容。最后,从规则的运用角度来看,鉴于《SPS 协定》与 GATT1994 之间的契合与"例外",在需要衡量一项 SPS 措施的合法性——是否构成 GATT1994 第 20 条(b)项的例外时,往往需要同时参照 GATT1994 和《SPS 协定》中的相关规则和标准。

2.《SPS 协定》的相对独立性

《SPS 协定》并非只具有解释 GATT1994 第 20 条(b)项的作用。作为针对 SPS 措施的专门法纪,《SPS 协定》序言中"期望对适用 GATT1994 关于使用 SPS 措施的规定,特别是第 20 条(b)项的规定详述具体规则"表明,对于 GATT1994 的具体化并不是其全部目的所在,而且,其所规定的权利义务内容实际上已经超出了 GATT1994 第 20 条(b)项的范围。欧共体荷尔蒙案裁决从两者之间适用关系的角度对此予以确认。该案中,欧共体主张,《SPS 协定》的实体性规定仅用来解释 GATT1994 第 20 条(b)项,在具体案件中,若争议措施没有违反 GATT1994,《SPS 协定》就不适用了;专家组和上诉机构否定了欧共体的观点,认为《SPS 协定》独立于 GATT1994,它在 GATT1994 的义务之外增加了义务;除了解释 GATT1994 的有关条款之外,《SPS 协定》有自身的实体性义务。所以,在法律适用时,并不要求一成员的措施先违反 GATT1994,再适用《SPS 协定》。

(二)与《农业协定》

《农业协定》是乌拉圭回合的一大贡献,它把长期游离于 GATT 体制之外的占世界贸易总额13％的农产品贸易纳入多边贸易体制的轨道。依照 GATT 法纪所要求的尽可能仅以关税提供保护的原则,《农业协定》中极其重要的举措之一就是建立单一关税制,即关税化。据此,各国广泛使用的对农产品的所有保护措施,包括数量限制(quantitative restrictions)、差价税(variable levies)、进口禁令(import bans)或其他非关税措施,全部以进口关税取而代之。关税化的过程彻底改变了反对进口农产品的世界范围内存在的保护性壁垒结构,但如前所述,许多国家担心会出现更多的 SPS 措施变相限制农产品贸易。所以,《SPS 协定》作为与《农业协定》相伴生的产物应运而生,并构成《农业协定》的一项重要内容,被称为"与进口准入、出口竞争、国内支持并列成为《农业协定》的第 4 根支柱"①。

(三) 与《TBT 协定》

1. 关联性

与 WTO 其他某些协定所具有的内容相对独立且自成一体的特点不同,《SPS 协定》与《TBT 协定》在很多方面是相一致的。二者都承认 WTO 各成员制定技术性贸易措施并对进口产品适用这些措施的权利,但又都同时通过订立针对这些措施之制定、实施的纪律,以及使用大量相同的规定来规制这种权利。二者具体条款所体现出的一致性归根到底是由其共同的制度基础以及与此相对应的权利义务内容的同一性所决定的。就共同的制度基础而言,在很大程度上,二者都被视为根据 GATT1994 第 20 条(b)项授权采取的"为保护人类、动物或植物的生命或健康所必需"的措施的解释;就权利义务内容的同一性而言,二者都确立了各成员确定自身适当保护水平(通过技术性贸易措施的制定与实施来实现)的权利与恪守各项措施不得超出必要的限度并对国际贸易构成不合理障碍之义务的统一。事实上,在没有单独达成《SPS 协定》以前,SPS 措施是《东京守则》规制范围内的;现行的《SPS 协定》在很大程度上也是按照《东京守则》和《TBT 协定》制定的。所以,二者的实体性条款在许多方面具有相似性。

---

① 赵维田:《世贸组织(WTO)的法律制度》,吉林人民出版社 2000 年版,第 265 页。

2. 差异性

（1）适用范围上的分工与互补

由前述两协定各自适用范围可知，《TBT 协定》把《SPS 协定》所定义的 SPS 措施排除出其涵盖范围；《SPS 协定》则规定它不会影响成员在《TBT 协定》项下的、与《SPS 协定》范围之外的措施相关的权利。由此，一方面，两个协定的适用范围彼此分离、相互排斥；另一方面，《SPS 协定》适用范围内的 SPS 措施，具有明确的定义——由穷尽列举措施的使用目的而形成；《TBT 协定》适用范围内的 TBT 措施，采用兜底式定义——适用于针对所有产品，包括工业产品和农产品所采取的一切措施，而仅排除了"政府机构为其生产或消费要求所制定的采购规格"（政府采购的技术规格）与"《SPS 协定》附件 A 定义的 SPS 措施"概括而成。[1] 两种不同的定义方法相结合，巧妙地体现了 WTO 规则体系的精心安排：两个排他性的协定有机地组成一个规制技术性贸易措施的完整集合体，既能防止协定交叉可能产生的模糊地带，又能有效保证"两协定在职责上的分工不应在管辖范围上造成任何空白"[2]。

（2）具体内容上的差别与承接

《SPS 协定》与《TBT 协定》在内容上，特别是在各自所体现的对 GATT1994 相关条款的解释作用方面相得益彰。尽管二者都被视为根据 GATT1994 第 20 条(b)项授权采取的"为保护人类、动物或植物的生命或健康所必需"的措施的解释，但它们的角度与方法都有着很大的不同：

第一，《SPS 协定》是专门针对第 20 条(b)项加以解释的，可以说补充并具体发展了该项例外的权利义务内容。而由《TBT 协定》所涉范围的广泛性所决定，第 20 条(b)项只构成其适用范围的一部分——其所有措施中为保护人类及动植物的生命或健康所必需的那部分措施。

第二，与上一点相联系，《SPS 协定》立足于"例外"，其主要内容紧紧

---

[1] 《TBT 协定》第 1.3 条、第 1.4 条、第 1.5 条的规定。
[2] 世界贸易组织秘书处编：《乌拉圭回合协议导读》，索必成、胡盈之译，法律出版社 2000 年版，第 107 页。

围绕着 GATT1994 第 20 条(b)项,对作为例外的"保护人类、动物或植物的生命或健康"的措施的目的正当性、范围适度性加以诠释。不仅如此,它还在 GATT1994 内容之外规定了各成员实施 SPS 措施的更为具体的义务。《TBT 协定》则不然,虽然在字面意义上,TBT 措施也可归于 GATT1994 第 20 条所列的若干例外事项,但该协定本身并没有从解释例外的角度出发,更没有具体规定构成例外的标准与条件,而是直接地、更为具体地重申了 GATT 的基本义务。

第三,二者在判断一项措施合法性时所采用的原则不同。《TBT 协定》采用非歧视原则;《SPS 协定》的判别原则是科学证据原则、国际协调原则和风险评估及保护适度原则。换言之,《SPS 协定》是允许歧视的,只要这种歧视不是任意的或不合理的。

(四)与 DSU

其一,作为有关争端解决的程序性规范,DSU 为包括《SPS 协定》在内的诸协定之实体规则提供类似于司法程序性的保障。就此而言,与其他协定一样,《SPS 协定》与 DSU 之间总体上构成实体法与程序法之间的关系,即除另有规定外,所有《SPS 协定》项下的磋商和争端解决,普遍地适用 DSU 的程序性规定。

其二,鉴于《SPS 协定》第 11.2 条对于"在本协定项下涉及科学或技术问题的争端"有特别规定,因而在该条规定事项范围内,《SPS 协定》与 DSU 之间构成特别法与一般法的关系;《SPS 协定》项下涉及科学或技术问题的争端,优先适用《SPS 协定》第 11.2 条的特别规则,其他方面则仍适用 DSU 的一般规定。

五、争端解决中的适用

(一)案件概况

自《SPS 协定》生效至 2021 年 8 月 30 日,提交 WTO 争端解决机制的 SPS 案件共有 50 件,约占 DSB 受案总数(606 件)的 8.3%。

表 4-4 SPS 案件基本情况一览表①

时间	数量	案号	时间	数量	案号
1995	5	DS3、5、18、20、21	2009	3	DS389、391、392
1996	3	DS26、41、48	2010	1	DS406
1997	3	DS76、96、100	2012	3	DS430、447、448
1998	5	DS133、134、135、137、144	2014	2	DS475、484
2000	2	DS203、205	2015	1	DS495
2001	1	DS237	2016	1	DS506
2002	5	DS245、256、270、271、279	2017	3	DS524、525、532
2003	6	DS284、287、291、292、293、297	2018	1	DS540
2007	1	DS367	2019	1	DS589
2008	2	DS384、386	2021	1	DS599

表 4-5 发达国家成员与非发达国家成员之间、非发达国家成员之间 SPS 案件数量

时间	案件总数	发达国家成员之间	发达国家成员与非发达国家成员(发展中国家成员、新兴经济体成员)之间		非发达国家成员之间
			发达国家成员被诉	非发达国家成员被诉	
1995—2021.8 合计	50	22	10	7	11
1995—1998	16	13	1	2	0
2000—2003	14	4	3	2	5
2007—2021.8.30	20	5	6	3	6

表 4-6 WTO 案件与 SPS 案件解决状态一览表

解决状况	WTO 全部案件		SPS 案件		
	案数	比例	数量	比例	案号
磋商中	180	30%	18	36%	DS3、41、100、133、134、137、144、203、205、256、271、279、448、506、525、532、540、599

---

① WTO,Disputes by agreement,https://www.wto.org/english/tratop_e/dispu_e/dispu_agreements_index_e.htm, last visited on June 23, 2024.

(续表)

解决状况	WTO 全部案件		SPS 案件		
	案数	比例	数量	比例	案号
专家组设立中或已设立	62	10%	4	8%	DS270、389、524、589
裁决报告通过	96	16%	4	8%	DS135、392、447、495
已通知执行或执行和解	129	21%	8	16%	DS18、26、48、76、245、367、406、484
要求授权/已授权报复	22	4%	4	8%	DS291、384、386、430
中止、撤销或和解	117	19%	12	24%	DS5、20、21、96、237、284、287、292、293、297、391、475

SPS 案件呈现以下几个主要特点:

(1) 从数量上来看,SPS 案件总量虽处于各涵盖协定案件数量水平的中位,但下降趋势明显:案件主要集中于 1995—1998 年、2000—2003 年这两个时间段;之后,每年平均仅约一个案件,其中 2004 年、2005 年、2006 年、2011 年和 2020 年没有任何 SPS 案件。

(2) 从当事方来看,总体上,发达国家/地区成员涉案仍居主要位置,其中被诉案件 32 件、申诉案件 29 件,均超半数以上;发达国家成员相互之间的案件 22 件,也近半数。但是,就阶段发展来看,自 2000 年以来,发达国家成员与发展中国家成员、新兴经济体成员之间,以及发展中国家成员、新兴经济体成员之间的争端案件迅速增长(如下表所示)。截至目前,中国仅涉案 2 起(中国禽肉案、中国油菜籽案)。[1]

(3) 从解决结果来看,就已裁决案件而言,较总体状况,与涉《TBT 协定》案件一样,SPS 案件执行率偏低,而进入报复程序的大大高于平均水平。

(二)《SPS 协定》的适用特点

与《TBT 协定》长期未得到适用不同,自《SPS 协定》生效开始,诉诸 DSB 的一系列 SPS 争端,不仅使《SPS 协定》得到具体适用,而且,在专家

---

[1] United States-Certain Measures Affecting Imports of Poultry from China, DS392; China-Measures Concerning the Importation of Canola Seed from Canada, DS589.

组和上诉机构的裁决中,协定的核心条款大多得到全面和充分的阐释。早期的澳大利亚鲑鱼案①、欧共体荷尔蒙案,以及日本品种测试案②,其中争议措施已反映了《SPS协定》的全部适用范围——对人类健康(欧共体荷尔蒙案)、动物健康(澳大利亚鲑鱼案)和植物健康(日本品种测试案)的保护,专家组和上诉机构因此对协定主要实体和程序问题作了极为详尽的阐释。

案例 4-3　欧共体荷尔蒙案、澳大利亚鲑鱼案、日本品种测试案

WTO 正式运行不久,与《SPS 协定》有关的一系列争端即提交至 DSB,所涉争议涵盖了《SPS 协定》适用范围"保护人类、动物或植物的生命或健康"的所有措施类型。

【欧共体荷尔蒙案】　从 20 世纪 80 年代开始,欧共体禁止进口含有荷尔蒙激素的肉制品,引发其与美国、加拿大之间长达二十多年的争端。1996 年,美国、加拿大先后就欧共体禁止使用荷尔蒙添加剂饲养的牛肉进口问题要求与欧共体磋商。该案争议措施涉及欧共体理事会 1981 年和 1988 年的指令——禁止进口使用荷尔蒙添加剂生产的牛肉。自 1997 年 7 月 1 日起,1981 年和 1988 年指令被 96/22/EC 指令取代。新的指令继续禁止进口使用荷尔蒙添加剂生产的牛肉,同时加强了控制和测试的规定,以及规定了处罚措施。申诉方提出,欧共体指令违反了《SPS 协定》《TBT 协定》和 GATT1994 第 1 条、第 3 条。

在实体上,本案主要涉及《SPS 协定》第 3 条和第 5 条(特别是其中第 5.1、5.5 条)的义务范围与认定标准。

【澳大利亚鲑鱼案】　1995 年 10 月、11 月,加拿大和美国先后就澳大利亚有关禁止鲑鱼进口的若干 SPS 措施提出与澳大利亚磋商。加拿大和美国认为,澳大利亚的措施与 GATT1994 第 11 条、第 13 条不符,同时违反了《SPS 协定》第 2 条、第 3 条和第 5 条。

本案争议焦点为《SPS 协定》项下的一类风险评估——对源于虫害或

---

① Australia-Measures Affecting Importation of Salmon,DS18,DS21。
② Japan-Measures Affecting Agricultural Products,DS76。

病害的风险评估。围绕协定第 5 条,专家组和上诉机构分别就其第 5.1 条所涉风险评估义务的核心内涵、属性、义务要求,第 5.5 条禁止任意或不合理歧视的构成要件及其认定,以及第 5.6 条确定适当保护水平的限度等问题作出评判。

【日本品种测试案】 1997 年 4 月 7 日,美国就日本有关农产品检疫措施所涉进口禁令要求与日本进行磋商。本案争议的 SPS 措施是《日本植物保护法》规定的各种测试要求。根据这些要求,某些植物的进口是被禁止的,因为它们有可能成为蠹蛾的潜在宿主。争议产品为原产于美国的八种植物:杏子、樱桃、李子、梨、榅桲、桃子(包括油桃)、苹果和核桃。美国指出,日本禁止进口每一种需要进行检疫处理的产品,直到各该种产品的检疫处理被通过测试,即使其检疫处理已经对其他品种的同类产品被证明是有效的。美国主张,日本的这些措施违反了《SPS 协定》第 2 条、第 5 条、第 8 条以及 GATT1994 第 11 条和《农业协定》第 4 条,并由此导致美国利益的消灭或减损。

本案裁决围绕《SPS 协定》第 2.2 条的具体认定展开。专家组和上诉机构主要就第 2.2 条"充分的科学证据"的内涵、认定标准以及由第 5.7 条所构成的例外情形进行分析和作出裁决。

案例 4-4 日本苹果案

2002 年 3 月,美国就日本影响苹果进口的一系列措施要求与日本磋商。本案争议的植物卫生措施所针对的是一种含有 Erwinia Amylovora 病菌的叫作"火疫"的病害。日本对美国出口苹果的检疫措施由十项具体要求构成:(a) 在指定的非火疫疫区果园中生产,作为出口果园的非火疫疫区由美国农业部门(United States Department of Agriculture, USDA)根据果园主的申请指定。USDA 在该区域检查中只要发现一棵病树就取消出口果园资格,日本眼下只接受 USDA 对华盛顿、俄勒冈两个州内果园的指定。(b) 出口果园必须无火疫感染植物和无火疫寄生植物(苹果之外的),不论其是否被感染。(c) 非疫区果园必须为一个方圆 500 米缓冲地区所环绕。在相关区域内发现一棵病树或植物,即取消出口果园资格。(d)对非疫区果园及其环绕区的检查每年至少进行三次。开花和结果期,美国当局应实地检查两次;收获时,由日本和美国联合进行实地检查;强暴风雨之后还要增加检查。(e)采摘的苹果必须按指定方法进行表面消毒。(f)装载果实的容器必须经氯处理消毒。(g)包装设施内部必须经氯处理消毒。(h)运往日本的苹果在采摘之后必须与其他采摘后的水果隔离。(i)美国的植物保护机构必须出具苹果无火疫病并经采摘后的氯处理(消毒)之证明。(j)日本当局必须确认美国机构的证明,并检查包装设施。美国认为,日本对其出口苹果的一系列特定检疫要求及禁止措施违反了《SPS协定》第2.2条、第5.1条、第5.2条、第5.6条、第5.7条、第7条以及WTO其他相关规定。

与DSB既往裁决的SPS争端相比,该案的重要意义在于:其一,引入了确定相关义务内容的一些新概念和新标准,从而进一步明晰《SPS协定》义务的内涵:(1)对于第2.2条,明确引入"比例性"概念,用以确定第2.2条所规定的科学证据原则;(2)明确引入第5.1条"风险评估"的要求,用以判断第5.7条"有关科学证据不充分"的情形,并以此确定其适用条件;(3)明确引入"可能"的一般概念,用以判断第5.1条"风险评估"的含义。其二,对日本有意或无意混为一谈的一系列概念进行辨析,如举证责任分配上"初步证据确立原则"与"谁主张,谁举证原则";"成熟、无病症且正常出口的苹果传播火疫病的风险"与"因人为、技术错误或非法行为出口的其他苹果传播火疫病的风险";"科学证据不充分"与"科学不确定";"根据可能适用的SPS措施进行的风险评估"与"根据业已适用的SPS措施进行的风险评估";等等。从而进一步提升了《SPS协定》相关核心法纪的可执行性,既为未来争端解决提供了可依据的标准,也为各成员履行义务提供了有益的指导。[①]

[①] 参见肖冰:《美国诉日本影响苹果进口措施案评析——兼论DSB的实践趋向》,载《国际经济法学刊》2007年第2期,第110页。

案例 4-5　中国禽肉案

2009年4月17日，中国就美国限制中国禽肉进口措施要求与美国磋商。争议措施为美国2009年3月通过的《2009年综合拨款法》第727节——"根据本法所提供的任何拨款，不得用于制定或实施允许美国进口中国禽肉产品的任何规则"（以下简称为"该727节"）。中国认为，该规定是典型的歧视性贸易保护主义做法，侵扰了中美禽肉贸易的正常开展，损害了中国禽肉业界的正当权益；美国措施至少违反了GATT1994第1.1条和第11.1条、《农业协定》第4.2条，以及如果构成SPS措施，则违反了《SPS协定》第2.1至2.3条、第3.1条、第3.3条、第5.1至5.7条以及第8条等规定的一系列义务。

本案专家组首先分析该727节是否属于《SPS协定》范围内的SPS措施。专家组认定：其一，就该727节制定目的来看，由于其旨在保护人类和动物生命健康免受来自中国的受污染的禽肉产品进口的风险，因此属于《SPS协定》附件A(1)(b)规定的目的而实施的措施；其二，就该727节的措施类型来看，由于它属于《2009年综合拨款法》的范畴，并且美国国会通过该法对负责实施有关SPS事务的实体法律和规章的行政部门的活动施加控制，因此该727节构成附件A(1)(b)所列明的SPS措施的类型；其三，就该727节对国际贸易的影响来看，由于它禁止美国食品安全检验局使用拨款资金来制定和实施允许中国禽肉产品进口的规则，使得中国对美国的禽肉出口根本无从开展，因此直接或间接影响了禽肉产品的国际贸易。基于此，该727节属于《SPS协定》范围内的一项SPS措施。

随后，专家组根据《SPS协定》相关义务要求对美国措施的相符性进行逐一审查，最终裁定：美国措施违反了《SPS协定》第2.2条、第2.3条、第5.1条、第5.2条和第5.5条；违反GATT最惠国待遇且无法证明在GATT第20(d)条项下的合理性。

六、中国的承诺与实施

根据《中国入世议定书》，首先，与《TBT协定》一样，《SPS协定》也属于其第2条"贸易制度的实施"(A)"统一实施"之2"中国应以统一、公正和合理的方式适用和实施中央政府有关或影响货物贸易……的所有法律、法规及其他措施"的范畴。其次,有关 SPS 措施的具体承诺,规定于《中国入世议定书》第 14 条:"中国应在加入后 30 天内,向 WTO 通知其所有有关 SPS 措施的法律、法规及其他措施,包括产品范围及相关国际标准、指南和建议。"最后,为回应其他成员对中国 SPS 措施的疑虑,中国谈判代表进一步确认以下承诺:(1) 仅在保护人类和动植物的生命或健康所必需的限度内实施 SPS 措施;(2) 中国绝大部分 SPS 措施是基于国际标准、指南和建议的;(3) 不会以作为对贸易的变相限制的方式实施 SPS 措施;(4) 对无充分科学依据的 SPS 措施将不再维持;(5) 自加入之日起完全遵守《SPS 协定》,并保证其所有与 SPS 措施有关的法律、法规、法令、要求和程序符合该协定。①

中国加入 WTO 时已经建立了一个 SPS 通知机构和一个 SPS 咨询点,并已通知 SPS 委员会;SPS 措施,包括与检验有关的 SPS 措施,也已在商务部《文告》等出版物上公布;信息也可从上述 SPS 通知机构或咨询点收集。

第三节 《装运前检验协定》

一、由来和宗旨

(一) 由来

《装运前检验协定》(Agreement on Preshipment Inspection)是 GATT1994 附属协定之一,与对外贸易的管理机制有关,特别是与海关估价紧密相连。装运前检验(Preshipment Inspection,PSI)是指用户成员(进口方)政府委托的机构在产品装运前,于出口方境内对产品进行的检验,以确保符合进出口合同约定的各项内容。检验不仅是对产品质量、数量等品质的检验,也是对产品实际价格是否与申报价格相符的核实。

装运前检验多为发展中国家成员所要求,目的在于防止欺诈和加强海关管理,保证申报的价格不被抬高或压低——抬高价格可能为非法输

---

① 《中国加入工作组报告书》第 4 条"卫生与植物卫生措施"第 198—200 节,北大法律英文网,https://www.lawinfochina.com/wto/Legal1/026.doc,2024 年 6 月 23 日最后访问。

出资本提供机会,压低价格则会导致关税减少。但与此同时,出口方则担心这种检验要求成为变相的贸易壁垒。这些关注和问题,在负责监督实施东京回合关于海关估价的守则的委员会中已被提出,并最终于乌拉圭回合谈判达成现有协定。①

(二) 宗旨与适用范围

《装运前检验协定》目的在于将 GATT1994 的原则和义务适用于 WTO 成员政府授权的装运前检验机构②的活动,从而既满足发展中国家成员求助于装运前检验的需要,又确保此类程序被限定于必需的时间、限度之内,以防止因歧视或迟延而演变为变相的贸易保护手段。

协定适用于各成员领土内进行的所有装运前检验活动,不论这些活动是由成员政府或其任何政府机构通过合同约定实施还是强制命令实施的。此类成员被协定称为"用户成员"。据此,装运前检验即为"与对将出口至用户成员领土的货物的质量、数量、价格,包括汇率和融资条件,和/或海关归类进行核实有关的所有活动"。

二、架构和主要内容

(一) 架构

除序言外,《装运前检验协定》正文共 9 个条文,分别是范围—定义、用户成员的义务、出口成员的义务、独立审查程序、通知、审议、磋商、争端解决和最后条款。

(二) 主要内容

1. 用户成员的义务

协定的核心是第 2 条"用户成员的义务",含有 11 个方面、22 个条款的内容。包括:确保装运前检验遵守 GATT 非歧视、透明度原则;尊重和保护出口商的合法权益,维护贸易的公平、公正和自由;保证进口所采用的检验程序、标准以贸易合同确定的要求和标准进行,如无合同要求与标准规定,则应按照国际惯例、国际检验标准进行;确保检验活动在公开、透

---

① 世界贸易组织秘书处编:《乌拉圭回合协议导读》,索必成、胡盈之译,法律出版社 2000 年版,第 170 页。
② 协定称之为"实体"(entity),指由一成员签约或授权实施装运前检验活动的任何实体,主要是专业的私营商检公司。

明状态下进行,并向出口商及时提供所有其应遵守的检验要求和有关的法律、法规规定;保护出口方的商业秘密和其他技术信息;保证装运前检验免于不合理的迟延;为出口商投诉建立一套规范合理处理的程序。

在用户成员的义务中,最重要的是协定第 2.20 条关于"价格核实"(price verification)应当遵守的纪律:(1) 政府使用的装运前检验实体,只有在基于协定所确定的标准而进行的检验过程中发现存在不符合要求的调查结果时,才能够拒绝销售合同约定的价格。(2) 在出口价格核实中所进行的价格比较,应根据相同或大致相同时间来自同一出口国供出口的相同或类似货物的一个或多个价格进行,应根据竞争和可比的销售条件,符合商业惯例,并扣除任何适用的标准折扣。(3) 在实施价格核实时,装运前检验实体应适当考虑销售合同条款和与该项交易有关的普遍适用的调整因素,如销售的商业水平和数量、交货期限与条件、季节性影响等。(4) 运输费用检验不得对销售合同指明的运输方式提出疑问。(5) 价格核实中不得使用以下价格或费用:进口国国内货物的销售价格、来自另一国的出口产品的价格、生产成本、任意的或虚构的价格。①

2. 出口成员的义务

出口成员的义务较为有限,主要是:确保本国与装运前检验活动有关的法律法规以非歧视的方式实施,并应及时公布;如收到请求,应按双方同意的条件向用户成员提供旨在实现本协定目标的技术援助。

3. 上诉、独立审查程序与争端解决

为保证检验实体与出口商之间的争端得以及时、合理解决,协定规定了一系列解决争端的程序:(1) 上诉程序(第 2.21 条)——用户成员义务之一。检验实体应在其设在装运前检验管理办事处的城市或港口,指定一名或一名以上的官员受理出口商的投诉,并在收到出口商提交的书面上诉意见后尽快作出处理决定。(2) 独立审查程序(第 4 条)——检验实体与出口商共同解决争端。在出口商根据第 2.21 条提交上诉意见的两个工作日之后,任一方均可将该争端提交独立审查机构进行审议。独立审查机构由代表装运前检验实体的组织和代表出口商的组织联合组成。争端审议的专家小组由 3 名专家组成,分别由国际商会、国际检验机构联

---

① 其内容与《海关估价协定》相关规定的内容大部分相似。

盟和独立审查机构指定。专家小组决定应当由多数票作出,并在提请独立审查的 8 个工作日内作出且送达争端各方;该决定对检验实体和出口商均具有拘束力。(3)争端解决(第 8 条)——各成员可将与协定运作有关的任何争端提交 WTO 争端解决机构处理。

三、争端解决中的适用

自《装运前检验协定》生效至 2021 年 8 月 30 日,提交 WTO 争端解决机制的案件只有 5 件,不仅是所有协定中涉案最少的,而且直至 2013 年才有了第一个案件。中国尚未涉案。

表 4-7　WTO 争端案件涉《装运前检验协定》一览表[①]

案件提起时间	数量	案号
2013	2	DS465、466
2014	3	DS477、478、484

上述案件,除 DS484 外,均为美国、新西兰诉印尼影响园艺产品、动物及其制品进口措施。2016 年 12 月,专家组就 DS477、478 作出裁决。2017 年 2 月,印尼提起上诉;同年 11 月,上诉机构报告通过。专家组和上诉机构报告均没有根据《装运前检验协定》的裁决内容。

四、中国的承诺

中国加入 WTO 时,已有商贸检验机构(包括合资机构)从事装运前检验,并作出以下承诺:(1)遵守《装运前检验协定》,并将管理现有商贸检验机构,允许符合资格的机构按照政府授权或商业合同的约定从事装运前检验。(2)自加入时起,与包括私营实体在内的装运前检验实体进行的装运前检验有关的任何法律和法规将与《WTO 协定》相一致,特别是《装运前检验协定》和《海关估价协定》。(3)与此种装运前检验有关的任何收费将与所提供的服务相当,并符合 GATT1994 第 8.1 条的规定。[②]

[①] WTO, Disputes by agreement, https://www.wto.org/english/tratop_e/dispu_e/dispu_agreements_index_e.htm, last visited on June 23, 2024.

[②]《中国加入工作组报告》第 12 条"装运前检验"第 145、146 节。

第五章 WTO反倾销制度

第一节 WTO反倾销制度概述

反倾销措施作为首要的和最常见的贸易救济手段,已成为他国阻击中国出口的主要手段。目前,中国已经成为全球反倾销措施最大的受害国,世界上平均每6—7起反倾销案件中,就有一起是针对中国产品的。无论是反倾销调查案件的数量还是反倾销措施实施的数量,中国均列全球之首。[①]

一、倾销定义的经济学解读与法律学分析

什么叫"倾销"?据《韦氏英文辞典》的解释,其原意是指不负责任地抛弃,经济学上引申为以低于市场价格的方式大量抛售商品。[②] 用经济学术语来说,即销售人对在成本上没有多大不相同的产品,对两个以上顾客索要有较大差别的价格。在国际贸易中,现代意义上的"倾销"概念由美国早期国际贸易权威学者雅各布·维纳(Jacob Viner)首次提出。在其经典著作《倾销——国际贸易问题》中,维纳认为"倾销是同一商品在不同国家市场上的价格歧视"[③]。美国著名的国际经济法教授杰克逊曾用一个虚拟的例子清楚地演示倾销的经济原理[④]:一家生产收音机的公司原来只做日班生产,年产100万台,以每台20元的价格在市场上销售。这

[①] 参见翁国民:《贸易救济体系研究》,法律出版社2007年版,第233页。

[②] See Websters Merriam, *Webster's Ninth New Collegiate Dictionary*, Merriam-webster + Inc, 1983, P388.

[③] Jacob Viner, *Dumping: A Problem in International Trade*, The University of Chicago Press, 1966, p.1.

[④] 〔美〕杰克逊:《国际经济贸易的政策与法律》,赵维田译,海天出版社1993年版,第221页。

20元价格中含有固定成本(厂房、生产设备等)6元,可变资本(工人工资、原材料等)10元,利润4元。这种收音机在本区域市场销路不错,价格稳定,使该公司每年赚400万元。但公司老板想多赚,就增加了夜班生产,每年再增产100万台,但这100万台以每台14元销往别处市场,同样每年可赚400万元。为什么呢?原来日班产品的价格足以偿付固定成本,而夜班产品价格中已不含该固定成本,只是按"边际成本"(marginal cost)计算的。然而,要实现这种差价销售(或称"倾销"),必须具备一个先决条件:把高价区与低价区这两个市场隔断开,使低价区产品不致倒流回高价区。而跨国界的贸易恰好可用关税或非关税方法提供这种隔断。

然而,反倾销法中使用的"倾销"一词有着特定的含义,与经济学上的意义不尽相同。WTO《反倾销协定》第2.1条规定:"就本协定而言,如一产品自一国出口至另一国的出口价格低于在正常贸易过程中出口国供消费的同类产品的可比价格,即以低于正常价值的价格进入另一国的商业,则该产品被视为倾销。"换言之,法律意义上的倾销是指出口价格低于正常价值。在计算出口价格与正常价值时,需要依据企业的财务数据和会计方法。因此,学习与应用反倾销法不仅需要法律方面的知识,而且也需要会计、经济学等方面的知识。反倾销案件中的会计信息,应具有在特定导向下的解构功能,即能够解释真实贸易竞争力优势的来源。

二、WTO反倾销制度概况

理论上而言,以不正常的低价出口产品是一种不公平的贸易做法,为了抵制和消除这种不正当行为给本国工业造成严重损害,各国可对此采取反倾销措施。这是反倾销制度的立法初衷。1904年,加拿大在其修改后的《海关法》(Customs Act)中增加了反倾销的内容[①],被视为世界上第一个进行反倾销国内立法的国家,并为各国所效仿。新西兰(1905)、澳大利亚(1906)、南非(1914)、美国(1916)等贸易大国也相继制定和颁布了各

---

① Government of Cnada, Justice Laws Website, An Act to Amend the Customs Tariff, 1897, S. C. 1904, C: 11S. 19., https://laws-lois.justice.gc.ca/eng/acts/c-54.011/section-19.html, last visited on June 23, 2024. 该法第19条规定:如果某一进口产品的价格低于出口国的公平市场价值,且该产品与加拿大生产的某一产品属于同一种类或类型,加拿大税收部可以对该产品征收反倾销税。

自的反倾销法。

但由于贸易救济手段本身就是实现贸易政策和贸易利益的工具,[①]加之各国法律确认倾销的标准、程序和实施办法不尽相同,使得不少国家借反倾销之名行贸易保护之实。有鉴于此,为了规范各国国内反倾销立法,限制各国国内主管机关的自由裁量权,防止反倾销制度成为变相的贸易保护手段,GATT1947 第 6 条对反倾销问题作了一些原则性规定,确立了反倾销法的一些基本概念。1967 年 GATT 肯尼迪回合谈判签订了《关于执行关税与贸易总协定第 6 条的协定》(以下简称《1967 年反倾销守则》),对有关内容进行了细化。1979 年东京回合谈判又达成《1979 年反倾销守则》,对《1967 年反倾销守则》作了进一步修改和补充。1995 年 1 月 1 日生效的乌拉圭回合《关于实施 GATT1994 第 6 条的协定》(即 WTO《反倾销协定》)对《1979 年反倾销规则》作了全面的修订和补充,并被纳入一揽子协定而对所有 WTO 成员均有约束力,从而成为影响力最广泛的国际反倾销统一规则。

第二节 实 体 规 则

一、倾销的确定

根据《反倾销协定》第 2.1 条,如果从一国出口至另一国的一种产品的出口价格低于正常贸易过程中供出口国消费的同类产品的可比价格,该种产品就应当被视为存在倾销,即以低于其正常价值的价格进入另一国商业。

《反倾销协定》涉及一种产品的倾销,倾销幅度因此是指一种产品的倾销幅度。[②] 只能针对"整体产品"而不是单笔交易确定倾销。[③] 从反倾销调查角度看,需要审查特定企业在调查期内出口被调查产品(有时包括多个型号)的所有行为,从而针对该企业确定是否存在倾销被调查产品的行为。

---

① 参见翁国民:《贸易救济体系研究》,法律出版社 2007 年版,第 64 页。
② Appellate Body Report on EC-Bed Linen (2001), para. 51.
③ Panel Report on US-Orange Juice (2011), para. 7. 135.

倾销的确定取决于三个因素,即出口价格、正常价值以及两者的比较。出口价格与正常价值之间的差额,是倾销幅度及反倾销税率的计算依据。

(一) 正常价值

根据《反倾销协定》第2.1条,正常价值是指正常贸易过程中供出口国消费的同类产品的可比价格。根据《反倾销协定》第2.1条、第2.2条,确定正常价值的方法通常有以下三种:

1. 同类产品的出口国国内销售价格

可被用于计算正常价值的销售交易必须满足四个条件:必须是同类产品;必须是"正常贸易过程"中的销售;产品必须供出口国消费;价格必须是可比的。① 反倾销主管机关必须首先使用同类产品的出口国国内销售价格。只有满足协定第2.2条规定的条件,反倾销调查机关才能诉诸替代性方法确定正常价值。

(1) 被调查产品与同类产品

被调查产品确定。美国软木案Ⅴ专家组认为,应当根据《反倾销协定》第2.6条确定被调查产品的同类产品,但就确定被调查产品(倾销进口产品)的方式而言,第2.6条并未提供任何指导。② 协定第2.1条和第2.6条并不要求调查机关将被调查产品定义为仅仅包括属于同类的产品。③ 欧共体鲑鱼案(挪威诉)专家组认为,在第2.6条背景下,如果被调查产品包括不同的子类,主管机关在评估同类产品问题时必须考虑每一子类,不得忽略任何子类。但协定第2.6条并不要求调查机关评估落入被调查产品范围的每一种类是否与每一其他种类同类。④

同类产品定义。根据《反倾销协定》第2.6条,《反倾销协定》意义上的"同类产品"(like product)是指"相同产品"(identical product)——与被调查产品在所有方面都相同的产品,或者在没有此种产品的情况下,是指尽管不是在所有方面都相同,但与被调查产品有着最相近似特征的产品。WTO多个协定的条款(如GATT1994第1条最惠国待遇、第3条国

---

① Appellate Body Report on US-Hot-Rolled Steel (2001), para. 165.
② Panel Report on US-Softwood Lumber V (2004), para. 7.153.
③ Panel Report on EC-Fasteners (2010), paras. 7.267-7.268.
④ Panel Report on EC-Salmon (2007), para. 7.55.

民待遇)中出现过"同类产品"一词,但不同协定相关条款项下的同类产品认定标准各不相同。

(2) 同类产品国内销售

同类产品国内销售一般是指被调查企业在调查期间内的同类产品国内销售交易。确定正常价值应当考虑被调查企业在调查期间内的所有同类产品国内销售交易,同时应当排除不属于正常贸易过程的国内销售交易。美国热轧钢案上诉机构指出,调查机关在计算正常价值时必须排除未在"正常贸易过程"中进行的所有销售。如果将此类销售纳入计算,不论价格高低,都会扭曲正常价值。[1]

案例 5-1　美国热轧钢案

在美国热轧钢案中,美国商务部在计算正常价值时忽略了出口商对其子公司的某些销售,理由是这些销售不属于"正常贸易过程"。美国商务部接着以该产品的下游销售替代已被忽略的销售。下游销售是指子公司与第一独立买家之间的交易,属于"正常贸易过程"。日本反对在计算正常价值时使用这些下游销售,主张《反倾销协定》第2.1条的隐含要求是,只有出口商是卖家,一笔销售交易才能被用于计算正常价值。上诉机构认为,关于谁应该是相关销售交易的当事方,《反倾销协定》第2.1条保持了沉默,并未明确要求应当由出口商进行国内销售交易,也未明确排除出口商的子公司与独立买家之间进行的相关销售交易。如果满足了协定第2.1条的四项条件,那么同类产品卖家的身份不是计算正常价值时禁止使用下游销售交易的理由。但是,卖家的身份仍可能影响正常价值,因为其可能影响第2.4条将会处理的可比性。[2]

(3) "正常贸易过程"中的销售

《反倾销协定》第2.1条要求在计算正常价值时排除不属于正常贸易过程的销售,其目的是确保正常价值事实上是出口商国内市场上同类产品的正常价格。如果一笔销售交易达成的条款和条件不符合相关时间内

---

[1] Appellate Body Report on US-Hot-Rolled Steel (2001), paras. 145-146.
[2] Ibid., paras. 166-167, 169.

相关市场上同类产品销售的"正常"商业实践，该笔交易就不是计算"正常"价值的适当依据。[1]

案例 5-2　美国热轧钢案

在美国热轧钢案中，美国商务部适用了所谓的独立交易测试。根据独立交易测试，如果对单个关联当事方的加权平均销售价格低于对所有非关联当事方的加权平均销售价格的 99.5%，美国商务部就会认定其不属于正常贸易过程而自动忽略特定出口商向该关联当事方的销售。日本主张，独立交易测试不符合《反倾销协定》第 2.1 条，因为：(1) 测试仅仅排除了低价关联销售，据此放大了正常价值；(2) 在武断基础上运行的此种测试并未考虑市场上的通常价格变量。专家组和上诉机构都认为该独立交易测试不符合 WTO 规则。上诉机构指出，确定一笔销售价格是高于还是低于"正常贸易过程"中的销售价格不仅仅是比较价格的问题。价格仅仅是一项交易的其中一项条款和条件。为了确定价格是高还是低，还必须根据交易的其他条款和条件评估价格。例如，销售交易的数量将会影响价格是高还是低。又如，卖家可能在某些交易中承担了运输或保险等额外责任。总之，许多其他因素可能影响价格评估。[2]

《反倾销协定》第 2.2.1 条将亏本销售视为不属于正常贸易过程中的销售，但规定了严格的认定条件。亏本销售是指，以低于单位（固定和可变）生产成本加上管理、销售和一般成本（以下简称"销管成本"）的价格在出口国国内市场上销售同类产品或者对第三国销售同类产品。亏本销售可由于价格原因不被视为属于正常贸易过程中的销售，并且在确定正常价值时可以忽略此类销售，但主管机关需要认定：(1) 在一段持续时间内以实质数量进行此类亏本销售。"一段持续时间"通常应该为 1 年，但无论如何不得低于 6 个月。"实质数量"是指，主管机关为了确定正常价值而考虑的交易的加权平均销售价格低于加权平均单位成本，或者低于单位成本的销售数量不低于主管机关为了确定正常价值而考虑的交易数量的 20%。(2) 销售价格在合理时间内不会收回所有成本。如果销售之时

---

[1] Appellate Body Report on US-Hot-Rolled Steel (2001), para. 140.
[2] Ibid., para. 142.

低于单位成本的价格高于调查期内的加权平均单位成本,则此类价格应当被视为在合理时间内收回成本。

上诉机构在美国热轧钢案中提供了如下可能不属于"正常贸易过程"的例子:尽管一项交易的当事方在法律上都是独立的人,但二者有着共同所有权,二者之间可能不会遵守通常商业原则。[①]

2. 向第三国出口价格或推算正常价值

根据《反倾销协定》第 2.2 条,如果出口国内市场不存在正常贸易过程中的同类产品销售,或者由于出口国国内市场的特殊市场状况或者销售量低,不允许对此类销售进行恰当比较,则应当采用同类产品出口至一个适当第三国的具有代表性的可比价格(向第三国出口价格)或者推算正常价值(原产国生产成本+合理数额的管理、销售和一般性成本+利润)。反倾销调查机关应当优先使用同类产品的出口国国内销售价格;满足第 2.2 条规定的条件,方可选择向第三国出口价格或者推算正常价值,作为确定倾销幅度的基础。第 2.2 条并不妨碍调查机关确定自己的标准,选择两种替代性方法之一。[②]

(1) 国内销售量低

根据《反倾销协定》脚注 2,国内销售量低一般是指出口国国内市场正常贸易过程中同类产品的销售量不足 5%。但是,如果有证据表明较低比例的国内销售仍属于进行适当比较的足够数量,调查机关应该接受此种较低比例为足够数量。

一般而言,5% 的比例是针对被调查产品的总体销售量的要求。实践中,如果被调查产品包括多个型号,调查机关还会针对每一型号产品审查国内销售量是否低于 5%。这个 5% 被认为是内销价格代表公平交易价格的最低比例,低于这个比例,就不能用内销价格来确定正常价值了。这主要是为了防止出口商以低价在出口国国内市场少量销售,以此人为地制造虚假低价,从而阻却倾销的认定或者降低倾销幅度。

---

① Appellate Body Report on US-Hot-Rolled Steel (2001), para. 141.
② Panel Report on US-OCTG (2017), para. 7.18.

(2) 特殊市场状况

《反倾销协定》并未定义"特殊市场状况"。澳大利亚 A4 复写纸案专家组首次解释和适用了"特殊市场状况"概念。该案专家组同意 GATT 时期欧共体面纱案专家组的看法,即只有具有导致国内销售不适合允许恰当比较的影响,"特殊市场状况"才会相关。"特殊市场状况"片语无须以预想了将会妨碍国内价格与出口价格之间恰当比较的所有情形的方式进行定义。① 经过审理,澳大利亚 A4 复写纸案专家组判定:第一,"特殊市场状况"并不必然排除用于同时生产供国内市场和出口市场的商品的低价投入品情形。第二,《反倾销协定》第 2.2 条文本并未在"特殊市场状况"中排除同样影响国内销售与出口销售的国内市场状况。第三,政府行为导致的状况不一定没有资格构成"特殊市场状况"。②

(3) 不允许恰当比较

根据《反倾销协定》第 2.2 条和脚注 2,只有特殊市场状况或国内销售量低,不允许恰当比较正常价值与出口价格,才能诉诸向第三国出口价格或推算正常价值。澳大利亚 A4 复写纸案专家组认为,影响恰当比较检验的功能是确定国内价格是否能被用作与出口价格进行比较的基础,以便识别是否存在倾销。第 2.2 条隐含表明,"恰当比较"是指国内价格与出口价格之间的比较。因此,调查机关根据第 2.2 条进行审查的目的是确定,由于特殊市场状况或者销售量低,正常贸易过程中的同类产品国内销售是否不允许出口价格与国内销售价格之间的恰当比较。③ 就"允许恰当比较"而言,国内价格与出口价格之间的纯粹数字比较可能没有揭露真相,应该进行定性评估,以便依据特殊市场状况如何影响国内价格与出口价格之间的比较,确定是否能够恰当比较国内价格与出口价格。④ 调查机关必须审查特殊市场状况对出口价格的影响,以便确定为了计算倾销幅度是否允许国内价格与出口价格之间的恰当比较,并且调查机关必须充分解释其认定。⑤ 尽管特殊市场状况可能同时影响国内价格和出

---

① Panel Report on Australia-Anti-Dumping Measures on Paper (2019), para. 7.21.
② Ibid., paras. 7.28-7.54.
③ Ibid., paras. 7.74, 7.76.
④ Ibid., para. 7.75.
⑤ Ibid., para. 7.73.

口价格,但对二者的影响不一定相同。如果调查机关认定由于特殊市场状况不允许恰当比较国内价格与出口价格,则需要合理且充分地解释其结论。①

案例 5-3 澳大利亚 A4 复写纸案

澳大利亚 A4 复写纸案专家组审查了下列情形是否允许恰当比较:低价投入品被用于生产供国内市场和出口市场的商品。专家组认为,就计算倾销幅度而言,此类低价投入品不一定对国内价格和出口价格产生相同影响,并据此允许二者之间的恰当比较。低价投入品对单个出口商国内价格和出口价格的影响取决于多种因素,如各个市场的竞争条件,价格与成本之间的现有关系。依赖于特定市场条件,出口商可有多种选项得益于投入品成本的下降。因此,只有通过审查相关事实背景,才能确定一个出口商的国内销售是否允许与出口价格进行恰当的价格比较。②

在澳大利亚 A4 复写纸案涉及的反倾销调查中,调查机关考虑了三个因素:(1) A4 复写纸的国内价格是否受到扭曲成本和价格的政府干预的影响;(2) 特殊市场状况是否指 A4 复写纸的国内价格以不符合正常商业实践的方式固定下来;(3) 特殊市场状况是否指 A4 复写纸的国内价格根据不属于市场的标准固定下来。③ 该案专家组认为,此种方法未能赋予"允许恰当比较"片语含义和效力:澳大利亚倾销委员会(ADC)的审查存在缺陷,因为其仅仅聚焦于国内销售和国内价格,没有考虑将会与之进行比较的出口价格。特别是,审查并未处理国内价格能否与出口价格进行恰当比较——尽管存在特殊市场状况的影响——的问题。ADC 有义务进行必要的额外审查,以便确定由于特殊市场状况,单个出口商的国内销售不允许国内价格与出口价格之间的恰当比较。④

---

① Panel Report on Australia-Anti-Dumping Measures on Paper (2019), paras. 7.74, 7.76.
② Ibid., paras. 7.80-7.81.
③ Ibid., para. 7.86.
④ Ibid., paras. 7.87, 7.89.

3. 成本使用规则

不论是认定亏本销售,还是计算、推算正常价值,都涉及成本的确定。《反倾销协定》第2.2条和第2.2.1.1条规定了必须遵守的成本使用规则。乌克兰硝铵案上诉机构认为,涉及亏本销售的第2.2.1条正常贸易过程检验所使用的成本必须符合第2.2.1.1条。①

(1) 使用被调查出口商或生产商实际发生的成本

根据《反倾销协定》第2.2.1.1条第一句,如果被调查出口商或生产商保存的账簿符合出口国"普遍接受的会计准则"(Generally Accepted Accounting Principle, GAAP)并且合理反映与生产和销售被调查产品相联系的成本,"通常"(normally)应当依据此类账簿计算成本。

"通常"一词的含义。中国白羽肉鸡产品案专家组认为,《反倾销协定》第2.2.1.1条中的"通常"一词意味着,为了在第2.2条意义上计算生产成本,应当使用的信息规则是,调查机关依赖被调查出口商或生产商保存的账簿,除非没有满足该条规定的规则适用条件。② 上诉机构在乌克兰硝铵案中认为,鉴于第2.2.1.1条第一句提及"通常"一词,我们并不排除可能存在第一句规定两项条件之外的情形,生产成本基于被调查出口商或生产商保存的账簿之义务并不适用。③ 澳大利亚A4复写纸案专家组认为,满足第2.2.1.1条第一句规定的两项累积条件,调查机关"通常"应当将出口商的账簿作为计算生产成本的基础。如果没有其中一项或两项条件,调查机关可以使用另一数据来源计算出口商的生产成本。"通常"限定"应当将出口商的账簿作为计算生产成本的基础",表明在某些情形下可以偏离使用出口商的账簿计算其成本的义务。如果只能根据第2.2.1.1条提及的有限条件偏离考虑出口商保存的账簿之义务,不论有无"通常"一词,该条第一句都具有相同含义,这违反了条约有效解释原则。但该案专家组认为,没有必要准确地界定,在何种情形下调查机关根据"通常"一词会被允许偏离使用出口商账簿之义务。④

虽然"通常"一词提供了灵活性,但调查机关仍需考虑出口商的账簿

---

① Appellate Body Report on Ukraine-Ammonium Nitrate (2019), para. 6.127.
② Panel Report on China-Broiler Products (Article 21.5-US)(2018), para. 7.29.
③ Appellate Body Report on Ukraine-Ammonium Nitrate (2019), para. 6.87.
④ Panel Report on Australia-Anti-Dumping Measures on Paper (2019), paras. 7.112-116.

是否满足第 2.2.1.1 条规定的两项明确条件。调查机关还需确定,尽管账簿符合出口国普遍接受的会计准则并合理反映与被调查产品生产和销售相联系的成本,调查机关仍然发现不容置疑且不同于两项明确条件的理由忽略出口商的账簿。也就是说,调查机关应当审查账簿是否满足两项明确条件,并应给出令人满意的解释。①

"合理反映与被调查产品生产和销售相联系的成本"的解释和适用。欧盟生物柴油案(阿根廷诉)专家组认为,《反倾销协定》第 2.2.1.1 条涉及一个生产商/出口商账簿记录的成本是否在可接受的范围内以准确和可靠的方式反映被调查生产商/出口商生产目标产品实际发生的成本。这需要比较生产商/出口商账簿记录的成本与实际发生的成本。但是,比较的目的是确定账簿是否合理反映实际发生的成本,而不是它们是否合理反映在一系列不同条件或情形下可能发生并且调查机关认为比实际发生的成本更为"合理"的某些假设性成本。该项解释得到上诉机构的支持。② 该案上诉机构指出,第 2.2.1.1 条第一句第二项条件是指"出口商或生产商保存的账簿是否适当且充分地对应于或者复制了被调查出口商或生产商实际发生的与被调查具体产品的生产和销售有着真实关系的成本"③。上诉机构在乌克兰硝铵案中补充说,第 2.2.1.1 条第一句第二项条件约束的对象是"账簿";那一条件中并不存在任何合理性标准调整"成本"本身的含义,也不允许调查机关在国内投入品成本低于国际上其他价格时忽略此类价格。④

案例 5-4 欧盟生物柴油案(阿根廷诉)

在欧盟生物柴油案(阿根廷诉)中,就用于生产被调查产品生物柴油的原材料大豆和大豆油,欧盟委员会(以下简称"欧委会")认为阿根廷生产商保存的账簿并未在《反倾销协定》第 2.2.1.1 条意义上合理反映成本,理由是阿根廷境内此类原材料的国内价格因阿根廷出口税制度而人

---

① Panel Report on Australia-Anti-Dumping Measures on Paper (2019), para. 7.117.
② Panel Report on EU-Biodiesel (2016), para. 7.242; Appellate Body Report on EU-Biodiesel (Argentina) (2016), para. 6.56.
③ Appellate Body Report on EU-Biodiesel (2016), para. 6.26.
④ Appellate Body Report on Ukraine-Ammonium Nitrate (2019), para. 6.88.

为较低。为使本国产业转型升级或将高附加值生产环节留在国内,与大多数发展中国家成员一样,阿根廷实行对最终产品(生物柴油)不征出口关税而对中间产品/投入品征收出口关税的制度。

专家组裁定欧盟委员会违反《反倾销协定》第2.2.1.1条并得到上诉机构的支持:调查机关决定不使用生产生物柴油的主要原材料大豆的成本,因为"阿根廷生物柴油生产商使用的主要原材料的国内价格已被认定因阿根廷出口税制度造成的扭曲而人为低于国际价格"。根据第2.2.1.1条,这并未构成法律上充足的依据得出结论,生产商账簿并未合理反映与生物柴油生产和销售相联系的成本。①

在欧盟生物柴油案(阿根廷诉)中上诉机构同意专家组的下列看法:符合GAAP的账簿仍会被认定没有合理反映与目标产品的生产和销售相联系的成本。上诉机构为此举了三个例子:某些成本与被调查产品和其他产品的生产都有关;被调查出口商或生产商是公司集团的一部分,与被调查产品生产和销售相联系的某些投入品的成本分摊给不同公司的账簿;涉及此类投入品的交易并非独立交易。② 上诉机构在乌克兰硝铵案中认为,《反倾销协定》第2.2.1.1条第一句第二项条件并未包含开放式的非独立交易或其他做法例外。③

在美国OCTG案(韩国诉)中,美国商务部认定,一家生产商并未以独立交易价格购买一种特定原材料,因此该生产商的账簿没有合理反映与目标产品生产和销售相联系的成本。专家组裁定,该项认定与《反倾销协定》第2.2.1.1条并无不符。④

(2) 恰当分摊成本

根据《反倾销协定》第2.2.1.1条第二句和第三句以及脚注6,调查机关应当考虑关于恰当分摊成本的所有可获得证据,包括出口商或生产商在调查过程中提供的证据,只要出口商或生产商历史上利用了此类分摊方法,特别是关于确定资本支出和其他开发成本的适当摊销和折旧期

---

① Panel Report on EU-Biodiesel (2016), para. 7.248.
② Appellate Body Report on EU-Biodiesel (2016), para. 6.33.
③ Appellate Body Report on Ukraine-Ammonium Nitrate (2019), para. 6.97.
④ Panel Report on US-OCTG (2017), paras. 7.197-7.198.

限以及备抵。除非已经根据前述规定反映在成本分摊中,否则应当对那些有利于将来和/或当前生产的非经常性项目成本或者在调查期间成本受投产影响的情况作出适当调整。对投产所作调整应当反映投产期期末的成本,或者如该期限超过调查期限,则应反映调查机关在调查中可合理考虑的最近期的成本。

(3) 计算"原产国生产成本"

根据《反倾销协定》第2.2条,反倾销调查机关在推算正常价值时必须使用"原产国生产成本"。尽管如此,《反倾销协定》第2.2条和GATT1994第6条第1款(b)(ii)项并未限制调查机关在确定原产国生产成本时可以使用的信息的来源。调查机关可以使用原产国之外的信息,但必须调整此类信息以便确定原产国生产成本。① 关于原产国生产成本需要作出的调整,欧盟成本调整方法案Ⅱ(俄罗斯诉)专家组不同意欧盟的下列主张:是否作出调整的决定取决于被调查公司是否援引并证明此类调整具有正当理由。专家组认为,第2.2条包含的计算"原产国生产成本"义务并不取决于被调查公司请求的性质和参与情况。②

《反倾销协定》第2.2.1.1条义务窄于第2.2条义务,即使调查机关并不拥有来自被调查出口商的信息,其仍有义务计算原产国生产成本。③ 如果调查机关由于拒绝将出口商保存的账簿作为计算生产成本的基础而违反第2.2.1.1条,在根据第2.2条计算正常价值时就没有任何法律依据使用第三国出口价格。在此种情况下,将调整后的第三国出口价格作为计算原产国生产成本的起点,违反了第2.2条。④

欧盟生物柴油案(阿根廷诉)专家组判定,由于将生物柴油生产商使用的主要原材料的成本基于国际价格(而不是阿根廷市场上的价格),欧委会违反了第2.2条。该项裁决得到上诉机构的支持。⑤ 乌克兰硝铵案专家组认为,乌克兰调查机关调整运输费用不足以使(包含天然气出口

---

① Appellate Body Report on EU-Biodiesel (2016), paras. 6.70-6.71.
② Panel Report on EU-Cost Adjustment Methodologies II (Russia) (2020), para. 7.129.
③ Appellate Body Report on EU-Biodiesel (2016), para. 6.73.
④ Panel Report on Australia-Anti-Dumping Measures on Paper (2019), para. 7.132.
⑤ Panel Report on EU-Biodiesel (2016), paras. 7.258-7.259; Appellate Body Report on EU-Biodiesel (2016), paras. 6.81-6.82.

税)俄罗斯出口价格反映原产国的天然气成本。[①]

4. 销管成本和利润规则

根据《反倾销协定》第2.2.2条,销管成本和利润数额应当基于被调查出口商或生产商生产并在正常贸易过程中销售同类产品所涉及的实际数据。如果不能据此确定此类数额,则可以依据下列方法确定:(1)相关出口商或生产商在原产国国内市场生产和销售相同大类产品发生和实现的实际数额。(2)受调查其他出口商或生产商在原产国国内市场生产和销售同类产品发生和实现的加权平均实际数额。(3)任何其他合理方法,只要据此确定的利润数额不会超过其他出口商或生产商在原产国国内市场销售相同大类产品通常实现的利润。

(二)出口价格

出口价格是指正常贸易过程中向他国出口产品的价格,也就是出口商将产品出售给他国进口商的价格。出口价格一般可以按照下列方法确定:

1. 实付或应付价格

这是确定出口价格的基本方法。实付价格,是指已经按照出口发票的记载实际支付的货物价格,且出口企业的往来账和销售收入明细账已经记载了上述收入。应付价格,是指那些"发盘"或"投标"项下应支付却未实际支付的货款价格。

实付或者应付价格的计算方法是,将出口企业的发票价格扣减相应的直接销售费用。出口企业的发票价格是指净出口价;如果出口交易是通过贸易公司或者中间商来完成的,则其净出口价是销售给贸易公司或者中间商的价格。如果涉及转口,则根据WTO《反倾销协定》第2.5条又分为两种情况:(1)简单意义的转口、经过转口的国家不生产涉案产品或者经过转口的国家不存在此类产品的可比价格,仍然为原产国的价格;(2)其他情况下为转售国的出口价格。

2. 推算出口价格

根据《反倾销协定》第2.3条,如果没有出口价格,或者在相关主管机关看来,由于出口商与进口商或第三方之间的联系或补偿性安排而使出

[①] Appellate Body Report on Ukraine-Ammonium Nitrate (2019), para. 6.122.

口价格不可靠,则调查机关可在进口产品首次转售给一个独立购买者的价格基础上推算出口价格,或者如该产品未转售给一个独立购买者或未按进口时的状态转售,则可在调查机关确定的合理基础上推算出口价格。

美国油井管案(韩国诉)专家组认为,如果调查机关打算在《反倾销协定》第2.3条意义上依赖出口商与进口商或第三方之间存在的联系,则其必须具有理由。如果不存在联系,则出口价格在调查机关看起来不可靠。但是,第2.3条并不要求调查机关作出任何认定,更不用说关于出口价格可靠性的认定。① 该专家组还指出,第2.3条并未授权调查机关仅仅由于出口商与进口商之间存在联系就推算出口价格。调查机关不得忽略表明出口价格可靠的证据,不得不考虑此类证据就继续推算出口价格。②

美国油井管案(韩国诉)专家组认为,《反倾销协定》第2.3条意义上的"联系"取决于出口商与进口商的行为是否相互独立。③

案例 5-5　欧盟生物柴油案(印尼诉)

在欧盟生物柴油案(印尼诉)案中,欧盟基于转售价格推算出口价格,但欧盟在转售价格中扣除了欧盟用户支付给予与印尼出口商存在联系的进口商的附加费(premium)——对于有资格获得双重计算的PFAD生物柴油,欧盟用户愿意支付更高价格。印尼指控欧盟此举违反了《反倾销协定》第2.3条。该案专家组指出,在根据第2.3条推算出口价格时,起点应该是进口产品销售给一个独立买家的金钱总额。专家组因此拒绝了欧盟主张的"附加费不是价格的一部分"。尽管如此,专家组认为调查机关此后可以根据《反倾销协定》第2.4条调整出口价格。④

(三)出口价格与正常价值的公平比较

依据上述规则确定出口价格和正常价值之后,还不能简单地将两者

---

① Panel Report on US-OCTG (2017), paras. 7.146-7.147.
② Ibid., para. 7.148.
③ Ibid., paras. 7.150-7.151.
④ Panel Report on EU-Biodiesel (2016), paras. 7.113-7.115.

直接进行比较,以得出是否存在倾销的结论。《反倾销协定》第 2.4 条规定,"对出口价格和正常价值应进行公平比较。此比较应在相同贸易水平上进行,通常在出厂前的水平上进行,且应尽可能针对在相同时间进行的销售。应根据每一案件的具体情况,适当考虑影响价格可比性的差异,包括在销售条件和条款、税收、贸易水平、数量、物理特征方面的差异,以及其他能够证明影响价格可比性的差异"。

欧盟鞋案(中国诉)专家组认为,《反倾销协定》第 2.4 条并未对作为比较对象的正常价值和出口价格的认定提供任何指南。从逻辑上讲,第 2.4 条公平比较要求预设已经确定了待比较的要素,即正常价值和出口价格。①

在欧共体紧固件案(中国诉)中,上诉机构认为,尽管《反倾销协定》第 2.4 条公平比较义务适用于在确定正常价值时使用了替代国方法的调查,但并不要求调查机关作出将会导致其使用被调查出口商所在市场已被认定受到扭曲的成本的调整。②

1. 公平比较前的调整

(1) 贸易水平

贸易水平是指在销售过程中由于内销和出口选择的渠道和客户种类不同,如以 OEM(original equipment manufacturer,原始设备代工生产商,俗称"贴牌")方式,或者通过诸如批发商、零售商及最终用户销售渠道,使得销售价格不在同一水平上。若价格和卖方作用因此有明显、持续的差异,而差异始终表现与不同贸易渠道相关联,就可以调整正常价值。反过来说,如果销售给零售商、批发商的价格基本上在同一价格水平上,或者价格差异微小,且价格并非随着不同的渠道及其销售条件保持持续、明显的差异,则调查机关一般会拒绝调整。

(2) 物理特征

若出口产品和内销产品构成同类产品,但在物理和技术特征上有一定的差异,则内销价格虽然可以作为正常价值,但须作调整。这时,首先要确立内销价格在不同产品中是否有着一贯性的价差,成本是否因产品

---

① Panel Report on EU-Footwear (2011), para. 7.263.
② Appellate Body Report on EC-Fasteners (Article 21.5-China) (2016), para. 5.207.

的差异而有所不同,产品的差异是否有明显的直观性。在此基础上对正常价值的调整,是指删除一些成本,而非在单位生产成本之间进行再分摊。

(3) 进口费用和间接税

产品在出口时经常能获得间接税(如增值税)的退还;有的产品包含进口原材料,其成本包含进口原材料的已缴关税,故在出口时这部分进口关税可以退还。上述在出口环节中获得的关税或者间接税的退还,内销渠道的产品都不能享受。根据 GATT 第 6 条的规定,上述原因不能导致反倾销或者反补贴措施。据此,应对正常价值(也就是内销价格)进行调整。但须注意,这部分税费差异应实际已经发生,而非应当发生,否则就不能予以调整。例如,在磺酸反倾销案中,印度出口商提出内销产品含有进口原材料税,产品出口时本应予以退还,但实际上内销产品的进口原材料税并未由生产商承担,故欧委会拒绝对此进行调整。[1]

(4) 运输、保险、处理装卸、货物与附属费用

涉案产品在销售中从卖方住所运输到独立买方处的费用,包括运输、保险、处理装卸、货物与附属费用,如果这些费用已包含在出口价格之中,调查机关一般会考虑予以调整。这些费用的调整比较直接,企业一般在销售发票中明确列示交货条款系成本加运费(Cost and Freight, CFR),还是出厂价格。欧委会将根据具体出口的交货条例调整发票价格,即使出口价格退扣到与内销价格同样的水平。

在我国,企业内陆运输、保险等费用在很多情况下不是按运输次数计算,而是在某一个时间段开出一揽子发票。若发票上的数额包含涉案产品和非涉案产品,则很难将发生在涉案产品销售中的具体运输费用明确、分摊,因此经常难以为调查机关所接受。若是这样,调查机关一般会参照国生产商实际发生的内陆运输费用进行调整。

(5) 其他能够证明影响价格可比性的差异

何为"其他能够证明影响价格可比性的差异",由调查机关根据案件情况加以确定。例如,欧盟认为,"其他能够证明影响价格可比性的差异"必须是直接与涉案产品销售相关的直接销售费用;其他间接发生的费用,

---

[1] 欧盟官方公报,OJ NO L 87, 04.04.2002.

或者不能够完全归属于涉案产品的费用,不属于"其他能够证明影响价格可比性的差异"范畴。在彩电反倾销调查案中,欧委会对于坏账费用、不同库存水平引起的资金费用、进口税资金、间接税、品牌价格调整、广告费用以及内销分销商的销管费用等拒绝予以调整。① 在美国不锈钢案中,欧委会认为关于技术支持、客户开发和间接费用并非直接销售费用,其发生并非纯粹为了涉案产品在国内市场的销售,其他市场和其他产品同样可能受益于此,故拒绝予以调整。② 当然,WTO《反倾销协定》第 2.4 条规定,调查机关不得因此对应诉企业课以不合理的举证责任。

2. 货币转换

根据《反倾销协定》第 2.4.1 条,如果第 2.4 条项下的比较需要货币转换,则应使用销售日的汇率进行转换;如果期货市场上外汇的销售与所涉及的出口销售存在直接关联,则应当使用期货销售的汇率。调查机关应当忽略汇率波动,并应当在调查中给予出口商至少 60 天时间调整其出口价格,以反映调查期内汇率的持续变化。根据《反倾销协定》脚注 8,销售日通常是指订立合同、购买订单、确认订单或发票日期中任何一个可以确定实质销售条件的日期。

3. 出口价格与正常价值比较的三种方法

根据《反倾销协定》第 2.4.2 条,在遵守第 2.4 条公平比较规定的前提下,调查机关可采用三种方法比较出口价格与正常价值,作为在调查阶段确定倾销幅度的依据:比较加权平均正常价值与加权平均出口价格(W-W);在逐笔交易基础上比较正常价值与出口价格(T-T);比较加权平均正常价值与单笔出口交易价格(W-T)。调查机关通常应当使用 W-W 或 T-T 比较方法。实践中,反倾销调查机关一般使用 W-W 比较方法。T-T 比较方法可适用于出口和国内成交量较小的大件定制产品。只有满足下列条件,调查机关才能使用 W-T 比较方法:(1)调查机关认定,在不同购买者、地区或时间之间存在显著差异的出口价格;(2)调查机关解释,为什么不能使用 W-W 或 T-T 而适当考虑此类差异。

加权平均正常价值是指调查期内同类产品所有国内销售总金额与总

---

① 欧盟官方公报,OJ NO L 321, 29.08.2002.
② 欧盟官方公报,OJ NO L 230, 16.09.2003.

数量的比值。阿根廷禽肉反倾销税案专家组指出,通常应当参照正常贸易过程中的所有同类产品国内销售价格确定加权平均正常价值。[①] 加权平均出口价格是指调查期内被调查产品所有出口销售总金额与总数量的比值。

从 WTO 争端解决实践来看,归零(zeroing)的合法性引发了巨大争议。上诉机构裁定禁止任何形式的归零。

案例 5-6 美国归零案(日本诉)

该案涉及美国反倾销实践中的"型号归零"(model zeroing)和"简单归零"(simple zeroing)做法。型号归零是指,美国商务部首先针对每一型号产品进行 W-W 比较,计算出每一型号产品的倾销数额(正值、负值或零值);接着汇总中间比较结果,以便计算出被调查产品的加权平均倾销幅度。美国商务部在汇总过程中忽略了负值比较结果(归零处理)。负值比较结果意味着,特定型号产品的加权平均出口价格超过了加权平均正常价值。型号归零意味着,调查机关不允许不同型号产品所产生的倾销数额抵消,最终仅仅基于部分型号产品(排除了不存在倾销的型号产品)确定所有被调查产品/所有型号产品的总体倾销幅度。但是,基于此种倾销幅度的反倾销税率则适用于所有被调查产品/所有型号产品。型号归零具有放大倾销幅度以及反倾销税率的效果。

简单归零是指,美国商务部基于 W-T 或 T-T 比较方法确定加权平均倾销幅度,但在汇总中间比较结果时忽略任何负值比较结果(归零)。负值比较结果意味着,特定出口交易的出口价格超过了正常价值,即不存在倾销。简单归零不允许单笔出口交易产生的倾销数额抵消,具有放大倾销幅度以及反倾销税率的效果。

早在欧共体床上用品案中,专家组和上诉机构即判定型号归零违反《反倾销协定》第 2.4.2 条。专家组认为,第 2.4.2 条中的"倾销幅度"一词是指,就被调查产品而言,针对每一受调查出口商或生产商确定的单独倾销幅度。[②] 上诉机构支持专家组的解释并指出,《反倾销协定》第 2.4.2

[①] Panel Report on Argentina-Poultry Anti-Dumping Duties (2003), paras. 7.272-7.274.
[②] Panel Report on EC-Bed Linen (2000), para. 6.118.

条所指的倾销幅度是指一种产品的倾销幅度。① 在美国软木案V中,上诉机构进一步澄清,只能针对"整个"(as a whole)被调查产品确定倾销幅度,不能针对产品类型、型号或者产品子集确定倾销幅度。② 美国归零案(日本诉)专家组裁定,型号归零应予禁止。

案例 5-7　美国不锈钢案(韩国诉)

美国商务部在该案中采用了如下调查方法:(1)将整个调查期间分为两个子期间,对应于贬值前和贬值后;(2)针对每一子期间计算加权平均倾销幅度;(3)汇总这些加权平均倾销幅度,但将加权平均出口价格高于加权平均正常价值的子期间的负值倾销幅度归零处理。专家组认为,《反倾销协定》第2.4.2条并不禁止多重平均本身,但归零方法违反了该条规定。③

4. 倾销幅度的计算

对正常价值与出口价格经过必要的调整后加以比较,以计算倾销幅度,通常应在加权平均正常价值与全部可比出口交易的加权平均价格之间比较,或在逐笔交易的基础上对正常价值与出口价格进行比较。只有在特殊情况下,即出口价格在不同的购买者、不同的区域或者时间段之间具有重大差异,前两种方法又不能完全反映实施倾销的程度时,倾销幅度才可以在加权平均基础上确定的正常价值与单笔出口交易价格进行比较计算。

上述计算可能有三种结果:一是产品的出口价格低于其正常价值,表明存在低价倾销。当然,这还不完全是法律意义上的倾销,只是具备实施反倾销措施的第一个条件。二是产品的出口价格高于或等同于正常价值,表明不存在低价倾销。由此,反倾销调查应立即终止,也无须再进行损害调查。三是出口价格低于正常价值的幅度属微量,《反倾销协定》第

---

① Appellate Body Report on EC-Bed Linen (2001), para. 51.
② Appellate Body Report on US-Softwood Lumber V (2004), para. 96.
③ Panel Report on US-Stainless Steel (2000), paras. 6.111-6.121.

5.8条规定,如倾销幅度按出口价格的百分比表示小于2%,则该幅度属于"微量"范畴,此时也应终止反倾销调查。

倾销幅度的计算公式为:倾销幅度＝(正常价值－出口价格)/出口价格 * 100%

在第一种情况下,如果实施反倾销措施的其他两个条件,即产业损害和因果关系都成立的话,那么进口国就可以决定征收反倾销税,税率不得超过倾销幅度。

5. 经由中间国家出口情形下的比较

根据《反倾销协定》第2.5条,如果产品并非从原产国直接进口,而是从一个中间国家向进口成员出口,那么出口国(即中间国家)向进口成员销售产品的价格(出口价格)通常应当与出口国的可比价格进行比较。但是,如果产品仅通过出口国转运,或者此类产品在出口国无生产,或者出口国没有此类产品的可比价格,则也可以与原产国的价格进行比较。

(四) 针对中国的反倾销特殊规则

上述规则仅适用于对市场经济国家出口产品的反倾销调查。而对于非市场经济国家,理论上认为其贸易全部或几乎全部由国家垄断,国内价格由国家规定而非市场决定,故价格不反映产品价值,其正常价值不能采取上述办法来确定,倾销幅度和反倾销税率也不能根据上述方法计算。

根据《中国入世议定书》第15(a)条,如果被调查生产商能够证明,生产同类产品的产业在制造、生产和销售该产品方面具备市场经济条件,则进口成员在确定正常价值时必须使用中国国内价格或成本;如果被调查生产商无法证明产业符合市场经济条件,则进口成员可以不使用中国国内价格或成本确定正常价值。此即所谓的"非市场经济方法",将于中国入世15后终止适用。但是,《中国入世议定书》第15条没有规定进口成员应该如何确定正常价值。美欧等成员在其反倾销法律中规定了产业的市场经济条件标准,并规定了针对中国等非市场经济体出口产品确定正常价值的方法。

美国确定正常价值的主要方法是,基于投入品的替代国价格和被调查产品国内生产的投入品数量,推算出生产被调查产品的生产成本,作出调整后作为被调查产品的正常价值。欧盟则直接采取被调查产品的第三国价格作为正常价值。

美欧等 WTO 成员过去不对中国等非市场经济体采取反补贴措施。2006 年以来,美国对中国出口产品一般同时采取反倾销和反补贴("双反")措施,一定程度上导致"双重救济"。欧共体紧固件案上诉机构认为,美国商务部同时征收反补贴税和根据非市场经济方法计算出来的反倾销措施可能导致"双重救济",美国商务部未采取措施避免"双重救济",违反了《SCM 协定》第 19.3 条。

二、损害的确定

确定进口国产业损害的存在,是进口国对倾销进口产品征收反倾销税的另一主要条件。它主要涉及进口国国内产业的认定、产业损害的判定等内容。

(一)国内产业定义

反倾销调查机关在确定损害是否存在时,首先要认定进口成员的国内产业。根据《反倾销协定》第 4 条的"国内产业的定义",国内产业包括三大类型,分别适用于单国市场、隔离市场和多国统一市场。

(1)根据《反倾销协定》第 4.1 条,"国内产业"是指同类产品的国内生产者全体,或指其产品集体产量构成同类产品国内总产量"主要部分"(major proportion)的国内生产者。从 WTO 争端解决实践来看,争议焦点是"国内总产量主要部分"的解释和适用。

阿根廷禽肉反倾销税案专家组认为,允许将拥有国内总产量"重要、严肃或显著部分"(important, serious or significant proportion)的国内生产者定义为国内产业。[①] 上诉机构认为,"主要部分"应当参照所有国内生产者的总产量进行界定。此类总产量的"主要部分"通常会实质性地反映国内总产量。关于《反倾销协定》项下定义国内产业的目的,第 3 条脚注 9 表明,国内产业构成调查机关认定倾销进口产品是否造成或威胁造成国内生产者实质损害的基础。因此,"国内总产量主要部分"的认定应该确保据此定义的国内产业能够提供保证准确的损害分析的样板数据。为了确保损害认定的准确性,调查机关的国内产业定义行为不得产

---

① Panel Report on Argentina-Poultry Anti-Dumping Duties (2003), para. 7.341.

生实质性扭曲风险,如排除整个范畴的同类产品生产者。① "主要部分"一词要求,据此定义的国内产业应该包括其集体产量代表实质性地反映国内总产量的相对高比例的生产者。这确保损害认定基于国内生产者的广泛信息,不会受到扭曲或歪曲。在拥有众多生产者的分散产业的特殊情况下,调查机关获取信息能力面临的实际限制可能意味着,什么构成"主要部分"可能低于一个不太分散产业通常允许的情形。然而,即使在此种情况下,调查机关仍负有相同义务,即确保定义国内产业的方法不会产生实质性扭曲风险。②

欧共体紧固件案(中国诉)上诉机构认为,《反倾销协定》第4.1条中的"主要部分"要求具有定量和定性含义。代表国内产业的生产者比例与国内产业定义、损害评估不出现实质性扭曲风险之间存在一种反向关系。如果国内产业被定义为其集体产量占到国内总产量主要部分的国内生产者,实质性反映国内总产量的非常高比例将非常可能满足《反倾销协定》第4.1条和第3.1条各项要求的定量和定性方面。然而,如果国内产业定义所包括的国内生产者的集体产量比例没有足够高——以至于可被认为实质性地反映国内产量的总体情况,那么在认定该项国内产业定义是否符合第4.1条和第3.1条时,定性因素就变得至关重要。③

案例5-8 欧共体紧固件案(中国诉)

在该案中,欧委会选中6家紧固件生产商作为样本的一部分,从它们那里获取相关信息,并到它们的工厂核实信息。欧委会接着使用从样本生产商那里获取的信息分析"微观经济"损害因素,但基于从国内产业定义包括的所有45家生产商那里获取的信息分析"宏观经济"损害因素。该45家生产商满足两个条件:在发起公告规定的截止期限内披露并提交相关信息;表明愿意成为损害样本的一部分。

上诉机构裁定,由于将国内产业定义为拥有欧盟紧固件预估总产量

---

① Appellate Body Report on EC-Fasteners (2011), paras. 412-414.
② Ibid., para. 419.
③ Appellate Body Report on EC-Fasteners (Article 21.5-China) (2016), paras. 5.302-5.303.

27%的生产商,欧盟当局违反了《反倾销协定》第4.1条。① 上诉机构认为,依据较低比例定义国内产业,或者通过涉及积极排除某些国内生产商的方法定义国内产业,可能更加易于被认定与《反倾销协定》第4.1条不符。② 上诉机构裁定,欧委会在紧固件调查中定义的国内产业涵盖较低比例的国内产量,严重限制了用于进行准确和没有扭曲的损害认定的数据覆盖面。即使由于紧固件产业的分散性质,获取信息面临的实际限制可能表明在国内产业定义中包括较低比例的国内产量具有正当性,但是,欧委会的方法——排除提供了相关信息但不愿意成为样本一部分的生产商——与此类实际限制无关,也不能根据此类实际限制具有正当性。③

案例5-9　欧共体紧固件案(中国诉)

在复审调查中,欧委会将其国内产业定义基于回应最初调查发起公告并披露相关信息的生产商。欧委会表示,只有愿意被纳入损害样本的生产商才会成为国内产业定义的一部分。专家组裁定欧盟违反了《反倾销协定》第4.1条。专家组认为,复审调查中的欧委会国内产业定义继续受困于引入实质性扭曲风险的自我选择方法。④

上诉机构认为,不论是实际发生扭曲,还是相关方法可能或易于导致扭曲,欧委会国内产业定义方法都可能与《反倾销协定》第4.1条和第3.1条不符。⑤

上诉机构反对以将会仅仅或主要(exclusively or predominantly)包括认为自己受到倾销进口产品损害的生产商的方式定义国内产业,认为调查机关不应试图仅仅或主要依赖认为自己受到损害并因此可能愿意成为损害样本一部分的国内生产商。《反倾销协定》第3.1条项下的"客观审查"一词要求,"以公正无偏的方式调查国内产业以及倾销进口产品的影响,不会偏袒调查中的任何利害关系方或利害关系方团体的利益"。如果调查机关在分散产业的情况下依赖较低比例的国内生产商定义国内产

---

① Appellate Body Report on EC-Fasteners (2011), paras. 412-414.
② Ibid., para. 419.
③ Ibid., para. 429.
④ Panel Report on EC-Fasteners (Article 21.5-China)(2010), para. 7.296.
⑤ Appellate Body Report on EC-Fasteners (Article 21.5-China) (2016), para. 5.321.

业,则用于选择国内生产商的方法应不会导致实质性扭曲风险,国内产业定义所包括的总产量的比例能够代表整个国内产业。①

上诉机构认为,尽管在拥有数量众多生产商的分散产业的特殊情况下,调查机关获取信息能力的实际限制可能意味着,什么构成"主要部分"可能低于通常可被允许的情况,但是,调查机关仍负有相同义务确保国内产业定义方法不会产生实质性扭曲风险,确保所选国内生产商代表国内总产量,即确认国内产业定义方法以及最后的损害认定不会产生实质性扭曲风险。②

上诉机构裁定,就《反倾销协定》第4.1条中的"主要部分"要求而言,36%较低。欧委会修改后的国内产业定义包括截止期限前披露相关信息但由于不愿成为样本的一部分而被排除的生产商,这将生产商的数量从45个增加到75个。相应地,包括这些生产商将占欧盟总产量的比例从最初调查中的25%增加到复审调查中的36%。尽管复审调查所依赖的比例更高,但总产量36%的比例仍然较低,甚至在分散的紧固件产业背景下也是如此。此外,此种较低比例不能被视为第4.1条意义上的"主要部分",特别是调查机关依赖了导致实质性扭曲风险的国内产业定义方法,并且没有确保所选国内生产商的比例代表整个产业。③

反倾销调查机关在认定国内产业时可以排除与出口商或进口商存在关联关系的生产者或者本身就是声称的倾销进口产品进口商的生产者。根据《反倾销措施协议》第4.1条(i)项及脚注11,只有在下列情况下,生产者方可被视为与出口商或进口商存在关联关系:(a)其中之一直接或间接控制其他主体;(b)二者直接或间接受到第三人控制;(c)它们一起直接或间接控制第三人,并且有理由相信或怀疑前述关系的影响是导致相关生产者的行为有别于非关联生产者。如果一个主体法律上或运营上能够对另一个主体施加限制或指示,前者就因被视为控制了后者。

欧共体紧固件案(中国诉)专家组认为,《反倾销协定》第4.1条中使

---

① Appellate Body Report on EC-Fasteners (Article 21.5-China) (2016), para. 5.319.
② Ibid., paras. 5.302-5.303.
③ Ibid., para. 5.313.

用"可以"一词清楚地表明,并不要求调查机关排除关联生产者或进口生产者,第 3.1 条或第 4.1 条没有任何内容限制调查机关排除或不排除关联或进口国内生产者。专家组因此拒绝了关于在国内产业定义包括与声称的倾销产品出口商或进口商存在关联关系的进口商或当事方的诉请。①

案例 5-10　欧共体紧固件案(中国诉)

在欧共体紧固件案(中国诉)案中,欧盟调查机关邀请所有已知生产者在启动反倾销调查公告后 15 天内表明是否参与调查的意愿。上诉机构判定,即使在国内产业定义中排除了未在 15 天截止期限内披露相关信息的生产者,欧盟也没有违反《反倾销协定》第 4.1 条。鉴于一项反倾销调查必须实施多个步骤以及调查面临时间限制,必须允许调查机关设置各种截止期限以便确保有序进行调查。②

案例 5-11　俄罗斯商务车案

在俄罗斯商务车案的争议调查中,俄罗斯调查机关最初在国内产业定义中包括了两家生产者,但在审查了它们的问卷答复之后,决定在国内产业中排除其中一家生产者,理由是其数据不充分。专家组指出,"这一系列事件给人的印象是基于它们的数据在国内生产者之间进行选择以便确保特定结果,导致后续损害分析出现实质性扭曲风险。"专家组还注意到,"国内产业定义与从那一国内产业收集和使用数据是不同的问题。"专家组据此裁定俄罗斯违反了《反倾销协定》第 4.1 条和第 3.1 条。③

上诉机构认同专家组上述裁定,因为俄罗斯调查机关基于一家生产者所谓的信息不充分就在国内产业中排除了该生产者。上诉机构认为,《反倾销协定》第 4.1 条规定,国内产业由同类产品的国内生产者组成。如果允许调查机关在国内产业定义中排除据称没有提供充分信息的同类

---

① Panel Report on EC-Fasteners (2010), para. 7.244.
② Appellate Body Report on EC-Fasteners (2011), para. 460.
③ Panel Report on Russia-Commercial Vehicles (2017), paras. 7.12, 7.15-7.16.

产品国内生产者,损害分析中就会产生实质性扭曲风险,因为不包括这些生产者会导致国内产业定义不再能够代表国内总产量。上诉机构并不认为《反倾销协定》第3.1条允许调查机关由于生产者提交的所谓信息不充分而在国内产业定义中排除同类产品国内生产者。《反倾销协定》特别是第6条提供了处理信息不准确和不完备的工具。因此,专家组对《反倾销协定》第4.1条的解释不会导致第3.1条和第4.1条中的义务冲突,也不会导致这一条款中的"主要部分"一词无效。此外,在收集的信息与界定国内产业有关的限度内,第3.1条和第4.1条也不阻止调查机关在界定国内产业之前初步审查国内生产者提交的信息,专家组并非仅仅依据内部市场防御部(DIMD)在界定国内产业之前审查了Sollers和GAZ提交的信息之事实就作出了自己的裁决。①

俄罗斯主张,专家组裁决将会导致《反倾销协定》第4.1条中的"主要部分"要求无效。上诉机构回应:在某些情况下获取国内生产者信息存在困难,如拥有众多生产商的分散产业。在此种特殊情况下,第4.1条中的"主要部分"一词给予调查机关在定义国内产业时一定程度的灵活性。但是,调查机关继续负有义务确保其定义国内产业的方式不会将实质性扭曲风险引入损害分析。调查机关由于产业的分散性质根本无法从每一国内生产者收集任何信息的情形有别于一个国内生产者寻求在调查中合作并且提交信息(但调查机关认为信息不充分)的情形。专家组正确地认识到,只要满足了定量和定性因素,调查机关能够将国内产业定义为国内总产量的"主要部分"。专家组还正确地裁定,第4.1条并不允许调查机关在国内产业定义中排除据称没有提供充分信息的同类产品国内生产者。因此,专家组对《反倾销协定》第4.1条的解释并不会导致这一条款中的"主要部分"一词无效。②

根据《反倾销协定》第4.1条(ii)项,在特殊情况下,"国内产业"也可以解释为指某一地区范围内的生产者,其条件是这个地区形成了一个相对独立的竞争市场:(a)该市场中的生产者在该市场中出售其生产的全部或几乎全部所涉产品;(b)该市场中的需求在很大程度上不是由该国

---

① Appellate Body Report on Russia-Commercial Vehicles (2018), para. 5.40.
② Ibid., paras. 5.28-5.29.

内其他地方的生产者供应的。满足了上述两个条件,进口国调查机关可将该地区生产同类产品的生产者视为"国内产业",并对其提供救济。当然,进口国也只能对供该地区最终消费的倾销产品征收反倾销税,而不能对销往其他地区的产品征收反倾销税。

根据《反倾销协定》第4.3条,如两个或两个以上的国家已达到一体化水平时,即它们具有单一统一市场的特征,则整个一体化地区的产业应被视为"国内产业"。典型的如欧盟市场。

案例 5-12　美国热轧钢案

该案由WTO争端解决机构处理,起诉方是日本,被诉方是美国。日本提出,1930年美国《关税法》修正案第771(7)(c)(iv)条在审查确定国内产业是否遭受损害时,把国内产业分成两个部分:一部分是生产的产品并不进入商业市场,而是垄断性地用于产业内部的下游产品的生产;另一部分是生产的产品进入商业市场,直接与进口产品竞争。美国国际贸易委员会在调查过程中根据该条款把焦点主要集中在商业市场上。日本认为,损害是对国内产业整体而言,而不仅指商业市场中的国内产业,美国的垄断生产条款违反了《反倾销协定》第3条和第4条,对该条款的适用也就违反了《反倾销协定》第3条和第4条。

专家组认为,《反倾销协定》没有规定特别的分析方法。特定的情势可能要求对国内产业不同部分或特定部分给予特别的注意,只要这一分析的最终结果符合《反倾销协定》的要求,即审查和评定对国内产业状况有意义的全部相关因素,证明倾销进口与国内产业损害之间的因果关系。在考虑市场份额和国内产业状况时,美国的垄断生产条款并没有要求一般性或排他性地集中注意商业市场,而只是要求"首先"或"主要"注意,因此不能理解该条款要求仅仅根据商业市场分析作出损害的决定。专家组裁决,美国的垄断生产条款没有违反《反倾销协定》第3条和第4条。上诉机构也维持了该裁决。

但就美国在适用该条款裁定产业损害是否违反《反倾销协定》第3条和第4条,上诉机构推翻了专家组的裁决。上诉机构认为,如果调查机关审查了国内产业的一部分,那么必须以同样的方式审查国内产业的其余部分,或者就为何不审查其余部分提供令人满意的解释,二者必择其一。本案中,美国审查了商业市场,但没有对它为什么不审查垄断市场提出适当的解释。因此,上诉机构裁决,美国对其垄断生产条款的适用违反了《反倾销协定》第3条和第4条。

(二)产业损害的判定

1. 产业损害定义

根据《反倾销协定》脚注9,"损害"包括三类:国内产业的实质损害、国内产业的实质损害威胁或者实质阻碍国内产业的建立。

2. 产业损害认定

根据《反倾销协定》第3.1条,损害认定应当基于肯定性证据,并应客观审查:(a)倾销进口产品的数量以及倾销进口产品对同类产品国内市场价格的影响;(b)倾销进口产品对此类产品国内生产者随之产生的影响。

关于倾销进口产品的数量,调查机关应当考虑是否存在倾销进口产品的显著增长,包括相对于进口成员产量或消费的绝对或者相对增长。

关于倾销进口产品对价格的影响,调查机关应当考虑,与进口产品同类产品的价格相比,是否存在倾销进口产品造成的显著价格削减,或者此类进口产品的影响是以其他方式显著压低价格或者阻止本会发生的显著价格增长。

关于倾销进口产品对相关国内产业的影响,应当评估所有相关经济因素以及对国内产业状况具有影响的指数:销售、利润、产量、市场份额、生产力、投资收益或产能利用率的实际和潜在下降;影响国内价格的因素;倾销幅度大小;对现金流动、库存、就业、工资、增长、筹措资金或投资能力的实际和潜在消极影响。这份清单不是穷尽性的,没有一个因素能够产生决定性指导。

案例 5-13　泰国 H 型钢案

该案由WTO争端解决机构处理,当事方是波兰、泰国。波兰提出,泰国在判定产业损害前,并未"客观地审查"倾销进口产品的数量是否"大幅"增加,因而违反了WTO《反倾销协定》第3.2条。

波兰认为,《反倾销协定》第 3.2 条要求调查机关必须认定倾销进口产品大幅增加,然而本案中既没有泰国调查机关考虑了倾销数量是否大幅增加的证据,也没有泰国调查机关就产量大幅增加作出的明确认定。事实上,来自波兰的进口产品数量在调查期间是上下波动的,波兰在调查过程中曾向泰国当局质疑过该统计。所以,波兰认为泰国在进口量上的认定不符合《反倾销协定》第 3.1 条基于"肯定性证据"进行"客观审查"的要求。

《反倾销协定》第 3.2 条规定:"关于倾销的进口产品的数量问题,调查机关应考虑倾销进口产品的绝对数量或相对于进口成员中生产或消费的数量是否大幅增加。……这些因素中的一个或多个均未必能够给予决定性的指导。"该条款是否要求调查机关就大幅增长作出明确的认定?专家组认为,该条款要求调查机关"考虑"倾销进口产品是否有大幅的增长。从《牛津大词典》对"考虑"一词的释义可以看出,"考虑"并不要求一定要有明确的认定。当然,若调查机关有明示的认定并附有理由或解释,则是最好的。为满足该条款的要求,相关文件的记录应明确显示调查机关已注意过、考虑过进口产品数量,即不论是从相对数量还是绝对数量而言,均有大幅的增长。所以,泰国调查机关虽没有明确地认定,但这本身不构成对《反倾销协定》第 3.2 条的违反。

专家组认为,这里需要审查的是:泰国调查机关是否考查了进口量是否大幅增长,即泰国调查机关是否正确地确立了进口量大幅增长的事实,以及是否以无偏见的、客观的态度来评估该事实。专家组指出,"大幅"在《牛津大词典》中有"值得注意的、重要的"之释义。泰国调查机关的终裁裁决书在进口量的增长方面有如下叙述:"从波兰进口的受调查产品数量持续增长,虽然该产品的总进口量是下降的。将波兰进口量与其他来源相比,波兰进口量从 1994 年的 31% 增加到 1995 年的 48%,在调查期间更是占了总进口量的 57%。同时,波兰产品在泰国市场上的市场份额也从 1995 年的 24% 上升到调查期间的 26%。"专家组认为,这表示泰国已"考虑"了进口量的大幅增长,原因在于:第一,行文中列出了一些重要数字,而不是简单地得出结论;第二,行文中的叙述证明进口量的增长在一段较长时期内是存在的;第三,行文中有对波兰进口量在"总进口量是下降的"情况下仍"增加"的叙述;第四,波兰产品在泰国的市场份额增加。

虽然泰国调查机关对波兰进口量的考虑只是从绝对量上而言,对相对量(相对泰国的生产与消费)方面言之甚少,但《反倾销协定》第3.2条用语是"绝对数量或相对于进口成员中生产或消费的数量"而言,所以泰国只"考虑"绝对数量上的增长不违反《反倾销协定》第3.2条。

3. 实质损害威胁

实质损害威胁,是指在反倾销调查时,进口国的国内产业虽未处于实质损害的境地,但已受到这种威胁。根据《反倾销协定》第3.7条,实质损害威胁认定应当依据事实,而不是仅仅依据指控、推测或极小的可能性。产生倾销将会造成损害的情形的情势变化必须是能够明显预见且迫近的。一个例子是,有令人信服的理由相信,在不久的将来,将会以倾销价格大量增加产品的进口。

一般而言,如果进口国有充分的理由和证据认为被指控的进口产品会大量增加,如大量在途产品,出口国拥有巨大的生产该同类产品的能力或大量闲置设备,出口国计划继续扩大对进口国之出口;进口国仓库积压大量产品或库存大量增加;出口商在进口国建立了一系列推销网点,市场份额急剧增长;筹措资金能力剧增等,都有可能被进口国调查机关认定造成实质损害威胁,从而对进口产品征收反倾销税。但《反倾销协定》第3.8条也指出,对于倾销进口产品造成损害威胁的情况,实施反倾销措施的考虑和决定应特别慎重。

4. 实质阻碍

对某一产业建立的实质阻碍,是指倾销产品未对进口国的国内产业造成实质损害或构成实质损害威胁,但如果对进口国生产该同类产品的一个新产业的建立构成实质阻碍,也可被认为存在着损害。对此类产业建立的实质阻碍,应该是一个新产业在实际建立过程中严重受阻,不能理解为倾销的产品阻碍进口国建立一个新产业的设想或计划,而且要有充分的证据。

5. 损害累积评估

根据《反倾销协定》第3.3条,如果不止一个国家的进口产品同时受到反倾销调查,调查机关可以累积评估此类进口产品的影响,但需满足三个条件:(1)调查机关认定针对每一国家进口产品确定的倾销幅度超过第5.8条定义的微量标准;(2)每一国家的进口产品数量并非可忽略不计;(3)鉴于进口产品之间的竞争条件以及进口产品与国内同类产品之间的竞争条件,累积评估进口产品的影响是适当的。

在欧共体管件案中,上诉机构认为,如果调查涉及多个国家的进口产品,在累积损害分析的情况下,《反倾销协定》第3.2条并未表明必须在单个国家基础上分析数量和价格;如果倾销进口产品来自一个以上国家,在累积而不是单个国家基础上分析第3.2条预想的数量和价格是可行的。① 《反倾销协定》第3.3条提及每一成员进口产品的倾销幅度,偏离了一般规则,即"倾销幅度"一词是指一个出口商或生产者的单个倾销幅度。②

案例5-14　欧共体管件案

欧共体管件案专家组认为,调查机关累积评估倾销进口产品的影响之前只需要满足《反倾销协定》第3.3条规定的三个条件。专家组拒绝了巴西的如下主张:调查机关在累积评估之前首先必须考虑特定国家的进口产品数量是否显著增加。③ 上诉机构支持专家组的前述结论,认为第3.3条文本不支持巴西的下列主张:分析特定国家倾销进口产品的数量和价格的潜在负面影响是累积评估所有倾销进口产品的影响的先决条件,第3.3条并未提及单个国家的数量和价格分析。④ 上诉机构指出了累积评估做法的理由:从逻辑上讲,累积分析承认国内产业面临所有倾销进口产品的影响;即使来自不同国家,倾销进口产品的总体影响可能损害国内产业。例如,如果来自某些国家的倾销进口产品数量较低或者正在下降,只进行特定国家分析可能不会识别来自这些国家的倾销进口产品与国内产业遭受的损害之间的因果关系。可能的结果是,由于来自此类国家的进口产品不能单独识别为正在造成损害,这些国家的倾销进口产品就不会受制于反倾销税,即使它们事实上正在造成损害。因为面临来

---

① Appellate Body Report on EC-Tube or Pipe Fittings (2003), para. 111.
② Panel Report on Canada-Welded Pipe (2016), para. 7.26.
③ Panel Report on EC-Tube or Pipe Fittings (2003), paras. 7.234-7.235.
④ Appellate Body Report on EC-Tube or Pipe Fittings (2003), paras. 109-110.

自多个国家的倾销进口产品的国内产业可能受到这些进口产品累积影响的损害,而针对特定国家的倾销进口产品损害影响分析却可能无法充分考虑这类影响,对于认定所有倾销进口产品是否正在对国内产业造成损害没什么意义。[①]

三、倾销与损害之间的因果关系

若要对进口产品征收反倾销税,调查机关除了证明该产品存在倾销以及进口国国内产业存在损害之外,还要证明倾销与损害之间存在因果关系,即证明进口国国内产业损害是由于进口产品的倾销造成的。《反倾销协定》要求倾销进口产品对国内产业造成的损害必须得到事实证明,且须以调查机关得到的所有证据为依据。由于可能同时存在损害进口国产业的其他因素,《反倾销协定》要求这些其他因素引起的损害不能归咎于倾销进口产品。

(一)积极证明因果关系

进口国调查机关在考虑国内产业是否受到损害时,除了考虑进口产品倾销因素外,还应考虑其他可能有关的因素,如未以倾销价格销售的产品的数量和价格,需求的减少或消费模式的变化,劳资纠纷争议,外国与国内生产者限制贸易的做法及它们之间的竞争、技术发展,国内产业的出口实绩和生产率,公平价格的进口产品数量等。

案例 5-15　美国热轧钢案

该案当事方是日本、美国。日本提出,美国对原产于日本的热轧钢产品的反倾销调查并未遵循《反倾销协定》第3.5条的因果关系要求:第一,美国没有充分分析其他因素对其国内产业的影响;第二,美国没有确保不将其他因素对其国内产业的损害归因于倾销进口。日本的论据集中在以下四点:第一,使用电弧炉生产热轧钢板的小型工厂产量的增加;第二,1988年通用机器公司罢工的影响;第三,美国管道工业对热轧钢板的需

---

① Appellate Body Report on EC-Tube or Pipe Fittings (2003), para. 116.

求的减少;第四,非倾销进口产品价格的影响。日本认为,美国国际贸易委员会明知这些因素的重要性,却没有对其内容以及在国内市场上的影响进行评估,进而与倾销产品造成的损害进行区分,违反了《反倾销协定》第3.5条。

专家组认为,美国已经充分分析了日本提出的四点因素。对于《反倾销协定》第3.5条的"不得归因于",专家组认为,"在根据第3.2条和3.4条审查倾销进口产品的数量和影响的基础上,调查机关将审查和确保这些其他因素不切断倾销进口产品与实质性损害之间存在的因果关系",故没有必要"通过从已发现的总损害中剔除其他因素引起的损害,确定剩余的损害是否达到实质损害的水平,以此证明倾销进口产品单一因素已经引起实质损害"。因此,专家组裁决,在审查和确定倾销进口产品和国内产业损害之间的因果关系方面,美国的行为没有违反《反倾销协定》第3.5条。

日本对专家组的上述裁决及其对《反倾销协定》第3.5条"不得归因于"的解释提出上诉。上诉机构认为,专家组对第3.5条"不得归因于"的解释不正确,第3.5条"不得归因于"只能适用于倾销进口产品和其他已知因素同时引起国内产业实质损害的情形。

(二)非归因分析

为了确保不把其他已知因素的损害作用归于倾销进口产品,调查机关必须适当地评估其他因素的损害作用。这些评估应当包含对其他因素的损害作用的识别和分离。如果不适当地识别其他因素的损害作用与倾销进口产品的损害作用,进而将两者分离,调查机关则无法断言归咎于倾销进口产品的损害实际上就是倾销进口产品引起的,而非其他因素导致的。换言之,缺少对不同损害原因的识别和分离,调查机关就没有合理的基础,以断定倾销进口产品确实引起产业损害,应当被征收反倾销税。因此,《反倾销协定》第3.5条要求调查机关适当地识别和分离其他因素与倾销进口产品的损害作用,即使这项工作难度很大。据此,上诉机构推翻了专家组裁决。

第三节 程序规则

一、发起反倾销调查

(一) 发起反倾销调查的方式

根据《反倾销协定》第 5.1 条和第 5.6 条,发起一项反倾销调查可有两种方式:依申请发起调查和主动发起调查。

1. 依申请发起调查

根据《反倾销协定》第 5.1 条,除非根据第 5.6 条主动发起反倾销调查,应当基于国内产业或代表国内产业的书面申请发起关于认定任何声称的倾销是否存在、程度和影响的调查。

根据《反倾销协定》第 5.2 条,反倾销调查申请应当包括以下证据:(a) 倾销;(b) 损害;(c) 倾销进口产品与声称的损害之间的因果关系。缺乏相关证据证实的纯粹断言不能被视为足以满足前述要求。反倾销调查申请应当包括申请人可以合理获取的关于下列内容的信息:(1) 申请人的身份以及申请人提供的国内同类产品生产的数量和价值的说明。(2) 被指控为倾销产品的完整说明、所涉一个或多个原产国或出口国名称、每一已知出口商或外国生产商身份以及进口商的名单。(3) 被指控产品在出口国国内市场上销售、向第三国出口或推算价格等的价格资料。(4) 被指控产品进口数量发生变化的资料,进口产品对国内同类产品价格影响,以及对国内产业造成冲击和损害的资料。

2. 主动发起调查

根据《反倾销协定》第 5.6 条,在特殊情况下,如果调查机关拥有关于倾销、损害和因果关系的充足证据,可以自行发起反倾销调查。

(二) 发起反倾销调查的条件

第一,证据充足。对于依申请发起反倾销调查,根据《反倾销协定》第 5.3 条,调查机关应当审查反倾销调查申请提供的证据的准确性和充分性,以便确定是否拥有充足证据证明有正当理由启动一项调查。对于调查机关主动发起反倾销调查,《反倾销协定》第 5.6 条规定了类似条件。在决定是否启动一项反倾销调查时,应当同时考虑有关倾销和损害的证据。

第二,国内产业代表性。对于依申请发起反倾销调查,调查机关应当审查支持反倾销调查申请的国内产业的代表性。根据《反倾销协定》第5.4条,明确表示支持或反对一项申诉的国内生产商的总产量如果超过同类产品国内总产量的50%,则这部分生产商可视为代表国内产业。但是,如果明确支持反倾销申请的国内生产商占到国内产业生产的同类产品国内总产量的不到25%,那么不得发起调查。

根据《反倾销协定》第5.5条,除非已经决定启动一项调查,否则调查机关应当避免以任何方式公开反倾销调查申请。但是,在收到一份附有适当证明文件的申请之后和在启动调查之前,调查机关应当通报相关出口成员政府。

根据《反倾销协定》第6.1.3条,一旦启动反倾销调查,调查机关即应向已知出口商和出口成员调查机关提供书面申请的全文,并且应请求向反倾销调查所涉及的其他利害关系方披露书面申请的全文。如果所涉及的出口商数量特别大,那么调查机关可仅向出口成员调查机关或者相关贸易协会提供书面申请的全文。

二、调查与证据规则

(一)调查对象

根据《反倾销协定》第6.10条,调查机关原则上应当针对被调查产品的每一已知出口商或生产商分别确定各自的倾销幅度。如果所涉及的已知出口商、生产商、进口商或产品型号数量众多以至于此类认定不可行,调查机关可将其审查:(1)限于合理数量的利害关系方或产品;(2)限于可被合理调查的相关国家出口数量的最大百分比。第一种审查采用抽样方法,但须基于选取时调查机关可获得的信息,抽样必须在统计上有效。程序上,根据《反倾销协定》第6.10.1条,调查机关在选择出口商、生产商、进口商或产品型号时,最好与相关出口商、生产商或进口商进行磋商并经其同意。

根据《反倾销协定》第6.10.2条,在根据第6.10条的规定限制了审查范围的情况下,调查机关仍应针对最初未被选中但及时提交了必要信息的任何出口商或生产商单独确定倾销幅度,除非出口商或生产商的数量过大,以至于单独审查对调查机关造成不适当负担并且妨碍及时完成调查。不得阻止自愿作出答复。

(二) 调查阶段

反倾销调查通常分为两个阶段。在第一阶段,调查机关在初步审查倾销和损害证据基础上,可以作出初步裁决(以下简称"初裁")。只要初裁认定存在倾销和损害(无须认定倾销与损害之间的因果关系),进口成员就可以采取临时反倾销措施。

在第二阶段,调查机关回应利害关系方提出的意见,进一步审查后作出关于倾销最终裁决(以下简称"终裁")。如果认定存在倾销、损害和因果关系,进口成员就可以适用最终反倾销税。根据《反倾销协定》第6.9条,在作出最终裁定之前,调查机关应将考虑中的、构成是否适用最终措施决定之依据的基本事实通知所有利害关系方,此类披露应该留给各方足够时间为其利益辩护。

(三) 信息请求、证据提供和证据交换

根据《反倾销协定》第6.1条,调查机关应当将所需信息告知反倾销调查中的所有利害关系方,给予利害关系方充分机会书面提交其认为与调查有关的所有证据。

在反倾销实践中,调查机关通常会向利害关系方发放反倾销调查问卷。根据《反倾销协定》第6.1.1条,调查机关应当给予收到反倾销调查中使用的问卷的出口商或外国生产商至少30天时间作出答复。调查机关应该适当考虑延长前述30天期限的任何请求,并且只要表明了理由,即应准许延期。

根据《反倾销协定》第6.1.2条,在遵守保护机密信息要求的前提下,一个利害关系方书面提交的证据,调查机关应当迅速披露给参与调查的其他利害关系方。

(四) 充分抗辩机会、听证会、口头信息和信息披露

根据《反倾销协定》第6.2条,在反倾销调查中,所有利害关系方应当拥有充分机会为各自利益进行辩护。应请求,调查机关应当向所有利害关系方提供与拥有相反利益的当事方会面的机会,以便可以陈述对立的看法并提出反驳的论据。提供此种机会必须考虑维持机密性以及当事方便利的需要。任何当事方没有义务参会,并且未能参会不得有损于该当

事方的利益。

根据《反倾销协定》第6.2条和第6.3条,如有正当理由,利害关系方应当有权口头陈述其他信息。调查机关应当考虑满足两项条件的口头信息:第一,后续调查中书面再现了口头信息;第二,根据第6.1.2条披露给其他利害关系方。

根据《反倾销协定》第6.4条,只要可行,调查机关就应当向所有利害关系方提供机会,使其了解与其案件陈述相关的、没有根据第6.5条定义为机密并且调查机关在反倾销调查中使用的所有信息,并依据此类信息准备陈述。

(五)机密信息保护

根据《反倾销协定》第6.5条第一句,机密信息包括两类:(1)性质上机密的任何信息。例如,由于其披露会给竞争者带来显著竞争优势、对提供该信息的人或者要求其提供信息的人产生显著不利影响。(2)调查所涉当事方在机密基础上提交的信息。对于前述两类信息,如果利害关系方表明了正当理由,调查机关应当作机密信息处理。

未经提交信息的利害关系方特别许可,不得披露此类信息。但是,调查机关应当要求提供机密信息的利害关系方提供机密信息的非保密摘要。这类摘要应当足够详细,以便允许合理理解机密基础上提交的信息的实质内容。在例外情况下,此类利害关系方可以表明此类信息无法进行摘要。在此种例外情况下,利害关系方必须陈述无法进行摘要的理由。

如果调查机关认定保密请求没有正当理由,并且如果信息提供者不愿意以概括或摘要形式公开信息或者授权披露信息,那么调查机关可以忽略此类信息,除非从适当渠道能够向主管机关证明,此类信息是正确的。调查机关不应该武断地拒绝保密请求。

(六)信息准确性、实地核查和可获得事实

1. 调查机关确保信息准确性的义务

根据《反倾销协定》第6.6条,除了根据第6.8条使用可获得事实,调查机关在调查过程中应当确保利害关系方提供且其裁决所依据的信息的准确性。

从性质上看,反倾销措施背离了GATT1994核心义务(如最惠国待遇、关税减让)。因此,进口成员有义务确保反倾销措施具有充分的理由

(倾销进口产品造成国内产业损害),并有责任在反倾销调查中通过收集相关证据和信息证明存在倾销、损害以及因果关系。此种责任当然包括确保其裁决所依据的信息的准确性。

2. 实地核查

根据《反倾销协定》第 6.7 条,为了核实所提供的信息或者获得进一步细节,调查机关可以根据需要在其他成员领土内实施调查,但应获得相关企业的同意并通报相关成员政府的代表。如果相关成员反对调查,则不得进行实地核查。《反倾销协定》附件 1 描述的程序应当适用于在其他成员领土内实施的调查。

在遵守保护机密信息要求的前提下,调查机关应当向与调查结果有关的利害关系方公开调查结果或者应当根据第 6.9 条披露调查结果,并可使申请人可获得此类调查结果。

3. 可获得事实

根据《反倾销协定》第 6.8 条,如果任何利害关系方拒绝接触或者在合理期限内没有提供必要信息或者严重妨碍调查,那么调查机关可以基于可获得事实作出肯定性或否定性的初裁和终裁。适用第 6.8 条应当遵守《反倾销协定》附件 2 的规定。

(七)拒绝和终止反倾销调查申请

根据《反倾销协定》第 5.8 条第一句,如果调查机关确信没有关于倾销或者损害的充足证据表明有正当理由继续进行调查,则应当拒绝反倾销调查申请,并应尽可能迅速地终止调查。

根据《反倾销协定》第 5.8 条第二句,如果调查机关认定倾销幅度属微量,或者实际或潜在的倾销进口产品的数量或者损害可以忽略不计,则应当立即终止调查。具体地,如果以出口价格百分比表示的倾销幅度低于 2%,那么应当认定倾销幅度属微量。如果认定源自特定国家的倾销进口产品数量占到进口成员同类产品进口量的不足 3%,通常应当将该倾销进口产品数量视为可以忽略不计,除非单独占到进口成员同类产品进口量不足 3% 的国家的集体进口量超过进口成员同类产品进口量的 7%。

《反倾销协定》第 5.8 条意义上的"倾销幅度"与第 2.4.2 条意义上的"倾销幅度"一词同义,是指一个出口商或生产商的单个倾销幅度,不是指国别倾销幅度。① 因此,因倾销幅度微量而终止调查是针对单个出口商或生产商,与因倾销进口产品数量可以忽略不计而终止调查针对特定出口成员有所不同。

(八) 反倾销调查的期限

除非在特殊情况下,否则反倾销调查应当在启动调查后 1 年内结束,但无论如何不得超过 18 个月。就启动调查、作出肯定性或否定性初裁或终裁、适用临时或最终措施而言,进口成员调查机关可以加速进行相关程序。

反倾销调查不应妨碍海关清关程序。

(九) 利害关系方

"利害关系方"是反倾销调查中的一个重要概念,在反倾销调查的各个阶段享有权利并承担义务。根据《反倾销协定》第 6.11 条,利害关系方包括三类:(1) 被调查产品的出口商、外国生产商或者进口商,或者其大多数会员是该产品的生产者、出口商或进口商的同业公会或商会;(2) 出口成员的政府;(3) 进口成员境内的同类产品生产商或者其大多数会员在进口成员领土内生产同类产品的同业公会和商会。同时,WTO 成员可以将前述主体之外的国内或外国当事方作为利害关系方。

在欧共体紧固件案(中国诉)中,专家组裁定,其数据被欧委会在确定正常价值时使用的替代国生产商(Forge 公司)不是最初调查中的利害关系方。上诉机构推翻了该项裁决并指出:为使一家公司被视为利害关系方,调查机关无须正式予以宣布。上诉机构裁定,根据欧委会在争议调查中的行为,Forge 公司已被视为利害关系方。首先,Forge 公司应欧委会请求参与了调查。其次,欧委会将 Forge 公司选为本次调查中的替代国生产商,并使用其数据确定中国生产商的正常价值以及计算倾销幅度。最后,欧委会像调查机关被要求在调查中处理利害关系方一样对待 Forge 公司,如请求 Forge 公司提供其在保密基础上提交的信息的非机密摘要,核实 Forge 公司提交的信息。②

调查机关应适当考虑利害关系方(特别是小型公司)在提供数据方面

---

① Appellate Body Report on Mexico-Anti-Dumping Measures on Rice (2005), para. 216.
② Appellate Body Report on EC-Fasteners (Article 21.5-China) (2016), para. 5.150.

可能面临的任何困难,并应提供实际可行的援助。

三、临时措施

《反倾销协定》规定,各缔约方调查机关可依其规定迅速开展调查,并在此基础上作出初裁。调查机关应给予利害关系方充分的机会以书面形式提出其认为与所涉调查有关的所有证据。在适当调查基础上,调查机关可就倾销或损害作出初裁。

(一) 临时反倾销措施的条件

在初裁确认存在倾销和损害后,为防止该国产业继续受到损害,调查机关可采取临时反倾销措施。根据《反倾销协定》第7.1条,临时措施只有在同时满足下列条件方可实施:(1) 已经根据第5条发起反倾销调查,已为此发出公告,且已给予利害关系方提交数据和提出意见的充分机会;(2) 已作出关于倾销和国内产业损害的肯定性初裁;(3) 有关机关判断此类措施对防止在调查期间造成损害是必要的。

(二) 临时反倾销措施的形式

临时措施可以是临时反倾销税,也可以是更为可取的等于初步估算的反倾销税金额的担保(现金保证金或者保函),二者都不得高于初步估算的倾销幅度。预扣估算(withholding of appraisement)是一种适当的临时措施,只要列明正常税收和反倾销税的估算金额,并且预扣估算受制于与其他临时措施相同的条件。

(三) 临时反倾销措施的实施

临时措施不得早于发起调查之日起60天实施。临时措施的实施应限制在尽可能短的时间内,不得超过4个月,或者应代表所涉贸易重要比例的出口商请求并经相关机关作出决定,可不超过6个月(即延长两个月)。在调查过程中,如调查机关审查低于倾销幅度的反倾销税是否足以消除损害,则这些期限可分别为6个月和9个月。实施临时措施应当遵守《反倾销协定》第9条(反倾销税的征收)的相关规定。

四、价格承诺

(一) 价格承诺概述

价格承诺是指出口商承诺修改出口价格(价格增加)或者承诺停止以倾销价格向争议地区的出口。此类承诺项下的价格增加不得高于消除倾销幅度所必需的限度。如果价格增加足以消除国内产业损害,则该价格增加幅度是可取的。

反倾销调查开始后,如接受任何出口商作出的令人满意的自愿性价格承诺,并且调查机关确信倾销的损害性影响已经消除,则可以中止或终止调查程序,而不采取临时措施或征收反倾销税。"可以"一词不得被解释为允许同时继续进行调查和实施价格承诺,除非《反倾销协定》第 8.4 条另有规定。

出口商可在反倾销调查的任何阶段主动提出价格承诺,调查机关亦可在作出肯定性初裁后向出口商提议价格承诺。调查机关只能在作出肯定性初裁后接受出口商的价格承诺。

(二) 接受价格承诺的条件

根据《反倾销协定》第 8.2 条,除非进口成员调查机关已经作出关于倾销以及此类倾销造成损害的肯定性初裁,否则不得向出口商提出或者接受出口商的价格承诺。

(三) 拒绝接受价格承诺

根据《反倾销协定》第 8.3 条,如果主管机关认为接受价格承诺不可行,如实际或潜在出口商的数量过大,或者由于其他理由(包括一般政策原因),则无须接受出口商主动提出的承诺。如发生此种情况并且在可行的情况下,主管机关应当向出口商说明导致其认为接受一项承诺不适当的理由,并应尽可能给予出口商就此发表意见的机会。

(四) 接受价格承诺情形下的后续调查

在接受一项价格承诺的情况下,如果出口商有此愿望或者主管机关作出决定,应当完成倾销和损害调查。在此种情况下,如果主管机关作出否定性倾销或损害认定,承诺应当自动失效,除非此项认定主要是由于存在一项价格承诺。在后一情况下,主管机关可以要求出口商在合理期限内维持符合《反倾销协定》条款的承诺。如果主管机关作出肯定性倾销和损害认定,承诺应当根据其期限和《反倾销协定》条款继续有效。

(五)价格承诺对反倾销调查的影响

进口成员主管机关可以提议价格承诺,但不得强迫出口商作出此类承诺。出口商没有主动提出价格承诺或者没有接受价格承诺邀请的,无论如何不得有损于对案件的审查。然而,如果倾销进口产品继续发生,则主管机关有权认定更有可能发生损害威胁。

(六)价格承诺履行监督及违反后果

进口成员主管机关可以要求承诺已被接受的任何出口商定期提供与履行此项承诺有关的信息,并允许核实相关数据。如果违反价格承诺,进口成员主管机关可以根据《反倾销协定》的相关规定采取快速行动,包括使用可获得的最佳信息立即实施临时措施。在此种情况下,可以根据《反倾销协定》对适用此类临时措施之前90天内进口的供消费产品征收最终反倾销税,但任何此类追溯性课征不应适用于违反承诺之前已入境的进口产品。

尽管《反倾销协定》第8条没有规定价格承诺的期限及其修改或终止问题,但协定第11条关于最终反倾销税行政复审和日落复审的规定适用于价格承诺。

五、反倾销税的实施和征收

反倾销调查针对特定出口商或生产商一段时期内的特定产品出口行为,是调查过去的事件。反倾销税适用于该出口商或生产商未来的出口产品(预期性征收),或者作为要求提供担保或者没有年度行政复审情况下征收反倾销税的依据(追溯性征收)。

(一)实施反倾销税的决定;低税规则

如果满足了征收反倾销税的所有要求,进口成员主管机关应当就是否征收反倾销税以及征收的反倾销税金额应等于或小于倾销幅度作出决定。如果此类较低税收足以消除对国内产业的损害,《反倾销协定》第9.1条鼓励反倾销税小于倾销幅度,但该条没有规定计算较低反倾销税的方式。

(二)反倾销税的征收方式

根据《反倾销协定》第9.2条,如果针对任何产品征收反倾销税,则应根据每一案件的情况,在非歧视基础上针对已被认定存在倾销并正在造成损害的所有来源(供应商)的此类产品征收适当数额反倾销税,但来自根据《反倾销协定》条款提出的价格承诺已被接受的来源(供应商)的进口产品除外。主管机关应当列出相关产品的供应商的名称。然而,如果涉及相同国家的多个供应商,并且列出所有这些供应商的名称不可行,则主管机关可列出相关供应国的名称。如果涉及不止一个国家的多个供应商,主管机关可以列出涉及的所有供应商的名称,或者如果这么做不可行,也可列出涉及的所有供应国的名称。

"来源"是指单个出口商或生产商,而非整个国家。① 欧共体紧固件案(中国诉)专家组对比了《反倾销协定》第9.2条与《SCM协定》的类似条款第18条。后者明确规定了接受出口成员政府的承诺,即消除或限制补贴或者针对补贴影响采取其他措施的承诺。此种差异反映出如下事实:补贴是政府行为,倾销则一般是商事企业价格决策的结果。②

在欧共体紧固件案(中国诉)中,上诉机构讨论了《反倾销协定》第9.2条第三句中的例外是否允许对与国家存在联系的所有供应商实施国别税率。上诉机构认为,即使由于可能导致反倾销税规避而使单个反倾销税的实施没有效果,第9.2条第三句也不允许列出供应国的名称。第9.2条第三句中的例外并不允许在涉及非市场经济体(NMEs)的调查中实施单一的国别反倾销税——此种情况下实施单个税率据称"没有效果",但并非"不可行"。③

(三) 反倾销税的确定与返还

反倾销税金额不得超过根据《反倾销协定》第2条确定的倾销幅度。

如果在追溯性基础上核定反倾销税金额,则应当尽可能迅速地确定支付反倾销税的最终责任,通常不超过提出最终核定反倾销税金额请求后12个月,无论如何不得超过18个月。如果在预期性基础上核定反倾销税金额,则应请求,应当迅速退还已经支付的超过倾销幅度的任何税收。在受到反倾销税约束的产品的进口商提出附有适当证据支持的退还请求后,通常应当在12个月内确定退还已经支付的超过实际倾销幅度的

---

① Appellate Body Report on EC-Fasteners (2011), para. 338.
② Panel Report on EC-Fasteners (2010), para. 7.103.
③ Appellate Body Report on EC-Fasteners (2011), paras. 348, 354.

反倾销税,但无论如何不得超过 18 个月。通常应该在前述决定作出后 90 天内完成授予的退还。但是,如果相关产品面临司法审查诉讼,可以不遵守前述 12 个月或 18 个月的时限要求。

如果根据《反倾销协定》第 2.3 条推算出口价格,在确定是否以及在多大程度上应该补偿时,主管机关应该考虑正常价值的任何变化、进口与转售之间发生的成本的任何变化以及适当反映在后续销售价格中的转售价格的任何变动,并且如果利害关系方就前述情况提出确凿证据,则主管机关应在不扣除已支付的反倾销税的基础上计算出口价格。

(四)适用于未受单独审查企业的反倾销税

反倾销调查针对一个或少数特定国家的被调查产品。如果出口国生产商或出口商数量众多,进口成员主管机关不可能逐一审查每一生产商或出口商的出口交易情况并针对每一生产商或出口商确定单独的倾销幅度和反倾销税率。从实践来看,反倾销主管机关一般选取两到三家企业进行详尽调查,对其确定倾销幅度和最终反倾销税率。对于未单独审查的其他企业,《反倾销协定》第 9.4 条规定了确定反倾销税率的方法。此类企业分为两类:调查过程中提供了必要信息的企业与未提供必要信息的企业。

根据《反倾销协定》第 9.4 条第二句,对于未纳入审查范围但在调查过程中提供了必要信息的任何出口商或生产商的进口产品,主管机关应当适用单独反倾销税或正常价值。

对于未纳入审查范围也没有提供必要信息的企业,根据《反倾销协定》第 9.4 条,如果主管机关根据第 6.10 条第二句限制了审查范围,则适用于未纳入审查范围的出口商或生产商的进口产品的反倾销税:不得超过:(1)针对选定出口商或生产商确定的加权平均倾销幅度(此即"所有其他企业税率"),主管机关应当忽略任何零值和微量倾销幅度以及在第 6.8 条所指情形下确定的倾销幅度(即根据可获得事实确定的倾销幅度);或者(2)如果基于未来正常价值计算反倾销税的支付责任,则不得超过选定出口商或生产者加权平均正常价值与未受单独审查出口商或生产者的出口价格之间的差额。

在美国热轧钢案中,上诉机构解释,《反倾销协定》第 9.4 条并未规定计算"所有其他企业"反倾销税率的方法,而是仅仅规定了此类税率的上限。同时,对于利用某些倾销幅度计算"所有其他企业"税率,第 9.4 条规定了两项禁令:不得使用零值或微量倾销幅度;不得使用依据可获得的最佳事实确定的倾销幅度。① 从实践来看,主管机关一般将受到单独调查企业的加权平均倾销幅度作为所有其他企业税率。

(五)新出口商复审

《反倾销协定》第 9.5 条规定了新出口商复审制度。如果一种产品受到进口成员反倾销税的约束,主管机关应当迅速进行复审,目的是针对调查期内没有向进口成员出口产品的相关出口国的任何出口商或生产者确定单独倾销幅度,条件是这些出口商或生产者能够证明,它们与出口国受到反倾销税约束的任何出口商或生产者没有联系。相比进口成员正常的税收核定和复审程序,应当加速启动和实施此类复审。复审期间不得对源自此类出口商或生产者的进口产品征收反倾销税。然而,主管机关可以预扣估算和/或者请求提供担保以确保,如果此类复审导致针对此类生产者或出口商的倾销认定,能够追溯性征收反倾销税至启动复审之日。

六、最终反倾销税的追溯性适用

临时反倾销措施只能适用于根据《反倾销协定》第 7.1 条决定采取临时措施之后进口的供消费产品,不存在追溯性适用问题。最终反倾销税原则上只能适用于根据《反倾销协定》第 10.1 条决定实施最终反倾销税之后进口的供消费产品。《反倾销协定》第 10.2 条至 10.8 条规定了最终反倾销税的追溯性适用制度。

(一)最终反倾销税决定追溯性适用至临时措施适用期

根据《反倾销协定》第 10.2 条,如果主管机关作出损害终裁(而不是损害威胁或者实质性阻碍建立一个产业),或者在终裁认定损害威胁的情况下,如果没有临时措施,倾销进口产品的影响会导致损害认定,则最终反倾销税可以追溯性征收至临时措施适用期内。

根据《反倾销协定》第 10.3 条,如果最终反倾销税高于支付或应付的临时税收或者估算的保证金数额,那么不应征收差额。如果最终反倾销

---

① Appellate Body Report on US-Hot-Rolled Steel (2001), para. 116.

税低于支付或应付的临时税收或者估算的保证金数额,那么应当酌情返还差额或者重新计算税额。这就是最终反倾销税追溯性适用的多退少不补原则。

除第10.2条另有规定外,如果认定存在损害威胁或者实质性阻碍(但仍未发生损害),那么只能从认定之日起实施最终反倾销税,并应迅速返还临时措施适用期内缴纳的现金保证金或者解除任何保函。如果终裁是否定性的,那么应当速返还临时措施适用期内缴纳的现金保证金或者解除任何保函。

(二)最终反倾销税决定追溯性适用至临时措施适用之前90天内

根据《反倾销协定》第10.6条,如果主管机关对相关倾销产品作出如下认定,则最终反倾销税可以针对临时措施适用日期之前90天内进口的供消费产品征收:(1)存在造成损害的倾销历史,或者进口商意识到或本应意识到出口商实施倾销并且此类倾销将会造成损害,以及(2)损害是由相对较短时间内的大量倾销进口产品造成——根据倾销进口产品的时间和数量以及其他情况(例如进口产品存货迅速增加),此类倾销进口产品可能严重破坏将会适用的最终反倾销税的救济效果。主管机关应当给予相关进口商评论机会。

根据《反倾销协定》第10.7条,如果主管机关有充分证据表明满足了前述两项条件,则可以在启动反倾销调查之后采取对于追溯性征收最终反倾销税所必需的措施,如预扣估算或者课征反倾销税。

根据《反倾销协定》第10.8条,不得针对启动调查之日前进口的供消费产品追溯性征收任何反倾销税。这一规定表明,第10.6条至10.8条确立的最终反倾销税追溯性适用制度旨在防止投机行为并保证最终反倾销税的救济效果。由于进口成员必须在倾销和损害初裁作出后才能采取临时反倾销措施,并且必须在发起反倾销调查至少60天后采取临时措施,如果没有前述追溯性适用制度,相关主体可能在反倾销调查发起之后、临时措施实施之前实施大量倾销行为,如囤积将会面临最终反倾销税的产品,而这将会使最终反倾销税的救济效果大打折扣。

七、行政复审、日落复审

(一) 行政复审

《反倾销协定》第11.2条规定,主管机关在有正当理由的情况下,可自行复审;最终反倾销税征收经过合理时间后,应利害关系方请求,主管机关应就继续征税必要性进行复审。主管机关应根据复审结果决定是否继续征收反倾销税。第11.4条第二句规定,此类复审通常应自复审开始之日起12个月内结束。

(二) 日落复审

根据《反倾销协定》第11.3条,最终反倾销税一般应在征收后5年内终止。但是,如果之前进行的复审确定,反倾销税的终止将可能导致倾销和损害继续或再度发生,则可以继续征税。这类复审称为"日落复审"。日落复审结果出来之前,可继续征收反倾销税。

主管机关可以自行启动日落复审,也可以应国内产业或代表国内产业提出的经适当证实的请求启动日落复审。主管机关应当在反倾销税5年期限结束之前自动启动日落复审,日落复审请求应当在反倾销税5年期限结束之前的合理期限内提出。

(三) 其他规定

关于证据和程序的《反倾销协定》第6条应当适用于行政复审和日落复审。此类复审应当迅速进行,通常应在启动复审后12个月内完成复审。前述行政复审和日落复审制度应当酌情适用于根据第8条接受的价格承诺。

八、公告与解释

根据《反倾销协定》第12.1条,如果调查机关决定启动反倾销调查,那么应当通知其产品面临调查的WTO出口成员、调查机关已知的对调查具有利益的其他利害关系方,并应发布公告。启动调查公告应当包含或者通过一份独立报告公开关于下列内容的信息:(1)出口国名称和所涉产品名称;(2)启动调查的日期;(3)申请中指控倾销的依据;(4)损害指控依据因素的摘要;(5)利害关系方提交陈述的地址;(6)允许利害关系方发表意见的时限。

根据《反倾销协定》第12.2条,调查机关应该发布关于任何初裁或终裁(不论是肯定性还是否定性裁决)、接受价格承诺的任何决定、终止价格承诺以及终止最终反倾销税的公告。每一公告应当足够详细地列出或者通过一份独立报告公开调查机关就其认为重要的所有事实和法律问题得出的调查结果和结论。所有此类公告和报告应当转交其产品受制于此类认定或承诺的WTO出口成员以及调查机关已知的其他利害关系方。

根据《反倾销协定》第12.3条,根据第11条启动和完成行政复审和日落复审,根据第10条作出追溯性适用反倾销税的决定,也应发布公告并给出解释。

第四节 其他规则

一、司法复审

反倾销措施系行政行为,《反倾销协定》第13条要求WTO成员设置司法复审机制,审查反倾销相关行为。根据该第13条,如果国内立法包含反倾销措施条款,每一成员应当维持司法、仲裁或行政法庭或程序,且特别在于迅速审查与最终裁决有关的行政行为以及审查第11条意义上的各类复审决定。

二、代表第三国的反倾销行动

根据《反倾销协定》第14条,在倾销进口产品损害第三国国内产业(如倾销进口产品影响第三国国内产业对进口国的出口)的情况下,进口国可应第三国申请代表第三国采取反倾销行动。首先,应由请求行动的第三国当局申请代表第三国的反倾销行动。申请书应当包括表明进口产品正在倾销的价格信息以及表明声称的倾销正在对第三国相关国内产业造成损害的详细信息。第三国政府应当向进口国当局提供所有协助,以便后者获取其可能要求的任何进一步信息。其次,进口国当局在考虑此类申请时应当考虑声称的倾销对第三国相关产业的整体影响,损害不应仅仅参照声称的倾销对该产业向进口国出口或者产业总出口的影响进行评估。最后,应由进口国决定是否继续进行调查。如果进口国决定打算采取行动,则向货物贸易理事会寻求批准此类行动取决于进口国。GATT1994第6条第6款(b)项允许在获得一项豁免的情况下代表第三国征收反倾销税。

从GATT/WTO实践来看,GATT缔约方或WTO成员从未援引过GATT1994第6条第6款(b)项和(c)项、《反倾销协定》第14条以及东京回合和肯尼迪回合反倾销守则中的代表第三国的反倾销行动条款。

三、发展中国家成员

根据《反倾销协定》第15条,发达国家成员在考虑适用反倾销措施时应当特别注意发展中国家成员的特殊情况。如果反倾销税会影响发展中国家成员的根本利益,在适用反倾销税之前发达国家成员应探讨《反倾销协定》规定的建设性救济。"建设性救济"可包括实施低税规则或者价格承诺,但不包括完全不采取任何反倾销措施。[①]

四、争端解决

DSU适用于反倾销争端。与此同时,《反倾销协定》第17条规定了适用于反倾销争端的特殊规则。反倾销争端,不仅包括涉及具体反倾销行动的争端,也包括对另一WTO成员反倾销立法或普遍性做法的指控。可被提出指控的具体反倾销行动包括:征收最终反倾销税、接受价格承诺或者具有重要影响的临时反倾销措施。

《反倾销协定》第17.6条规定了适用于专家组评估事实和解释《反倾销协定》相关条款的特殊审查标准。根据第17.6(i)条,专家组在评估争议事实时应当确定,主管机关的事实认定是否恰当,它们对这些事实的评估是否没有偏见且客观。如果事实认定恰当,并且评估没有偏见且客观,即使专家组可能得出不同的结论,也不应推翻该项评估。根据第17.6(ii)条,专家组应当根据国际公法的习惯解释规则解释《反倾销协定》相关条款。如果专家组发现《反倾销协定》相关条款可以作出不止一种可被允许的解释,而主管机关的措施符合其中一种可被允许的解释,则专家组应

---

① Panel Report on EC-Bed Linen (2000), paras. 6.228-6.229.

当裁定其措施符合《反倾销协定》。

五、针对倾销出口产品的具体行动

根据《反倾销协定》第 18.1 条,除非符合经《反倾销协定》解释的 GATT1994 条款,否则不得针对另一成员出口产品的倾销采取任何具体行动。

第六章　WTO 补贴与反补贴制度

第一节　WTO 补贴与反补贴制度概述

一、补贴的性质与 WTO 补贴制度的构建

补贴是一国或地区政府实现其社会目标及经济目标的重要经济政策，具体包括救济穷人、资助科研与技术发展、对贫困地区提供帮助、刺激出口等。因此，在制度安排上，除禁止直接扭曲贸易的出口补贴和进口替代补贴外，《SCM 协定》规定其他类型的补贴原则上是合法的，除非其对其他 WTO 成员的利益造成不利影响。

补贴可以采取多种形式，可以是资金的直接转移，如政府发放交通补贴、住房补贴等，或政府提供无息贷款或贷款担保；可以是政府对本应收取的资金给予豁免或不予征收，如减免税收；可以是政府以优惠条件购买商品或提供服务，如收购粮食；也可以是政府委托或指示基金或任何私人机构进行上述行为；还可以是任何形式的收入支持或价格支持。在大多数情况下，政府补贴是以财政补贴的形式表现出来的。财政补贴是国家为某种特定需要而将一部分财政收入直接或间接转移给特定的经济组织或居民的分配形式。

从表面上看，补贴似乎无可非议，只是导致政府增加开支而已。传统观点认为，如果出口国对出口货物进行补贴，将会导致进口国货物价格降低，从而增进进口国消费者的福利。然而，现代国际贸易理论认为，出口补贴会为出口国企业带来价格上的优势，增加其在国际市场上的竞争实力，扩大出口机会，占据销售市场，从而侵害他国的权益。不仅如此，国内补贴也会在一定程度上起到类似作用，如对生产进口替代产品的企业实施补贴，使其生产成本降低，增加国内进口替代产品的价格优势，从而削

弱进口产品的竞争力。

二、WTO 补贴与反补贴制度的法律渊源

(一) WTO 补贴与反补贴制度历史发展

鉴于某些补贴措施对进口国同类产品的生产和销售产生负面的强烈冲击,限制了出口贸易的扩大,扼制了产业的良性发展,为消除这种不良影响,许多国家纷纷制定反补贴法,通过征收反补贴税等方式增加进口商品成本,抵销进口产品所得到的补贴,以实现保护国内市场的目的。

从各国实践看,反补贴措施的实施可在一定程度上减轻补贴对一国国际贸易产生的不利影响。但由于各国对补贴定义不同,允许程序不同,实施程序不同,加之反补贴措施灵活性强,自由裁量权大,容易被政府滥用为限制进口的手段和推行贸易保护主义的工具,成为事实上的非关税壁垒。因此,有必要建立补贴措施的多边国际规则,对各国的补贴措施与反补贴措施进行规范。

真正意义上关于补贴措施的多边国际规则始于 GATT1947。GATT1947 第 16 条 A 节规定:"如任何缔约方给予或维持任何补贴……应将该补贴的范围和性质、该补贴对自其领土出口、向其领土进口的受影响产品的数量所产生的预计影响以及使该补贴成为必要的情况向缔约方全体作出书面通知。在确定任何此类补贴对其他任何缔约方的利益造成或威胁造成严重侵害的任何情况下,应请求,给予有关补贴的缔约方应与其他有关缔约方或缔约方全体讨论限制该补贴的可能性。"根据该规定,即使一缔约方的补贴给另一缔约方造成严重损害,实施补贴的缔约方也只是负有与有关缔约方或缔约方全体进行协商的义务。事实上,没有任何国家因该规定的存在而限制补贴措施的使用。1955 年,GATT1947 第 16 条增补了 4 个条款,对禁止补贴进行规定,但禁止补贴的范围只涉及初级产品以外的产品的出口补贴;对于初级产品的出口补贴,只是要求缔约方"应力求避免"。1960 年,GATT1947 各缔约方签署宣言,禁止对工业产品一切形式的出口补贴,同时制定关于补贴措施的"解释性清单",凡是符合清单所列条件的,都视为 GATT1947 第 16 条的出口补贴。该清单限制了缔约方任意解释补贴的可能性,但相关补贴的规则仍然有许多含糊不清之处,且没有硬性限制,事实上很难操作和适用。

1979年，GATT1947各缔约方在东京回合谈判后最终签署了《关于解释与适用GATT第6条、第16条和第23条的协议》，又称《补贴与反补贴措施守则》（以下简称《守则》）。《守则》共分七个部分，不仅有实体法的规定，还对程序、纠纷解决作出规定，同时成立专门性的组织负责监督《守则》的实施，具有较强的可操作性。例如，《守则》第2条对反补贴调查的程序作了较为详尽的规定，包括反补贴调查的发起应由国内工业或其他代表书面提出申请，反补贴调查必须同时考虑补贴及由此引起的损害等；第4条规定了临时措施和反补贴税，包括反补贴税不应超过已确定的补贴额、可以承诺的方式代替临时措施或反补贴税等内容，后来为《SCM协定》所吸收。然而，《守则》并未对补贴进行统一的定义和分类，而且《守则》只是一个诸边条约，实际签署的仅有24个缔约方，不能约束GATT1947的所有缔约方，影响力受到严重削弱。

（二）WTO补贴与反补贴制度内容概要

为加强GATT的反补贴机制，乌拉圭回合制定了更为明确、更易操作的《SCM协定》。《SCM协定》作为WTO一揽子协定的组成部分，适用于WTO所有成员。《SCM协定》的目的是有效约束和规范补贴的使用，防止补贴对竞争的扭曲，规范反补贴的程序和标准，防止滥用反补贴措施。

从适用范围上看，《SCM协定》只适用于影响货物贸易的补贴，农业补贴受到《农业协定》特殊规则的约束，服务贸易补贴规则仍在制定之中。此外，《SCM协定》仅仅涉及补贴授予方境内的货物生产、国内销售或出口，并不涉及补贴授予方境外（其他国家或地区）的货物生产、销售或出口，但欧盟已将其反补贴工具延及补贴授予方（如中国）向第三国（如埃及）境内的货物生产、销售或出口提供的补贴。

《SCM协定》由十一个部分、32条和七个附件组成。

第一部分为总则，包括第1条和第2条，分别对补贴的定义和判断补贴专向性的标准进行规定。

第二部分为禁止性补贴，包括第3条和第4条，分别规定禁止性补贴的定义以及对成员维持或采取禁止性补贴的救济措施，包括取消禁止性补贴或最后进行贸易报复的规定。

第三部分为可诉补贴，包括第5条、第6条和第7条，分别规定可诉补贴的定义、该补贴对其他成员利益构成严重侵害的证据,以及对其他成员的可诉补贴采取的救济措施,包括取消或修改可诉补贴或最后进行贸易报复的规定。

第四部分为不可诉补贴,包括第8条和第9条,分别规定不可诉补贴的定义、对不可诉补贴的通知,以及对于给成员利益造成不可挽救或严重不利影响的不可诉补贴的有限救济措施。

第五部分为反补贴措施,共14条,包括从第10条到第23条的规定,主要内容包括:成员实施反补贴措施的程序要求;反补贴调查的发起和调查程序;取证的规则和程序;反补贴调查的双边磋商程序;补贴数量、损害的确定;国内产业的定义;临时措施实施的条件及其形式;出口商采取价格承担或补贴成员方承诺取消补贴的规则;反补贴税的征收;追溯征收反补贴税的条件和追溯期;日落条款;反补贴程序透明度的规定;对反补贴税措施司法审查的规定等。

第六部分为机构,即第24条,主要是关于设立补贴与反补贴措施委员会的规定。

第七部分为通知和监督,包括第25条和第26条,分别规定成员应将其采用的补贴或反补贴措施通知委员会以及该委员会对通知进行审查。

第八部分为发展中国家成员,即第27条,主要是对发展中国家成员特殊与差别待遇的规定,包括过渡期、终止反补贴调查的可忽略不计的标准。

第九部分为过渡性安排,包括第28条和第29条,主要规定成员对现有与协定不符的补贴措施和取消该不符措施的时限,以及对向市场经济转型成员方的特殊待遇。

第十部分为争端解决,即第30条,规定除本协定规定外,WTO争端解决机制适用于因本协定引发的争端。

第十一部分为最后条款,包括第31条和第32条,主要规定对不可诉补贴和可诉补贴条款的审查以及成员不得对本协定提出保留。

七个附件分别是:《出口补贴例示清单》《关于生产过程中投入物消耗的准则》《关于确定替代退税制度为出口补贴的准则》《从价补贴总额的计算》《搜集关于严重侵害的信息的程序》《根据第12条第6款进行实地调查的程序》《第27条第2款(a)项所指的发展中国家成员》。

第二节 补贴的构成要素

根据《SCM 协定》第 1 条,补贴是指一成员政府或任何公共机构向特定企业提供的财政资助,以及 GATT1994 第 16 条意义上的任何形式的收入或价格支持,以直接或间接增加从其领土出口某种产品或减少进口某种产品,或者对其他成员利益造成损害的政府性措施。受到《SCM 协定》核心纪律约束的补贴需要满足四大要件:(1) 补贴提供主体,包括政府或公共机构、受到委托或指示的私人机构或筹资机构;(2) 补贴表现形式,包括财政资助、收入或价格支持;(3) 补贴实质要素,即授予接受者利益;(4) 补贴的针对性,即补贴专向性要求。

一、补贴提供主体:政府或公共机构、私人机构或筹资机构

(一) 政府或公共机构

从根本上讲,补贴源自政府,不论是政府或公共机构直接提供,还是通过私人机构或筹资机构间接提供。补贴源自政府的性质,文本上表现为三个方面:(1) 狭义的"政府"或包括公共机构的广义的"政府"。单一法律标准适用于根据《SCM 协定》定义"政府"一词,"政府"包括狭义的"政府"和一成员领土内的"任何公共机构"。(2) 政府向操纵机构进行支付,或者"委托或指示"私人机构提供财政资助。(3) 收入或价格支持源自政府。因此,补贴必须与政府存在一定联系。

从 WTO 法律实践来看,争议最大的问题是"公共机构"的解释和适用,特别是国有企业能否以及在何种条件下可被认定为"公共机构"。

韩国商船案专家组采用了政府控制标准:如果受到政府(或其他公共机构)的控制,一个实体就会构成"公共机构"。如果一个实体受到政府(或其他公共机构)的控制,那么该实体的任何行为都可归于政府,因此应当落入《SCM 协定》第 1.1(a)(1)条的范围。[①] 美国双反案(中国诉)专家组裁定,"公共机构"一词是指"受到政府控制的任何实体"。

上诉机构在美国双反案(中国诉)中引入了政府权力标准:"公共机

---

① Panel Report on Korea-Commercial Vessels (2005), para. 7.50.

构"概念与"政府"概念拥有某些相同性质。《SCM协定》第1.1(a)(1)条意义上的"公共机构"必须是拥有、行使或者被赋予政府权力的实体。政府权力并不仅仅涉及规制、控制或监督个人的权力,或者以其他方式限制其他人的权力。

美国反补贴措施案(中国诉)执行专家组认为,《SCM协定》第1.1(a)(1)条并不要求调查机关证明,为了认定一个实体拥有、行使或被赋予政府权力,该实体在提供特定财政资助时正在履行政府职责。

(二) 私人机构或筹资机构

根据《SCM协定》第1.1(a)(1)条第(iv)项,政府或公共机构向筹资机构进行支付或者委托或指示私人机构实施财政资助,也受到《SCM协定》约束。私人机构或筹资机构的行为受到《SCM协定》约束,需满足如下条件:(1)政府或公共机构向筹资机构进行支付,或者委托或指示私人机构实施财政资助;(2)筹资机构或私人机构实施了《SCM协定》第1.1(a)(1)条第(i)—(iii)项规定的三类财政资助之一;(3)财政资助职能通常由政府赋予;(4)在任何实质意义上有别于政府通常遵循的做法。《SCM协定》引入的第1.1(a)(1)条第(iv)项本质上是一个反规避条款,[①] 即防止政府通过向筹资机构进行支付或者委托或指示私人机构进行财政资助规避《SCM协定》第1.1(a)(1)条第(i)—(iii)项。[②] 其中,第(i)—(iii)项涵盖政府或公共机构直接提供财政资助的情形,第(iv)项则适用于政府或公共机构间接提供财政资助的情形。

仅仅涉及私人行为的情形(即其行为无法以某种方式归于政府或公共机构)不会构成财政资助。《SCM协定》第1.1(a)(1)条第(iv)项涵盖私人机构被用作政府"代理人"的情形。委托或指示旨在识别表面上的私人行为可被归于政府的情形。[③] 委托发生于政府赋予私人机构责任,可以采取多种形式,其范围广于"委派"(delegation),后者通常以正式手段实现。指示是指政府对私人机构行使权力。政府可以通过命令或其他手

---

① Appellate Body Report on US-Countervailing Duty Investigation on DRAMs (2005), para. 113.
② Appellate Body Report on US-Softwood Lumber IV (2004), para. 52.
③ Appellate Body Report on US-Countervailing Duty Investigation on DRAMs (2005), para. 108.

段对私人机构行使权力。某些其他手段比命令更为微妙,或者可能不涉及相同程度的强制。在大多数情况下,委托或指示涉及某种形式的威胁或诱导。①

并非所有政府行为都必然等同于委托或指示。政府和私人机构行为之间必须存在可证实的联系。政府的纯粹政策声明不足以证明委托或指示。委托和指示涉及"比纯粹鼓励行为更为积极的作用",但并不涉及"政府以某种方式干预市场",不能是"无意的"或者"政府管理的纯粹副产品"。② 例如,政府实施的出口限制措施不能被视为政府委托或指示私人机构低价向国内生产者提供受限产品,尽管出口限制客观上可能具有降低受限产品国内价格的效果。③ 又如,政府要求电力企业提供电力的普遍服务义务不足以认定委托或指示,因为这并不必然会导致电力企业向任何消费者提供电力。④

案例 6-1　美国软木案 Ⅶ

该案争议焦点是,加拿大对特定产品的出口限制是否由于委托或指示而构成《SCM 协定》意义上的财政资助。美国商务部认定,此类出口限制已经产生了(had given rise to)省级政府对私人当事方的委托或指示。专家组注意到,针对特定产品的出口限制会影响该项产品供应商的私方行为。但是,委托或指示"不能是政府管理的纯粹副产品"。专家组认为:"不同类型的政府管理会影响私方行为。但是,政府管理具有此种效果并不意味着,政府赋予私人机构提供货物的责任或者政府对私人机构行使了权力。特别是,我们并不认为,就销售货物和为其货物定价而言,仅仅因为私方行为受到其运营的管理框架的影响,政府就委托或指示私人当事方提供货物或者以特定价格提供货物。美国商务部认为,LEP 程序'阻止原木供应商考虑出口市场可能存在的机会','限制原木供应商与外国购买者订立长期供应合同的能力',导致大不列颠哥伦比亚省内较低的

---

① Appellate Body Report on US-Countervailing Duty Investigation on DRAMs (2005), paras. 108,110-111,116.
② Ibid., para. 114.
③ Panel Report on US-Softwood Lumber VII (2020), paras. 7.606-7.607.
④ Panel Report on US-Supercalendered Paper (2018), para. 7.62.

第六章　WTO补贴与反补贴制度

木材价格。我们认为,美国商务部的这些考虑因素与原木出口管制的效果有关,并未表明存在委托和指示。"

专家组还认为,省级政府为了确保原木私人供应商遵守要求它们向省内消费者供应原木的法律而对未经许可出口原木施加的处罚不是"一种形式的威胁或诱导",因为制定、执行一部规章的措施可能包括遵守该规章的威胁或诱导,但不一定是导致提供货物形式的财政资助的威胁或诱导。专家组注意到,对于其制定的规章,政府也可能制定措施执行该规章,包括通过处罚的执行。这可能是遵守相关规章的一种威胁或诱导,但并不意味着其是《SCM协定》第1.1(a)(1)条第(iv)项所要求的导致提供货物形式的财政资助的威胁或诱导。美国商务部认为,"阻止机制创设了一种环境,原木销售商被迫订立降低出口数量和国内价格的非正式协议"。专家组并不认为,此种安排(如果存在的话)表明政府委托或指示原木供应商提供货物。此外,专家组注意到,当工厂运营者提出购买广告原木的出价时,该项出价受到相关咨询委员会的审查,以便确定该项出价是否代表了公平市场价值。加拿大解释,并不存在原木销售商接受这些出价的任何要求。相反,原木销售商能够选择向其他人进行销售。专家组因此并不认为,美国商务部拥有恰当依据得出结论,大不列颠哥伦比亚省和加拿大政府委托或指示私人原木供应商向工厂运营商提供原木。

金融交易的商业不合理性是认定政府委托或指示的一个相关因素,但是,即使以商业上合理的条件实施财政资助,也可能存在政府委托或指示。例如,政府可以委托或指示信贷机构进行贷款,后者接着以商业条件实施贷款。[1]

二、补贴表现形式:财政资助、收入或价格支持

根据《SCM协定》第1.1条,补贴表现为两种基本形式:财政资助;收入或价格支持。财政资助包括三类:资金的转移;放弃或不予征收本应征收的政府税收;政府提供一般基础设施之外的货物或服务,或者购买货物。

---

[1]　Appellate Body Report on Japan-DRAMs (2007), para.138.

《SCM 协定》只约束其明确提及的财政资助形式,并不约束其他形式的财政资助,如政府购买服务。第 1.1(a)(1) 条是一个定义条款,列出了根据《SCM 协定》构成财政资助的交易类型的穷尽性封闭清单。① 第 1 条包括财政资助在内的"补贴"定义旨在确保,并非授予利益的所有政府措施都会被视为补贴。②

在认定补贴时,应当区分财政资助和利益,它们是《SCM 协定》第 1.1 条中两个独立的法律要素,一起决定是否存在一项补贴。不应混淆二者,如在"财政资助"定义中引入"利益"概念。③

特定交易可构成《SCM 协定》第 1.1(a)(1) 条意义上的不止一种类型的财政资助。④ 相同交易的不同方面可能属于不同类型的财政资助。⑤

(一)财政资助

要构成《SCM 协定》意义上的"财政资助",必须是由某一成员领域内的政府或公共机构作出或指示作出的。⑥《SCM 协定》第 1 条列举了提供财政资助的各种形式,如拨款、贷款、注资、贷款保证、财政激励、提供商品或服务、采购商品等。

1. 资金的转移

资金的转移包括资金的直接转移和潜在转移。资金的直接转移包括补助、贷款、投资入股等情形;资金或债务的潜在转移包括贷款担保等情形。

案例 6-2　巴西飞机补贴案

1969 年,巴西航空工业公司成立后,巴西政府根据 PROEX 出口融资计划,对其支线飞机出口销售提供利率等价补贴,即政府通过发行不附息票的国库系列债券向贷款银行支付利息总额的 3.8%,剩余部分由买方支付,从而降低买方的融资成本。1996 年 6 月,加拿大就巴西对支线

---

① Panel Report on US-Large Civil Aircraft (2nd complaint) (2011), para. 7.955.
② Panel Report on US-Exports Restraints (2001), paras. 8.65, 8.73.
③ Ibid., para. 8.20.
④ Panel Report on US-Softwood Lumber VII (2020), para. 7.692.
⑤ Appellate Body Report on Canada-Renewable Energy (2013), para. 5.120.
⑥ 参见王传丽编著:《补贴与反补贴措施协定条文释义》,湖南科学技术出版社 2006 年版,第 31 页。

飞机出口补贴计划违反《SCM协定》的禁止性补贴要求与巴西进行磋商，认为巴西政府的行为是《SCM协定》第1条意义上的出口补贴。

当事方对PROEX计划涉及资金直接转移还是潜在转移存在分歧，但专家组认为："只要存在这样一种行为（资金转移）即存在补贴，而该行为涉及直接资金转移还是资金潜在转移不影响对补贴存在的认定，这两种情况中的任何一种都足以认定补贴的存在。"

专家组认为，巴西政府对国产飞机出口给予的PROEX利率平衡补贴以出口实绩为基础，属于"资金的直接转移"，虽然巴西出口商未从中受益，仍应认定巴西政府的行为是《SCM协定》第1条意义上的出口补贴。显然，专家组的解释并没有区别补贴的直接受益者和间接受益者。在该案中，补贴的直接受益者是到期债券的持有者，因为外国购买者可以选择更有利的利率以便通过在市场上出售这种债券而获得一次性总价降低的购买价格。间接受益者是巴西出口商，因为发行债券将立即产生价值以刺激出口销售，从而使巴西的出口商从中获得利益。[①] 上诉机构指出，只有产生了"利益"的财政资助才构成补贴。在本案中，PROEX利率平衡补贴属于潜在的资金直接转移，通过刺激国产飞机的出口而使巴西出口商从中受益，因而可认定为"出口补贴"。[②]

在该案中，上诉机构明确指出，应对"财政资助"进行广义上的理解，既包括资金的直接转移，也包括潜在的资金直接转移，是产生"利益"的前提。"财政资助"与"利益"是共同决定补贴是否存在的重要因素。上诉机构的观点对嗣后的案例有很高的参考价值。

2. 放弃或不予征收本应征收的政府税收

对该规定的理解关键在于确认"本应征收"的含义。

案例 6-3　美国外国销售公司税收待遇案

在美国外国销售公司税收待遇案中，欧盟认为《美国国内税收法典》

[①] Oliver Stehmann, Export Subsidies in the Regional Aircraft Sector-The Impact of Two WTO Panel Rulings against Canada and Brazil, *Journal of World Trade*, Vol. 33, No. 6, 1999.

[②] Panel Report on Brazil-Aircraft (1999), para. 157.

有关对外国销售公司免税的措施构成《SCM协定》项下的出口补贴,具体如下:其一,《美国国内税收法典》第923条第(a)项规定,外国销售公司外贸收入的32%或16%将被视为可免税的外贸收入;其二,《美国国内税收法典》第951条第(e)项规定,外国销售公司的外贸收入免受"反延迟纳税"规定的约束;其三,《美国国内税收法典》第245条第(c)项规定,股东可以从对外国销售公司的外贸收入和利润的分配中扣除全部已收到的股息。①

美国认为,它并没有对某些收入征税的义务,政府免税并非放弃"本应征收"的税收。专家组则认为,放弃"本应征收"的税收,表明征收的税收少于在"本应征收"情况下的税收。至于什么是"本应征收",应根据每一成员各自确立的税收规则加以确定。专家组认为,"本应征收"确立了"若没有"的标准,即若没有争议措施的适用,本应征收的税款是否会更高。具体到本案中,如果外国销售公司免税制度不存在,那么根据该制度而放弃的税收是否应予征收。专家组提出,如果没有免税措施,享受豁免纳税的收入将被要求纳税。同时,尽管一项特定免税措施未必在每种情况下都会单独导致放弃本该征收的税收,但应将各个免税措施作为整体考虑,以确定它们作为整体包含以放弃本应征收的税收的形式存在的财政资助。②

然而,"若没有"标准仅适用于这一情况,即在争议措施不存在的情况下确定存在一项规定对争议收入征税的替代措施。当某个政府决定不对某些收入进行征税时,就不存在对该收入"应征收"的税收。上诉机构指出,应建立明确的、规范性的标准,以区分放弃的税收是否为"其他情况下应征收"的情况。在确定适当的比较标准时,应确保认明和审查可以进行合法比较的税收情况,即在争议措施适用范围的收入的税收待遇和与之进行比较的特定收入的税收待遇之间应有合理的比较基础。一般而言,这种比较应是同类之间的比较,如争议措施涉及的是贸易收入,则不应将其与雇佣收入待遇进行比较。对此,上诉机构指出,确定放弃的税收是否

---

① Panel Report on US-FSCs (1999), paras. 7.94-7.97.
② Ibid., paras. 7.40-45, 7.98-7.101.

为"在其他情况下应征收"所依据的规范性标准应容许对在类似情况中的纳税人所得的有可比性收入的税收待遇进行比较。①

3. 政府提供一般基础设施之外的货物或服务,或者购买货物

《SCM 协定》第 1.1(a)(1)条第(iii)项预设了两种不同类型的交易:第一,政府提供一般基础设施之外的货物或者服务。政府向一家企业提供具有财务价值的投入品,此类交易可能人为降低一种产品的生产成本。第二,政府从一家企业购买货物。此类交易可能人为增加相关企业销售产品所获收入。②

"一般基础设施"是指不仅仅向单一或者有限范围的实体提供或者为其利益而提供的基础设施,而是提供可为所有或几乎所有实体获取的基础设施。抽象地定义"一般基础设施"概念十分困难,需要进行个案分析。获取或使用基础设施方面的限制与认定基础设施是否为"一般基础设施"高度相关,但并不是唯一相关的考虑因素,通常也不是决定性因素,其他考虑因素包括创设相关基础设施的背景、相关基础设施的性质和类型。

"货物"一词包括金钱之外的有形或可移动的个人财产,包括正在生长的作物以及可与不动产分离的其他确定事物。从 WTO 判例来看,活立木和电已被认定为"货物"。"货物"一词通常适用于不同于无形服务的有形产品,专利和其他知识产权不属于"货物"。

"购买货物"是受到《SCM 协定》约束的财政资助形式之一,意味着接受者提供货物,这不同于政府提供货物。"购买"意味着提供货物的个人或实体将会获得某些对价,政府则可以免费提供。《SCM 协定》未将"购买服务"作为财政资助的一种形式,被定性为购买服务的交易不受《SCM 协定》约束。

(二) 收入或价格支持

除约束财政资助外,《SCM 协定》还约束"GATT1994 第 16 条意义上的任何形式的收入或价格支持"。GATT1994 第 16 条规定:"如任何缔

---

① Appellate Body Report on US-FSC (21.5) (2006), para. 98.
② Appellate Body Report on US-Softwood Lumber IV (2004), para. 53.

约方给予或维持任何补贴,包括任何形式的收入或价格支持,以直接或间接增加自其领土出口的任何产品或减少向其领土进口的任何产品的方式实施,则该缔约方应将该补贴的范围和性质、该补贴对自其领土出口、向其领土进口的受影响产品的数量所产生的预计影响以及使该补贴成为必要的情况向缔约方全体作出书面通知。在确定任何此类补贴对其他任何缔约方的利益造成或威胁造成严重侵害的任何情况下,应请求,给予补贴的缔约方应与其他有关缔约方或缔约方全体讨论限制该补贴的可能性。"

具体而言,"任何形式的收入或价格支持"包括:

(1) 规定高于世界价格水平的国内价格,即政府通过直接或间接购买或低于成本价转售方式维持国内生产商的价格水平。

(2) 由非政府税赋支持的补贴,如 1958 年专家组就法国为小麦和面粉提供支持所作的报告指出:法国的价格支持制度(该制度包括一项对出口商的税收,以在国际市场上分散部分风险)产生了出口补贴,因为至少需要政府预算拨款来弥补部分损失。

(3) 作为补贴的出口信贷计划。出口信贷计划是否构成收入或价格支持尚存在争议,部分成员认为,以低于国际资本市场实际利率提供的出口信贷不构成 GATT 第 16 条项下应予通知的补贴。

(4) 国内运输费用。对出口货物降低国内运输费用,如果直接或间接增加了任何产品出口,应构成收入或价格支持。

(5) 免税,即不对国内工业直接补贴,而是免除对相关进口商品应征的国内税。

(6) 多重税率。GATT"关于第 6 条第 3 款的注释"规定,"多种货币措施在某些情况下可构成一种出口补贴,对此可依据第 3 款征收反补贴税予以抵消"。

(7) 边境税收调整和关税退还。GATT 第 6 条第 4 款规定:"在任何缔约方领土的产品出口至任何其他缔约方领土时,不得由于此类产品被免除在原产国或出口国供消费的同类产品所负担的税费或由于退还此类税费而征收反倾销或反补贴税。"

三、补贴实质要素:授予利益

(一) 市场基准

《SCM 协定》第 1.1(b)条项下的"利益"认定旨在识别财政资助是否导致接受者的境况好于没有那一资助情况下本来所处的境况。应当参照市场定义"利益"概念:如果以优于接受者从市场上本会获得的条件提供财政资助,就是授予《SCM 协定》第 1.1(b)条意义上的"利益"。

1. 市场优势和比较方法

加拿大飞机案专家组认为,只有提供财政资助的条件比接受者从市场上本可获得的条件更为有利(more advantageous),该项财政资助才是授予"利益",也就是优势。① 许多争端解决报告的表述是,如果向接受者提供财政资助的条件比接受者从市场上本会获得的条件更为优惠(more favourable),该项财政资助就授予了"利益"。②

上诉机构认为,《SCM 协定》第 1.1(b)条使用的"利益"一词意味着必须进行某种比较,因为除非财政资助使接受者的境况比其在没有那一资助情况下的境况更好,否则不存在任何"利益"。市场提供了适当的比较基础,因为通过确定接受者获得财政资助的条件是否比其从市场上可以获取的条件更为优惠,就能够识别财政资助的贸易扭曲潜能。③

确定财政资助是否将接受者置于比其本来境况更为有利的地位,"唯一逻辑基础"是"市场"。④ 加拿大可再生能源案上诉机构认为,审查利益认定的专家组首先应该界定相关市场,"相关市场定义是《SCM 协定》第

---

① Panel Report on Canada-Aircraft (1999), para. 9.112; Panel Report on US-Softwood Lumber VII (2020), paras. 7.637-7.638.

② Panel Report on Canada-Aircraft (1999), para. 9.112; Brazil-Aircraft (1999), para. 7.24; Appellate Body Report on Canada-Aircraft (1999), paras. 154,157; Panel Report on Korea-Commercial Vessels (2005), para. 7.427; EC-Countervailing Measures on DRAM Chips (2005), para. 7.176; Appellate Body Report on Japan-DRAMs (2007), para. 225; EC and Certain Member States-Large Civil Aircraft (2011), para. 705; US-Large Civil Aircraft (2nd complaint) (2012), paras. 635-636; Panel Report on US-Large Civil Aircraft (2nd complaint) (2011), para. 7.475.

③ Appellate Body Report on Canada-Aircraft (1999), paras. 157,158; Appellate Body Report on Canada-Renewable Energy (2013), para. 5.163.

④ Panel Report on Canada-Aircraft (1999), para. 9.112.

1.1(b)条意义上的利益分析的核心和先决条件"①。为了确定利益分析的相关市场,上诉机构认为应该考虑需求侧和供给侧因素。②

美国超级哑光纸案专家组认为,认定利益的关键问题是,如果没有政府资助,相关公司的境况是否会更好。该案专家组强调认定利益时市场原则的重要性,认为在该案中政府提供的资助并未导致公司"所得多于所支付"。③ 专家组注意到,美国商务部没有考虑表明争议项目"实际上源自基于市场考虑的谈判"的证据。④

美国大型民用飞机案执行专家组认为,NASA 与波音公司之间的《太空行为协定》授予《SCM 协定》第 1.1(b)条意义上的"利益",因为"专利权和相关许可权利分配相比专家组面前的私人研发协作协议项下的专利权和相关许可权利分配更为优惠"。此外,波音公司请求 NASA 限制获取商用数据。⑤

关于税收减免,印度出口相关措施案专家组认为,印度根据各种计划给予的争议关税和国内税减免授予了接受者利益,因为这些减免使接受者的境况好于没有这些减免情况下接受者在市场上所处的境况。⑥

2. 接受者利益和政府成本

在加拿大飞机案中,加拿大主张,一项财政资助仅在导致政府净成本的限度内授予"利益"。该案专家组拒绝了加拿大的前述主张,认为"利益"的通常含义并不包括任何"政府净成本"概念,应当参照接受者的境况而不是政府的任何成本认定利益。⑦

3. 利益接受者的认定

在巴西飞机补贴案中,基础补贴表现为政府对贷款人的支付以支持出口信贷交易(金融服务),并非直接提供给支线飞机的生产者或购买者。

---

① Appellate Body Report on Canada-Renewable Energy (2013), para. 5. 169.

② Ibid., para. 5. 171; EC and Certain Member States-Large Civil Aircraft (2011), para. 1121.

③ Panel Report on US-Supercalendered Paper (2018), para. 7. 106.

④ Ibid., para. 7. 77.

⑤ Panel Report on US-Large Civil Aircraft (2nd complaint) (Article 21. 5-EU) (2017), para. 8. 195.

⑥ Panel Report on India-Export Related Measures (2019), para. 7. 458.

⑦ Panel Report on Canada-Aircraft (1999), para. 9. 112; Appellate Body Report on Canada-Aircraft (1999), para. 154.

专家组认为,如果 PROEX Ⅲ 支付直接提供给巴西支线飞机的生产者或购买者,就没有必要进行复杂的利益分析,因为无须返还的支付通常会授予利益。但是,PROEX Ⅲ 支付并未提供给支线飞机的生产者,而是提供给贷款人以支持与巴西支线飞机有关的出口信贷交易。因此,尽管 PROEX Ⅲ 支付无疑授予了利益,但问题在于,该项支付是否授予了支线飞机生产者或者购买者利益,而不仅仅是授予了金融服务提供者利益。加拿大有义务证明,源自 PROEX Ⅲ 支付的利益并未被贷款人完全保留,而是以某种方式传递给支线飞机的生产者或购买者。①

4. 创造市场的政府干预与支持市场上某些主体的政府干预

在加拿大可再生能源案中,上诉机构表明,应该区分创造本来并不存在的市场的政府干预与支持已经存在的市场上的某些主体或者纠正市场扭曲的其他类型政府干预。上诉机构认为,如果政府创造了一个市场,就不能说政府干预扭曲了市场,因为如果政府没有创造市场,就不会存在市场。尽管政府创造市场本身不会产生《SCM 协定》意义上的补贴,但是,如果采取财政资助或者收入或价格支持形式并且授予特定企业或产业利益,则政府干预现有市场可能构成补贴。②

5. 认定利益的证据

日本 DRAMs 案(韩国诉)专家组指出,尽管调查机关必须依据相关证据适用利益认定标准,但《SCM 协定》没有任何条款涉及调查机关必须依赖的证据的准确性质。对于可能相关的证据,《SCM 协定》第 14 条虽然提供了一定指导,但并未涵盖所有可能发生的情形。例如,第 14 条(b)项并未表明,如果并不存在公司"可实际从市场上获得的可比商业贷款",调查机关应该如何确定一项贷款授予了利益。③

调查机关可以收集关于市场本会提供的条件的可获得证据,然后比较这些条件与争议财政资助的条件。调查机关还可以依赖财政资助是否基于商业考虑的证据。两种类型的证据都与利益认定有关。第一类证据提供了市场基准,据此可以认定政府所提供的条件是否优于市场上本可获得的条件。第二类证据如果证明财政资助基于非商业考虑,就表明其

---

① Panel Report on Brazil-Aircraft (Article 21.5-Canada Ⅱ) (2000), paras. 5.27-5.28.
② Appellate Body Report on Canada-Renewable Energy (2013), para. 5.188.
③ Panel Report on Japan-DRAMs (2007), para. 7.275.

所提供的条件优于市场上本可获得的条件(因为推定市场基于商业考虑运行)。调查机关还可以依赖同样相关的其他类型证据。① 调查机关可能面对前述两种类型的证据,并且一种类型的证据可能不支持另一种类型的证据所表明的结论。例如,证据可能表明,财政资助没有基于商业考虑提供,事实上由"贷款人根据相关市场上的通常做法"提供。在此种情况下,调查机关需要权衡两种类型的证据的证明价值(probative value)。②

加拿大可再生能源案的争议焦点之一是政府管制价格是否必然授予了利益。上诉机构认为,政府管制价格可能反映也可能不反映市场结果。分析用于确定管制价格的方法可能表明此种价格是否提供了充分回报,但是,可能并不存在关于所使用方法的信息,或者所使用的方法无助于确定管制价格是否反映出市场结果。此时,就有必要确定一种市场基准或者推算一种指标,条件是基于确保市场结果的定价机制确定此类基准或指标,如相同产品的管制价格(购买国或其他国家,但需要作出调整);也可以从价格发现机制中找寻此类基准,如竞争性投标或者商定价格,但需保证政府支付的价格是有意愿供应承包商提供的最低可能价格。③

(二)外部基准

《SCM协定》第14条并未明确提及外部基准。在第14条(b)项和(d)项背景下,WTO案例中专家组和上诉机构认为在一定条件下可以诉诸外部基准。

1.《SCM协定》第14条(b)项与"外部基准"

在美国双反案(中国诉)中,上诉机构认为,专家组对《SCM协定》第14条(b)项的下列解释没有错误:"与第14条(d)项一样,如果没有发现任何'商业基准',内生于第14条(b)项的足够灵活性允许使用代理指标(proxy)替代相关国家观察到的利率。"④上诉机构指出,与《SCM协定》第14条(d)项明确将相关"市场"与"提供国或购买国"相联系不同,第14条

---

① Panel Report on Japan-DRAMs (2007), para. 7.276.
② Ibid., fn 475.
③ Appellate Body Report on Canada-Renewable Energy (2013), para. 5.228.
④ Appellate Body Report on US-Anti-Dumping and Countervailing Duties (2011), para. 490.

(b)项并未明确规定应当识别的可比商业贷款所属相关"市场"的任何地理或地区范围。第14条(b)项下的相关问题不是调查机关能否诉诸"外国"基准(而不是"内国"基准);相反,问题在于第14条(b)项在多大程度上要求严格和形式主义地遵守其规定的所有条件,即使这么做会挫败那一条款的目标并妨碍利益计算。相关问题是,第14条(b)项是否存在足够的灵活性,允许使用公司"可实际从市场上获得的可比商业贷款"之外的基准。① 尽管第14条(b)项和(d)项存在文本差异,但第14条(b)项背景下也可能存在特定情形,过于形式主义地解释这一条款将会挫败其目标并妨碍利益计算。将第14条(b)项解释为总是要求与以被调查贷款相同货币计价的贷款进行比较,即使在政府干预扭曲以相同货币计价的所有贷款的情况下也是如此,将会导致与政府扭曲贷款进行比较,并因此挫败第14条(b)项的目标。如果特定市场上特定货币计价的贷款受到政府干预的扭曲,就应该允许调查机关根据第14条(b)项在特定情形下使用公司"可实际从市场上获得的可比商业贷款"之外的基准。然而,此类基准需要接近公司"可实际从市场上获得的可比商业贷款"。②

总之,尽管《SCM协定》第14条(b)项和(d)项使用了不同表述,上诉机构在美国软木案Ⅳ中关于根据第14条(d)项使用外部基准和代理指标的某些推理同样适用于第14条(b)项。一定程度的灵活性也适用于根据第14条(b)项选择基准,以使此类选择能够保证为了认定利益进行有意义的比较。同时,调查机关如果诉诸另一种货币计价的基准贷款或代理指标,则必须确保调整此类基准以使其接近于"可比商业贷款"。③

2.《SCM协定》第14条(d)项与外部基准

(1)诉诸外部基准的情形与条件

政府作为争议货物唯一或主导(sole or predominant)供应商。上诉机构在美国软木案Ⅳ中认为,在政府实质性介入市场的某些情况下,由于政府针对相同货物收取的价格,私人供应商的价格可能被人为压低。这

---

① Appellate Body Report on US-Anti-Dumping and Countervailing Duties (2011), para. 482.
② Ibid., para. 484.
③ Ibid., para. 489.

是因为,政府在提供财政资助方面的作用过于主导,以至于政府实际上确定了私人销售相同或类似货物的价格,结果是第 14 条规定的比较变成一种循环比较。由于这会导致人为较低甚至是零的利益计算,因此会破坏或者规避各成员的反补贴权利。①

在美国铜版纸案(印尼诉)中,印尼指控美国商务部违反了《SCM 协定》第 14 条(d)项,因为其没有将立木的国内价格作为计算基准价格的基础。该案专家组拒绝了这一诉请。专家组注意到,印尼政府是调查期内砍伐的木材的主导供应商——超过市场的 93%,这可能使私人价格受到扭曲,私人土地所有者将会使其立木砍伐价格向印尼政府确定的价格看齐。专家组裁定,印尼政府的地位接近于争议货物的唯一供应商而不是主导供应商。在此种情况下,其他证据的分量有限。②

政府干预扭曲争议货物的国内价格。在美国反补贴措施案(中国诉)中,当事方的分歧涉及"美国商务部认定,中国内国价格非由'市场决定',因此不能作为根据《SCM 协定》第 14 条(d)项确定回报充分性的基准"。专家组拒绝了中国的下列主张:只有证明内国价格法律上或事实上由政府有效决定,调查机关才可以诉诸外部基准。专家组认为,就调查机关可以拒绝内国价格并诉诸外部基准而言,并不存在限定的穷尽性系列情形。专家组认为,第 14 条(d)项要求比较向被调查生产商/出口商提供的财政资助的条件与"接受者在市场上本可获得"的条件。上诉机构在美国碳钢案(印度诉)中预想的"其他情形"是指,内国价格可能不适合确定在国内市场上提供争议货物的条件的多种情形,如无法获取或者证实争议货物的内国价格,或者由于其他原因,争议货物的内国价格无法被用于确定"接受者的境况是否好于没有财政资助背景下的境况"。这些情形即使非常有限,也超出了政府法律上或事实上决定价格的唯一情形。③

专家组认为,"如果存在价格扭曲的证据,而不仅仅是政府有效决定争议货物价格的证据,调查机关就可以拒绝内国价格,因为价格扭曲的存在很可能妨碍了财政资助条件与市场条件之间的恰当比较。这不仅适用

---

① Appellate Body Report on US-Countervailing Measures (2014), para. 4.50.
② Panel Report on US-Coated Paper (2017), para. 7.61.
③ Panel Report on US-Countervailing Measures (Article 21.5-China) (2018), para. 7.164.

于政府是货物唯一或主导供应商的情形,也适用于导致比较同样不可行或者不相关的其他情形。"①

上诉机构讨论了价格扭曲情形下将外国价格作为利益基准的问题,同意专家组的看法并拒绝了中国的前述主张。上诉机构认为,在政府干预并未直接决定内国价格但可能对这些价格产生类似扭曲性影响以至于它们不再代表充分回报的恰当基准的情况下,调查机关可以拒绝内国价格。② 在识别适当利益基准时,《SCM 协定》第 14 条(d)项调查的核心问题是,内国价格是否由于政府干预受到扭曲。价格扭曲并不包括任何政府干预导致的任何价格影响;如果调查机关发现政府干预导致价格扭曲的证据,诉诸外国价格可能就有正当理由;必须依据特定调查中的相关证据逐案作出认定,并考虑受审查市场的特征以及案卷信息的性质、数量和质量。③

上诉机构讨论了价格扭曲认定所需的分析和证据的类型,认为这类分析和证据取决于诸多因素,包括案件背景与市场特征等。定量评估、价格比较方法、反事实假设分析或定性分析都是适当的,但是,在缺乏政府干预直接影响价格的证据的情况下,关于政府干预市场实际上如何导致价格扭曲,可能需要更为详尽的分析和解释。④ 不论选择何种分析方法,调查机关都需要触及并分析利害关系方提出或者调查机关收集的方法、数据、解释和支持性证据,从而确保其价格扭曲认定得到案卷证据和解释的支持,而不是被减损或者与之存在矛盾。专家组的作用是,根据利害关系方提出的事实和解释,通过批判性深度审查调查机关对其认定给出的解释,评估调查机关的解释是否合理且充分。⑤ 总之,各种形式的政府干预都会导致价格扭曲;不论选择何种方法、分析或证据类型,调查机关都必须对政府干预市场实际上如何导致价格扭曲给出充分解释。⑥

---

① Panel Report on US-Countervailing Measures (Article 21.5-China) (2018), para. 7.168.
② Appellate Body Report on US-Countervailing Measures (Article 21.5-China) (2019), para. 5.145.
③ Ibid., paras. 5.146-147.
④ Ibid., paras. 5.154, 5.159.
⑤ Ibid., para. 5.155.
⑥ Ibid., paras. 5.160-5.161.

经过审查,上诉机构拒绝了美国主张的"中国价格不能用作利益基准",认为专家组正确地裁定了《基准备忘录》描述的中国政府干预"如何影响争议投入品的价格决策以及实际上如何导致了价格扭曲",美国商务部没有给出"充分且合理的解释"。相反,美国关于拒绝内国价格的主张基于关于整个钢铁部门存在市场扭曲的全国性认定,没有充分触及看起来与价格扭曲分析有关且针对三种争议投入品的案卷价格信息。①

美国软木案Ⅶ专家组同意美国反补贴措施案(中国诉)上诉机构的看法,"价格扭曲"概念并不等同于任何政府干预导致的任何价格影响。从中选择基准的市场无须完全没有任何政府干预。一项出口管制能否构成扭曲价格的政府干预需要逐案评估。②

(2)诉诸外部基准后的调整

美国软木案Ⅶ专家组认为,如果使用外国价格评估回报充分性,调查机关需要作出适当调整,从而确保相应基准与供应国通行市场条件有关。如果调查机关未能作出必要调整,那一基准就不会与供应国通行市场条件有关,不会允许调查机关以符合《SCM协定》第14条(d)项的方式评估政府回报的充分性。然而,只有没有此类调整的外国价格与通行市场条件无关,才会明显产生作出调整的需要。在此种情况下,人们会考虑最初选择的(尚未调整)价格与争议财政资助之间的差异。差异越是显著,调查机关调整价格以便反映通行市场条件的挑战就越大。就根据第14条(d)项评估回报充分性而言,调查机关最终使用的基准必须反映供应国通行市场条件,以使基准可与争议财政资助进行比较。③ 但是,第14条(d)项没有任何内容表明,调查机关必须调查基准与争议财政资助存在差异的原因。如果第14条(d)项施加了此种要求,调查机关很可能需要进行准因果关系分析,回答基准价格为什么不同于争议财政资助,查明差异的唯一原因是一项补贴(而不是其他可能原因)。此种要求将会对调查机关施加重要负担。④

---

① Appellate Body Report on US-Countervailing Measures (Article 21.5-China) (2019), paras. 5.172-5.201.
② Panel Report on US-Softwood Lumber VII (2020), para. 7.145.
③ Ibid., paras. 7.465-7.466.
④ Ibid., para. 7.473.

（三）利益传递

1. 所有权变更

美国铅铋案专家组认为,原则上并不存在如下可反驳推定:利益"继续产生于没有联系的非重复性'财政资助',即使在所有权发生改变之后"。如果在私有化过程中已向所有生产性资产支付公平市场价值,生产设施的新所有人则可被视为获得先前补贴授予(被私有化)企业的利益。上诉机构认同专家组的结论。①

在欧共体大型民用飞机案中,上诉机构推翻了专家组的下列裁决:争议销售交易并未"消灭"过去补贴的一部分。上诉机构认为,专家组没有评估部分私有化、私人对私人销售交易是否依据独立交易条件和公平市场价值,以及在多大程度上涉及所有权和控制权向新所有人的转移。②

2. 补贴投入品

美国软木案Ⅲ涉及调查机关是否需要审查,立木项目向保有权人提供的所谓利益是否"传递给"软木生产商。专家组认为,调查机关不得假定提供给上游投入品生产商的一项补贴自动有益于不相关的下游产品生产商,特别是有案卷证据表明二者之间的交易具有独立性。在此种情况下,调查机关应当审查授予上游生产商的补贴是否以及在多大程度上有益于下游生产商。③

上诉机构在美国软木案Ⅳ中认为,如果反补贴税打算抵消授予投入品生产商的补贴但对加工产品(而非投入品)征收,调查机关仅仅针对投入品认定存在财政资助以及授予投入品生产商利益并不够,还必须针对加工产品认定已满足《SCM协定》第1条规定的累积条件,特别是在投入品与加工产品的生产商并非相同实体的情况下。调查机关必须证明存在财政资助,以及补贴产生的利益至少部分从上游投入品生产商向下传递,从而间接有益于遭受反补贴的加工产品。④

---

① Panel Report on US-Lead and Bismuth II (1999), paras. 6.71, 6.81; Appellate Body Report on US-Lead and Bismuth II (2000), para. 68.

② Appellate Body Report on EC and Certain Member States-Large Civil Aircraft (2011), paras. 718-749.

③ Panel Report on US-Softwood Lumber III (2002), para. 7.71.

④ Appellate Body Report on US-Softwood Lumber IV (2004), paras. 142-143.

3. 向不相关买家销售补贴产品

在墨西哥橄榄油案中,欧共体主张墨西哥本应进行传递分析,以便确定授予橄榄种植者的任何补贴利益是否传递给向墨西哥出口橄榄油的不相关出口商。专家组拒绝了欧共体主张,认为本案并不涉及使用投入品(橄榄),被调查产品(橄榄油)也不包括投入品(橄榄)。相反,欧共体提及的交易均涉及被调查产品(橄榄油)。专家组判定,如果被调查产品在出口之前被售出,即使销售涉及不相关当事方,也不需要进行传递分析。[1]

(四)利益计算

《SCM协定》第14条(以接受者所获利益计算补贴金额)规定了四种财政资助(股权资本注入、贷款、贷款担保、政府提供货物或服务或者购买货物)背景下应该如何计算补贴金额,为四种财政资助的利益认定提供了指南。在加拿大可再生能源案中,上诉机构认为,根据《SCM协定》第1.1(a)条定性一项交易可能影响是否授予利益的评估方式。例如,《SCM协定》第14条针对不同类型的财政资助规定了不同的补贴金额计算方法。[2]

《SCM协定》第14条导入条款规定利益计算的三项要求:第一,调查机关用于计算根据第1.1条授予接受者的利益的任何方法应当规定于相关成员的国内立法或实施细则之中;第二,调查机关将此类方法适用于每一特定案件应当透明并给出充分解释;第三,任何此类方法应当符合第14条(a)—(d)项规定的指南。[3] 第一项要求涉及立法框架,第二项要求涉及法律适用于特定案件,第三项要求涉及四种基本形式的政府财政资助如何确定接受者利益的一般性指南。[4]

上诉机构在美国软木案Ⅳ中指出,《SCM协定》第14条导入条款提及"任何方法",意味着调查机关为了计算接受者利益可以采用不止一种方法。导入条款最后一句中的"应"表明,根据指南计算利益是强制性的。"指南"一词表明,第14条规定了进行此类计算的框架,但未确定精确详尽的计算方法。这些词语一起确定了利益计算必须遵守的强制性因素,

---

[1] Panel Report on Mexico-Olive Oi (2008), paras. 7.143-7.144.
[2] Appellate Body Report on Canada-Renewable Energy (2013), para. 5.130.
[3] Appellate Body Report on Japan-DRAMs (2007), para.190.
[4] Panel Report on Mexico-Olive Oi (2008), para. 7.169.

但并不要求仅仅使用一种方法确定政府提供货物的回报充分性。① 就调查机关选择利益金额计算方法而言,第14条导入条款赋予WTO成员一定灵活性,该条(a)—(d)项包含的利益计算指南允许成员国内立法或实施细则规定的方法适应不同的事实背景。尽管第14条规定利益计算必须符合该条(a)—(d)项规定的指南,但并未预想成员国内立法或实施细则必须详细列出计算方法。只要可从成员国内立法或实施细则中推导或者识别出特定案件中使用的方法,就能满足第14条导入条款的要求。②

1. 股权资本注入

根据《SCM协定》第14条(a)项,政府提供股权资本不应当被视为授予利益,除非投资决策能够被视为不符合那一成员领土内私人投资者的通常投资做法。

《SCM协定》第14条(a)项并未规定计算利益的精确方法,其中"通常投资做法"一词描述了私人投资者有关股权投资的共同或习惯行为。第14条(a)项的焦点是调查投资决策,这反映出评估股权投资的事前方法,即基于交易的成本和预期回报比较投资决策与作出该项投资决策时私人投资者的通常投资做法;聚焦投资决策至关重要,因为其指出了与市场基准进行比较的对象以及何时进行比较。③

2. 贷款

根据《SCM协定》第14条(b)项,政府贷款不应当被视为授予利益,除非获得贷款的公司为政府贷款支付的金额与该公司为其实际能够从市场上获得的可比商业贷款支付的金额存在差异。在此种情况下,利益应当是前述两个金额之差。

(1) 基准贷款构成要素

第14条(b)项下的基准贷款的构成要素有三:第一,基准贷款必须是与被调查政府贷款可比的贷款。如果被比较的事物之间存在足够的类似之处,从而使比较有价值或有意义,这些事物就可被认为可比。要达到可比,第14条(b)项下的基准贷款与被调查贷款应该拥有尽可能多的共同

---

① Appellate Body Report on US-Softwood Lumber IV (2004), paras. 91-92.
② Appellate Body Report on Japan-DRAMs (2007), paras. 191-192.
③ Appellate Body Report on EC and Certain Member States-Large Civil Aircraft (2011), para. 999.

元素。理性的情况是,基准贷款与被调查贷款针对相同借款人,相同时间发生,具有相同结构、类似到期日,涉及相同规模,以相同货币计价。但在实践中,此类理想的贷款极其罕见,因此可能需要与呈现出较低程度类似性的其他贷款进行比较。① 第二,基准贷款必须是商业贷款。"商业"一词并未提及贷款提供者的身份。"商业"概念本身与政府提供金融服务并非不兼容,不应认为政府(或者政府主导市场上的私人贷款人)提供的任何贷款事实上不是商业的。政府提供贷款的事实本身不足以认定此类贷款不是商业的,并因此不能作为第 14 条(b)项下的贷款基准。调查机关需要证明,市场上的政府存在或影响所致扭曲导致利率不可用作基准。② 第三,基准贷款必须是公司"可实际从市场上获得的可比商业贷款"表明,第 14 条(b)项下的基准贷款无须在每一案件中都是市场上存在或者事实上可以获得的贷款。第三个要素首先是指借款人的风险状况,即基准贷款是否为获得被调查政府贷款的借款人能够获得的贷款。第 14 条(b)项并未排除如下可能性:将并非公司所在市场实际可获得的商业贷款(如其他市场上的贷款或者推算代理指标)利率作为基准。③

(2) 贷款总成本比较

为贷款支付的金额是指与贷款相联系的总成本,不仅仅是指贷款利益,也包括其他成本。在美国碳钢案(印度诉)中,上诉机构不同意专家组的下列看法:如果获得贷款的公司为其政府贷款支付的金额与该公司为其市场上的可比商业贷款支付的金额之间存在差额,就授予了第 14 条(b)项意义上的利益,无须作出任何其他抵免或者调整。上诉机构认为:第 14 条(b)项下的恰当评估需要审查贷款接受者的被调查贷款的总成本,以及此类总成本与可比的商业贷款的总成本之间是否存在差异。专家组区分了与贷款利益或偿还条件相联系的成本与准入或管理费用导致的其他成本,但从接受者角度看,此种区分没有准确反映出相关贷款的成本。此外,根据安排特定商业贷款的方式,与获得一项贷款相联系的成本会很大,应当将其纳入对那一贷款的市场评估之中。上诉机构因此不同

---

① Appellate Body Report on US-Anti-Dumping and Countervailing Duties (2011), paras. 475-476.
② Ibid., paras. 478-479.
③ Ibid., para. 480.

意专家组的下列结论:调查机关不需要考虑接受者参与提供贷款的项目所发生的成本。①

(3) 审查交易条件而非实际放贷情况

由于《SCM 协定》第 14 条(b)项下的评估聚焦于贷款人和借款人达成交易之时的情况,调查机关必须审查如何安排贷款以及如何考虑风险,而不是审查一段时间内的实际放贷情况。从实际角度看,要求审查一项贷款的实际发放情况意味着,除非完全结束放贷,否则不得质疑此类措施。就长期贷款而言,这意味着对此类措施的指控不得不延后数年。因此,根据第 14 条(b)项评估利益必须审查贷款交易达成之时的条款和条件,并将其与当时市场上本会提供的条款和条件进行对比。②

(4) 找寻基准贷款的同心圆方法

由于《SCM 协定》第 14 条(b)项下的基准贷款需要满足三项累积条件,特别是基准贷款与被调查贷款需要具有可比性,寻找基准贷款并非易事。美国双反案(中国诉)专家组提出了系列同心圆方法。该案专家组认为,根据第 14 条(b)项识别一种适当基准可被视为系列同心圆:调查机关首先应该寻找针对相同借款人的与被调查贷款相同或几乎相同的商业贷款。如果不存在相同或几乎相同的商业贷款,调查机关应该依次寻找相同借款人持有的其他类似商业贷款、授予与被调查借款人有着类似风险状况的另一借款人的类似商业贷款。在这一过程中,调查机关需要作出调整,以便反映可比商业贷款与被调查贷款的差异,如初始日期、规模、到期日、货币、结构或者借款人的信用风险。但是,如果可比商业贷款与被调查政府贷款之间的实际差异显著,以至于不可能通过调整处理此类差异,那么应该允许调查机关将代理指标作为基准。上诉机构同意专家组的前述方法并认为,根据第 14 条(b)项选择基准涉及渐进地寻找可比商业贷款,起点是与被调查贷款最相似的商业贷款,接着是不太类似的商业贷款,但需要作出调整以便确保其与被调查贷款的可比性。③

关于调整,上诉机构指出,被调查商业贷款偏离相同或几乎相同贷款

---

① Appellate Body Report on US-Carbon Steel (2014), para. 4.347.
② Appellate Body Report on EC and Certain Member States-Large Civil Aircraft (2011), paras. 834-838.
③ Appellate Body Report on US-Anti-Dumping and Countervailing Duties (2011), paras. 485-486.

的理想基准,调查机关就有必要作出更多调整,以便确保基准贷款接近于《SCM 协定》第 14 条(b)项规定的公司"可实际从市场上获得的可比商业贷款"。这符合并类似于上诉机构在美国软木案Ⅳ中确认的下列要求:如果没有使用提供国市场上的私人价格,调查机关仍应选择一种方法计算涉及、提及或者与提供国通行市场条件相联系的利益。①

3. 贷款担保

根据《SCM 协定》第 14 条(c)项,政府贷款担保不应被视为授予利益,除非获得担保的公司为政府担保的贷款支付的金额与该公司为其在没有政府担保情况下将会对可比商业贷款支付的金额存在差异。在此种情况下,利益应当是前述两个金额之差并应调整任何费用差异。需要指出的是,在政府贷款担保背景下,并不是比较贷款担保市场的情况,如比较政府贷款担保与商业贷款担保收取的担保费用差异,而是比较有无政府担保时接受者支付的金额差异。政府贷款担保、商业贷款担保如果收取费用,调查机关应当作出调整。例如,如果只有政府贷款担保收取了费用,可以通过考虑担保费用是否低于前述金额差异认定是否存在利益。

加拿大飞机信贷和担保案专家组认为,《SCM 协定》第 14 条(c)项对于解释贷款担保背景下的"利益"一词提供了上下文指导。如果项目费用没有抵消公司获得贷款担保项目下的贷款而节省的成本,就会存在利益,如项目费用不是以市场为基础。② 该案专家组还认为,尽管第 14 条(c)项明确涉及贷款担保背景下的利益,但是,贷款担保与股权担保的运作可能存在足够的类似之处,在某些情况下依据第 14 条(c)项确定股权担保背景下的利益是适当的。如果无股权担保项目情形下的股权成本存在差异,并且提供股权担保的项目所收取的费用没有涵盖此类差异,就会产生利益。如果证明项目费用不是以市场为基础,项目费用就没有涵盖此类成本差异。③

4. 政府提供商品或服务或者购买货物

根据《SCM 协定》第 14 条(d)项,政府提供货物或服务或者购买货物不得被视为授予利益,除非提供所得低于充分回报,或者购买所付高于充

---

① Appellate Body Report on US-Anti-Dumping and Countervailing Duties (2011), para. 488.
② Panel Report on Canada-Aircraft Credits and Guarantees (1999), para. 7.398.
③ Ibid., para. 7.345.

分回报。回报的充分性应与所涉货物或服务在提供国或购买国现行市场情况(包括价格、质量、可获性、适销性、运输和其他购销条件)相比较后确定。充分回报的基准必须参照"现行市场情况"确定,该情况是提供国或购买国现在存在的,是评估回报充分性的标准。①

(1) 回报充分性概念

第 14 条(d)项下的回报充分性应当从相关货物的接受者而不是政府提供者角度进行评估。基于第 14 条的标题(以接受者所获利益计算补贴的金额)以及第 14 条(d)项第二句,上诉机构认为,"尽管'回报'概念意味着可从提供或接受支付的人的角度看待对货物或服务的支付,但其他解释性因素导致我们认为必须从接受者角度恰当进行此类评估"。②

关于政府价格/回报的内容,美国反补贴措施案(中国诉)专家组认为,基于具体情形,"回报"一词(即上诉机构所称的"政府价格")可能包括为货物支付的价格之外的东西,如实物补偿。然而,在大多数案件中,生产商/出口商支付的价格通常构成提供相关货物的回报。美国软木案Ⅶ专家组认为,货物价格之外的费用,相关货物的接受者为了获得货物必须履行的强制性义务,都可能构成相关货物回报的一部分,调查机关在通过比较政府价格与基准价格确定利益时必须予以考虑。评估此类费用或义务是否产生了必须纳入相关货物回报的成本,取决于每一案件的事实和具体情况。③

案例 6-4　美国软木案Ⅶ

在美国软木案Ⅶ中,美国商务部拒绝将伐木商为其购买的木材作出的某些支付作为回报一部分。加拿大指控美国违反了《SCM 协定》第 14 条(d)项。专家组认为,至少就某些此类支付而言,美国商务部本应调整争议省份的立木费价格,因为这类价格并未反映出伐木商为购买木材向各省支付的所有费用。专家组同意加拿大的主张:美国商务部应该调整争议省份的立木费价格,以便考虑伐木商作为获取木材之条件需要承担

---

① Panel Report on US-Coated Paper (2017), para. 7.32.
② Appellate Body Report on US-Carbon Steel (2014), paras. 4.127-4.129.
③ Panel Report on US-Softwood Lumber VII (2020), paras. 7.434-7.435.

的各种强制性实物成本和费用。美国商务部有义务基于伐木商向相关省份支付的所有费用确定立木的回报充分性。专家组认为,在通过比较政府价格与基准价格确定利益时,调查机关必须考虑伐木商为相关货物支付的所有费用。①

(2) 比较方法

在美国碳钢案(印度诉)中,印度主张,作为门槛问题,调查机关在审查利益之前必须处理回报充分性问题。专家组拒绝了印度的主张并得到上诉机构支持。上诉机构认为,《SCM 协定》第 14 条(d)项规定了回报充分性,以及该条款意义上的"利益"的统一评估方法,即通过分析政府提供货物的回报充分性确定利益,而不是要求单独分析利益或回报。②

美国碳钢案(印度诉)专家组认为,《SCM 协定》第 14 条(d)项预想的比较分析涉及回报是否低于充分的问题。"低于"一词是比较性质的,要求比较政府价格与代表市场上的充分回报的价格(参照现行市场情况确定)。第 14 条(d)项没有使用"差异"一词不会减损内生于其第一句的分析的比较性质,其要求的比较分析类似于(a)项的要求:尽管没有使用"差异"一词,(a)项仍然要求比较投资决定与通常投资做法。③ 上诉机构在相同案件中认为,确定回报是否低于充分涉及选择与相关货物的政府价格进行比较的对象或者基准价格。如果比较结果是政府价格低于基准价格,两种价格之间的差额就反映出根据第 14 条(d)项授予的利益。④ 因此,根据第 14 条(d)项认定和计算利益,涉及寻找基准价格以及与政府价格进行比较。

(3) 基准价格的条件

《SCM 协定》第 14 条(d)项下的基准价格必须"参照现行市场情况"确定,而此类情况是指提供国或购买国存在的条件。⑤

"现行市场情况"的含义。在美国碳钢案(印度诉)中,上诉机构将

---

① Panel Report on US-Softwood Lumber VII (2020), paras. 7.439-7.440.
② Appellate Body Report on US-Carbon Steel (2014), para. 4.126.
③ Panel Report on US-Carbon Steel (India) (2014), para. 7.32.
④ Appellate Body Report on US-Carbon Steel (2014), para. 4.148.
⑤ Appellate Body Report on US-Countervailing Measures (2014), para. 4.45.

《SCM 协定》第 14 条(d)项中的"现行市场情况"解释为"供需力量互动决定市场结果的一个经济活动领域的普遍接受特征",并强调第 14 条(d)项调查的市场导向:恰当市场基准来源于对争议货物或服务在市场条件下将会交换的条件的审查。①

根据《SCM 协定》第 14 条(d)项第二句,"现行市场情况"至少包括提供国或购买国市场上相关货物的价格、质量、可获性、适销性、运输和其他购销条件。美国软木案Ⅵ专家组认为,第 14 条(d)项第二句提及的现行市场情况示例清单描述了可能影响争议财政资助与基准可比性的因素。评估第 14 条(d)项意义上的"现行市场情况"必然涉及分析市场总体情况,而不是那一市场上的单个交易。只有通过此类分析,调查机关才能得出关于提供国或购买国市场现行情况的结论。其他购销条件只是示例清单包含的一个因素。②

案例 6-5　美国碳钢案(印度诉)

印度在上诉中主张,专家组基于交付基础上的孤立进口交易确定这些交易是否反映出印度境内的"现行市场情况"。印度认为,专家组的认定基于对《SCM 协定》第 14 条(d)项"现行市场情况"一词的错误理解。上诉机构认为,印度诉请的关键在于,《SCM 协定》第 14 条(d)项意义上的"现行市场情况"是指市场现行的总体情况,而不是相关市场上单个行为体的孤立行为。上诉机构认为,评估现行市场情况必然涉及分析市场总体,交货费用的任何调整必须反映提供国或购买国相关货物普遍适用的交货费用。上诉机构据此得出结论,为了参照提供国或购买国现行市场情况评估回报充分性,调查机关可能有必要寻求并分析关于相关货物现行市场情况的证据,包括那一货物普遍适用的交货费用。③

(4) 寻找基准价格

上诉机构在美国反补贴措施案(中国诉)中认为:恰当基准价格通常

---

① Appellate Body Report on US-Carbon Steel (2014), paras. 4.150-4.151.
② Panel Report on US-Softwood Lumber VII (2020), para. 7.534.
③ Appellate Body Report on US-Carbon Steel (2014), para. 4.309.

源自提供国或购买国的相关货物市场。在此种内国价格由市场决定的范围内，它们必然会与《SCM 协定》第 14 条(d)项第二句规定的提供国或购买国现行市场情况存在必要联系。此种内国价格可以源自各种渠道，包括私人或政府相关实体。①

一般来说，私人在提供国或购买国市场上的独立交易中销售相关货物的价格反映出各该国相关货物的现行市场情况。调查机关一般应首先考虑此类私人价格。如果诉诸私人价格之外的基准，则需满足一定条件。

案例 6-6　美国软木案 IV

上诉机构在美国软木案 IV 中认为，在某些情形下，调查机关根据《SCM 协定》第 14 条(d)项可以使用提供国或购买国私人价格之外的基准确定政府是否以低于充分回报的价格提供货物。关于可以使用私人价格之外的基准的门槛，上诉机构认为：尽管第 14 条(d)项并不要求在所有情形下将私人价格作为排他性标准，但其用语确实强调，提供国或购买国私人供应商销售类似货物的价格是调查机关确定政府是否以低于充分回报的价格提供货物必须使用的首要基准。在本案中，争端方和当事方都同意，确定回报充分性的起点是私人供应商在供应商的独立交易中销售相同或类似货物的价格。供货市场上的私人价格通常反映对货物供应回报充分性的适当衡量，然而并非所有情形都是如此。如果调查机关证明提供国或购买国私人价格由于政府在提供这些货物方面的主导作用而受到扭曲，就可以根据《SCM 协定》第 14 条(d)项使用提供国或购买国私人价格之外的基准。②

关于调查机关何时能够使用私人价格之外的基准，上诉机构认为就市场扭曲和价格影响而言，政府作为特定货物唯一提供者与政府由于作为这些货物的提供者而在市场上发挥主导作用，二者差异不大。即使不是唯一提供者，只要是特定货物的主导性提供者，政府就可能通过自己的定价策略影响这些货物私人供应商的价格，诱使后者并使其价格达到政府价格与私人价格没有什么差异的价位。即使政府价格并未反映出充分

---

① Appellate Body Report on US-Countervailing Measures (2014), para. 4.46.
② Appellate Body Report on US-Softwood Lumber IV (2004), para. 90.

回报,也会如此。如果将私人价格作为基准并与争议财政资助进行比较,则会导致利益人为较低甚至是零,不能囊括全部补贴。因此,如果政府是特定货物的主导性提供者,此种方法将会破坏或者规避《SCM 协定》项下的补贴纪律以及各成员的反补贴权利,而第 14 条(d)项的用语是为了确保此种情况下不会挫败这一条款的目标。因此,尽管第 14 条(d)项要求调查机关参照提供国或购买国现行市场情况计算利益,但同时允许调查机关使用那一市场上私人价格之外的基准。由于政府作为相同或类似货物的供应商参与并主导市场,以至于私人供应商将会使其价格向政府提供货物的价格看齐,私人价格因此受到扭曲,仅仅诉诸私人价格无法计算利益。上诉机构强调,调查机关根据第 14 条(d)项考虑提供国或购买国私人价格之外的基准的机会非常有限。政府是货物重要提供者的事实本身不能证明货物的所有价格受到了扭曲,因此,声称政府是重要提供者不能单独证明价格扭曲并允许调查机关选择提供国或购买国私人机构之外的基准,必须根据每一基础反补贴调查的特定事实,逐案认定私人价格是否由于政府在市场上的主导作用(作为特定货物提供者)而受到扭曲。[①]

政府定价或者政府相关实体的价格,并不必然不能作为《SCM 协定》第 14 条(d)项意义上的基准价格。上诉机构在美国反补贴措施案(中国诉)中指出,根据第 14 条(d)项选择基准价格不能一开始就拒绝考虑任何特定来源的内国价格,包括争议财政资助之外的政府相关价格。这是因为,就第 14 条(d)项下的基准价格而言,并不取决于其来源,而是由其是否为一种反映提供国或购买国现行市场情况的价格决定。因此,也需要审查提供争议财政资助的实体之外的政府相关实体的价格,以便确定这类价格是否由市场决定并因此构成恰当基准价格的一部分。[②]

上诉机构在美国碳钢案(印度诉)中详述了根据《SCM 协定》第 14 条(d)项使用基准价格。上诉机构认为,私人供应商在提供国或购买国销售相同或类似货物的价格可以作为分析起点,但这并不意味着,如果发现了此种价格,分析必然到此结束。例如,也需要考虑提供争议财政资助的实

---

① Appellate Body Report on US-Softwood Lumber IV (2004), paras. 100-103.
② Appellate Body Report on US-Countervailing Measures (2014), para. 4.64.

体之外的政府相关实体的价格,以便评估此类价格是否由市场决定并据此构成恰当基准价格的一部分。第 14 条(d)项没有确立任何法律推定:在基准价格分析中可以忽略任何特定来源的内国价格。相反,第 14 条(d)项要求分析提供国或购买国市场以便确定是否可以依赖特定内国价格得出恰当基准价格。①

(5) 区域市场与基准价格

美国软木案Ⅱ涉及的问题是,在使用政府提供相关货物所在地区的立木基准之前,《SCM 协定》第 14 条(d)项是否要求美国商务部将其从加拿大其他五个地区获得的市场决定价格作为其利益评估的起点。

该案专家组首先指出,第 14 条(d)项第二句提及的"所涉货物"是指政府提供的货物。换言之,"所涉货物"是指政府实际售出并且调查机关寻求确定回报充分性的货物。专家组接着认为,调查机关选择的基准价格必须反映政府提供相关货物的事实状况或者现行市场情况。为了确定政府提供所涉货物的回报充分性,第 14 条(d)项要求调查机关使用与提供国或购买国那一货物"现行市场情况"有关的基准价格。换言之,基准价格必须反映政府提供货物的事实状况。专家组认为,反映政府提供货物的事实状况的基准价格通常来源于那一货物现行市场情况。由于基准价格源自政府提供货物相同或类似的市场情况,其自然与政府提供货物的现行市场情况有关。② 因此,将源自提供国或购买国任何地方的一种货物的市场决定私人价格选作基准价格,不足以满足第 14 条(d)项的要求。此种基准价格并不必然反映与政府提供货物相同的现行市场情况。与政府提供货物相同或类似的货物在提供国或购买国全国范围内销售,并不一定意味着,这些货物的市场决定价格必然反映与政府提供货物相同的现行市场情况。例如,在提供国或购买国不同地区销售的相同货物(如立木)不一定拥有相同质量、可获性、适销性、运输和其他购销条件。③

专家组认为,调查机关是否能够将提供国或购买国任何地方的一种货物的市场决定私人价格选作政府在特定地区提供该种货物的价格的基准价格,取决于前者的现行市场情况是否反映后者的现行市场情况:如果

---

① Appellate Body Report on US-Carbon Steel (2014), para. 4.154.
② Panel Report on US-Softwood Lumber VII (2020), paras. 7.20-7.23.
③ Ibid., para. 7.24.

调查机关有证据表明,政府提供货物的现行市场情况反映出提供国或购买国全国销售相同或类似货物的现行市场情况,从提供国或购买国任何地方选取的市场决定基准价格都会满足第 14 条(d)项的要求。这是因为,提供国或购买国任何地方的现行市场情况都会是相同的,不论从提供国或购买国的哪个地方选择市场决定的基准价格,那一基准都与政府提供货物的现行市场情况有关。然而,如果有明确的证据表明,政府提供货物的现行市场情况不同于提供国或购买国其他地方销售相同或类似货物的现行市场情况,调查机关将提供国或购买国任何地方的市场决定价格作为基准价格就不足以符合第 14 条(d)项。在这种情况下,调查机关需要确保选定的基准价格与政府提供相关货物的现行市场情况有关,也就是与针对政府提供货物认定存在的事实状况有关。[①]

(6) 利益计算与归零方法

在美国软木案Ⅶ中,加拿大主张,美国商务部在计算加拿大某些省授予被调查生产商的利益金额时违反了《SCM 协定》第 14 条(d)项、第 19.3 条和第 19.4 条。具体而言,美国商务部比较了每一受到审查的交易的价格与相对应的基准价格;某些受审查交易的价格低于相对应的基准价格,美国商务部将所有此类负值比较结果设为零值。专家组进一步详述了美国商务部将归零方法适用于其利益计算的方式:在计算新不伦瑞克省向 Irving 公司(新不伦瑞克省的被调查生产商)提供立木授予的利益时,美国商务部比较了 Irving 公司单笔购买木材的每一价格与 Irving 公司在新斯科舍省的月度平度私人立木购买价格。如果新不伦瑞克省特定交易的木材购买价格高于新斯科舍省相对应的月度平均私人市场价格,美国商务部就将利益金额设为零值。美国商务部接着汇总剩余的特定交易利益金额以便计算总利益金额。就大不列颠哥伦比亚省而言,美国商务部根据木材标记和种类对采购进行分类,然后根据分类确定被调查生产商购买木材的年度平均价格。美国商务部比较了加拿大大不列颠哥伦比亚省的每一被调查生产商的木材标记/特定种类的年度平均价格与相对应的美国华盛顿州的特定种类年度评价基准价格,如果前者高于后者,美国商务部就将政府授予的利益设为零值。美国商务部接着汇总每一被调查生产商的所有

---

① Panel Report on US-Softwood Lumber VII (2020), paras. 7.26-7.27.

木材标记/特定种类利益金额,以便计算出利益总金额。①

专家组指出,加拿大关于《SCM 协定》第 19.3 条、第 19.4 条的诉请取决于第 14 条(d)项存在相关义务,即美国商务部有义务汇总所有比较结果,不论是正值还是负值。② 专家组注意到,《SCM 协定》第 14 条(d)项并未明确要求调查机关遵循任何特定方法确定回报的充分性。第 14 条将(a)—(d)项设置的规则定性为"指南",它们确立了利益计算的基本框架;关于特定案件中应该如何准确计算,指南留给调查机关相当大的空间。第 14 条(d)项没有设置要求调查机关汇总所有交易对基准价格比较结果(正值和负值)的一般规则(即汇总所有比较结果)。③

专家组接着分析了涉及是否要求汇总所有比较结果问题的美国双反案(中国诉)专家组裁决。该案专家组认为,只要参照现行市场情况确定回报充分性,调查机关就能够利用《SCM 协定》第 14 条赋予的方法灵活性适当考虑具体调查事实。所涉货物在提供国或购买国"现行市场情况"是指,调查机关选定的基准价格必须对应于针对政府提供货物认定存在的事实状况。这一要求限定了赋予调查机关的方法灵活性。尽管该案专家组并未裁定第 14 条(d)项要求调查机关汇总所有比较结果的一般性义务,但是专家组预想,在某些情形下,调查机关可能需要进行此类汇总。该案专家组认为:为了认定利益金额,某种程度的交易分组或者平均在特定情形下可能是必要的。例如,根据合同完成特定系列交易,或者向政府支付的实际价格在整个调查期内围绕市场基准价格轻微波动。专家组认为,尽管第 14 条(d)项并不存在要求调查机关汇总所有比较结果(正值和负值)的一般性义务,但在具体情形下这么做可能是必要的。④ 调查机关在确定回报充分性时适用的方法的任何方面都必须与所涉货物的现行市场情况有关。⑤ 专家组裁定,美国商务部将负值比较结果设为零值的方法与《SCM 协定》第 14 条(d)项不符。

---

① Panel Report on US-Softwood Lumber VII (2020), paras. 7.548-7.550, 7.554.
② Ibid., paras. 7.560-561.
③ Ibid., para. 7.562.
④ Ibid., paras. 7.562-7.563.
⑤ Ibid., paras. 7.567-7.568.

四、补贴的针对性:专向性

《SCM 协定》并不禁止所有类型的补贴。如果对满足财政资助和利益要求的补贴征收反补贴税或采取其他反补贴措施,则政府的许多措施都可能成为可申诉的补贴。例如,政府投资兴建公路,使公路附近的每一行业生产成本都有所降低。如果允许针对这种补贴采取反补贴措施,那么会造成非常荒唐的结果。为限制反补贴税的使用,《SCM 协定》为识别补贴设置了必要的客观标准,即专向性标准。

根据《SCM 协定》,假设一项措施是该协定意义上的补贴,即满足上述财政资助和利益的条件,那么,除非它是专门提供给一个企业或行业或一组企业或行业的,否则不受该协定的约束。专向性标准的原则是:在某一经济领域范围内对资源分配造成扭曲的补贴才受规制;如果一项补贴是在某一经济领域范围内普遍可获得的,则应推定其不会对资源分配造成扭曲。这一原则可以确保政府的许多类似措施不会被界定为应予征收反补贴税的补贴,包括公共教育、政府投资兴建高速公路、铁路体系、全国通信网络等。

补贴的专向性分为法律上的专向性、事实上的专向性两类,两者居其一即构成专向性补贴。法律上的专向性补贴是指,如果授予补贴的政府机关或该机关据以执行的立法明确规定,只有特定企业、产业、企/产业集团或某特定地区可以获得补贴,则该补贴就具有专向性。反之,如果授予补贴的政府机关或该机关据以执行的立法规定的获得补贴的资格、补贴金额的标准或条件是客观性、纯经济性的,并不特别优惠某个企业或地区,符合标准或条件的企业都能自动获得补贴,则该补贴不是专向性的。

某项补贴可能表面上看来不具有专向性、是一般可获得的,但可以通过其他因素确定其具有专向性,属于事实上的专向性。这些因素包括:是否仅由数量有限的特定企业使用补贴计划,是否主要由特定企业支配使用补贴,是否向特定企业提供比例过大的补贴,以及补贴授予机关决定授予某项补贴而行使自由裁量权的方式。在确认事实上的专向性时,应充分考虑补贴授予机关管辖范围内经济活动多样化的程序,以及补贴计划已实施的时间跨度。

具体而言,专向性补贴分为如下四类:(1) 企业专向性补贴,即一国政府挑选一个或几个特定企业进行补贴；(2)产业专向性补贴，即一国政府针对某一个或几个特定部门或产业进行补贴，如只给机电产品补贴，而不给予钢铁产品补贴；(3)地区专向性补贴，即一国政府对其领土内特定地区的生产进行补贴，如只给经济特区的补贴；(4)禁止性补贴，即与出口实绩或使用国产货物相联系的补贴，包括出口补贴或进口替代补贴。

《SCM协定》的专向性标准是区分禁止性补贴、可诉性补贴和不可诉补贴的分水岭，也是判断某项补贴是否应受反补贴措施制裁的前提。但《SCM协定》只为确定专向性提供了一般性原则，在实践中其认定尚存在一定的困难。

第三节 补贴类型与法律规制

一、禁止性补贴

《SCM协定》第3.1条规定："除《农业协定》的规定外，下列属第1条范围内的补贴应予禁止：(1)法律上或事实上视出口实绩为唯一条件或多种其他条件之一而给予的补贴，包括附件1列举的补贴；(2)视使用国产货物而非进口货物的情况为唯一条件或多种其他条件之一而给予的补贴。"禁止性补贴包括出口补贴和进口替代补贴。这两类补贴被禁止的原因是它们旨在直接影响贸易，并因此最有可能对其他成员的利益造成不利影响。

（一）出口补贴

出口补贴是指在法律上和事实上仅为出口行为使用的补贴。对于哪些补贴行为属于应当禁止的出口补贴，《SCM协定》第3.1条(a)项与附件1的出口补贴例示清单有比较明确的规定。就两者之间的关系，上诉机构在巴西飞机补贴案中指出：第一，附件1仅是例示性的，它并不意图作为出口补贴的详尽无遗的清单，可能存在某些补贴属于第3.1条(a)项意义上的禁止性出口补贴，但没有被包括在附件1规定的范围之内；第二，属于例示清单范围内的措施本身构成出口补贴，不必先证明该措施属于第3.1条(a)项规定的范围。

1.《SCM 协定》第 3.1 条(a)项意义上的出口补贴

根据《SCM 协定》第 3.1 条(a)项,构成出口补贴须满足如下条件之一:[①]

(1) 法律上的出口条件性

只要证明一成员存在对出口给予补贴的强制性法律规定,即可认定具有法律上的出口条件性。详言之,如果法律明确规定了强制性义务,起诉方可以直接就此提起诉请。如果法律只是赋予行政机关一定的权力,行政机关可以自行确定实施法律的具体形式,但是,如果行政机关选择的形式违反 WTO 有关协定的规定,就构成法律上的出口条件性;如果行政机关选择的形式并不违反 WTO 有关协定的规定,就不构成法律上的出口条件性。

在加拿大影响民用飞机出口措施案中,加拿大承认,出口信贷就是向出口产品提供直接的资助。专家组就加拿大账户对国产民用飞机工业的资金支持是否取决于出口实绩进行分析,认为为直接或间接支持和发展加拿大出口贸易而提供的出口信贷在法律上明显取决于出口实绩,构成法律上的出口条件性。

(2) 事实上的出口条件性

相对于法律上的出口条件性,对事实上的出口条件性的认定更加困难。起诉方不仅要证明受到补贴的是出口企业,还必须证明"如果没有出口或预期的出口,就不会给予补贴"。在确认事实上的出口条件性时,需要重点审查给予补贴时的意图,而不是看补贴是否真的刺激了出口;只要有事实证明补贴与实际的或预期的出口相关联,就构成事实上的出口条件性。

案例 6-7　澳大利亚汽车皮革案

澳大利亚政府与 Howe 公司及其母公司澳大利亚皮革股份有限公司(ALH)签订了资助合同,约定澳大利亚政府分三次向 Howe 公司提供总额达 3000 万澳元的资助,根据 Howe 公司完成合同规定的指标情况来支

[①] 参见王传丽编著:《补贴与反补贴措施协定条文释义》,湖南科学技术出版社 2006 年版,第 55 页。

付。合同规定的指标分为销售指标和投资指标,销售指标包括整个合同期间的销售总指标和各阶段的分指标;投资指标则是在4年中将2280万澳元直接投资于车用皮革生产。根据资助合同,Howe公司被要求以"最佳努力"来实现这些目标。对此,美国于1996年提出申诉,指出澳大利亚政府提供的补贴事实上取决于出口实绩,与Howe公司实际或预期的出口或出口收入关联,违反了《SCM协定》第3条的规定。

美、澳双方就补贴与出口实绩之间的关联的性质和范围存在分歧。美国主张应该对"事实上的出口条件性"作广义的解释,强调只要在决定是否给予补贴时要考虑的因素之一是实际或预期出口,即构成"事实上的出口条件性"的补贴。澳大利亚则主张应对此作狭义的解释,强调必须有事实证明补贴的实施是根据实际或预期出口或出口收入,才能构成"事实上的出口条件性"的补贴。

专家组通过对《SCM协定》第3.1条(a)项及其注释的考察,认为只要有事实证明补贴在事实上与实际或预期出口或出口收入有关联,即符合"事实上的出口条件性"要求。因此,在认定"事实上的出口条件性"时,应仔细审查本案中授予或维持补贴的背景,包括补贴的条件和结构,以及授予或维持补贴的情况,而不能只局限于对该补贴的授予或维持作规定的法律文书和行政性安排的条款的审查。

2.《SCM协定》附件1例示清单中的出口补贴

《SCM协定》附件1的例示清单对应予禁止的出口补贴进行了列举,具体包括:

(1) 政府视出口实绩对一公司或一产业提供的直接补贴。

(2) 涉及出口奖励的货币保留方案或任何类似做法。

(3) 政府提供或授权的对出口装运货物征收的内部运输和货运费用,条件优于给予国内装运货物的条件。

(4) 由政府或其代理机构直接或间接通过政府授权机制为用于出口产品生产的产品或服务提供优惠。

(5) 全部或部分免除、减免或缓征工业或商业企业已付或应付的、专门与出口产品有关的直接税或社会福利费用。其中,直接税是指对工资、利润、利息、租金、专利权使用费和其他形式的收入所征收的税,以及对不动产所有权征收的税。

(6) 在计算直接税的征税基础时,与出口产品或出口实绩直接相关的特殊扣除备抵超过给予供国内消费的生产的特殊扣除备抵。

(7) 对出口产品的生产和分销,间接税的免除或减免超过对于销售供国内消费的同类产品的生产和分销所征收的间接税。间接税是指销售税、消费税、增值税、营业税、特许税、印花税、转让税、存货税、设备税、边境税以及除直接税和进口费用外的所有税。

(8) 对用于生产出口产品的货物或服务,超额免除、减免或缓征前阶段累积间接税。"前阶段"间接税指对直接或间接用于制造产品的货物或服务所征收的税。"累积"间接税指在一生产阶段应征税的货物或服务用于下一生产阶段的情况下,在缺乏后续计税机制时征收的多级税。

(9) 超额退还用于生产出口产品的进口品进口费用。

(10) 政府或政府控制的特殊机构提供优惠的出口信贷担保或保险计划以及针对出口产品成本增加或外汇风险的保险或担保计划,保险费率不足以弥补长期营业成本和计划的亏损。

(11) 政府(或政府控制的和/或根据政府授权活动的特殊机构)提供优惠利率的出口信贷。

(12) 对构成 GATT1994 第 16 条意义上的出口补贴的官方账户收取的任何其他费用。

对于产品的出口退税问题,GATT1994 第 16 条注释明确规定,对出口产品免征其同类产品供国内消费时所负担的国内税,不得视为出口补贴。换言之,对出口产品免征间接税或退还已就该产品征收的间接税,不构成出口补贴。

(二) 进口替代补贴

《SCM 协定》第 3.1 条(b)项禁止依赖于使用国产货物而不是进口货物的补贴,不论是作为单独条件还是作为许多其他条件之一。进口替代补贴,是指以使用国产货物为条件的补贴。出口补贴给予的对象是出口产品的生产者,进口替代补贴给予的对象则是国产货物的生产者、使用者或消费者。进口替代补贴方式表现为,对进口替代产品的使用者给予物质奖励,允许使用国产货物的生产者对进口替代产品的国产设备进行加速折旧,或者对此类设备的增值税予以全额抵扣,对购买进口替代设备提供优惠贷款等。由于进口替代补贴会导致进口产品在与受补贴的国产货物的竞争中处于劣势,从而抑制相关产品的进口,对进口贸易产生扭曲作用,《SCM 协定》将其纳入禁止的补贴范畴。

1. 进口替代补贴与国内补贴

《SCM 协定》第 3.1 条(b)项旨在规制进口替代补贴,但并不禁止国内生产补贴本身,而是禁止依赖于使用国产货物而不是进口货物授予补贴。国内生产补贴通常会增加相关市场上受补贴国产货物的供应,增加下游产业使用这些货物,进而对进口产品产生不利影响。①

2. 法律上与事实上的依赖

与《SCM 协定》第 3.1 条(a)项明确提及"法律上或事实上"不同,第 3.1 条(b)项并无类似提及。但是,第 3.1 条(b)项的范围涵盖法律上和事实上的依赖。②

3. 使用

"使用"(use)一词是指使用或利用某物的行为。例如,在制造过程中消耗一种货物,或者将一个零部件纳入独立货物,或者作为生产一种货物的工具。③

4. 国产货物而不是进口货物

"货物"可被理解为"产品"的同义词,是指补贴接受者可能使用的任何类型的货物,包括纳入另一货物的零部件或元器件,另一货物生产过程中消耗的原材料或物质,或者生产过程中使用的工具或仪器。尽管"国产"和"进口"等限定词暗示相关货物至少是可以进行贸易的,但"货物"一词的含义并不是实际进行贸易的那些货物。④"国产货物"是指原产于相关成员领土内的货物,"进口货物"是指跨越边境进入相关成员领土的货物。"over"一词是指"使用国产货物优先于或者替代进口货物"。⑤

---

① Appellate Body Report on US-Tax Incentives (2017), para. 5.15.
② Appellate Body Report on Canada-Autos (2000), paras. 137-143.
③ Appellate Body Report on US-Carbon Steel (2014), para. 4.374; Appellate Body Report on US-Tax Incentives (2017), para. 5.8.
④ Appellate Body Report on US-Tax Incentives (2017), para. 5.9.
⑤ Ibid., paras. 5.10-5.11.

5. 依赖性

"依赖性"(contingency)是认定进口替代补贴的关键环节,DSB 采取了较为严格的条件性标准。"依赖"一词是指以其他事物为条件或者其存在取决于其他事物。这一法律标准适用于《SCM 协定》第 3.1 条(a)(b)项下的依赖性。① 如果在一项要求的意义上,使用国产货物是获得补贴的一项条件,该项补贴就会"依赖于"使用国产货物而不是进口货物。根据第 3.1 条(b)项认定依赖性的核心问题不是一项补贴的资格要求是否可能导致使用更多的国产货物以及更少的进口货物,而是要求使用国产货物而不是进口货物的条件能否从措施本身的用语中识别出来,或者从措施的设计、结构、运行模式以及授予补贴的相关事实背景中推导出来。②

用于证明法律上与事实上依赖的证据可能有所不同。法律上的依赖根据相关立法、规章或其他法律文件的用语证明。③ 此类条件性可从措施实际使用的词语中必然推导出来。事实上的依赖认定需要客观评估授予补贴的总体事实状况,包括评估:(1)授予补贴的措施的设计和结构;(2)授予补贴的相关事实背景,提供了理解措施设计、结构和运行模式的背景。④《SCM 协定》第 3.1 条(b)项下的法律和事实依赖性分析是一个连续的过程,始于措施的用语及其必然含义,接着考虑的因素包括措施的设计和结构、措施的运行模式以及其他相关背景。应该整体评估所有相关因素和案卷证据,不应割裂法律上与事实上的依赖性分析。⑤ 关于认定依赖于使用国产货物而不是进口货物,第 3.1 条(b)项并不要求证明国产货物替代进口货物的任何特定数量或水平,依赖性并不限于措施要求补贴接受者使用国产货物以便完全排除进口货物的情形。⑥

---

① Appellate Body Report on Canada-Aircraft (1999), para. 166; Appellate Body Report on Canada-Autos (2000), para. 123.
② Appellate Body Report on US-Tax Incentives (2017), paras. 5.7, 5.18.
③ Appellate Body Report on Canada-Autos (2000), para. 123.
④ Panel Report on in EC and Certain Member States-Large Civil Aircraft (Article 21.5-US) (2016), para. 6.778.
⑤ Appellate Body Report on US-Tax Incentives (2017), para. 5.13.
⑥ Ibid., para. 5.22.

二、可诉补贴

可诉补贴,又称"黄灯补贴",是指那些不是一律被禁止,但又不能自动免于质疑的补贴。从法律上讲,这种补贴是否违反规则取决于补贴的效果。如果补贴产生对贸易的扭曲,对 WTO 其他成员利益有所侵害,则为可诉补贴。

《SCM 协定》第 5 条规定,任何成员不得通过使用第 1 条第 1 款和第 2 款所指的任何补贴而对其他成员的利益造成不利影响。"不利影响"主要包括以下三种情况:(1)对另一成员的国内产业造成损害;(2)导致其他成员丧失或减损其根据 GATT1994 所获得的利益,特别是在 GATT1994 第 2 条下约束减让的利益;(3)对其他成员的利益造成严重侵害。

(一)对另一成员的国内产业造成损害

根据《SCM 协定》第 15 条的注释 45:"在本协定项下,'损害'一词,除非另有规定,否则应理解为指对一国内产业的实质损害,对一国内产业的实质损害威胁或对此类产业建立的实质阻碍,并应依照本条的规定予以解释。"

1. 同类产品与国内产业

确定补贴损害时须认定的产业是指进口国生产与进口产品同类产品的产业。"同类产品"的认定是国内产业认定的前提。在论及对国内产业的损害时,受到损害的应当是指生产与受补贴产品相同产品的国内产业。《SCM 协定》第 15 条注释 46 规定,"'同类产品'一词应解释为相同的产品,即与所涉产品在各方面都相同的产品;或如果无此产品,则为尽管未必各方面相同,但具有与所涉产品极为相似特点的另一产品。"但在现实情况中,对"同类产品"的认定存在诸多争议。对此,DSB 专家提出了确定"同类产品"的两条原则:(1)必须根据个案的具体证据来确定相同产品;(2)专家组应当以其最佳判断作出结论。

根据《SCM 协定》第 16.1 条,国内产业是指同类产品的国内生产者全体,或指总产量构成同类产品国内总产量主要部分的国内生产者,但是如果生产者与出口商或进口商有关联,或它们本身为从其他国家进口被指控的补贴产品或同类产品的进口商,则国内产业可解释为除它们以外的其他生产者。

2. 实质损害

国内产业在确定实质损害时,应对如下三项因素进行实质性审查:(1)受补贴的进口产品的数量,即受补贴的进口产品的绝对数量或相对于进口方成员中生产或消费的数量是否大幅增加;(2)受补贴的进口产品对国内市场同类产品价格的影响,即与进口成员同类产品的价格相比,受补贴的进口产品是否大幅降低价格,或此类进口产品的影响是否大幅压低价格,或是否在很大程度上抑制在其他情况下本应发生的价格增加;(3)这些进口产品对此类产品的国内生产者由此造成的影响,包括对资金流动、库存、就业、工资、产业成长、筹资或投资能力的实际或潜在的不利影响。

3. 实质损害威胁

实质损害威胁,是指进口国的有关产业尚未达到遭受实质损害的程度,但情况的发展必然会导致实质损害。进口国为防止损害的发生,可以采取相应的限制措施。

对实质损害威胁的确定,不应仅仅根据推断、猜测或极小的可能性,情况的变化使补贴产生损害必须是能够明确预见和即将发生的。在确定实质损害威胁时,调查机关应考虑以下因素:(1)该补贴的性质和由此可能造成的贸易影响;(2)进入国内市场的受补贴进口产品的很高的增长率,暗示了进口大量增加的可能性;(3)出口商拥有的充分自由的处置能力,或其处置能力即将发生实质增加,表明受补贴产品向进口成员市场出口大量增长的可能性,并应考虑是否存在可吸收任何额外出口产品的其他出口市场;(4)进口产品的进入价格是否将对国内价格造成实质降低或抑制效果,并可能增加更多对进口产品的需求;(5)被调查产品的库存情况。

4. 实质阻碍产业建立

实质阻碍产业建立,是指受补贴的进口产品在进口国低价销售,阻碍了进口国同类产业的建立。这一判断标准仅适用于尚未建立的产业,但产业建立与否并没有统一的判断标准,因此很难就此展开反补贴调查。如果某产业的市场竞争本来就比较激烈,某公司因受补贴产品的增加而更难以进入该市场,则不应简单地认定为实质阻碍产业的建立。

(二) 导致其他成员丧失或减损其根据GATT1994所获得的利益

《SCM协定》第5.1条(b)项的注释规定:"本协定使用的'丧失或减损'的措辞与GATT1994相关条款使用的意义相同,此类丧失或减损的存在应根据实施这些条款的惯例确定。"GATT1994的相关条款是指GATT第23条有关"非违法之诉"的规定,意在保护缔约方的合理期待利益。"通过相互谈判的关税减让或其他互惠的GATT义务,每一成员方取得了针对另一成员方的某种贸易利益。一成员方嗣后采取的措施可能导致另一成员方利益的丧失或减损,不论嗣后的措施本身是否违法。"由于利益的"丧失或减损"本身是比较含糊的概念,因此GATT时期成为许多国家作为指控其他国家补贴措施的常用理由。

(三) 对其他成员的利益造成严重侵害

严重侵害的范围较广,包括严重侵害威胁。前述损害的重点在于补贴进口的产品对进口成员市场所产生的影响,而严重侵害的重点在于补贴成员的出口利益是否受到补贴的影响。

1. 严重侵害的标准

《SCM协定》第6.3条对"严重侵害"的标准进行了规定,只要满足如下一项条件,即可能存在严重侵害:

(1) 取代或阻碍另一成员同类产品进入提供补贴成员的市场;

(2) 在第三国市场中取代或阻碍另一成员同类产品的出口;

(3) 与同一市场中另一成员同类产品的价格相比,补贴产品造成大幅价格削低,或在同一市场中造成大幅价格抑制、价格压低或销售损失;

(4) 与以往3年期间的平均市场份额相比,提供补贴成员的一特定补贴初级产品或商品的世界市场份额增加,且此增加在给予补贴期间呈一贯的趋势。

2. 严重侵害的推定情形

一般情况下,起诉方须证明严重侵害的存在。但《SCM协定》第6.1条规定,只要存在如下四种情形之一,起诉方无须证明不利影响的确实发生,只需说明补贴存在即可:

(1) 对某产品从价补贴的总额超过5%;

(2) 用以弥补某产业承受的经营亏损的补贴;

(3) 用以弥补某企业承受的经营亏损的补贴,但仅为制定长期解决办法提供时间和避免严重社会问题而给予该企业的非经常性的和不能对该企业重复的一次性措施除外；

(4) 直接债务免除，即免除政府持有的债务，及用以偿债的赠款。

但《SCM 协定》第 6.2 条又规定，如果补贴方能证明如上四种情形未造成第 6.3 条列举的任何影响，则可以推翻严重侵害的推定。

案例 6-8　巴西陆地棉案

2003 年 3 月，巴西请求 DSB 设立专家组，审查美国的棉花补贴及其相关立法与 WTO 规则的一致性。巴西认为，美国向国内棉农和出口商提供的使用者销售支付、销售贷款项目支付、生产灵活性合同支付、市场损失援助支付、直接支付、反周期波动支付、作物保险支付、棉花籽支付及其立法和行政规定违反了《SCM 协定》第 5.1 条(c)项（严重侵害另一成员的利益）和第 6.3 条（严重侵害的条件），侵害了巴西的利益。因为美国增加了其陆地棉的世界市场份额；廉价的美国棉花造成世界棉花市场价格的大幅下降。美国则认为，美国对陆地棉的补贴属于 WTO 允许的范围，符合美国在 WTO 项下的义务，其国内市场对陆地棉需求的疲软造成美国陆地棉出口额的增加，而不是政府支持措施的结果；低价合成纤维的竞争、世界经济增长不景气以及中国释放库存等因素是国际市场棉花需求疲软、棉花市场价格下滑的主要原因。

2004 年 6 月，专家组认定，美国对与价格挂钩的补贴项目，包括使用者销售支付、反周期波动支付等，造成棉花价格大幅抑制，严重损害了巴西的利益，违反了《SCM 协定》第 5.1 条(c)项和第 6.3 条的规定。美国和巴西针对专家组的认定，分别提出上诉。2005 年 3 月，DSB 通过了巴西诉美国陆地棉补贴案的专家组报告和上诉机构报告，均支持了巴西的大部分主张。

关于是否存在《SCM 协定》第 6.3 条(c)项下的价格抑制，专家组认为存在大幅度的价格抑制，并且在以价格为条件的补贴与大幅度的价格抑制之间具有因果关系，其他因素并不能削弱这种因果关系的存在。上诉机构肯定了专家组对"价格抑制"概念的解释，即价格抑制系指价格本来应当上升而没有上升，或者虽然价格出现了上升，但价格上升的幅度低于本来应当上升的幅度。上诉机构还指出，专家组在认定是否存在

《SCM 协定》的第 6.3 条意义上的严重侵害的分析上,享有一定的自由裁量权。

关于提供补贴的数量问题,上诉机构审查了《SCM 协定》第 6.3 条(c)项的条文和其上下文,认为其并没有明确要求对补贴的量化。

关于因果关系,上诉机构认为专家组对期望价格和种植决策之间的关系的认定是正确的:第一,美国的陆地棉生产和出口量决定了其对世界陆地棉市场有着相当大的影响;第二,以价格为条件的补贴直接与陆地棉的世界价格相联系,而以价格为条件的补贴刺激了美国陆地棉的生产和出口,因而降低了美国的陆地棉价格;第三,在严重的世界市场价格抑制和这些以价格为条件的补贴之间,从时间上看有着明显的吻合;第四,美国生产者的总成本和自 1997 年开始的陆地棉销售收入之间存在重大差距。此外,对于美国提出的国内市场需求的疲软等原因,而不是其补贴导致价格抑制的问题,专家组认为,美国提出的其他因素并不削弱以价格为条件的补贴和大幅价格抑制之间的真正的和实质的因果关系。[1]

三、不可诉补贴

不可诉补贴,是指各成员在实施过程中不应受其他成员的反对并招致提起反补贴申诉的补贴行为。根据《SCM 协定》第 8.1 条,不可诉补贴包括两种类型:(1) 不属第 2 条范围内的专向性补贴。不具有专向性的补贴是普遍性的补贴,未构成《SCM 协定》意义上的补贴,因此不受《SCM 协定》约束。(2) 属第 2 条范围内的专向性补贴,但符合第 8.2 条(a)项、(b)项或(c)项规定的所有条件,具体包括研发补贴、环保补贴和落后地区补贴三大类型。

根据《SCM 协定》第 31 条,不可诉补贴条款已于《WTO 协定》生效后 5 年内到期。因此,《SCM 协定》目前适用于所有专向性补贴。

---

[1] 参见蒋成华:《WTO 的可诉补贴纪律——兼评巴西诉美国陆地棉补贴案》,载《国际贸易》2005 年第 8 期,第 51 页。

第四节 针对补贴的救济措施

针对禁止性补贴和可诉补贴,《SCM 协定》为成员提供了双轨制的救济措施,即通过国内反补贴法律程序以及直接通过 WTO 争端解决机制得到救济。成员可以平行引用这两种程序,既可以启动国内反补贴调查程序,也可以向 WTO 争端解决机制提起申诉。但是,当事方最终只能选择其中一种救济措施,或者通过 WTO 采取贸易报复措施,或者通过国内反补贴法征收反倾销税。

一、国内反补贴措施

国内反补贴措施是指,进口方的主管机关应国内产业的申请,对受补贴的进口产品进行反补贴调查,并采取征收反补贴税或价格承诺等方式抵销进口产品所享受的补贴,恢复公平竞争,保护受到损害的国内产业。

(一)发起反补贴调查

进口方主管机关发起调查的情况包括:国内产业或代表国内产业提交书面申请;在某些特殊情形下,即使没有此类申请,如果存在关于补贴、损害及因果关系存在的充分证据,主管机关仍然可以主动发起调查。

申请反补贴调查的国内产业代表须具有国内产业的代表性,由进口方主管机关进行审核。根据《SCM 协定》第 11.4 条,如申请得到总产量构成国内产业中表示支持或反对申请的国内同类产品生产者生产的同类产品总产量的 50% 以上,则该申请应被视为"由国内产业或代表国内产业提出"的。在计算该 50% 的比例时,应注意:未明确表明支持或反对立场的生产者不计在内;没有规定要排除与出口商或进口商相关联的生产者;只强调生产总量比例,与生产者的数目无关。如果表示支持申请的国内生产者的产量不足国内产业生产的同类产品总产量的 25%,则不得发起调查。国内产业代表申请调查时,应提供书面请求。请求应涵盖如下证据:补贴的存在及其数额;损害的存在;受补贴产品与所受损害之间的因果关系。

进口方主管机关主动发起调查的特殊情形,根据专家组在美国影响从加拿大的软木材进口的措施案①中的意见,应当依据反补贴规则有关发起调查的规定的主要目的进行解释。该规定的主要目的是确保正常情况下调查的发起须通过申请程序,如果主管机关自行发起调查的情形非常特殊,不至于损害条款规定的主要目的,则可自行发起调查。进口方主管机关在发起调查时,须以关于补贴、损害及因果关系存在的充分证据为基础。专家组认为,"充分证据"应解释为"提供了可以相信存在补贴以及国内产业因受补贴产品进口而受到损害的证据",但主管机关掌握的证据的数量与质量要求应低于其作出最终决定时的标准。

(二)反补贴调查程序

除非存在特殊情况,反补贴调查应在发起之日起 1 年内结束,最多不得超过 18 个月。如果在调查中查明存在补贴或遭受损害的证据不足,则应立即停止调查。反补贴调查程序需要重点注意的内容如下:

(1)磋商程序。根据《SCM 协定》,进口方主管机关在接受国内产业提出的反补贴调查申请后,最迟应在发起调查前邀请可能被调查的成员进行磋商,以澄清有关被指控的事项,寻求达成双方满意的解决方法。如果调查已经发起,主管机关应在调查期内提供合理的机会继续进行磋商;如果未提供进行磋商的合理机会,则主管机关不能作出无论是初步的或最终的肯定性裁定。

(2)微量例外的标准。在反补贴调查中,根据《SCM 协定》第 11.9 条,如补贴不足从价金额的 1%,则补贴金额应被视为属微量,主管机关应终止调查。对发展中国家成员适用的比例要高一些,《SCM 协定》第 27.10 条规定,所涉产品给予补贴的总体水平不超过按单位计算的价值的 2%,则主管机关应停止对原产自发展中国家成员的产品进行的反补贴税调查。对于附件 7 中规定的发展中国家成员和在允许的 8 年期满前取消出口补贴的其他发展中国家成员,补贴额不超过 3%的,属于微量。

(3)忽略不计的标准。《SCM 协定》未对什么是可忽略不计的损害作出规定,也未规定一般情况下可忽略不计的进口量是多少。但是,如果接受调查的是某发展中国家成员,那么补贴进口产品的数量低于进口成

---

① WTO, US-Measures Affecting Imports of Softwood Lumber from Canada, Report of Panel adopted on 27, Oct. 1993(SCM/162), http://www.sice.oas.org/dispute/gatt/91lumber.asp, last visited on June 23, 2024.

员同类产品总进口量4%的,可忽略不计;除非比例低于4%的几个发展中国家成员的总进口量合计比例超过9%。属于忽略不计标准范围内的,主管机关应驳回申请,中止调查。

(三) 反补贴措施

1. 临时措施

临时措施是指,在反补贴调查完成之前,为防止在调查期间造成的损害而采取的临时性反补贴措施。临时措施包括征收临时反补贴税和现金保证、保函担保,其中担保金额应等于临时计算的补贴金额。

实施临时措施须满足如下条件:已发起调查,并已发出公告,且给予利害关系方提交信息和提出意见的充分机会;已作出关于存在补贴和存在受补贴进口产品对国内产业造成损害的肯定性初裁,初裁可能被将来的终裁推翻,但并不影响初步裁定的合法性和正当性;有关主管机关认为此类措施对防止在调查期间造成损害是必要的,必要与否由有关主管机关根据补贴的可能性及损害的大小确定。

临时措施不得早于发起调查之日起60天实施,且实施临时措施的期限不得超过4个月。如果最终反补贴税高于现金保证或保函担保的金额,则超过部分不应再征收。如果最终反补贴税低于现金保证或保函担保的金额,则多征收部分应尽快退款或解除担保金。如果最终的结论是否定性的,那么在执行临时措施期间所提交的现金保证或保函担保应尽快退还和扣除。

2. 承诺

反补贴承诺包括两种方式:其一,出口商同意修改价格,从而消除补贴的损害性;其二,出口成员政府同意取消或限制补贴,或采取其他能消除补贴影响的措施。

反补贴承诺的提出与接受须注意如下事项:进口成员已经作出初步的关于补贴和损害存在的裁定;承诺应由出口商或出口成员政府自愿提出,进口成员主管机关不能强调出口成员政府或出口商作出上述承诺;进口成员接受出口商承诺时,应事先获得出口成员的同意;进口成员主管机关可拒绝承诺,但应向出口商提供其认为不宜接受承诺的理由,且应在可能的限度内给予出口商就此发表意见的机会。

进口成员政府接受承诺后,可以中止或终止反补贴调查,也可以继续完成反补贴调查。继续调查后的补贴和损害存在的裁决是肯定的,则承诺继续有效;如果裁决是否定的,则承诺自动失效。作出承诺后,出口成员政府或出口商应履行承诺,并提供相关信息。如果违反承诺,则进口成员主管机关可以采取其他措施,包括采取临时措施,而且可以对在实施此类措施前 90 日内进口的供消费的产品征收最终反补贴税,除非这些产品在违反承诺之前已经进口。

3. 最终反补贴税

反补贴税是指,为了抵消任何产品在生产、制造或出口时直接、间接给予补助或补贴的目的而征收的一种专门税。征收反补贴税须符合如下条件:已经作出补贴存在的裁定;已经作出损害存在的裁定;补贴和损害之间存在因果关系。

征收反补贴税的额度由进口成员主管机关作出,应等于或低于补贴额度。根据《SCM 协定》第 19.4 条,对任何进口产品征收的反补贴税不得超过认定存在的补贴的金额,该金额以补贴出口产品的单位补贴计算。GATT 第 6 条第 3 款也规定,反补贴税的额度不得超过相当于该产品在原产地国或出口国制造、生产或出口时确定直接、间接给予津贴或补贴的估计金额的反补贴税,包括对特定产品专门运输补贴在内。

反补贴税只能在抵消补贴造成的损害所必需的时间和范围内执行,具体标准由有关主管机关根据确定的补贴额综合考虑。为确定反补贴税是否有必要继续征收或是否应修改反补贴税,《SCM 协定》第 21.3 条规定了行政复审程序。行政复审的发起有两种方式:其一,进口成员主管机关自行决定复审;其二,应利害关系方的请求,但利害关系方应证明复审的必要性。行政复审应在复审开始之日起 12 个月内结束。

如果进口成员主管机关确认补贴和损害已经消除,且征收反补贴税已无必要,则应终止征收反补贴税;如果认为损害没有消除,则可继续征收。但对任何一项特定的反补贴税的征收,应在起征之日起算不迟于 5 年期限之内停止征收,除非在该最后期限前的适当时间内,主管机关自行决定或应国内产业或代表国内产业提出的有充分证据的请求而作出的调查,其结果表明如果停止对该反补贴税的征收,将可能造成补贴的继续和损害的再度发生。在等待此调查结果期间,可以继续征收反补贴税。

案例 6-9　美国双反案(中国诉)与双重救济

在美国双反案(中国诉)中,上诉机构裁定,施加双重救济与《SCM 协定》第 19.3 条中的"适当金额"要求不符。双重救济,是指由于同时征收基于 NMEs 方法计算的反倾销税和反补贴税,两次抵消相同补贴。上诉机构指出,如果不适当留意《反倾销协定》相关条款,或不承认这些协定设置法律制度的方式以及授予各成员的救济措施,就不能恰当地理解《SCM 协定》第 19.3 条中的"适当金额"反补贴税。任何金额应当"适当"之要求,至少意味着调查机关在确定反补贴税的适当金额时,不得完全忽略已经征收反倾销税抵消相同补贴的事实。[①]

二、针对补贴的 WTO 争端解决程序

(一)针对禁止性补贴的救济措施

DSU 适用于禁止性补贴争端。与此同时,《SCM 协定》第 4 条规定了适用于禁止性补贴争端的特殊规则。

1. 快速 WTO 争端解决程序

鉴于禁止性补贴对国际贸易的严重危害性,《SCM 协定》第 4 条规定了快速争端解决程序,主要表现在如下方面:

(1)磋商期限 30 天。根据第 4.4 条,如果磋商请求提出后 30 天内没有达成双方同意的解决办法,则参加此类磋商的任何成员可将该事项提交争端解决机构(DSB)。DSU 则规定了 60 天磋商期限。

(2)立即设立专家组。根据第 4.4 条,任何成员提交争端解决的请求第一次上会,DSB 就应设立专家组。对于其他类型争端,第二次上会才会导致自动设立专家组。

(3)90 天内散发专家组报告。根据第 4.6 条,专家组报告应当在专家组组成和专家组职权范围确定之日起 90 天内向所有成员散发。DSU

---

① Appellate Body Report on US-Anti-Dumping and Countervailing Duties (2011), para. 571.

则规定专家组应在6个月内提交报告。

（4）30天上诉期。根据第4.8条,专家组报告向所有成员散发后30天内,DSB应当通过报告,除非争端任何一方提起上诉或者DSB协商一致决定不通过报告。DSU规定了60天上诉期。

（5）30天上诉审理期。根据第4.9条,上诉机构应当在争端方提起上诉后30天内作出决定,最长不超过60天。DSU规定60天上诉审理期,最长不超过90天。

（6）20天内通过上诉机构报告。根据第4.9条,DSB应当在上诉机构报告向各成员散发后20天内通过报告,除非DSB协商一致决定不通过报告。DSU则规定在上诉机构报告散发后30天内通过报告。

（7）更短合理执行期。根据第4.7条,如所涉措施被认定为禁止性补贴,被诉方应当毫不迟延地撤销补贴措施。从实践来看,专家组通常给予被诉方90天的合理执行期。

（8）《SCM协定》第4.12条特别规定,除本条明确规定的期限外,禁止性补贴争端适用DSU所规定的时间期限均应减半。

2. 更严格的WTO法律救济

根据《SCM协定》第4.7条,如果相关措施被认定是一项禁止性补贴,专家组应当建议补贴成员毫不迟延地撤销该项补贴,并且专家组应当在其建议中列明必须撤销的期限。

"撤销"（withdraw）一项补贴是指去除或移除该项补贴。根据已被认定受到禁止的一项出口补贴措施继续进行支付,不符合撤销禁止性补贴的义务。[①] 在巴西飞机补贴案中,巴西主张其根据国内法律负有继续发放PROEX保证金（该案争议补贴）的合同义务,如果未能遵守其合同义务,巴西将承担违反合同的损害赔偿责任。上诉机构认为,这些问题与撤销禁止性出口补贴的DSB建议是否允许继续根据（专家组设定的撤销禁止性补贴的日期）之前作出的承诺函发放MTN-I保证金无关。[②] 简言之,根据国内法可能承担违约责任,不得作为拒绝根据《SCM协定》第4条撤销补贴的理由。

[①] Appellate Body Report on Brazil-Aircraft (Article 21.5-Canada) (2000), para.45.

[②] Ibid.

撤销补贴是指撤销已被认定为禁止性补贴的措施。具体而言,在专家组设定的撤销禁止性补贴期限届满时,相关当事方必须取消禁止性补贴措施,当然也就不能根据已被要求取消的禁止性补贴措施继续进行补贴支付。秉承 WTO 争端解决机制面向未来、不溯及既往的做法,撤销禁止性补贴期限届满前已经提供的补贴,并不受撤销补贴要求的约束。对于一次性给予的禁止性补贴,WTO 将无法提供有效救济。正因如此,澳大利亚汽车皮革案Ⅱ专家组裁定,"撤销补贴"一词可以包括偿还已经支付的补贴,并且此种偿还性质上不是纯粹的前瞻性救济,[①]实际上引入了追溯性救济,遭到 WTO 成员的普遍质疑。

3. 更宽松的 WTO 报复授权

根据《SCM 协定》第 4.10 条和第 4.11 条,如果被诉方未在专家组设定的期限内撤销禁止性补贴,DSB 应当授权起诉方采取适当反措施。所谓"适当"(appropriate),是指不允许不成比例的反措施。相比 DSU 第 22.4 条规定的报复等同要求,此种报复授权更为宽松。

(二)针对可诉补贴的救济措施

DSU 适用于可诉补贴争端。与此同时,《SCM 协定》第 7 条规定了适用于可诉补贴争端的特殊规则。

1. 启动 WTO 争端解决程序的条件

《SCM 协定》第 7.1 条规定,除《农业协定》第 13 条的规定外,只要一成员有理由认为另一成员授予或维持的可诉补贴对其利益造成不利影响(国内产业损害、使其利益丧失或减损或者严重侵害),该成员即可请求与另一成员进行磋商。

2. 磋商请求的内容

根据《SCM 协定》第 7.2 条,磋商请求应当列明关于以下内容的可获得证据:(a) 相关补贴存在性及性质;(b) 对国内产业造成损害、丧失或减损或者对请求磋商成员利益造成严重侵害。

3. 快速 WTO 争端解决程序

一是应请求首次上会 DSB 就应设立专家组。二是应在专家组设立

[①] Panel Report on Australia-Automotive Leather Ⅱ (Article 21.5-US) (1999), paras. 6.20-6.31.

后 15 天内组建专家组并确定专家组权限范围。三是 30 天上诉期限。四是 DSB 应在上诉机构报告散发后 20 天内通过报告。

4. 选择性的 WTO 法律救济

根据《SCM 协定》第 7.8 条,如果专家组报告或上诉机构报告认定任何补贴在第 5 条意义上对另一成员的利益造成不利影响,则授予或维持该项补贴的成员应当采取适当步骤消除补贴的不利影响或者撤销该补贴。第 7.8 条规定的选择性法律救济与可诉补贴的性质密切相关:可诉补贴原则上合法,因此《SCM 协定》不会强制要求 WTO 成员撤销可诉补贴;可诉补贴仅在对其他成员利益造成不利影响时才会受到《SCM 协定》约束。

尽管已到期补贴会产生不利影响,但第 7.8 条并不要求消除这类影响。采取适当步骤消除补贴的不利影响或者撤销补贴之义务涉及被诉成员在执行期结束时继续授予或维持的补贴。被诉成员无法被要求撤销已经停止实施的补贴。第 7.8 条并不要求被诉成员采取适当步骤消除不再存在的补贴的不利影响。[①] 因此,第 7.8 条规定的选择性救济仍然维持了 WTO 法律救济的前瞻性特征。

5. 相称性的 WTO 报复措施

根据《SCM 协定》第 7.9 条,如果被诉方未在 DSB 通过专家组报告或上诉机构报告后的 6 个月内消除补贴的不利影响或者撤销补贴,并且争端方也没有达成补偿协议,DSB 应当授权起诉成员采取与被认定存在的不利影响的程度和性质相当的反措施。

第五节　发展中国家成员的特殊和差别待遇

《SCM 协定》第八部分规定了发展中国家成员的特殊和差别待遇。第 27.1 条规定:"各成员认识到,补贴可在发展中国家成员的经济发展计划中发挥重要作用。"基于此,《SCM 协定》对发展中国家成员的补贴措施采取不同的规定,发展中国家成员也可充分利用这一宣示性条文主张实

---

① Appellate Body Report on EC and Certain Member States-Large Civil Aircraft (Article 21.5-US) (2018), para. 5.383.

现自己的权利。

根据《SCM 协定》附件 7 的规定,发展中国家成员包括三类:第一类是联合国指定为最不发达国家的 WTO 成员。根据 1995 年世界银行标准,是指人均国民生产总值为 765 美元及以下的国家,共有 49 个,其中 29 个是 WTO 成员。第二类是人均国民生产总值低于 1000 美元的国家,协定列举的国家共有 20 个,包括玻利维亚、喀麦隆、刚果、科特迪瓦、多米尼加共和国、埃及、加纳、危地马拉、圭亚那、印度、印度尼西亚、肯尼亚、摩洛哥、尼加拉瓜、尼日利亚、巴基斯坦、菲律宾、塞内加尔、斯里兰卡和津巴布韦。第三类是其他发展中国家,即不属于上述第一、二类的发展中国家成员。

一、关于禁止性补贴规则的优惠

(1)第一类最不发达国家成员可以无期限使用出口补贴,但如果受补贴的产品有了出口竞争力,则应在 8 年内逐步取消出口补贴。出口竞争力是指,某一成员的某种产品连续 2 年在同类产品的世界市场份额中占到 3.25% 以上。该类成员在 WTO 成立后 8 年内可使用进口替代补贴。

(2)第二类发展中国家成员有权使用出口补贴,但如果受补贴的产品具有出口竞争力,亦应在 8 年内逐步取消出口补贴。该类成员在 WTO 成立后 5 年内可保留进口替代补贴。

(3)其他发展中国家成员在 WTO 成立后 8 年内可以保留出口补贴,但应遵守如下要求:第一,在 8 年的期间内逐步取消其补贴;第二,不得提高其出口补贴的水平;第三,当出口补贴的使用与其发展需要不相符合时,应在短于 8 年的期限内取消这种补贴。如果发展中国家成员受补贴的产品具备出口竞争力,那么相关成员应在 2 年内取消这一补贴。

在巴西飞机补贴案中,加拿大指称,巴西作为发展中国家成员没有遵守相应的要求,在过渡期间提高了出口补贴的水平,不得援引 8 年的豁免期规定。在该案中,专家组指出,出口补贴水平是指在某一特定期间某成员总的出口补贴水平,或在该期间关于某些特定产品的出口补贴水平或某种其他标准。据此,专家组对巴西根据 PROEX 和 BEFIEX 计划提供的出口补贴总水平进行审查。关于出口补贴总水平所应参照的基准期,专家组认为,应是 WTO 生效之前的最近期间;一国的出口补贴水平是实际提供的补贴水平,而非该国通过预算程序计划或授权其政府提供的补贴水平。专家组得出结论,巴西在 1997 年(相对于 1994 年)提高了出口补贴水平,1998 年的提高幅度进一步加大,并指出巴西在 8 年过渡期内并未逐步减少补贴,因而未能同时满足《SCM 协定》第 27.4 条中的三项要求,不得再享受 8 年的豁免期。

二、关于可诉补贴规则的优惠

(1) 对发展中国家成员不适用关于严重侵害的推定。《SCM 协定》第 6.1 条规定,在某些情况下可以推定存在"严重侵害"另一成员利益的补贴,但这种推定不得适用于发展中国家。换言之,在此类情况下,提出申诉的成员应提供遭受严重侵害的证据。

(2) 根据《SCM 协定》第 7 条采取授权或行动的条件。对于发展中国家成员给予的除《SCM 协定》第 6.1 条涉及的补贴外的可诉补贴,相关成员可以根据第 7 条授权或采取行动,但须满足如下条件:该补贴造成对关税减让或 GATT1994 项下直接或间接获得的利益丧失或减损,从而取代或阻碍另一成员的同类产品进入实施了该补贴的发展中国家成员的市场;或者损害另一成员的国内产业。综言之,除第 6.1 条列明的情形外,成员不得仅仅因补贴损害其利益而起诉该补贴措施,还必须证明该补贴措施取消或减损了 GATT1994 项下的利益,或者受到补贴的进口产品对进口国国内产业造成损害;在第 6.1 条规定的情况下,包括对某产品的从价补贴超过 5%、对某产业或企业的经营亏损进行弥补、直接的债务免除等,起诉成员不能对严重侵害进行推定,而应承担举证责任,提供严重侵害的证据。

(3) 与发展中国家成员私有化计划相关的某些补贴不属于可诉补贴。《SCM 协定》第三部分规定,如果发展中国家成员以直接债务免除或补贴等作出的社会支出偿付与其私有化计划有直接或间接联系,则不论以何种形式作出,均不属于可诉补贴,但须满足如下条件:私有化计划与补贴是在有限期间内实施的;已将相关信息通知委员会;私有化计划最终使有关企业确实实现了私有化。

三、反补贴调查程序

对于来自发展中国家成员的补贴产品,一成员的补贴产品占进口成员相同产品进口总量4%,且所有低于4%进口量的发展中国家成员的产品占进口成员进口总量低于9%,这种补贴产品的数量为忽略不计的数量。对于补贴幅度,即补贴额占货物价格的比例,发展中国家成员为2%,最不发达国家成员为3%,发达国家成员为1%,这种比例的补贴为忽略不计的补贴幅度。有关主管机关在确定上述内容后,应立即终止对该产品进行的任何反补贴税调查。

四、发展

(一) 过渡期的延长

《SCM协定》规定,发展中国家成员只能在《WTO协定》生效后8年内采取出口补贴措施。如果某发展中国家成员认为有必要在8年期满后继续实施此类补贴,则可以在不迟于期满前1年与委员会进行磋商。委员会应在审查所涉发展中国家成员的所有有关经济、财政和发展需要后,确定延长过渡期期限是否合理。如果委员会认定延期合理,则该发展中国家成员应与委员会进行年度磋商,以确定维持补贴的必要性;如果委员会未作出该认定,则该发展中国家成员应自最近一次授权期限结束后2年内逐步取消剩余的出口补贴。

发展中国家成员适用的8年过渡期于2003年期满。2001年11月20日,多哈部长级会议通过《对某些发展中国家成员根据〈SCM协定〉第27.4条延长的程序》(G/SCM/39),规定了延长过渡期的程序。据此,获准延长过渡期的补贴计划应满足如下条件:其形式是全部或部分豁免进口税和国内税;该补贴计划在2001年9月1日之前已经存在。此外,实施该补贴计划的发展中国家成员应满足如下条件:其在世界商品出口贸易中的份额不高于0.10%;世界银行公布的其在2000年的国民总收入等于或低于200亿美元,根据《SCM协定》第27.4条规定有资格请求延期。

(二) 多哈回合对发展中国家成员实施补贴措施的发展

在多哈回合中,WTO各成员一致同意,应对所有的发展中国家成员的特殊和差别待遇进行审查,目的在于强化这些规定,使之更明确、有效和具可操作性。2001年,多哈部长级会议通过《与实施相关的问题和关注的决议》(以下简称《实施决议》)。该决议在前言中明确指出,要注意到发展中国家成员更多参与多边贸易体制的重要性,并且有必要确保该体制完全对应所有参与方的需要与利益。《实施决议》对有关《SCM协定》的实施作出如下规定:

(1) 同意《SCM协定》附件7第2项所列举的国家,直到这些国家的人均国民生产总值连续3年达到1000美元。如果某一成员已被排除在《SCM协定》附件7第2项所列名单之外,而该国人均国民生产总值又回落到1000美元以下,则应再纳入该名单之内。

(2) 发展中国家成员所实施的某些补贴措施应被视为不可诉补贴,如果实施该补贴的目的是实现合理的发展目标,如地区发展、技术研究和开发基金、生产多样化、制造和使用有利于环保的生产方法,但相关成员在实施类似措施时应保持适当的克制。

(3) 在遵守《SCM协定》第27.5条和第27.6条规定的前提下,最不发达国家成员可以实施《SCM协定》第3.1条(a)项中所禁止的出口补贴措施,以便其根据发展需要更为灵活地对其出口商提供财政资助。但发展中国家成员应在8年内逐步取消其对于已达到出口竞争力的产品的出口补贴。

(4) 针对某些发展中国家成员的特殊情况,委员会应按照G/SCM/39文件中规定的程序,对这些成员提供的某些出口补贴延长《SCM协定》第27.4条下的过渡期。

五、经济转型国家的优惠待遇

《SCM协定》第29条对经济转型国家的优惠待遇进行规定。经济转型国家是指,处于自中央计划经济转型为市场和自由企业经济的成员。WTO体制是基于以自由市场导向型经济为前提的规则与原则为基础构建的,但WTO成员中尚有部分非市场经济国家,如中国、俄罗斯、古巴等属于经济转型国家。从非市场经济国家向市场经济国家转变,需要一个较长的过程,需要给予处于转型期内的成员在维持补贴方面更大的自由。为解决在补贴领域内涉及经济转型国家与WTO体制的兼容性困难而引起的例外情况,《SCM 协定》对经济转型国家规定了优惠待遇。

根据第 29 条,经济转型国家应在 7 年的过渡期内逐步取消其转型所必需的计划和措施。对于禁止性补贴,经济转型国家应在《WTO 协定》生效后的最早可行日期通知委员会,对于该补贴的进一步通知,则需在《WTO 协定》生效之日后 2 年内进行。在特殊情况下,经济转型国家可以偏离其作出通知的补贴计划和措施以及委员会规定的时限,如果这些偏离是体制转型进程所必需的。

《SCM 协定》对经济转型国家的过渡性安排,为这类国家提供了转型的机会,但往往会因经济转型国家在加入 WTO 时所必经的程序而不能享受到真正的优惠。例如,经济转型国家必须与原有的 WTO 成员进行双边谈判,将所有的谈判结果和 WTO 贸易体制审议结果进行汇总,并经 WTO 成员 2/3 以上多数投票同意以后,才有权签署议定书。在这一过程中,该国可能被迫对补贴等措施作出让步,甚至在某些产品领域放弃过渡性安排,以取得他国对其加入 WTO 的同意。

第七章 保障措施制度

第一节 保障措施及其理论基础

一、保障措施的概念

(一)保障措施的定义和特征

国际货物贸易法上所说的保障措施,是指在公平贸易状态下,国家针对本国产品市场因无法预见的情况和履行条约义务受到严重损害而采取的保护本国产品市场的紧急补救措施。因本书范围仅限于 WTO 货物贸易法,故不讨论针对服务贸易的保障措施。

在国际贸易法上,"保障措施"(safeguard),亦称"免责条款""逃避条款"或"保障条款",常见于国际贸易协定和一国的对外贸易立法,其基本内容是,在紧急情况下,国家可通过增加关税、数量限制等措施来限制进口,达到使本国产业部门免受外国产品冲击的目的。保障措施的实质是,允许国家在紧急情况下减少或免除其基于国际贸易协定承担的义务。所谓紧急情况,通常是指产品的进口数量正在大幅增加,进口增加已经给国内相同产品或与之直接竞争的产品的国内生产者造成重大损害或重大损害的威胁。保障措施制度得以产生和确立的主要理论依据是情势变迁和权利与义务平衡。

国际贸易法上的保障措施有广义和狭义之分。广义的保障措施包括国际贸易中的反倾销、反补贴、国际收支平衡例外措施、国家安全例外措施、环境保护例外措施、国际贸易协定与立法中一般例外措施等,其共同点是具有保障性质。狭义的保障措施仅指国际贸易中国家针对进口产品数量增造成国内产业损害所采取的限制产品进口的措施。在国际条约和各国国内法中,对保障措施通常采狭义概念。对于其他具有保障性质的措施,国际条约和国内法设置了专门规则,本书在其他相关章节加以论述。

保障措施具有如下特征。第一,特定性。保障措施针对造成国内产业损害的特定的进口产品,而不针对其他进口产品。第二,暂时性。保障措施的实施应当是临时性或暂时性的,并应限制在足以消除损害造成影响的范围内,一旦损害消除,则应立即取消。第三,递减性。在保障措施实施中,其程度应随着国内产业竞争力的恢复与增强而逐步放宽,直至恢复到采取保障措施前的水平。第四,非歧视性。一成员应在最惠国待遇原则下对来源于各成员的进口产品采取保障措施,不能有选择地针对某个成员,但自由贸易区或关税同盟不受此限制。

(二) 保障措施与其他贸易救济措施的异同

贸易救济措施泛指进口国政府为使本国国内产业免受损害或补救进口产品的不利影响而采取的限制进口的保护性措施。正如法谚所言,"救济先于权利"(Remedy Precedes Rights),不同类型的措施都是针对进口造成国内产业损害而采取的救济,这样才能保障一国拥有在贸易自由化过程中对可能的损失加以防御的权利。贸易救济是一种恢复性救济,救济措施是临时的,往往有救济限度的限制和时间限制。

保障措施与反倾销、反补贴措施都是贸易救济措施,都是进口国在外国产品进入本国市场并对国内产业造成损害时,对外国产品进口所主动采取的限制措施。这三种措施在 WTO 法律体系中均有统一而明确的定义,也为 WTO 法律所允许。WTO 一方面视市场经济和自由贸易为圭臬,另一方面又认可成员在特定情况下采取关税和非关税措施,它是一个兼容自由贸易和公平竞争的组织,而这三种贸易救济措施就是实现公平贸易竞争的重要手段。当然,这三种措施都是不可任意实施的,应受 WTO 规则的约束。

1. 三大贸易救济措施的相同点

这三大措施采取与否基本上依据两个方面的客观情况而定:一是产品在相对集中的时间内大量进口,二是对进口国的国内工业造成损害。在反倾销、反补贴措施适用中,损害包括损害、损害威胁以及新兴产业建立的阻碍。保障措施适用的损害则不包括新兴产业建立的阻碍。这三大措施均属于一国采取的涉外经济行政法措施,由国家行政机关负责执行。

2. 三大贸易救济措施的区别点

第一,三者所针对的行为的主体不同。反倾销措施针对的倾销行为是指出口国的生产企业或出口商为排挤竞争对手,挤占市场份额而采取的低于正常价值的产品出口行为,这些行为的主体是出口国的企业。反补贴措施所针对的补贴行为是出口国政府或任一公共机构作出的财政支持,这种行为的主体是出口国的政府或非政府机构。保障措施所针对的进口数量增加可能是企业行为,也可能是非企业行为。

第二,三者所针对的行为的性质不同。反倾销和反补贴措施所针对的倾销和补贴是不公平竞争行为,它们会扭曲市场价格机制,进而破坏公平的市场竞争秩序。而保障措施所针对的大量进口是在公平贸易条件下的进口,即公平竞争行为。一般而言,质优价廉的进口产品对进口国的消费者有好处,但在进口数量大增的情况下,也会引起进口国市场的过度竞争,对进口国生产同类或相似产品的厂商或产业造成损害后果。而此时仅由进口国的这类企业来承担这种自由贸易的成本和后果,也并不公道。因此,它们会请求政府出面调整这种境况,帮助它们解决困难甚至作出补偿。各国制定保障措施法和WTO推出《保障措施协定》的基本动因也在于此。所以说,保障措施既是进口国经济上的一个安全阀,也是平衡自由贸易所造成的事实上的不公平的一个杠杆。在针对大量进口采取保障措施的同时,不少国家也要求本国产业进行产业调整以提高市场竞争能力,这就使保障措施也具有推动产业竞争的功能。

第三,三大措施所适用的国家不同。反补贴措施通常针对市场经济国家。按照西方国家的观点,在非市场经济国家,价格由国家规定而不是由市场所定,企业属于国家,产供销诸环节都由国家直接控制。因此,无法对国家补贴进行确定,实践中难以作出合理公平的裁决。根据一些非市场经济国家的经济变化态势,一些发达国家(如加拿大)通过立法允许贸易救济主管机关对这些非市场经济国家适用反补贴制度。反倾销措施在适用上不区分国家类型,可以针对市场经济国家的产品进口行为,也可以适用于非市场经济国家的产品进口行为,但具体规则有差异。保障措施也可以针对任何类型国家,但在某种程度上对非市场经济国家或发展中国家运用保障措施相对更有威胁,因为保障措施所针对的进口产品数量大幅度增长,往往与非市场经济国家的大宗资源性产品或粗加工产品有关。

第四,三种措施应当满足的实体条件不同。由于保障措施旨在限制公平贸易条件下的进口,因此实施保障措施必须满足的实体条件比反倾销、反补贴措施的实施条件严格得多。就产业损害标准而言,保障措施要求严重损害,而反倾销、反补贴措施仅要求实质损害。实施保障措施必须存在短期内产品进口大量增长的事实,并且这种进口增长必须造成进口国国内产业的严重损害或严重损害威胁,进口增长是国内产业损害的重大原因或主要原因。而在实施反倾销、反补贴措施时,只要能认定进口方相关产业遭到实质损害或实质损害威胁,并能证明倾销、补贴是造成实质损害或实质损害威胁的原因之一,即可采取反倾销、反补贴措施。

第五,三种措施应当满足的程序条件不同。保障措施实施的程序条件较为严格。通知程序上,根据《保障措施协定》,拟实施保障措施的成员应将采取的行动立即通知保障措施委员会,在实施保障措施前还要与相关出口方进行磋商,以期达成谅解。而反倾销、反补贴程序中的通知义务明显更加宽松。实施频度上,《保障措施协定》第7条第5款作出了严格规定:对同一进口产品再次发动保障措施的,与先前实施的保障措施的时间间隔不得少于先前的保障措施期限,并且这个时间间隔至少为2年。而反倾销、反补贴措施没有频度限制。

第六,三种措施的具体执行方式不同。反倾销、反补贴措施最终一般有两种执行方式:一是进口国征收按倾销幅度、补贴幅度计算的反倾销税、反补贴税;二是进口产品生产者和出口企业或政府提出价格承诺或削减补贴承诺,这种承诺要达到调查机关认为损害性影响足以消除的程度。根据各国立法和实践,保障措施的执行方式大体包括修改减让,提高关税,实行数量限制或关税与数量限制相结合(如关税配额等)。根据GATT秘书处1987年的统计,20世纪50年代GATT1947缔约方大多采用关税措施,70年代数量限制占多数,80年代以后两类措施使用数量接近。

第七,三种措施的受影响方能否实施报复不同。在一国实施保障情况下,权益受到影响的出口方有权要求实施保障措施方提供相应的贸易补偿,如双方不能达成相互满意的补偿协议,则利益受损的出口方可以暂时中止实质对等的关税减让或其他义务,即有权实行实质水平对等的报复。而在实施反倾销或反补贴措施的情况下,因此类措施针对的是不公平竞争行为,根本不存在对出口方进行利益补偿的问题,故谈不上允许出口方行使报复权。

(三)保障措施的功能

1. 贸易自由化的安全阀

保障措施是各成员进行贸易保护的安全阀。通过保障措施,成员在某些情况下可以免除特定的自由化承诺,从而减轻本可能更大程度上背离贸易自由化原则的压力,因此,保障措施增强了多边贸易体制的稳定性。

20 世纪 70 年代,肯尼斯·W. 丹姆(Kenneth W. Dam)指出,面对保护主义的压力,GATT1947 逃避条款是一个有用的安全阀,该条款鼓励各国承担关税削减义务,能够更为广泛地促进贸易自由化。[①] 在此基础上,艾伦·O. 赛克斯(Alan O. Sykes)运用公共选择理论,进一步阐明了保障措施机制的合理性。他认为,中止 GATT1947 义务可能性的存在将促进贸易自由化的发展。[②]

2. 满足国内政治的需要

公共选择理论认为,有组织的生产行业对政府贸易决策的影响远远大于没有组织的消费者。在制定贸易政策时,政府更注重贸易政策对各行业的影响,而忽略政策对消费者的影响。即使现存形势有利于制定自由贸易政策,政府仍宁愿制定支持保护主义的政策,因为保护主义政策更易获得政治回报。保障措施机制的使用,可以使贸易自由化政策的政治利益大于贸易保护主义政策。通过实施保障措施,有助于转移某些生产者集团的保护主义压力,并给予政府更多关注总体社会福祉的机会,从而使成员更容易支持更大程度的自由化。

3. 满足经济调整的需要

最早提出保障措施经济调整理论的是杰克逊教授。他认为,虽然长

---

① See Kenneth W. Dam, *The GATT: Law and International Economic Organization*, University of Chicago Press,1977, pp. 150-170.

② See Alan O. Sykes, Protectionism as a "Safeguard": A Positive Analysis of the GATT "Escape Clause" with Normative Speculations, *The University of Chicago Law Review*, Vol. 58, No. 1,1991, pp. 255-305.

期、广泛而言,进口(尤其是近期增加的进口)会增加整个社会的福利,但这样的进口通常也会给进口国某些行业集团造成损害。而受此竞争影响的企业往往被迫根据进口量进行调整,短期的救济能够给予国内竞争行业采取必要调整措施所需的时间。

在杰克逊看来,保障措施为提高国内产业与进口产品的竞争力提供了必要的时间。在这段时间内,受损产业可以将增加的利润投资于新技术研发和现代化设备的采购,使之最终能与进口产品竞争。国际经济的有效性,正体现在经济活动中有相互竞争实力企业的存在。因此,短期的保障措施最终将有利于整个国际经济的健康发展。

4. 国内产业公平和补偿的需要

国民经济的整体受益并不能掩盖某些国内产业受到的冲击和损害,让少数国内产业承担贸易自由化的全部成本是不公平的,在自由贸易的进程中,受自由贸易冲击的行业理应获得一定的补偿。

尽管自由贸易、进口产品的增加有利于生产效率的提高,在带给消费者更多的商品选择的同时还可能降低产品价格,但是,有的行业在激烈竞争中却可能无法生存,被迫转产甚至破产,从而导致失业、地区经济遭受严重打击等严重后果。这些失业工人和受影响的地区为整体经济利益承担了过多的责任,因此,政府和社会有义务为他们提供产业调整的时间。

保障措施使资源从更具有潜力和竞争力的产业转移到不具有获益潜力的产业,从而实现了资源的再分配和国内治理的综合目标。

二、保障措施的理论基础

(一)经济学理论基础

保障措施的经济学理论基础是新贸易理论。传统的自由贸易理论高估了自由贸易带来的利益的同一性,对自由贸易条件下国家间主权利益的差异、无条件的自由贸易对国家利益造成损害等认识不够。而一国的贸易条件决定了贸易收益的分配,这将导致国家间的利益冲突。[①]

新贸易理论涉及基于规模经济理论的战略性贸易理论以及新增长理论。战略性贸易理论认为,自由贸易政策是不完全竞争世界里的次优选

---

① 参见高伟凯:《自由贸易与国家利益》,中国社会科学出版社2010年版,第131页。

择,因为自由贸易政策可能致使一国丧失其规模产业贸易利益,从而削弱其国际竞争力;如果实施支持规模经济的政策,则能使产业获得超额利润,从而提升国际竞争力。可见,政府贸易政策的最优选择是贸易政策行动主义。① 保障措施基于战略性贸易理论,相比于自由贸易政策,它选择了国内规模产业保护政策,允许一WTO成员暂时背离WTO贸易自由化义务,扶持国内规模产业。

(二) 政治学理论基础

保障措施实施进口限制还存在对国内政策调整需要、国家安全需要等实际政治学的"实用主义"考虑。②

1. 国内经济调整的政策需要

政治经济学认为,从贸易保护的角度看,由于政策的制定者、政府职位竞选者等潜在的政策制定者、消费者和生产者奉行自利行为原则,贸易政策由内生决定,在以下因素共同作用之下产生:政策制定者的目标,政策受到的来自贸易保护的受益者和受损者的影响,以及政策制定者与贸易保护的受影响者之间相互作用的制度机制。③

保障措施实施引起的生产者剩余的增加,其前提是消费者剩余的减少,保障措施引起生产者收益、政府税收等的增加一般而言小于消费者损失。但是,相比于分散的消费者,生产者拥有渠道,可以组织起来对政府施压。④ 在产品进口上,进口商与出口商之间,有重要利害关系的一方是出口商,即外国厂商或销售商,而它们无法参与和影响对进口国政府的投票,难以影响该国贸易政策决策程序。可见,相比于国内生产者,保障措施更可能损害的是国内消费者和外国出口商。然而,在对于进口国贸易政策的影响力上,后二者远不及国内生产者。因此,进口国政府仍然会基于国内生产者的要求制定相应贸易政策,实施保障措施。

---

① 参见张磊、袁国良:《贸易政策行动主义与中性主义比较研究》,载《世界经济研究》1997年第6期,第55—56页。

② 参见〔美〕约翰·H. 杰克逊:《世界贸易体制:国际经济关系的法律与政策》,张乃根译,复旦大学出版社2001年版,第197页。

③ 参见〔美〕艾尔·L. 希尔曼:《贸易保护的政治经济学》,彭迪译,北京大学出版社2005年版,第4页。

④ See Robert Z. Lawrence & Robert E. Litan, Saving Free Trade: A Pragmatic Approach, Brookings Institution Press, 1986, p. 2.

2. 对进口竞争型产业的调整和其他产业的保障的考虑

尽管从远期来看进口将增加一国民众的总体福利,但这往往会对该进口国相关产业造成损害,国内该产业中受影响的企业必须针对进口造成的影响进行结构性调整,诸如通过改善其产品的生产、价格、质量等提升竞争力,甚至将生产资源向其他产业领域转移。因此,对竞争性进口进行短期限制能为国内产业进行必要调整赢得时间。

"保守的社会福利功能"假定①支持如下观点:一国实施贸易保护政策,既源自特殊集团的政治压力,也是考虑进口竞争型产业的调整,还具有社会保险体系组成部分的功能。对于突然发生的收入损失,该体系提供保护。必须承担该保险体系成本者,为了在自身需要时也能获得同样保护而宁愿支付保险溢价。这也是诸如保障措施这样的贸易保护政策能够在政治上被接受的原因之一。②

(三) 法学理论基础

1. 国内法上的紧急避险

保障措施与国内法上的紧急避险在法理上的一致性表现为,在行为模式上具有违法性。由于采取该措施系应对紧急情势所需,因此在法律后果上免除其违法性,将其作为法律规则的一种例外。WTO 成员实施保障措施的情形是,背离自己在《WTO 协定》下的义务,违反 WTO 法一般规则,但由于其面临进口急剧增加导致国内产业遭受现实损害或面临潜在危险的紧急情势,不得已而采取保障措施,因此保障措施作为 WTO 规则的一个例外,看似违反 WTO 法,却具有正当性。

紧急避险在英文中使用"necessity"一词表述,"不超过必要限度"是对避险行为所造成损害程度的要求。WTO 成员实施保障措施也应在必要限度内,如果不再具备紧急情势,保障措施也就不应当继续实施。有学

---

① 现代福利国家中盛行的"保守的社会福利功能",有助于理解许多国家的实际贸易政策目标,特别是特定的贸易保护措施,这一假设是:"应当避免共同体任何有意义的组成部分在真实收入上的任何有意义的绝对减少。"参见 W. M. Corden, *Trade Policy and Economic Welfare*, Clarendon Press, 1974, p.107。

② 参见〔德〕E. U. 彼得斯曼:《国际经济法的宪法功能与宪法问题》,何志鹏、孙璐、王彦志译,高等教育出版社 2004 年版,第 171—172 页。

者认为,保障措施只是暂时性措施,"是一种紧急行动的避险行为"①。在国际贸易中,避险行为保护的利益为进口国国内产业利益,因此其必要限度是,实施保障措施不应成为贸易保护主义工具。

2. 国际法上的情势变更

主权国家间缔结的国际条约,不可避免地含有缔约方自愿部分地让渡主权、承受义务等内容,如 GATT 为各缔约国政府设置的最惠国待遇、国民待遇、关税减让、取消数量限制和其他贸易壁垒等义务。与此同时,创设保障措施机制的目的在于,允许缔约方在一定条件下为其主权利益背离上述义务。②

保障措施在国际法上的法理基础是"情势变更原则"(principle of change of circumstances)。而国家间条约暗含"情势不变条款"(clausula rebus sic standibus),即要使条约持续有效,必须以签约时情势保持不变为前提。如果发生缔约时未能预见的情势变化,则应允许缔约方寻求补救措施,或者中止履行条约义务。③

由 GATT1994 第 19 条关于保障措施的规定中使用了"不能预见的情况"的措辞可见,保障措施是符合情势变更原则的补救措施。从保障措施的基本原理看,在协定中写入该条款,为严格的协定义务设置了"安全阀";仅免除部分义务,不会使整个条约失效,从而使各缔约方敢于削减关税、取消限制,增强 GATT1994 法律体系的稳定性。④

第二节　WTO 保障措施法及其历史发展

一、WTO 保障措施法的内涵与外延

GATT1994 第 19 条第 1 款(a)项规定:"如因不能预见的情况和一缔约方在本协定项下负担包括关税减让在内义务的影响,进口至该缔约方领土的产品数量增加如此之大且情况如此严重,以致对该领土内同类产

---

① 徐复主编:《保障措施与中国经济发展的攻防方略》,南开大学出版社 2004 年版,第 34 页。
② 参见赵维田:《世贸组织(WTO)的法律制度》,吉林人民出版社 2000 年版,第 214 页。
③ 参见曾令良:《世界贸易组织法》,武汉大学出版社 1996 年版,第 228 页。
④ 参见赵维田:《世贸组织(WTO)的法律制度》,吉林人民出版社 2000 年版,第 215 页。

品或直接竞争产品的国内生产者造成严重损害或严重损害威胁,则该缔约方在防止或补救此种损害所必需的限度和时间内,对该产品全部或部分中止义务或撤销或修改减让。"

《保障措施协定》第2条第1款规定:"一成员只有在根据下列规定确定正在进口至其领土的一产品的数量与国内生产相比绝对或相对增加,且对生产同类或直接竞争产品的国内产业造成严重损害或严重损害威胁,方可对该产品实施保障措施。"

由上述 GATT/WTO 相关协定规定可知,WTO 保障措施法上的保障措施是指,为缓解进口激增带给国内相关产业的压力而在特定条件下允许 WTO 成员实施的在一定限度内暂时背离其承诺义务的措施。该特定条件包括:存在未预见的发展、进口的绝对或相对增加、国内相关产业受到严重损害或严重损害威胁、进口增加与严重损害或严重损害威胁之间存在因果关系。

WTO 保障措施法是指,调整 WTO 成员之间、成员与 WTO 职能机构之间在 WTO 保障措施实施中发生的《WTO 协定》下国际经济法律关系的 WTO 法律规范的总和。WTO 保障措施法是 WTO 法的重要组成部分,是 WTO 法的一个法律部门。

二、WTO 保障措施法的历史发展

(一)国内法上的逃避条款

保障措施的前身逃避条款最早被提及是在美国 1934 年《互惠贸易协定法》中。在此之后,美国国会要求政府对外进行贸易协定的谈判时必须保证,依照贸易协定所达成的减让不应该且不会对国内产业造成严重损害。除在谈判时遵循这一要求外,美国政府还采取一系列方式来避免可能遭受的损害,其中包括:在贸易协定内设置逃避条款,以处理特定的危险(如外国货币贬值使货物价格降低、进口增加、对国内产业造成危害等)。[①] 这一方式揭示了在贸易协定内设置逃避条款的必要性。于是,美国在与其他国家签订的双边贸易协定中纷纷设定了逃避条款。不过,当

---

① John M. Leddy & Janet L. Norwood, The Escape Clause and Peril Points under the Trade Agreements Program, in W. B. Kelley(ed.), *Studies in United States Commercial Policy*, University of North Carolina Press, 1963, p.124.

时协定中所订的逃避条款的作用是防止协定双方所作的减让利益为其他第三方获得,因而只有当缔约方给予对方的减让利益为其他第三方享受,而且缔约方国内工业因此受损或受到损害威胁时,缔约方才有权修改或撤销减让。这种逃避条款与现在我们常说的逃避条款不是一回事,因为它是区分来源的,针对的是来自特定第三方的进口。

这一规则的弊端也在美国和加拿大之间发生的一次贸易纠纷(Hatters' Fur)中显现出来。在这次纠纷中,因欧洲市场受"二战"爆发影响,加拿大狐皮制品转而涌向美国,尽管这类产品的进口使国内同类产品的生产者遭受了严重损害或面临损害威胁,美国却束手无策,因为美加贸易协定中的条款(包括逃避条款)根本不适用于这种进口情形。

(二)双边协定中的逃避条款

Hatters' Fur 纠纷促使美国在 1942 年 12 月 23 日与墨西哥签订的《美墨互惠贸易协定》中采取了更为灵活的策略,首次在国际条约中明确规定了保障条款。该协定第 11 条规定:"如果因为不可预料的发展及由于本协定附表所列的任何减让项目的进口量增加,以至于造成对国内同类产品或相似产品的生产者的严重损害,或形成严重损害的威胁,各方政府得自由撤回全部或部分的减让,或修正其减让;其撤回或修正,以足以防止此一损害发生的程度及时期为准。"

这一条款即后来人们所称的"逃避条款"的原型,它一改以往针对将来特定的危险设置特别逃避条款的做法,对引发进口增加的产品不区分来源。这一规则也成为 GATT1947 第 19 条保障条款条文的基础。

(三)GATT1947 时代的第 19 条保障条款

在 1947 年起草《世界贸易组织宪章》的过程中,美国代表极力主张应在其中设立逃避条款,理由是:"这可以使各国在执行第四章时有更多的灵活性;使各国在遇有紧急情况时可跳出国际协定束缚的桎梏;可使各国在特殊情况下,临时修改其所承担的义务。为避免对该项权力的滥用,逃避条款必须规定各国在采取行动前通知国际贸易组织,并与该组织和其他有关国家进行磋商。"[①] 美国这一主张得到大多数国家的赞同,GATT1947 第 19 条保障条款就这样正式诞生了。

---

① 王贵国:《国际贸易秩序——经济、政治、法律》,法律出版社 1987 年版,第 121 页。

自此以后,保障条款作为各国履行 GATT1947 义务的"安全阀",为维护世界贸易的正常运作起到了重要作用。据 GATT1947 对其收到的缔约方采取第 19 条行动的通知进行的统计,截至 1987 年 7 月,有 18 个缔约方先后采取第 19 条行动,计 134 起,涉及的产品以农产品和纺织服装产品居多,其次是钢铁、电子及电子产品和鞋类。截至 1994 年,GATT1947 缔约方实施的保障措施达到 150 例之多。[①]

GATT1947 中规定保障措施的第 19 条条文很短,内容简单,只有 3 款规定:第 1 款是实施措施的条件,第 2 款是通知要求,第 3 款是补偿要求。由于条款内容十分含糊,导致解释上的困难和适用上的不确定,存有法律规定的模糊和漏洞;对该条款中的一些重要概念各国在理解上缺乏统一标准,并且随着实践中相关案件的增多,各国对于保障措施的认识分歧也日趋增多。一般来说,发达国家成员倾向于较为宽松地解释 GATT1947 第 19 条,以期为本国运用该条款增加便利。而发展中国家成员从自身所处的地位与国情出发,多倾向于较严格地适用这一条,试图以此防止发达国家成员滥用保障措施。这种分歧就带来了一个关于如何解释、如何统一适用 GATT 保障条款的问题。

(四)WTO《保障措施协定》

从肯尼迪回合开始,作为非关税壁垒的一种保障条款被作为谈判议题提了出来,但在该回合中,GATT 缔约各方未能就其存在问题制定出有效对策。20 世纪 70 年代,使用自愿出口限制(VERs)等"灰色区域措施"(Grey Area Measures)进行贸易保护之风日趋盛行,在关于能否选择性地、区分来源地适用保障措施问题上,缔约方之间分歧加大,GATT 多边谈判迫切需要解决这些问题。1973 年 9 月通过的发起东京回合多边贸易谈判的《东京宣言》宣布,谈判应特别旨在"包括对此多边保障体系适当性的审查,特别要考虑第 19 条的各种适用方式",结果未能在该回合框架内达成相关协议。在 1979 年 11 月 29 日通过的旨在对东京回合成果继续进行工作的"GATT 工作计划"中,谈判各方同意"对保障措施的继

[①] 参见〔英〕伯纳德·霍克曼、迈克尔·考斯泰基:《世界贸易体制的政治经济学——从关贸总协定到世界贸易组织》,刘平等译,法律出版社 1999 年版,第 166 页。

续谈判构成'GATT 工作计划'的一项基本内容"①,同时决定设定贸易与发展委员会的保障措施分委员会。② 但是,直至 1986 年乌拉圭回合谈判发动之前,缔约各方仍未能就保障措施取得全面谅解。

1986 年 9 月,GATT 各缔约方在乌拉圭埃斯特角城召开部长级会议并发表《部长宣言》,宣布乌拉圭回合多边贸易谈判正式开始。在《部长宣言》第一部分所列举的 13 个谈判议题中,保障措施被作为第八个谈判议题列出。乌拉圭回合谈判初期,缔约各方意见仍相持不下。印度等发展中国家成员认为,同 GATT 保障条款不相符合的"灰色区域措施"的禁止以及保障措施的无差别适用原则应纳入谈判之中。部分发达国家成员则认为应将此类问题放到将来讨论。到 1988 年 12 月,乌拉圭回合谈判各方仍未能就此谈判议题达成一致,使保障措施问题与农产品、纺织品、知识产权一起成为困扰乌拉圭回合的四大难题。

1990 年 12 月,欧共体的态度发生了变化,使谈判取得实质性进展。到 1994 年乌拉圭回合正式结束时,包括《保障措施协定》在内的一揽子协定在历经艰难曲折的长期谈判之后终于达成。

与 GATT1994 保障条款相比,《保障措施协定》增加了许多程序性规定,澄清了若干概念,要求奉行非歧视原则,明确排除了选择性做法,明令禁止"灰色区域措施",并加大了对发展中国家成员的保护。WTO 还设立了保障措施委员会,负责《保障措施协定》的实施。《保障措施协定》对保障措施的适用原则、标准、条件和程序都作了详细规定,以期将这种措施对贸易的扭曲降至可能的最低限度,防止这种措施的滥用,防止以规避方式推行贸易保护主义。总而言之,《保障措施协定》的达成实现了保障措施制度的突破,进一步强化了 GATT 的保障措施机制。保障措施被称为 WTO 机制中的"安全阀",它允许成员在特定情况下撤销或者停止履行《WTO 协定》规定的一般义务,以使其国内产业免受进口产品带来的损害;保障措施使 WTO 法律规则的原则性和灵活性有机地结合起来。

---

① L/4884/Add.1,附件 6,1979 年 11 月 28 日通过,第二十六部分第 219 页,第 220 页,第 2 段。

② L/4899,1979 年 11 月 28 日关于"对影响从发展中国家进口产品的保护措施进行审查"的决定。

第三节　WTO 保障措施法的核心规范

《保障措施协定》对其与 GATT1994 第 19 条的关系有一些相关表述：

《保障措施协定》前言中规定："考虑到各成员改善和加强以 GATT1994 为基础的国际贸易体制的总目标；认识到澄清和加强 GATT1994 的纪律，特别是其中第 19 条（对某些产品进口的紧急措施），而且有必要重建对保障措施的多边控制，并消除规避此类控制的措施；……进一步认识到，为此目的，需要一项适用于所有成员并以 GATT1994 的基本原则为基础的全面协议；"

《保障措施协定》第 1 条"总则"规定："本协定为实施保障措施制定规则，此类措施应理解为 GATT1994 第 19 条所规定的措施。"

《保障措施协定》第 2 条"条件"中"一成员"的注释明确，"本协定的任何规定不预断对 GATT1994 第 19 条与第 24 条第 8 款之间关系的解释"。

可见，GATT1994 第 19 条是保障措施制度的主要内容，《保障措施协定》则为该条的实施制定了具体规则以及对之加以完善。

根据 GATT1994 第 19 条和《保障措施协定》的规定，实施保障措施必须具备协定规定的实质要件和程序要求。

一、WTO 保障措施法的实体规则

依据 WTO 保障措施法，实施保障措施必须具备以下实体条件：

（一）进口产品数量增加

1. 包括进口的绝对增加和相对增加

在哈瓦那大会有关《哈瓦那宪章》（即《世界贸易组织宪章》）第 40 条（该条相当于《保障措施协定》第 19 条）的讨论中，各方同意在"如此"与"增加"之间插入"相对"一词，"以明确第 40 条可适用于进口相对于国内生产已增加但与一过去的基础期相比进口并未绝对增加的情况"[①]。修

---

① Report of the United Nations Conference on Trade and Employment: Havana Charter for an International Trade Organization, United Natioins Publications, 1948, p. 83, para. 11.

改 GATT 工作组在哈瓦那大会后立即开会,研究修改《保障措施协定》第 19 条以确认这一说法,但决定不这样做,因为"工作组也理解,第 19 条第 1 款(a)项中'进口……数量增加如此之大'一语已意在包含《哈瓦那宪章》第 40 条第 1 款(a)项已明确的、进口可能有相对增加的情况"。

2. 进口绝对增加以国内生产为参照

《保障措施协定》第 2 条第 1 款规定,"正在进口至其领土的一产品的数量与国内生产相比绝对或相对增加",可见,一产品的数量增长之大是以国内生产为参照、绝对或相对地大量增长。《保障措施协定》第 4 条第 1 款(c)项规定:"在确定损害或损害威胁时,'国内产业'应理解为一成员领土内进行经营的同类产品或直接竞争产品的生产全体,或指同类产品或直接竞争产品的总产量占这些产品全部国内产量主要部分的生产者。"《保障措施协定》第 4 条第 2 款(a)项规定:"主管机关应评估……特别是有关产品按绝对值和相对值计算的进口增加的比例和数量,增加的进口所占国内市场的份额,以及销售水平、产量、生产率、设备利用率、利润和亏损及就业的变化。"上诉机构在美国对欧共体小麦面精保障措施案中指出,主管机关至少应评估《保障措施协定》第 4 条第 2 款(a)项列举的每一因素,以及与有关产业的情形相关的所有其他因素。① 虽然这一表述在《保障措施协定》中是关于"确定增加的进口是否对一国内产业已经或正在造成严重损害威胁的调查",但是我们也可以从中窥见评估进口激增的数量的具体内容。

依《保障措施协定》,绝对增加不仅包含进口产品数量上前后两个数据相比较后一数据增大之含义,而且还应把进口产品数量与国内产品数量相联系来考虑。如头年进口 100 单位,国内产品数量为 500 单位,二者为 1∶5;翌年进口为 200 单位,国内产量为 1000 单位,二者相比仍为 1∶5。按《保障措施协定》的规定,进口增长须指相对于国内生产而言,绝对或相对增加。由此,上例中产品进口无绝对增长,因为相对于国内生产,进口量仍只占国内产品总量的 1/5。虽然仅仅进口量本身相比的绝对增加在进口国产品数量也有增加时将失去意义,但却会被有些国家作

---

① 参见韩立余编著:《WTO 案例及评析(2000)》,中国人民大学出版社 2001 年版,第 453 页。

为发动保障措施的借口。

3. 进口相对增加概念的合理性

对"相对增加"概念的理解,一般没有分歧。按通行的解释,它指的是产品进口数量不变或减少,而国内同行业生产下降,造成进口比重相对增大。但是,对于"相对增加"的规定是否合理也存有争议。例如,著名的 GATT 问题专家杰克逊就指出,"相对增加"这一概念不太合理,等于在进口量不变甚至减少的情况下,仍将进口商品列为保障措施管制的对象,这样做的最终结果是国内市场调整的包袱被巧妙地转移到外国产品身上,因而,"相对增加"概念是一种贸易保护手段。

我们认为,一方面,"相对增加"概念仍有其一定的合理性。当国内同行业生产下降时,进口产品如果能对其造成损害或形成损害威胁,而进口国却无权通过产业调整予以保护,则进口国可能丧失国内经济自主权,而其原因竟只是外国产品数量上的不变或略有减少。另一方面,进口国采取保障措施除了必须具备产业遭受严重损害等要件外,还必须给相关出口国以贸易上的补偿或是任由出口国采取对抗措施,这既对进口国采取保障措施予以严格的约束,又使双方的权利义务基本上保持了平衡。

4. 对进口增加的量和质有具体要求

美国对欧共体小麦面精保障措施案专家组认为,GATT1994 第 19 条第 1 款(a)项和《保障措施协定》第 2 条第 1 款含有进口增加的最低标准要求,且并非简单提及进口增加,而是对进口增加的量和质有具体要求。这两处规定都要求产品正以造成严重损害或严重损害威胁的增加数量进口到相关成员境内。专家组同意上诉机构在阿根廷鞋类案中的裁定,即该增加无论在数量上还是性质上都必须是足够近的、突然的、剧烈的和重大的,造成严重损害或严重损害威胁。[①] 从实践情况分析,进口数量对国内产品的影响往往要表现在市场占有率上,而市场占有率的计算则一般是以销售量而非销售所得额来计算的,因为各厂商产品价格不一,销售额高并不一定占有高的市场份额,所以进口产品数量增加的"数量"一词理解为可计数件数的量为妥。

---

① 参见韩立余编著:《WTO 案例及评析(2000)》,中国人民大学出版社 2001 年版,第 429 页。

(二) 进口增加是因不能预见的情况出现和承担 WTO 法律义务所致

并非任何原因导致的进口增加都可以作为进口国发动保障措施的条件,如因双边经贸条约的签订、因实施"灰色区域措施"或是因海关监管不严而使走私猖獗等原因导致进口产品数量陡增就不能作为缔约国根据 GATT1994 保障条款发动保障措施的理由。根据 GATT1994 第 19 条的规定,进口增加须是因"不能预见的情况"及"负担包括关税减让在内义务"所致才为充分,且两原因必须同时具备。

1. 因不能预见的情况

上诉机构在阿根廷鞋类案中表示,"关于'不能预见的情况'(unforeseen developments)的含义,我们注意到,'不能预见的'(unforeseen)的字典含义,特别在它与'情况'(developments)一词相关时,与'不可预见的'(unexpected)的意思相同。[1] 另一方面,'不可预见'(unforeseeable)在字典中的定义为'不可预期的'(unpredictable)或'不能被预见'(foreseen)、'预言'(foretold)或'预期'(anticipated)。[2] 因而,对我们而言似乎'因不能预见的情况'这一短语的通常含义要求,导致一进口产品数量增加如此之大且情况如此严重,以致对国内生产者造成严重损害或严重损害威胁的情况必须是'不可预见的'。"[3]

上诉机构随后主张,"不能预见的情况"的要求并未为保障措施的实施建立一个独立的"条件"(condition),而是描述了某种一系列"情形"(circumstances),这种情形必须被作为一种事实加以证明。[4]

"我们认为,以其通常意义在上下文中读之,GATT1994 第 19 条第 1 款(a)项的条文证明,GATT1947 起草者意图为,保障措施是非日常事件,是紧急事件。简言之,是'紧急措施',而且该'紧急措施'只有成员发

---

[1] Philip Babcock Gove(ed.), *Merriam-Webster Third New International Dictionary*, Merriam-Webster, Inc., 1993, p. 2496. Bryan A. Garner, *Black's Law Dictionary*, Pocket Edition, 6th, Thomson Reuters, 2021, p. 1530.

[2] Ibid.

[3] Appellate Body Report on Argentina-Safeguard Measures on Imports of Footwear (1999), para. 91.; Appellate Body Report on Korea-Definitive Safeguard Measure on Imports of Certain Dairy Products (1999), para. 84.

[4] WTO Analytical Index: Guide to WTO Law and Practice, WTO Publications, 2003, para. 460.

现作为履行 GATT1947 义务的结果自己面临在承担义务时没有'预料'的情况的情形下才能采取。"①

援引 GATT1947 第 19 条的捷克斯洛伐克诉美国皮帽案专家组报告也印证了上述分析。该案工作组成员 1951 年指出:"…'不能预见的情况'应当解释为相关的关税减让谈判后发生的情况,是在减让谈判时不能合理预期作出该减让的谈判者能够预见和应当预见的情况。"②该案工作组曾指出:"所谓意外情况的发展,是指关税减让谈判后的发展,谈判国未能合理地预见该发展。帽子式样变化本身不构成 GATT1947 第 19 条意义上的意外情况的发展。然而,式样变化影响了帽子的竞争形势,这是美国当年谈判时所未能合理预见到的。因而,本案的特殊情况达到'意外情况的发展这一条件。"捷克斯洛伐克主张,美国的进口增加,除由于降低关税之外,人们在外出时逐渐不流行戴帽子的倾向可以被合理地预期,故美国不能引用保障条款。但美国却答辩道:依美国的关税减让程序,倘若可以预期减让会造成损害,则此种减让根本不可能达成。③ 按照美国的主张,所有因美国减让关税而发生的产业损害应均属未预期。从该案可以看出,无论是美国的答辩主张还是 GATT 工作组的结论,都反映出将竞争关系的变化视为"意外情况的发展"。

关于不能预见的发展是否应作为启动保障措施的先决条件,多边国际条约立法不明,GATT1994 第 19 条和《保障措施协定》的表述不一致,WTO 争端解决机构的专家组和上诉机构在相当长的一段时间里观点亦不相同。

2. 负担包括关税减让在内义务的影响

在阿根廷鞋类案中,上诉机构把因一成员负担义务的影响条件描述为提出了"某种情形,为了使一项保障措施能依 GATT1994 第 19 条的条款得以适用,这种情形必须被作为一种事实加以证明"④。"我们相信这

---

① WTO Analytical Index: Guide to WTO Law and Practice, WTO Publications, 2003, para. 461.

② Report on the Withdrawal by the United States of a Tariff Concession Under Article XIX of the General Agreement on Tariffs and Trade, 22 Oct 1951, GATT/CP/106, para. 9,84。这一解释为捷克斯洛伐克代表所建议,并为除美国外工作组中大多数代表所接受。

③ Ibid., para. 89.

④ WTO Analytical Index: Guide to WTO Law and Practice, WTO Publications, 2003, para. 465.

个短语仅仅意味着必须从事实上证明进口成员承担了 GATT1994 的义务,包括关税减让。"① 韩国奶制品保障措施案专家组认为,GATT1994 第 19 条第 1 款(a)项第一句并没有增加根据第 19 条适用保障措施的条件,而是考虑到缔约方全体刚刚第一次就多边关税减让和对配额的一般禁止达成协议的事实,解释为何需要诸如第 19 条的规定。由于 GATT1994 义务和减让的约束性,在贸易预期基础上谈判的关税和其他义务可能需要根据实际的不能预见的发展暂时予以改变。该词语可以理解为:"尽管刚刚达成的新的一整套规则……意味着一缔约方不能使用配额(第 11 条)或违反约束(第 2 条),一缔约方面临造成严重损害的进口,应自由全部或部分中止义务(第 11 条)或撤销、修改减让(第 2 条)。"②

"要决定第 19 条第 1 款(a)项中这句话——因不能预见的情况和一缔约方在本协定项下承担包括关税减让在内义务的影响——的意思,我们必须根据这些词的通常含义、在它们的上下文中并根据第 19 条的目标和宗旨来审查它们。"③

(三)进口国生产相同或直接竞争产品的产业遭受严重损害或已面临严重损害威胁

1. 严重损害

(1)损害标准应当严格

《保障措施协定》的"严重损害"(serious injury)与《反倾销协定》的"实质损害"(material injury)在用语上是不同的,从用语的通常意义来理解,serious 的损害程度高于 material。对于严重损害与实质损害的实质差异,美国羊肉案上诉机构强调:在比较《反倾销协定》《补贴与反补贴措施协定》、GATT1994 中的"实质损害"与《保障措施协定》中的"严重损害"标准时,后者是较高的标准;严重损害标准是苛刻的(exacting),"损

---

① WTO Analytical Index: Guide to WTO Law and Practice, WTO Publications, 2003, para. 464.

② 韩立余主编:《WTO 案例及评析(1995—1999)》(下卷),中国人民大学出版社 2001 年版,第 298 页。

③ 美国汽油标准案上诉机构报告,第 17 页,脚注 72;日本酒税案上诉机构报告,第 11 页,脚注 72;印度专利案上诉机构报告,第 46 段,脚注 25;阿根廷鞋类案上诉机构报告,WT/DS56/AB/R,第 47 段;欧共体某种电脑器材关税分类案上诉机构报告,WT/DS62/AB/R,第 84 段;美国海虾案上诉机构报告,WT/DS58/AB/R 第 114 段。

害"被"严重"这一形容词限定,意味着国内产业必须遭受或即将遭受"重大全面的减损"的程度。① 采取保障措施所要求的损害标准高于反倾销、反补贴与它们各自的宗旨和目的相关,保障措施并不像后两者针对不公平贸易行为,它的实施无须证明出口商、出口国政府的倾销行为或补贴行为,只需要证明存在"进口增加"。保障措施既然是多边贸易体制中的一种例外措施,它的损害标准应当具有严格性。

(2) 应考虑总体损害

《保障措施协定》第 4 条第 1 款(a)项规定:"'严重损害'应理解为对一国内产业状况的重大全面减损。"

美国对欧共体小麦面精保障措施案专家组认为,对这种"重大全面减损"的确定,只应基于对国内产业的总的状况的评估,根据国内产业状况的相关因素作出。

《保障措施协定》第 4 条第 2 款(a)项详细列举了进口成员在确定严重损害中的若干考虑因素,"主管机关应评估影响该产业状况的所有有关的客观和可量化的因素,特别是有关产品按绝对值和相对值计算的进口增加的比率和数量,增加的进口所占国内市场的份额,以及销售水平、产量、生产率、设备利用率、利润和亏损及就业的变化"。这些评估因素的设置有一个共同的要求:"客观和可量化的因素"(factors of an objective and quantifiable nature)。

在韩国奶制品保障措施案中,欧共体指控,韩国在对其鲜牛奶和奶粉产业的损害调查中都仅仅审查了部分损害因素,而且对这种做法没有作出任何解释。对此,专家组认为,《保障措施协定》第 4 条第 2 款(a)项所列举的评估因素主管机关必须都予以调查。这一条款列出了考虑严重损害调查需要评估的经济因素的基本原则,并且提供了与国内产业状况特别相关的"优先"(priori)考虑因素的清单。上诉机构对此予以认同,并指出专家组在适用举证责任和第 4 条第 2 款方面没有法律错误。②

---

① Appellate Body report on United States-Safeguard Measure on Imports of Fresh, Chilled or Frozen Lamb from New Zealand (2001), para. 124. 上诉机构还认为,这种观点可以得到《WTO 协定》法文本和西班牙文本的支持。

② 参见张玉卿、李成钢:《WTO 与保障措施争端》,上海人民出版社 2001 年版,第 172 页。

(3) 应考虑最近的进口

美国对欧共体小麦面精保障措施案专家组还认为,严重损害的任何确定,必须与最近的状况相关。这一结论来自 GATT1994 第 19 条第 1 款(a)项和《保障措施协定》第 2 条第 1 款的条文用语,这些条文要求对正在以造成严重损害或严重损害威胁的增加数量和条件进口的产品进行审查。"正在"一词现在时态的使用,表明调查机关有必要审查最近的进口。如果调查机关审查的进口增长必须是最近的,那么确定国内产业状况的基础也必须是最近的,这在专家组看来是合乎逻辑的。考虑到保障措施必然基于前一时期对严重损害的确定,专家组认为,必须发现目前存在的严重损害,直至和包括调查终止期。①

2. 严重损害威胁

(1) 严重损害威胁是"根据事实"作出的判断

在 GATT1994 第 19 条和《保障措施协定》中,严重损害威胁是与严重损害相并列的产业损害条件。《保障措施协定》第 4 条第 1 款(b)项将"严重损害威胁"定义为"符合第 2 款规定的明显迫近的(clearly imminent)的严重损害"。对存在严重损害威胁的确定应根据事实,而不能仅凭指控、推测或极小的可能性(allegation, conjecture or remote possibility)。从逻辑上看,严重损害威胁的认定是以严重损害的认定为前提的(符合第 2 款的规定),审查严重损害威胁同样需要对第 4 条第 2 款(a)项所列举的因素进行调查和评估。但是,严重损害威胁与严重损害存在不同,前者不是现实的严重损害,而是对严重损害将会在未来发生的一种推测。按照字面意义,"指控"(allegation)是指没有证据而作出的主张,"推测"(conjecture)是指基于不充分的证据作出的观点或结论。也就是说,严重损害威胁这种主观判断仍然应以客观事实为依据。

严重损害威胁是比严重损害条件更低的一种门槛,《保障措施协定》设置严重损害威胁条件,其目的是使得进口成员有权在进口增加没有造成严重损害但可能即将发生严重损害时较早地实施保障措施。

---

① 参见韩立余编著:《WTO 案例及评析(2000)》,中国人民大学出版社 2001 年版,第 434 页。

(2) 严重损害威胁是"明显迫近"的严重损害

"明显迫近"一词意味着严重损害没有实际发生,但是很有可能即将发生。从即将发生这个角度讲,确定严重损害威胁是对国内产业状况未来的一种趋势预测,其中包含进口国主管机关的一种主观判断。但是,这种主观判断不能是任意的,《保障措施协定》第4条第1款(b)项要求"应根据事实,而不能仅凭指控、推测或极小的可能性"。因此,在美国羊肉案中,上诉机构认为严重损害威胁的确定具有"未来导向型"(future-oriented)和"事实基础型"(fact-based)的双重属性:根据严重损害威胁的性质,由于事实涉及现在和过去发生的事情,未来发生的事情不可能一定(definitively)被事实证明,因此,未来导向的威胁分析与基于事实裁定的需要之间存在一种紧张关系,这一紧张关系要求通过使用现在和过去的事实来证明将来结论的合理性。①

3. 国内生产者

《保障措施协定》第4条第1款(c)项规定:"在确定损害或损害威胁时,'国内产业'应理解为指一成员领土内进行经营的同类产品或直接竞争产品的生产者全体,或指同类产品或直接竞争产品的总产量占这些产品全部国内产量主要部分的生产者。"在该条文中,"同类产品"和"直接竞争产品"的理解直接影响"国内产业"范围的认定。

(1) 对"同类产品"的理解

GATT1994保障条款及《保障措施协定》对何为"同类产品""直接竞争产品"都未作解释。那么保障措施中的"同类产品"(like product)与反倾销条款中的"同类产品"(like product)含义是否相同呢? 从有些国家的立法实践看,措辞相同的二者应是具有同一内涵的。《反倾销协定》第2.6条规定:"本协定所用'同类产品'一词应解释为相同的产品,即与考虑中的产品在各方面都相同的产品,或如果无此产品,则为尽管并非在各方面都相同,但具有与考虑中的产品极为相似特点的另一种产品"。波兰1997年12月11日公布实施的《保障措施法》第4条第1款对"同类产品"(similar goods)的解释几乎原文照搬了《反倾销协定》中的相关解释。澳

---

① Appellate Body report on United States-Safeguard Measure on Imports of Fresh, Chilled or Frozen Lamb from New Zealand (2001), para.136.

大利亚向 WTO 保障措施委员会提交的《产品委员会就是否发动保障措施的调查程序法规》第 12 条将"同类产品"解释为,"指一致的,即在所有方面都相同的产品,或者在缺乏这种产品时,指尽管不是在所有方面都相似,但与其有特别相近的特征的产品"①。这一解释与《反倾销协定》中对"同类产品"的解释也基本一致。之后,许多国家的国内保障措施法及其实践对"同类产品"的界定时往往沿用《反倾销协定》中的定义。

(2) 对"直接竞争产品"的理解

在欧洲,"直接竞争产品"系指与进口产品具有互相竞争关系,并且有相同的使用用途,亦指替代品。波兰《保障措施法》第 4 条第 2 款也将其解释为"指虽不能符合相同产品所应达到的条件,但由于有可能把它们用于同样的目的,起同样作用,且由于它们所具有的价格而可被用于替代的产品"。在美国,"直接竞争产品"系指产品在固有特性上虽无相当程度的相同性,但"在商业用途上有相当程度的同等性"。也就是用作同样用途,且基本上可以相互替代的产品。② 其相关法律规定:"只要产品之进口对国内产品之生产者有经济上之影响,则该一进口产品与较初期或较后期阶段加工之国内产品有直接竞争关系;且一国内产品与较初期或较后期阶段加工之产品也有直接竞争关系。一未加工之产品,属于较初期阶段加工之产品。"③可见,各国在何为"直接竞争产品"的规定上比较一致,但很笼统,实践中很难统一。尤其是美国法,将"直接竞争产品"的范围放得较宽,进口产品的上游或下游产品都被概括进去了。上诉机构于 2001 年在美国面纱案中针对《纺织品与服装协定》第 6 条第 2 款"直接竞争产品"作出的分析为:竞争关系的上下文必定是市场,因为市场是消费者选择满

---

① WTO, Notification of Laws and Administrative Procedures Relating to Safeguard Measures (Australia), G/SG/N/1/Aus/2, 2 July 1998, https://www.dfat.gov.au/sites/default/files/n1aus2.doc, last visited no June 23, 2024.

② U. S. Senate Committee on Finance, The 1974 Finance Committee Report, https://www.finance.senate.gov/download/1974/06/26/finance-committee-consultants-report-93-976, p. 2, last visitsed on June 23, 2024.

③ Cornell Law School, 19 U.S.C § 2481-Definitions (5):"An imported article is 'directly competitive with' a domestic article at an earlier or later stage of processing, and a domestic article is 'directly competitive with' an imported article at an earlier or later stage of processing, if the importation of the article has an economic effect on producers of the domestic article. For the purpose of this paragraph, the unprocessed article is at an earlier stage of processing." https://www.law.cornell.edu/uscode/text/19/2481, last visited on June 23, 2024.

足其特定需要和口味的不同产品的场所。如果不同的产品能为满足特定的需要和口味提供可选择的途径,那么它们是相互竞争的。竞争关系意味着两种产品在商业上具有互换性。竞争关系的"直接"意味着在确定不同产品的竞争关系时应考虑它们密切的程度。由此可见,直接竞争产品的判断标准在于:从消费者的需求和购买力等方面看,两种产品是否具有商业用途上的可替代性。

(3) 结合"同类产品"和"直接竞争产品"理解"国内产业"的范围

多少同类产品或直接竞争产品的生产者才能代表一个受损害的产业呢?从目前世界上许多国家法律中关于"生产者"概念的解释看,似乎各国对此问题已基本取得一致的看法,即如《保障措施协定》第4条第1款(c)项中所阐释的,"生产者"应指"生产者全体"或是指"同类产品或直接竞争产品的总产量占这些产品全部国内产量主要部分的生产者"。然而细究起来,应如何理解"生产者全体"及"主要部分"呢?我们认为,《保障措施协定》中"生产者全体"并非指无一遗漏的全体生产者,而是强调应着重考察受严重损害的生产行业,以避免将个别或极少数生产者遭受损害作为判定损害发生的事实。如果将"生产者全体"理解为无一遗漏的全体,进口国发动保障措施的机会就将微乎其微。因为当一国国内某行业因进口产品之冲击而整体遭受严重损害或严重损害之威胁时,占行业全体很小一部分比例的生产者因竞争力强而幸免于难将是十分正常的。从统计学的角度来看,出现这种情况的概率也是极高的。同时,保障措施制度的作用主要是保障进口国不至于因履行 GATT 的义务及意外情况的发展而使本国利益遭受重大损害,而这种损害的产生并不以进口国国内某一行业每个生产者都遭受损害为条件。既然不能将"生产者全体"理解为指无一遗漏的全体,那么,受严重损害或其威胁的生产者究竟应达到什么样的数量规模才能被认定可代表"生产者全体"呢?哥伦比亚1994年发布的《第809号法令》第3条规定:生产者必须达到构成国内工业的相当大部分的程度。[①] 在哥伦比亚对外贸易协会进行的调查中,"国内工业

[①] WTO, Notification of Laws, Regulations and Administrative Procedures Relating to Safeguard Measures(Colombia),G/SG/N/1/CoL/1, https://docs.wto.org/dol2fe/Pages/FE_Search/FE_S_S006.aspx? SymbolList=G/SG/N/1/COL/1&Language=ENGLISH, last visited on June 23,2024.

相当大部分"被理解为至少占国内相关工业的50%。

(四)该种损害或威胁是因国外产品进口的增加所引起

《保障措施协定》第4条第2款(b)项再次强调了进口产品增加与进口国生产同类或直接竞争产品的产业遭受损害之间须具有因果关系,要求各成员根据客观证据证明有关产品进口增加与严重损害或严重损害威胁之间存在因果关系。因果关系审查非常重要,因为国内产业的损害有可能是多种原因造成的,如果它与进口增加不存在因果关系,那么作为贸易限制措施的保障措施也就缺乏合法性的基础。因此,应审查进口增加(进口商、出口商的行为)与国内产业严重损害或严重损害威胁之间(结果)的联系因果关系,并借此最终确定进口国能否实施保障措施,以救济或防止上述结果。

1. GATT1994第19条第1款"以致……造成"这一短语要求进口与损害间存在因果关系

《保障措施协定》第4条第2款(a)(b)项要求成员证明:进口增加和严重损害间因果关系的存在;其他因素同时对国内产业的损害不得归因于增加的进口。一个是对有关进口产品增加的正面要求,另一个是对其他因素的反面要求。欲采取保障措施,这两个方面都必须满足。[①] 美国对欧共体小麦面精保障措施案专家组认为,这两项规定要求成员据市场中存在的条件证明进口增加本身造成严重损害。

(1)须以客观证据证明进口增加本身足以造成严重损害

《保障措施协定》对GATT1994第19条下的因果关系进行了一定程度的澄清,其第4条第2款(b)项规定:"除非调查根据客观证据证明有关产品增加的进口与严重损害或严重损害威胁之间存在因果关系,否则不得作出(a)项所指的确定。……"

进口增加本身足以造成严重损害不是说进口增加是严重损害中存在的唯一的因果因素,可能还存在多种对国内产业造成严重损害的因素。然而,进口增加本身必须足以造成损害,达到《保障措施协定》定义的"严重损害"标准。在美国对欧共体小麦面精保障措施案专家组看来,在一些

---

① 参见韩立余编著:《WTO案例及评析(2000)》,中国人民大学出版社2001年版,第478页。

因素(进口增加是其中一个因素)足以共同造成国内产业的总的重大损害,但进口增加本身没有造成达到"严重损害"标准的,实施保障措施的条件没有得到满足。在这种情形下,进口可能造成损害,甚至能证明进口增加与损害间的因果关系。但这种损害没有达到"严重损害"的标准,不存在允许实施保障措施的条件和情形。①

(2) 其他因素对国内产业的损害不得归因于进口增加

对于如何满足不归因要件,上诉机构在美国对欧共体小麦面筋保障措施案、美国羊肉案中总结了主管机关对因果关系的分析步骤:第一,将进口增加对国内产业造成的损害结果与其他因素造成的损害结果相区别。第二,将不同因素造成的损害分别归因,一方面归因于进口增加,另一方面归因于其他因素。通过这两个步骤,主管机关就能够确保实际上由其他因素造成的对国内产业的损害没有被归因于进口增加。第三,确定进口增加与严重损害间是否存在因果关系,以及这一因果关系是否为这两个因素之间存在《保障措施协定》要求的真实的和实质性的原因和结果关系。② 区别进口增加造成的结果和其他因素造成的结果,并不必然意味着进口增加本身能够造成国内产业的严重损害,也不意味着将其他因素造成的损害从严重损害的确定中排除。上诉机构的这一观点要求对其他因素的结果进行单独分析,这可能增加调查程序中的难度。③

裁定因果关系的不归因要件,严重损害或其威胁可能由各种原因造成,其他原因造成的损害不得归因于进口增加,这是对多因一果现象中因果关系的法律规范。2002 年美国钢铁保障措施案专家组认为,进行不归因分析的目的是确保主管机关将进口后果与其他因素造成的后果区分开来,以评估不同因素损害性后果的性质和范围。因此,应当对这些其他因素进行全面评估。《保障措施协定》关注的不是这些其他因素之间的相对重要性,也不是这些因素与进口增加相比的重要性,而是与所有其他因素

---

① 参见韩立余编著:《WTO 案例及评析(2000)》,中国人民大学出版社 2001 年版,第 440 页。

② Appellate Body report on United States-Definitive Safeguard Measures on Imports of Wheat Gluten from the European Communities (2000), para. 69.

③ 参见韩立余编著:《WTO 案例及评析(2000)》,中国人民大学出版社 2001 年版,第 479 页。

相区别的进口增加对国内产业的损害性后果。① 在此应当指出的是,尽管存在不归因要件,但采取保障措施的 WTO 成员没有义务证明进口增加是造成国内产业整体严重损害的唯一原因。②

在美国圆形焊接碳质条形管保障措施案中,上诉机构进一步说明,《保障措施协定》第 4.2 条(b)项要求主管机关应当确定除产品进口增加之外的、已知的其他因素造成的损害后果的性质和程度,并与进口增加的损害后果相区分,以作出令人满意的解释。上诉机构还强调,为满足《保障措施协定》第 4.2 条(b)项最后一句的要求,主管机关必须通过有依据的、足够的解释,明确证明其他因素造成的损害并没有归因于进口增加,而且这种解释必须是明确的、毫不含糊的、采用明示方式的直接解释,而不能仅仅是暗示或建议。③

(3) 进口增加与相关损害指标的下降之间应当具有一致性

在阿根廷鞋类案中,上诉机构在分析因果关系时还指出,进口动向(数量和市场份额)与损害指标动向之间的关系是一个核心问题,即进口增加与相关损害指标的下降之间应当具有一致性,尽管这种一致性本身并不就能证明因果关系存在,因为《保障措施协定》第 3 条还要求作出合理的解释。然而,如果不存在这种一致性,是否存在因果关系就有很大的疑问,就需要强有力的分析才能证明因果关系的存在。上诉机构的这一观点被称为"一致性要求"。

(4) 进口增加在所有造成损害的原因中的比例

当进口国生产同类或直接竞争产品之产业所受损害系由进口增加及其他若干因素混合所致时,进口增加所产生的影响须在所有造成损害之原因中达到怎样的比例,或起到什么样的作用才能确定因果关系成立呢? GATT1994 第 19 条及《保障措施协定》对此未予明确。不过,一些国家和地区的立法倒是对此作出了规定。

---

① 参见杨国华:《中国入世第一案——美国钢铁保障措施案研究》,中信出版社 2004 年版,第 236 页。

② 参见蒋新苗、屈广清主编:《世贸组织规则研究的理论与案例》,人民法院出版社 2004 年版,第 553 页。

③ Appellate Body Reort on United States-Definitive Safeguard Measures on Imports of Circular Welded Carbon Quality Line Pipe from Korea (2001), para217. 另参见黄文俊:《保障措施法研究:理论框架与实证分析》,法律出版社 2004 年版,第 211 页。

第七章　保障措施制度

依照美国1955年《贸易协定延长法》,如果进口增加是国内产业所受损害的"重要原因"(或称"实质原因",英文为"substantial cause"),则美国联邦贸易委员会(Federal Trade Commission, FTC)必须作出肯定的认定。1962年,美国《贸易拓展法》对因果关系的认定又转而采取较为严格的要件,即只有在贸易减让与损害之间有因果关联,且贸易减让带来的进口增加是损害的"主要原因"(major factor)时,才能决定发动"逃避条款"(Escape Clause)的要件具备。前后两种规定到底有什么区别呢? 依照美国法律的解释,"重要原因"即"重要且不低于其他原因之原因"①,而某种原因若被认为已成为"主要原因",则该原因在所有造成损害的原因中须起到主要作用,即其重要性应大于其他各原因。美国国会关税委员会将"主要原因"解释为"比其他所有原因综合作用更大的原因"。② 二者的区别在于,主要原因必然是重要原因,但重要原因却不一定是主要原因。显然,主要原因要件更严。这两种规定在实践中产生了不同的结果。据资料统计,美国20世纪50年代发动的保障措施多达11起;自1962年《贸易拓展法》通过到1969年之间,FTC从未对申请保障措施的案件作出具备严重损害的要件的认定;③从1969年到1974年,在32件申请保障措施的案件中,也只有3件被认为具备严重损害的要件,另有6件系正反意见刚好各为半数[因当时的FTC及后来的美国国际贸易委员会(International Commission, ITC)委员均为6人]。④ 总统虽然有权决定这9个案件是否采取救济措施,但实际上仅有6件被实施进口限制的救济。在1962年《贸易拓展法》下,申请保障措施保护的成功率只有11%。⑤ 这其中,因果关系上的严格标准起了很大作用。到了20世纪70年代,贸易保护主义盛行,美国贸易救济政策也有所改变,《1974年贸易法》"201条款"就因果关系作出了新的规定:(1) 放宽确定进口造成国内产业损害的原

---

① 19 U.S.C. § 2251(b)(4)(Supp. Ⅲ,1985).《美国法典》第19篇即《关税法》,主要包含美国进出口贸易、关税、贸易协定及相关行政管理等方面的规定。
② 参见张玉卿、李成钢:《WTO与保障措施争端》,上海人民出版社2001年版,第57页。
③ See John Howard Jackson, William J. Davey & Alan O. Sykes, *Legal Problems of International Economic Relations: Documents Supplement*, West Publishing Company, 1977, p. 545.
④ Ibid., p. 633.
⑤ Paul C. Rosenthal & Robin H. Gilbert, The 1988 Amendments to Section 201: It isn't Just for Import Relief Anymore, *Law & Pol'y in Int'l Bus*, Vol. 403, No. 20, 1988, p. 407.

有标准,包括取消与关税减让的因果联系;(2)将进口增加造成产业损害的"主要原因"改为"实质原因"(substantial cause),"实质原因"被界定为"重要而且不比任何其他原因次要的原因"。后者实际上使调查机关更便于认定进口增加与产业损害之间的因果关系。这一规定延续至今。

我国《保障措施条例》虽然规定了进口增加与产业损害之间存在因果关系是实施保障措施的条件之一,而且也规定了不能将其他原因造成的产业损害归因于进口增加,但没有对这种因果关系的判断标准作出规定。从外经贸主管机关的调查报告来看,我国在实践中采取的是实质原因标准。①

2. GATT1994 第 19 条第 1 款(a)项"情况如此严重"一词没有增加单独的分析要求,系指据《保障措施协定》第 4.2 条(a)(b)项进行的因果分析的实质

韩国奶制品保障措施案专家组认为,GATT1994 第 19 条第 1 款(a)项"情况如此严重"一词并不是规定进口成员可采取保障措施前应履行的额外标准或分析要求,而是用来限制受调查产品进口的情形以及进入进口市场的情形,在进口成员确定进口增加是否造成国内产业的严重损害前必须解决这两个问题。在这一意义上,专家组认为"情况如此严重"一词在此一般性地指进口成员履行充分评估进口增加的影响和受调查的具体市场的义务。②

美国对欧共体小麦面精保障措施案专家组认为,"情况如此严重"一词没有在进口增加、严重损害和因果关系分析之外施加单独的分析要求。相反,这一词是指根据《保障措施协定》第 4.2 条(a)(b)项进行的因果分析的实质。专家组注意到,《保障措施协定》第 2 条和第 4.2 条没有将价格列为与国内产业状况的相关因素。然而,这不是说价格不会成为既定案件中的相关因素。进口产品可能以不同的方法在进口国市场与国内产品竞争。进口产品的相对价格很明显是一种竞争方法,但不是唯一的方法。有鉴于此,专家组认为,"情况如此严重"一词并不必然要求在每一案

---

① 参见黄文俊:《保障措施法研究:理论框架与实证分析》,法律出版社 2004 年版,第 223—224 页。

② 参见韩立余编著:《WTO 案例及评析(1995—1999)》(下卷),中国人民大学出版社 2001 年版,第 299 页。

件中进行价格分析。专家组认为,进行价格分析并不必须证明进口产品在国内市场中一贯低价销售,以得出严重损害的裁定。①

二、WTO 保障措施法的程序规则

《保障措施协定》没有对保障措施的调查程序作出类似《反倾销协定》和《补贴与反补贴措施协定》那样的详细规定,仅在《保障措施协定》第 3 条"调查"中对调查程序作了原则性规定,即成员只有在主管机关根据以往制定的程序进行了调查,并且按照 GATT1994 第 10 条进行公开后才能实施保障措施。此条表明,调查是实施保障措施的必经步骤。至于如何调查,实践中各成员一般在其国内立法中对保障措施调查的具体程序进行规定。不过,《保障措施协定》要求成员就保障措施的调查程序在合理期限内通知 WTO 保障措施委员会。

从 WTO 成员国内立法上关于保障措施的一般调查规则来看,保障措施的实施程序主要包括立案、调查、裁决等几个主要的程序。由于国家政治体制和经济结构的不同,各成员国内法律法规的规定呈现不同形态。

经过调查,并且按照 GATT1994 第 10 条进行公开后,应当如何实施保障措施呢?根据 WTO 关于保障措施的法律规则,实施保障措施必须符合以下程序要求:

(一)以撤销或修改减让的方式实施保障措施

1. 撤销或修改减让的性质

GATT1994 第 19 条第 1 款"全部或部分中止义务或撤销或修改减让"这一短语,旨在说明根据第 19 条采取的措施的性质。

哈瓦那大会分委员会报告指出:"提出以下问题,即在根据《哈瓦那宪章》第 40 条(对应于 GATT 第 19 条)第 1 款采取措施时,各成员是否应仅限于重新实施本宪章生效之前已生效的措施。各方同意,所起草的文本未限制各成员可采取的措施。"②

关于"第 19 条的起草历史及其在 GATT 中的地位"的 1987 年 WTO

---

① 参见韩立余编著:《WTO 案例及评析(2000)》,中国人民大学出版社 2001 年版,第 438 页。
② Report of the United Nations Conference on Trade and Employment: Havana Charter for an International Trade Organization, United Natioins Publications, 1948, p. 83, para. 10。

秘书处简报指出,已根据第 19 条作出通知,关税措施已包括增加从量税、从价税、附加费、附加税,实行最低征税限价,增加复合税、补偿税、关税配额以及对于最低价格的进口产品征收附加税费;已作出通知的非关税措施则包括全面禁运和禁发进口许可证、全球配额、自主许可制度、进口保证金制度、进口授权和其他进口限制;有一些既包括关税措施也包括非关税措施。1950—1959 年期间,采取的措施主要是关税措施(80%)。1960—1969 年期间,非关税措施的使用提高了(45%)。1970—1979 年期间,非关税措施占所采取措施中的大多数(70%)。1980—1987 年期间,关税和非关税措施所占比例大体相等。①

1946 年伦敦筹备大会宣布,"第 1 款中已经写进文字……阐明,援用本条的成员可以撤销或修改在优惠方面的减让和在关税及数量限制的义务等方面的减让。"②为发展中国家制定的个别优惠计划已规定了某些保障机制,使得提供优惠的国家保留了在它们认为必要时撤销优惠的权利。在伦敦筹备大会上,对 GATT1994 第 19 条第 1 款的目的解释如下:"……这种撤销或修改的权利应扩大到一国的贸易由于全部或部分丧失此前在另一市场上所享受的优惠而受到损害的情况。"③

2. 撤销或修改减让的限度和时间

GATT1994 第 19 条第 1 款规定,"在防止或补救此种损害所必需的限度和时间内,对该产品全部或部分中止义务或撤销或修改减让"。

限度:关于"美国根据第 19 条撤销一项关税减让"的 1951 年工作组报告指出:"捷克斯洛伐克代表质疑,该撤销包含的实质性税率增加对防止或补救所称的损害是否必要,以及重新征税从而得以延长一个不经济产业的存在是否符合 GATT 的目的。工作组其他成员认为,不可能以任何精确度预先确定使美国产业能够在美国市场现有竞争条件下与海外供

---

① GATT, Drafting History of Article XIX and Its Place in GATT Background Note by the Secretariat, MTN.GNG/NG9/W/7, 16 Sep 1987, p. 4, https://www.wto.org/gatt_docs/English/SULPDF/92020271.pdf, last visited on June 23, 2024.

② Report of the Preparatory Committee of the United Nations Conference on Trade and Employment: Preliminary Work for the Establishment of an International Trade Organization, United Nations Publications, 1946, para. 3(b)(i).

③ UN, E/PC/T/C.II/PV/12, 22 Nov. 1946, p. 12, https://docs.wto.org/gattdocs/q/UN/EPCT/CII-PV12.PDF, last visited on June 23, 2024.

货商进行竞争所必需的进口税的水平,美国应有必要随时根据目前正在实施的较高进口税对美国产业经济地位的实际影响的经验对其地位进行审定。"①

时间:关于"保障措施"的1984年理事会主席报告特别宣布:"有一种趋于一致的观点,即保障措施的目的不是要在无限的期限内保护国内生产者。保障措施是紧急措施,所以按定义应是临时性的并应在其实施过程中逐步予以解除,除非此类措施维持的时间太短以至予以解除是不现实的。"

(二)通知并给予磋商机会

GATT1994第19条第2款第一句规定,一般情况下应事先书面通知并给予磋商机会。在一般情况下,一成员适用保障措施前应书面通知全体成员,并应给予全体成员和该产品的出口成员与自己就拟适用保障措施的行动进行磋商的机会。

韩国奶制品保障措施案专家组认为,事实上磋商的一个目的是审查通知的内容、交换问题和答复,并继续就主管机关的裁定进行详细讨论。(本案当事)双方都明确要求专家组对磋商的充分性进行评估。专家组认为,双方磋商中没有达成相互接受的解决办法,但专家组并不认为评估磋商充分性的唯一标准是争端方通过磋商解决争端。很多磋商与WTO相符,但却没有达成相互接受的解决办法。本案双方交换了问题和答复,尽管欧共体总是不满意韩国的答复和通知,但这不证明韩国没有磋商的诚意。专家组也注意到,韩国确实实施了比最初建议的措施在水平、期限上不同、限制性更少的措施。在这方面磋商确实是有成果的,尽管还不能令欧共体完全满意。专家组因此拒绝欧共体提出的韩国没有提供充分的磋商机会的主张,认为韩国在磋商中遵守了义务。②

GATT1994第19条第2款第二句要求,在优惠减让情况下的通知应列明请求方。在优惠减让情况下,通知中应列明请求采取行动的成员名

---

① WTO, GATT/CP/106, 27 Mar. 1951, https://gatt-disputes.wto.org/index.php/document/gatt-cp-106; GATT/CP.6/SR.19, 22 Oct. 1951, https://gatt-disputes.wto.org/document/gatt-cp6-sr19, last visited on June 23, 2024.

② 参见韩立余编著:《WTO案例及评析(1995—1999)》(下卷),中国人民大学出版社2001年版,第307—308页。

称,即作为受害方的接受或曾接受此优惠的成员。因为在这种情况下,必须由受害的接受优惠成员提出请求,进口成员才能适用保障措施。

(三)紧急情况下可不经磋商采取临时保障措施

GATT1994 第 19 条第 2 款第三句规定,紧急情况下可不经事先磋商。在紧急情况下,即迟延会造成难以补救的损害时,可不经磋商即采取行动适用保障措施,但采取该行动后应立即磋商。这在《保障措施协定》中被称为"临时保障措施"。在实践中,在紧急情况下可不经事先磋商临时采取措施的规定已应用在大量案例中。

(四)受保障措施影响方的报复

1. 一般情况下的报复

GATT1994 第 19 条第 3 款(a)项规定了受保障措施影响的成员在一般情况下的报复。如果在全体成员参加的磋商中,与该产品有利害关系的成员即进口成员与出口成员未能就适用保障措施的行动达成协议,则该成员仍可径行适用保障措施。而在全体成员无异议的情况下,受保障措施影响的成员有权在一定期限届满后对适用或请求适用保障措施的成员作出与所受影响实质相等的中止减让,即实施报复。这一期限是保障措施实施后 90 天、全体成员收到有关中止义务以适用保障措施的通知起 30 天期满后。

关于"收到……通知起 30 天期满后",一直被理解为是指从 GATT 秘书处收到书面通知之日算起的 30 天。① 在理事会 1982 年 2 月就欧共体对澳大利亚的第 19 条第 3 款行动进行讨论时,理事会主席裁定,"第 19 条第 3 款指出,在 30 天期满之前或如果报复行动被理事会否决,一缔约方不得采取该报复行动。这不意味着一缔约方在 30 天时间期满时必须采取此类行动"。

2. 紧急情况下的报复

GATT1994 第 19 条第 3 款(b)项规定了受紧急情况下所实施的保障措施影响的成员在紧急情况下的报复。如果紧急情况下未经事先磋商即实施的保障措施对一成员的国内生产者造成严重损害或威胁,在迟延

---

① 参见世界贸易组织编:《关贸总协定法律及实务指南(上)》,北京大学国际组织研究中心组织翻译,王存诚等译,上海人民出版社 2004 年版,第 532 页。

会造成难以补救的损害的紧急情况下,受保障措施影响的成员有权作出中止减让,以弥补损害之必要为限。

(b)项与(a)项区别有四:第一,(a)项规定的是一般情况,而(b)项有两个关于紧急情况的要求:一个是,保障措施是在紧急情况下实施的,未经磋商;另一个是,报复也只能在紧急情况下实施。第二,报复程度的衡量标准不同,(a)项以"与所受影响实质相等"为标准,(b)项以"中止、防止或补救损害所必需"为限。第三,报复开始的时间点不同,(a)项是在保障措施实施后的一段时间(90天)之后才能开始报复,(b)项则规定一经采取保障措施即可开始报复,(b)项开始的时间点更早。第四,在是否规定期间上不同,(a)项只规定了开始的时间点,未规定期间的长短或终点;(b)项规定"在采取措施后和整个磋商期间",根据 GATT1994 第 19 条第 2 款,事先未经磋商的保障措施在实施后应立即磋商,因此保障措施的实施和磋商的开始实际上是同一个时间,而根据(b)项,报复期间与磋商期间重合,磋商结束的时间即为报复期间的终点。

3. 报复的限度

1984 年,WTO 理事会主席关于保障措施的报告指出:"有一种趋于一致的观点,即各缔约方应保留 GATT 赋予它们的权利,以便如果本协定下权利和义务的平衡显著变更时可予以重建。同时认识到,报复的权利在实践中可能被某些缔约方较其他缔约方更有效地行使。另外还有一种趋于一致的观点,即报复的威胁可能对保障措施的实施具有一种威慑作用,报复的可能性可能促成补偿协议。同时也认识到,报复措施对贸易具有破坏作用。许多与会者得出的结论是,只要可能,即应达成包括补偿的建设性解决办法,而不是报复性地撤销优惠。"

关于数量限制的审议会议工作组报告关于 GATT 第 19 条第 3 款(a)项中"缔约方全体对此(中止)不持异议"的说法指出:"无论是从文本本身还是从缔约方全体迄今沿用的做法来看,显然,受影响的缔约方不必得到缔约方全体的事先批准,所引用的该说法的目的只是为了指出,如果缔约方全体认为所采取的措施超过了恢复利益平衡所必需的限度,它们有权要求对该措施进行调整。"

第四节　中国的保障措施立法

一、中国的保障措施立法

（一）实体规则

1.《对外贸易法》中的实体规则

我国《对外贸易法》系 1994 年 5 月 12 日第八届全国人民代表大会常务委员会第七次会议通过,后经过三次修订:2004 年 4 月 6 日第十届全国人民代表大会常务委员会第八次会议修订,2016 年 11 月 7 日第十二届全国人民代表大会常务委员会第二十四次会议第二次修正,2022 年 12 月 30 日第十三届全国人民代表大会常务委员会第三十八次会议第三次修正。其中,涉及一般保障措施的法律规定有第 36 条、第 37 条、第 39 条、第 43 条。

《对外贸易法》第七章"对外贸易调查",涉及保障措施等对外贸易救济措施的事项应依法调查(第 36 条),对外贸易调查的主管机关、调查方式、调查后的处理等(第 37 条)。

第 36 条规定:"为了维护对外贸易秩序,国务院对外贸易主管部门可以自行或者会同国务院其他有关部门,依照法律、行政法规的规定对下列事项进行调查:……(三)为确定是否应当依法采取反倾销、反补贴或者保障措施等对外贸易救济措施,需要调查的事项;(四)规避对外贸易救济措施的行为;……"

第 37 条规定:"启动对外贸易调查,由国务院对外贸易主管部门发布公告。调查可以采取书面问卷、召开听证会、实地调查、委托调查等方式进行。国务院对外贸易主管部门根据调查结果,提出调查报告或者作出处理裁定,并发布公告。"

《对外贸易法》第八章"对外贸易救济"规定,根据调查结果可采取相应贸易救济措施(第 39 条),以及关于采取一般保障措施的条件和情形的规定(第 43 条)。

第 39 条规定:"国家根据对外贸易调查结果,可以采取适当的对外贸易救济措施。"

第43条规定:"因进口产品数量大量增加,对生产同类产品或者与其直接竞争的产品的国内产业造成严重损害或者严重损害威胁的,国家可以采取必要的保障措施,消除或者减轻这种损害或者损害的威胁,并可以对该产业提供必要的支持。"

2.《保障措施条例》中的实体规则

《保障措施条例》由 2001 年 11 月 26 日国务院令第 330 号公布,根据 2004 年 3 月 31 日《国务院关于修改〈中华人民共和国保障措施条例〉的决定》修订。

《保障措施条例》中涉及保障措施法实体规则的条款主要有:第 2 条,实施保障措施的实体要件;第 7 条,对"进口增加"的界定;第 8 条,确定国内产业损害的审查因素;第 10 条,对"国内产业"的界定;第 11 条,因果关系的判定;第 22 条,实施保障措施的非歧视原则;第 23 条,实施保障措施的必要性原则。

(二) 程序规则

1.《保障措施条例》中的程序规则

《保障措施条例》共五章,分别为总则、调查、保障措施、保障措施的期限与复审、附则。除上文所列涉及保障措施法实体规则的条款外,其他条款即为其程序规则。程序规则覆盖一起保障措施从立案到调查到裁决的全过程。

2.《保障措施调查立案暂行规则》

2002 年 2 月 10 日,对外贸易经济合作部通过《保障措施调查立案暂行规则》。

3.《产业损害调查听证规则》

2002 年 12 月 13 日,国家经济贸易委员会通过《产业损害调查听证规则》。

4.《保障措施产业损害调查与裁决规定》

2002 年 12 月 13 日,国家经济贸易委员会通过《保障措施产业损害调查与裁决规定》。

5.《保障措施产业损害调查规定》

2003 年 9 月 29 日,商务部通过《保障措施产业损害调查规定》。原国家经贸委颁布的《保障措施产业损害调查与裁决规定》同时废止。

二、中国的保障措施法的具体规定

（一）立案

《保障措施条例》规定,在我国,保障措施立案既可以依申请启动,亦可以依职权启动。

该条例第3条规定:"与国内产业有关的自然人、法人或者其他组织（以下统称申请人）,可以依照本条例的规定,向商务部提出采取保障措施的书面申请。商务部应当及时对申请人的申请进行审查,决定立案调查或者不立案调查。"第4条规定:"商务部没有收到采取保障措施的书面申请,但有充分证据认为国内产业因进口产品数量增加而受到损害的,可以决定立案调查。"

关于保障措施程序的立案启动条件,目前各国有两种做法:一种是应申请人的申请而启动;另一种是由政府部门依职权发起。只不过有些国家和地区发起保障措施调查的条件包含上述两种情况,如中国和美国,而有的国家和地区只包括其中之一,即要么只允许应申请人申请而启动,要么只允许政府部门依职权发起。从及时并有效地保护国内产业来说,依申请人申请启动有其存在的价值,对行政效率水平不高的国家而言尤其如此。我们认为,法律应认可两种启动程序。

1. 基于申请的立案

对基于申请的立案,各国法律对申请的主体、申请的形式和申请书的内容都有具体要求。

此类立案首先涉及申请的主体问题,即申请人的资格。中国《保障措施条例》第3条和《保障措施调查立案暂行规则》第4条均规定,"与国内产业有关的自然人、法人或者其他组织"可以依照法律规定,向主管机关提出采取保障措施的书面申请。申请人在提交申请时,要同时提供能够说明启动保障措施程序的基本条件已经具备的法律文书,并附上营业执照、法人登记书等。[①]

关于申请的形式,各国都要求申请人提交申请书。中国《保障措施条例》第3条明确规定申请的形式应为书面形式。《保障措施调查立案暂行

[①] 参见张晓编:《中国进口产品保障措施实践指南》,经济管理出版社2003年版,第27页。

规则》第 5 条则专门规定:"保障措施调查申请应以书面形式提出。申请书应载明正式请求外经贸部立案进行保障措施调查的意思表示,并由申请人或其合法授权人盖章或签字。"《保障措施调查立案暂行规则》第 20 条还具体要求,保障措施调查申请书及有关证据资料应以简体中文印刷体形式提交。

关于申请书的内容,《保障措施调查立案暂行规则》第 6 条规定:"申请应当包括下列各项内容:(1) 申请人情况的说明;(2) 申请调查进口产品、国内同类产品或直接竞争产品的说明;(3) 已知的申请调查进口产品出口国(地区)、出口商、生产商以及进口商的情况;(4) 国内产业情况的说明;(5) 申请调查进口产品数量增长情况的说明;(6) 损害情况的说明;(7) 进口增长与损害之间因果关系的说明;(8) 请求;(9) 申请人认为需要说明的其他事项。"

在申请人提交申请书及相关的证据资料之后,主管机关应及时决定是否进行立案调查。根据中国《保障措施条例》第 3 条第 2 款的规定,商务部收到保障措施申请后应及时对其进行审查,以决定是否立案调查。审查包括对申请书的形式审查和内容审查。[①] 形式审查要素主要包括申请书是否附有确认书、申请书份数、申请书公开文本和保密文本等。内容审查要素包括申请人是否具备法律规定的申请人资格、申请被调查的产品说明、申请书是否包含法律法规所规定的要素等。

在形式审查和内容审查之后,主管机关应在合理的时间内作出立案或不立案的决定。中国《保障措施调查立案暂行规则》第 27 条规定,合理的时间通常为"正式收到要求采取保障措施的书面申请后 60 日内",情况特别复杂的,可以适当延长审查期限。主管机关决定不予立案的,应当将不立案的决定通知申请人,并告知不予立案的理由;决定立案的,应当发布立案公告。

2. 基于职权的立案

进口成员主管机关能否自行立案,WTO《保障措施协定》没有相关规定。许多成员的国内法都规定了主管机关自行立案的权力。许多国家规定,对于没有收到采取保障措施的书面申请,但有充分证据认为国内产业

[①] 参见张晓编:《中国进口产品保障措施实践指南》,经济管理出版社 2003 年版,第 33 页。

因进口产品数量增加而受到严重损害或严重损害威胁的,主管机关可以自行决定立案,进行保障措施调查。

我国《保障措施条例》第 4 条规定:"商务部没有收到采取保障措施的书面申请,但有充分证据认为国内产业因进口产品数量增加而受到损害的,可以决定立案调查。"

(二) 调查

调查是保障措施程序的重要环节,是国家决定实施保障措施的前提与基础。WTO《保障措施协定》第 3 条第 1 款规定,成员只有在其主管机关根据以往制定的程序进行调查并按 GATT1994 第 10 条进行公开后,方可实施保障措施。各国立法的内容表明,保障措施调查程序在各国也是不相同的。

中国关于保障措施调查程序的立法经历了一个逐渐完善的过程。1994 年《对外贸易法》仅在第 32 条规定,发生可能发动保障措施的情况时,由国务院规定的部门或者机构依照法律、行政法规的规定进行调查,作出处理。2001 年颁布的《保障措施条例》专设调查章,对保障措施的调查作了具体规定。2002 年,国家经贸委发布《保障措施产业损害调查与裁决规定》,对《保障措施条例》中较为原则的规定进行了相应的细化。同时,国家经贸委还发布《产业损害调查听证规则》,专门对以听证方式进行的产业损害调查作了规定。2003 年,商务部发布《保障措施产业损害调查规定》(以下简称《调查规定》)。2004 年修订的《保障措施条例》和《对外贸易法》对产业损害调查都没有作实质性的变动。

根据现行规定,中国保障措施产业损害调查由商务部负责,具体由商务部下辖的产业损害调查局进行。涉及农产品的调查由商务部会同农业部进行。《调查规定》第 10 条规定,保障措施案件的产业损害调查期通常为立案调查前的三至五年。这种规定符合国际上一般的做法,也能反映进口和产业状况的真实变化并获得最近的数据。[1]

依照《调查规定》第 12 条,可申请参加调查的利害关系方包括:(1) 被调查产品的外国(地区)生产者、出口经营者、国内进口经营者,或

---

[1] 参见肖又贤:《WTO 保障措施制度理论与争端解决实践研究》,法律出版社 2004 年版,第 135 页。

者该产品生产者、出口经营者、进口经营者的行业组织或者其他组织；(2) 被调查产品的原产国(地区)、出口国(地区)的政府及其代表；(3) 国内同类产品的生产者、经营者，或者该产品生产者，经营者的行业组织或者其他组织等。根据《调查规定》第12条，利害关系方申请参加保障措施产业损害调查活动的，应当自保障措施调查立案公告发布之日起20日内向商务部提出参加调查活动的申请，办理有关登记。商务部保障措施产业损害调查的对象包括国内生产者、国内进口经营者、国内购买者、国内最终消费者、国外出口经营者、国外生产者等。

关于调查方法，《调查规定》第16条规定，商务部采取问卷、抽样、听证、技术鉴定、实地核查等调查方式进行产业损害调查。

为了维护利害关系方的合法权益并保证保障措施调查结果的公平、公正，我国还就产业损害调查的听证会程序和商业秘密保护作了具体规定。

（三）裁决

裁决程序是各国保障措施法律必不可少的内容，但具体规定也不一致。

我国《保障措施条例》规定，保障措施的裁定包括临时保障措施的裁定和正式保障措施的裁定。《保障措施条例》第16条规定："有明确证据表明进口产品数量增加，在不采取临时保障措施将对国内产业造成难以补救的损害的紧急情况下，可以作出初裁决定，并采取临时保障措施。临时保障措施采取提高关税的形式。"第17条第1款规定："采取临时保障措施，由商务部提出建议，国务院关税税则委员会根据商务部的建议作出决定，由商务部予以公告。海关自公告规定实施之日起执行。"第18条规定："临时保障措施的实施期限，自临时保障措施决定公告规定实施之日起，不超过200天。"对于正式保障措施，《保障措施条例》第19条规定："终裁决定确定进口产品数量增加，并由此对国内产业造成损害的，可以采取保障措施。实施保障措施应当符合公共利益。保障措施可以采取提高关税、数量限制等形式。"第20条第1款规定："保障措施采取提高关税形式的，由商务部提出建议，国务院关税税则委员会根据商务部的建议作出决定，由商务部予以公告；采取数量限制形式的，由商务部作出决定并予以公告。海关自公告规定实施之日起执行。"根据《保障措施条例》第17条第2款、第20条第2款，无论是采取临时保障措施还是正式的保障措施,商务部都应当将决定及有关情况及时通知WTO保障措施委员会。

三、中国缔结的自由贸易协定下的保障措施

近些年来,在自由贸易协定(FTA)中引入WTO保障措施是很常见的安排,如影响广泛的TPP/CPTPP。TPP第六章第6条规定:本协定不影响各缔约方在根据GATT1994第19条和《保障措施协定》项下的权利和义务。目前,较多FTA的全球保障措施条款都与WTO相关规则基本相符。中国缔结的FTA就属于这种情况。

中国缔结的以下FTA中含有全球保障措施条款:中国—韩国FTA(第7.5条)、中国—澳大利亚FTA(第7.8条)、中国—冰岛FTA(第17条)、中国—哥斯达黎加FTA(第78条)、中国—秘鲁FTA(第69条)、中国—新加坡FTA(第42条)、中国—新西兰FTA(第64条)、中国—智利FTA(第51条)、中国—巴基斯坦FTA(第26条)、中国—东盟FTA(第9条第1款)。

中国缔结的FTA下保障措施条款的内容一般是:双方保留在GATT1994第19条和《保障措施协定》项下的权利与义务,本协定不得就双方根据GATT1994第19条和《保障措施协定》实施措施赋予双方任何额外权利,亦不得增加任何额外义务。

四、中国的全球保障措施实践

(一) 中国被其他成员采取保障措施情况

1. 总体而言中国仍是被采取保障措施较多的国家

近些年,中国仍然是全球贸易救济调查的最大目标国。在三大贸易救济措施中,相比于反倾销、反补贴措施而言,保障措施相对较少被采用。例如,2017年与2016年相比,保障措施案件的数量和金额分别下降了37%和23%。2017年,中国产品共遭遇来自21个国家和地区发起的75起贸易救济调查,涉案金额总计110亿美元,其中保障措施7起。2016年,共有27个国家(地区)针对中国产品发起119起贸易救济调查,涉案金额143.4亿美元,其中保障措施9起。①

---

① 参见荣民:《看待贸易救济措施需要平常心》,载《中国贸易报》2018年1月30日第1版。

2. 美国对中国进口光伏电池实施保障措施

据商务部统计,2011年以来,中国光伏产品遭遇美国、欧盟、印度等国家和地区的15起贸易救济调查,涉案金额近300亿美元,并同时遭遇美国337调查和301调查等贸易限制措施。2021年6月11日,美国Advanced Silicon Group Technologies 公司向美国国际贸易委员会(ITC)提出337调查申请,指控对美出口、在美进口或在美销售的特定具有纳米结构的硅光伏电池、组件及其下游产品侵犯该公司专利权,请求ITC发布有限排除令和禁止令。加拿大、美国、越南、中国等国家的28家企业为被申请人。

2018年8月14日,中国要求与美国就其对某些晶体硅光伏产品进口实施保障措施进行磋商。2018年10月22日,双方举行磋商,但这些磋商未能解决争议,中国向DSB提交了设立专家组的请求。磋商是争端解决机制的首要必经程序,而专家组程序是争端解决机制的核心程序,当磋商、斡旋、调解、仲裁等程序不能解决争端时,一方向DSB提交设立专家组申请,即进入专家组程序。中方提出,美方措施不符合GATT1994和《保障措施协定》规定的义务,因为美国无法证明进口增加与美国太阳能电池生产商遭遇严重损害之间的因果关系,也没有向有关各方提供足够的机会参与调查。美国表示不同意成立专家组,认为其程序是公开透明的,完全符合美国国内保障法以及WTO义务。2019年7月22日,在DSB会议上,中国首次申请成立专家组,对美国针对晶体硅光伏电池进口实施保障措施作出裁决。但美方拒绝成立专家组。

2021年9月2日,WTO发布美国晶体硅光伏产品进口保障措施案(DS562)专家组报告。专家组认为,中国未能证明美国的行为与《保障措施协定》有关条款不一致。

(二) 中国对其他成员采取保障措施情况

1. 中国对韩国采取保障措施情况

据韩联社2021年8月15日报道,大韩贸易振兴公社发布的《2021年上半年对韩进口限制动向》报告显示,截至2021年6月30日,共有28个国家对韩采取了225项进口限制措施。2021年上半年,有12个国家对韩新发起18项进口限制调查(反倾销调查12项,保障措施调查6项),另有22项措施已经终止。从分类来看,对韩采取的反倾销、反补贴和保障措施分别为160项、9项和56项,其中中国对韩采取进口限制措施15项。从年度来看,各国对韩采取的进口限制措施为2011年117项、2013年127项、2015年166项、2017年187项、2019年210项、2020年228项,呈持续增加态势。

2. 中国对进口食糖采取保障措施

(1) 采取措施情况[①]

根据《保障措施条例》的规定,2016年9月22日,商务部作为保障措施调查机关发布2016年第46号公告,决定对被进口食糖产品进行保障措施立案调查。调查机关对被调查产品进口数量是否增加、是否对国内产业造成损害及损害程度,以及进口数量增加与损害之间的因果关系进行了调查。

调查结束后,根据《保障措施条例》第20条规定,调查机关作出裁定认为,进口食糖数量增加,中国食糖产业受到严重损害,且进口产品数量增加与严重损害之间存在因果关系。

根据《保障措施条例》第20条规定,商务部向国务院关税税则委员会提出实施保障措施的建议,后者决定自2017年5月22日起对进口食糖产品实施保障措施。该产品归在《中华人民共和国进出口税则》17011200、17011300、17011400、17019100、17019910、17019920、17019990项下(其中17011300和17011400在2011年版《中华人民共和国进出口税则》中归在17011100项下)。

该保障措施采取对关税配额外进口食糖征收保障措施关税的方式,实施期限为3年,即自2017年5月22日至2020年5月21日,实施期间措施逐步放宽。2017年5月22日至2018年5月21日,保障措施关税税率为45%;2018年5月22日至2019年5月21日,保障措施关税税率为40%;2019年5月22日至2020年5月21日,保障措施关税税率为35%。

自2017年5月22日起,进口经营者在进口关税配额外食糖产品时,

[①] 商务部公告2017年第26号《关于对进口食糖采取保障措施的公告》,中国糖业协会,2017年5月22日,http://www.chinasugar.org.cn/i,117,2013,0.html,2024年6月23日最后访问。

应向中国海关缴纳相应的保障措施关税。保障措施关税以海关审定的完税价格从价计征,计算公式为:保障措施关税税额＝海关完税价格×保障措施关税税率。进口环节增值税以海关审定的完税价格加上关税和保障措施关税作为计税价格,从价计征。

对于来自发展中国家(地区)的产品,如其进口份额不超过 3%,且这些国家(地区)进口份额总计不超过 9%,不适用保障措施;进口商需提供来自不适用保障措施的国家(地区)的产品原产地证明。不适用保障措施的发展中国家(地区)名单以附件列明。在实施保障措施的 3 年期限内,如被排除适用的发展中国家(地区)某一年的进口份额超过 3%,可从次年起对其产品适用保障措施。

(2) 裁定认定过程[①]

发起此次保障措施的起因是中国国内外食糖价格差急剧拉大,引起进口激增,进口食糖与国产食糖的差价从 2011 年 1 月的 2700 元/吨锐减至 2014 年 9 月的－100 元/吨,两者在中国国内市场中的竞争态势发生了逆转。商务部经过调查,在裁定中重点就进口数量增加、不能预见的发展、国内产业认定、国内产业损害、进口数量增加和国内产业严重损害之间的因果关系进行了论述。在国内产业认定上,一是考察进口原糖与国内成品糖是否构成竞争关系,二是考察国内进口原糖加工企业是否属于国内产业。经过分析,商务部裁定"进口原糖加工成的成品糖是被调查产品的一种必然延伸形式,不属于国内同类产品或直接竞争产品,所以进口原糖加工企业不属于本案法律意义上的国内产业"。在因果关系认定上,商务部认定:"调查期内,被调查产品进口数量的整体变化趋势与中国国内产业损害的加剧具有一致性。被调查产品进口数量增加与中国国内产业受到的严重损害之间存在因果关系。"

3. 对此次保障措施实践的评述

我国此次对进口食糖采取的保障措施主要涉及巴西、泰国、澳大利亚三个主要对华食糖出口国,主要产生以下影响:第一,食糖进口量有所下降;第二,国内糖价逐步回升;第三,国内食糖产业受到一定保护;第四,受

[①] 商务部公告 2017 年第 26 号《关于对进口食糖采取保障措施的公告》,中国糖业协会,2017 年 5 月 22 日,http://www.chinasugar.org.cn/i,117,2013,0.html,2024 年 6 月 23 日最后访问。

影响成员未对我国采取报复措施。这些国家有权根据《保障措施协定》的规定对我国的保障措施提出补偿、诉诸争端解决机制或进行贸易报复,但上述国家均未提出相关要求,说明我国作出的保障措施依据充分、程序合法、措施合理适度。[①]

[①] 参见熊国锋:《一次 WTO 保障措施规则的良好实践——我国对进口食糖采取贸易保障措施述评》,载《企业改革与管理》2020 年第 14 期,第 7—10 页。

第八章 农产品贸易法律制度

第一节 农产品贸易法律制度概述

一、农产品贸易和农产品贸易保护

农产品贸易是国际贸易中最基础的贸易领域之一,对于世界各国国民经济发展和国内生产结构有着非常重要的影响。长期以来,发达国家一直在世界农产品贸易领域中居于主导地位,不断采用各种不同的方式对农产品贸易进行干预,补贴、价格支持等措施屡见不鲜。而农业收入构成大部分发展中国家国民经济和出口收入的主要来源,在发达国家农业保护的压力下,发展中国家往往倾向于对农业剩余进行剥夺、对农产品进行征税,这使得农民从事生产活动所能获得的收入低于其依照市场原则所应获得的收入。发达国家和发展中国家之间农产品政策的巨大差异,使得国际农产品贸易呈现极度扭曲和混乱的局面,南北国家之间的矛盾愈演愈烈。

从发达国家农产品贸易政策的历史发展过程来看,可以毫不夸张地说,其核心就是农业保护。早在19世纪初期,欧洲国家就开始制定法律,对农产品贸易进行限制,其中比较著名的是英国1815年《谷物法》。该法规定,只有在英国国内粮食价格超过特定水平时,才允许从国外进口谷物。19世纪后期,农产品贸易保护主义潮流愈演愈烈,德国、法国纷纷制定关税法,采取更强有力的措施来保护本国农产品。20世纪30年代,第一次全球性资本主义经济危机爆发,这也成为发达国家农业保护史上一个重要的转折点。在此期间,发达国家不仅通过高额关税政策进行本国农业保护,还加大对国内农业支持的力度。尽管二战后建立的多边贸易体制对国际贸易自由化具有积极的影响,但在农产品贸易领域,

GATT1947的努力却始终无法对贸易保护加以有效调控。随着新一轮全球性金融危机的爆发,农产品贸易保护甚至有进一步抬头的趋势。

在发达国家和地区中,美国、欧盟和日本的农业政策具有很强的代表性。

美国认为,农业生产过剩和消费需求不足是影响农业的主要问题,因此美国主要通过限制农业生产规模,实施休耕补贴,制定价格、收入支持计划和需求扩展计划来刺激农产品需求,提高农产品价格。上述方式主要通过《农业调整法》和《农业贸易发展援助法》实施。此外,美国还在20世纪90年代制订了"农业出口拓展计划",由政府对遭受不公平贸易行为的农产品出口商提供出口补贴。

欧盟处理农产品问题的方式是构建农产品统一市场,主要通过共同农业政策来进行。为了确保共同农业政策的实施,欧盟制定了三项基本原则:第一,共同体市场统一原则,即逐步取消欧共体成员国之间的关税,实现共同体内部成员国之间商品、劳动力和资本自由流通,协调成员国之间防疫和兽医等条例,制定共同的经营法规、价格和竞争法则等。第二,共同体优先原则,即实行进口征税、出口补贴的双重体制。当产品进口价格低于共同体内部价格时,实行进口征税;当产品出口价格低于共同体价格实行价格补贴时,控制从共同体外部进口,避免受到世界市场波动的影响。第三,价格和预算统一原则,即制定统一的农产品价格和财政预算,由各成员国缴纳一定的费用建立欧洲农业指导和保证基金(EAGGF),用以进行补贴和支持共同农业政策的发展。

在具体的实施过程中,欧盟共同农业政策对内实行价格支持,对外实行贸易保护,制定统一的农产品价格、市场干预、差别关税和出口补贴等制度。首先,欧盟内部实行统一的农产品价格,农产品自由流通,免征关税,并优先购买成员国的产品。价格机制是共同农业政策的核心制度,其农产品价格包括目标价格(target price)、干预价格(intervention price)和门槛价格(threshold price)。其中,目标价格为欧盟农业生产者的指导价格,同时也是生产者价格浮动的最高限度;门槛价格即进口农产品的控制价格;干预价格则是农产品价格下浮的最低限度。目标价格在每年年初确认,当市场价格降低到目标价格之下某一点时,欧盟将以事先制定好的干预价格收购农产品;而当市场价格超过目标价格时,欧盟则将收购的农产品投放到市场中以平抑物价。这种价格运作机制确保了生产者产品的出路,从而有利于稳定市场。其次,对欧盟以外的国家实行保护关税,进口的农产品按照国际市场价格和内部统一价格之间的差额征收差价税。最后,建立共同农业基金,即 EAGGF,用于补贴向欧盟以外的出口,提高在国际市场的竞争能力,稳定和调节各成员国的农产品价格,资助各成员国进行农业结构改革。除此之外,欧盟还设立了其他各种名目繁多的补贴和基金,以保障农民收入,欧盟也因此成为世界上对农产品补贴力度最大的实体之一。

日本则是世界上对农产品进口依赖程度最高、对农业保护程度最高的国家之一,其现有法律主要通过价格支持、生产补贴和贸易保护等三种措施来对农产品实施保护,其中种类繁多的贸易保护措施构成日本农产品保护体系的一大特色。除通常的进口配额外,日本农产品的进口往往由政府性或准政府性贸易机构垄断,这些机构往往通过国营贸易(state trading)方式对农产品提供保护。

与发达国家一样,发展中国家向来十分重视农业问题,通常也将提高农民收入作为国内农业政策的核心。一方面,农业是发展中国家最为基础的产业部门,对于维护国内经济和政治稳定、保障粮食供应有着非常重要的战略意义。但另一方面,农业在发展中国家国内综合政策中的地位却比在发达国家要低得多。发展中国家由于经济基础比较薄弱,在实践中很难全面贯彻对农业的优先保障。不仅如此,发展中国家所制定的贸易、汇率、金融和税收政策往往以严重歧视农业为前提,这些政策抵消了政府对农业的支持政策,限制了农业生产的增长,使得整套农业制度形成一个自相矛盾的怪圈。[①]

长期以来,世界各国在农产品贸易领域中存在着很深的矛盾,这其中既包括发达国家与发展中国家之间的矛盾,也包括发达国家之间的矛盾。

发达国家与发展中国家在农产品领域中的矛盾是南北矛盾的核心内容之一。一方面,发达国家的各种农业保护政策使得相对具有价格优势的发展中国家农产品很难进入发达国家国内市场,即使能够进入,其原有的价格优势也会被各种名目的贸易壁垒措施抵消;另一方面,发达国家为

---

① 参见龚宇:《WTO 农产品贸易法律制度研究》,厦门大学出版社 2005 年版,第 30 页。

处理国内过剩农产品而采取大量的补贴措施,造成农产品国际价格不断被压低,发展中国家农产品在国际市场上的份额不断萎缩。这些都造成发展中国家农产品外汇收入的锐减,发展中国家的农民也因此遭受很大的损失。

在农产品领域发达国家之间也存在激烈的对抗与冲突,主要体现为对世界农产品市场的争夺和重新划分。在发达国家内部,美国、澳大利亚等国农业基础较好,农产品出口欲望比较强,而日本和欧洲国家等则受制于国内自然条件,农产品生产能力相对一般,对国内农产品的保护愿望相应更为强烈。特别是20世纪末以来,欧盟的共同农业政策初见成效,在欧盟内部也出现了很多剩余农产品。为了对这些剩余农产品进行处理,欧盟也开始采取各种补贴措施,鼓励其内部农产品向外出口,最终与美国等国发生了激烈的贸易战。

发生在发达国家与发展中国家之间以及发达国家之间的农产品贸易纠纷,对国际农产品贸易体制造成了巨大的冲击。从GATT1947到WTO,农产品贸易一直都是多边贸易谈判的焦点问题,多哈回合谈判更是由于农产品议题的裹足不前而陷入僵局。受新一轮全球性金融危机的影响,国际农产品价格进一步下跌,发展中国家农产品的利润空间越来越狭窄,全球农产品贸易似乎已经走到其发展过程中的一个关键的十字路口。

二、GATT1947体制下的农产品贸易谈判

正是由于南北双方在农产品贸易问题上的激烈冲突,GATT1947从制定伊始就想通过制度设计来缓和南北双方的上述矛盾。但令人遗憾的是,这种努力并未成功。

GATT1947中并没有单独针对农产品的法律规则,因此农产品贸易似乎应该受到GATT1947所有规则的约束。但是,GATT1947对于初级产品(primary products)有着一些例外性的规则。由于绝大多数农产品同时也是初级产品,农产品贸易实际上一直没有被有效纳入GATT多边贸易体制纪律中来。这些例外规则主要包括以下几个方面:

(一)国内补贴例外

对国内农产品和农业提供补贴,是很多国家保护农业最为重要的措

施,这类措施很容易对农产品的进出口产生影响。但是,GATT1947 对国内农产品补贴并没有进行严格禁止或限制,而是采取了比较宽松的态度。

第一,尽管 GATT1947 将国民待遇原则确定为多边贸易体制的基本原则,但其第 3 条第 8 款(b)项却同时规定,国民待遇要求不得妨碍专门对国内生产者提供的补贴。因此,专门针对国内农产品生产者提供的补贴并不违反 GATT1947 多边纪律的要求。至于何谓"专门对国内生产者提供的补贴",专家组在美国油籽案 I 中指出,如果补贴所产生的利益只有一部分归于国内生产者,则不能认为此类补贴属于"专门对国内生产者提供的补贴"。

第二,在对初级产品征收反补贴税方面,GATT1947 第 6 条第 7 款规定:"对于不受出口价格影响的、为稳定初级商品的国内价格或国内生产者利润的制度,有时虽会使供出口商品的销售价格低于向国内市场中同类产品的购买者收取的可比价格,但如对该有关商品有实质利害关系的各缔约方之间经磋商后确定下列条件,则仍应被视为不构成属本条第 6 款范围内的实质损害:(a) 该制度也使供出口商品的销售价格高于向国内市场中同类产品的购买者收取的可比价格,且(b) 由于有效生产调节或其他原因,该制度的实施并未过度刺激出口或严重侵害其他缔约方的利益。"

第三,从程序上看,要求提供国内补贴的缔约方只需要将补贴情况通知缔约方全体,并在特定情况下与有关缔约方讨论限制补贴的可能性,补贴的程序性要求就已经符合。

第四,东京回合达成的《关于解释和适用 GATT 第 6 条、第 16 条和第 23 条的协议》对补贴问题进行了进一步的规范,但其也只是要求缔约方设法避免国内补贴对其他国家的利益造成损害,并没有任何实质性的强制措施对国内补贴进行规范。

(二) 出口补贴例外

这一例外规定在 GATT1947 第 16 条 B 节第 3 款:"缔约方应寻求避免对初级产品的出口使用补贴。但是,如一缔约方直接或间接地给予任何形式的补贴,并以增加自其领土出口的任何初级产品的形式实施,则该补贴的实施不得使该缔约方在该产品的世界出口贸易中占有不公平的份额,同时应考虑前一代表期内该缔约方在该产品贸易中所占份额及可能已经影响或正在影响该产品贸易的特殊因素。"

为了进一步说明该款中的有关问题,GATT1947附件1对该款附加了注释,具体如下:

(1)一缔约方在前一代表期内未出口所涉产品的事实本身,并不阻止该缔约方确定其在有关产品的贸易中获得份额的权利。

(2)稳定与出口价格变动无关的一初级产品的国内价格或国内生产者利润的制度,有时会使供出口产品的销售价格低于向同类产品国内市场购买者收取的可比价格,如缔约方全体确定以下事项,则应被视为不涉及第3款意义内的出口补贴:

(a)该制度也造成,或其目的是造成,供出口产品的销售价格高于向同类产品国内市场购买者收取的可比价格;且

(b)该制度的实施,或实施的目的是,由于有效控制生产或以其他方式,不致不适当地刺激出口或不致严重侵害其他缔约方的利益。

尽管缔约方全体作出此种确定,但是如此种制度下的运作除自有关产品的生产者处募集资金外,全部或部分地由政府基金供资,则此类运作应遵守第3款的规定。

(三)其他例外

除了对进出口进行补贴外,GATT1947缔约方还可以通过其他方式对农产品进出口实施限制。例如,根据GATT1947第11条,缔约方可以在符合条件的情况下对任何形式的农产品实施进出口数量限制;根据GATT1947第20条,缔约方可以将"为保护人类、动物或植物的生命或健康所必需的措施"排除在适用范围之外。在GATT历史上,缔约方曾多次通过援引上述例外意图对本国农产品提供保护。除此之外,GATT1947缔约方也往往会通过提出保留或者诉诸GATT1947第25条豁免程序,将本国农业保护措施排除在多边贸易体制纪律之外。

正是由于在法律文本和实践中存在诸多例外,农产品贸易问题从一开始就游离于GATT1947体制之外。因此,GATT1947从产生伊始就一直在努力让农产品回归多边贸易体制中。在1960年开始的狄龙回合谈判中,欧共体为其共同农业政策做了大量努力,谈判的结果使得世界农产品贸易陷入更为糟糕的境地。而在肯尼迪回合中,农产品开始成为谈判

的焦点,但也仅在少数农产品上达成关税减让。在东京回合谈判中,9个发达国家对 1/4 的农产品进口关税进行削减,平均削减幅度达到 40%,主要发达国家对牛肉和乳制品进口的配额都有所松动,但农产品贸易的基本规则并没有改变,欧美等发达国家仍然奉行高度的农业保护政策,农产品贸易制度因而陷入改革的"瓶颈"。

三、WTO 框架下的农产品贸易谈判

20 世纪 80 年代以来,受世界整体经济环境的影响,农产品的消费量增长开始放缓,这与发达国家农业技术日新月异的发展所带来的农业生产能力的提高形成尖锐的矛盾,农产品进出口纠纷因此不断升级,各国也不得不开始重新审视现有的世界农产品贸易格局和规则。正是在这种背景下,农产品贸易问题被纳入 1986 年开始的乌拉圭回合多边贸易谈判议题之中。

在乌拉圭回合农产品谈判过程中,美国、欧共体和凯恩斯集团(Cairns Group)三大利益集团之间不断的讨价还价,使得谈判异常艰难。美国希望欧共体取消出口补贴;欧共体则主张一并削减国内支持和出口补贴;凯恩斯集团主要包括 14 个农产品出口国,这些国家一方面要求欧共体取消出口补贴,修改其共同农业政策,另一方面也要求美国适当作出让步。1991 年,乌拉圭回合各谈判方达成"邓克尔文本",规定以 1986—1990 年补贴水平为基准,在 6 年内将出口补贴支出削减 36%,接受补贴的出口产品数量削减 24%。但欧共体对此仍不满意。为了进一步协调有关谈判方利益,美国和欧共体于 1993 年订立了最终的"布莱尔宫协议",将接受补贴的出口产品数量削减从 24% 调整为 21%,同时规定了实施期为 9 年的"和平条款"。在此期间,符合《农业协定》的农业补贴得以免受 GATT1947 项下的指控。在此基础之上,各谈判方达成关于农产品贸易的统一规则——《农业协定》。至此,乌拉圭回合农产品谈判基本结束,农产品一直游离于多边贸易体制纪律约束之外的状况也就此终结。

《农业协定》是《WTO 协定》的有机组成部分,被作为一揽子协定的内容纳入《WTO 协定》附件 1A 之中。《农业协定》所适用的农产品范围,主要是《商品名称及编码协调制度》第一章到第二十四章包括的产品,但鱼和鱼制品除外,以及其他章的一些产品,如羊毛、生皮、生丝等。《农业协定》与GATT1994同属于《WTO协定》附件1A,但却是两个相互联系又相互独立的协定,前者是农产品贸易的特殊规定,后者则是货物贸易的一般规定。同时,《农业协定》与《WTO协定》附件1A中的其他协定之间的关系也较为复杂,存在着交叉关系。例如,《卫生与植物卫生措施协定》所调整的事项也涉及农产品进出口问题,但只是这一议题中涉及卫生措施的方面。又如,根据《农业协定》第5条第8款的规定,如果特别保障措施符合该款规定,则不得对此类措施适用GATT1994第19条第1款(c)项和第3款或《保障措施协定》第8条第2款的规定。再如,《农业协定》第12条要求,如果任何成员依据GATT1994第11条第2款(a)项对粮食实施新的出口禁止或限制,该成员应适当考虑此类出口禁止或限制对进口成员粮食安全的影响,并在采取此类禁止或限制措施之前,尽可能通知WTO农业委员会,并应请求与作为进口商拥有实质利益的进口成员就相关事项进行磋商,这一规定实际上是对GATT1994第11条项下有关普遍取消数量限制义务的例外措施的回应。

《农业协定》由序言、正文和5个附件构成,共21个条款。其主要内容包括:各成员需基于农产品进口的最低市场准入量;各成员削减本国支持的承诺应适用于有利于其国内农业生产者的附件2中所列的一切国内支持,国内支持措施的总价值不得超过其承诺的水平;各成员不得提供不符合本协定以及与各方承诺表中所作承诺不符的出口补贴;各成员均不得维持、使用或恢复那些应转化为关税的非关税措施;各成员应对农业补贴的反补贴措施保持适当克制;等等。其中,市场准入、国内支持和出口补贴构成《农业协定》的三大核心内容。

除了上述三大核心内容之外,《农业协定》第20条"改革进程的继续"要求在协定实施的第五年开始进一步的谈判,谈判需考虑非贸易关注、发展中国家成员特殊和差别待遇等问题,以期建立一个公平的、以市场为导向的农产品贸易体制。为了保证其条款的实施,《农业协定》还设立了常设性的农业委员会(Committee on Agriculture),以定期审议WTO成员履行各自承诺义务的情况,并监督《关于改革计划对最不发达国家和粮食净进口发展中国家可能产生消极影响的措施的决定》的实施情况。

四、多哈回合农产品贸易谈判

自乌拉圭回合谈判以来,农产品问题一直被视为谈判的核心,在多哈回合多边贸易谈判中,农产品谈判经历了非常曲折的历程,大致可以分为四个阶段:第一阶段从 2000 年 3 月到 2001 年 3 月,是谈判的起步阶段。第二阶段从 2001 年 3 月到 2002 年 3 月,谈判方围绕《农业协定》的主要问题和《多哈宣言》第 13—14 段的内容提出了大量意见。第三阶段从 2002 年 3 月到 2003 年 9 月,各谈判方分歧巨大,并最终导致坎昆会议的失败。第四阶段从 2003 年 9 月到 2004 年 7 月,谈判方最终达成《多哈回合框架性协议》。该协议在农产品问题上还是采取了较为折中的态度,一方面在综合支持总量问题上采取"层级公式"(tiered formula)的削减方式,要求国内综合支持总量水平较高的成员作出相应较多的减让;另一方面则规定,为了防止成员通过在不同类产品之间转移支持量来规避协议,对于具体产品的综合支持总量应在其平均水平基础上进行削减,但具体的方法则留待今后议定。① 同时,对于国内承诺问题,除应该遵循《农业协定》第 6 条所列标准外,还可议定新的标准,但新的标准须确保"蓝箱"措施较综合支持总量具有较少的贸易扭曲效果,并考虑到 WTO 权利义务的平衡,以及对于正在进行的改革不会造成恶劣的影响。②

自《多哈回合框架性协议》达成以来,主要谈判方互相指责,并坚持对方应该首先作出让步,这使得多哈回合谈判陷入僵局,WTO 理事会甚至一度决定政治冻结谈判。谈判恢复后,农业问题的进展仍然缓慢,各谈判方也对谈判能够取得何种结果持非常谨慎的态度。

第二节 农产品市场准入

构建完善的农产品市场准入制度是《农业协定》的三大核心内容之一。由于农产品长期游离于多边贸易体制的规制之外,因此《农业协定》

---

① WTO, Doha Work Progrmme, Draft General Council Decision of 31 July, 2004, WT/GC/W/535, Annex A, para. 9, http://www.ecostat.unical.it/anania/WTO/Draft%20agreement,%2031.7.04.pdf, last visited on June 23, 2024.

② Ibid.

中关于市场准入的规定的核心目的在于,促使农产品贸易中的各类非关税措施向关税转化,同时继续加强农产品贸易领域中的关税减让,建立单一关税制,即将原有的用于控制农产品的非关税措施,如配额、许可证等,全部转化为关税的形式。易言之,将关税作为控制农产品进出口的唯一措施。这样一来,农产品市场准入就由原来比较复杂的问题转化为简单的关税减让问题。

一、农产品贸易中非关税措施关税化

《农业协定》第4条第2款要求各成员将各自有关农产品市场准入的非关税措施关税化:"各成员不得维持、采取或重新使用已被要求转化为普通关税的任何措施,除非第5条和附件5中另有规定"。这里的"任何措施"包括进口数量限制、进口差价税、最低进口价格、任意性进口许可、通过国家专营贸易企业维持的非关税措施、自愿出口限制以及除普通关税之外的任何类似边境措施,无论这些措施是否根据特定国家对GATT1947规定的豁免而保留;但"任何措施"不应包括根据国际收支条款,或者根据GATT1947或《WTO协定》附件1A所列其他多边贸易协定中非特别针对农产品的一般规定而维持的措施。①

上述规定是《农业协定》中关于市场准入的核心义务。不过,该条款规定比较原则,而实践中各成员的有关措施千差万别,哪些属于"各成员不得维持、采取或重新使用"的措施,尚有赖于争端解决机构在具体案件审理中作出进一步的剖析和界定。从实践来看,对《农业协定》第4条第2款作出解释的案件主要是智利农产品价格波幅制度及保障措施案。

案例 8-1 智利农产品价格波幅制度及保障措施案

2001年1月19日,阿根廷要求DSB设立专家组,对智利针对进口农产品征收价格波幅税的措施进行审查。阿根廷主张,这种措施属于《农业协定》第4条第2款中已被要求转化为普通关税的措施,智利实施这种措施显然违反了《农业协定》第4条第2款。专家组和上诉机构经过审理后

---

① 《农业协定》第4条第2款注释。

认为,智利所采取的价格波幅税措施违反了《农业协定》第 4 条的规定。

专家组查明,除征收普通从价关税之外,智利还对部分进口农产品征收价格波幅税。该价格波幅是包含上限和下限的一段价格区域,确定过程比较复杂:智利海关收集相关农产品过去一段时间内的月平均国际价格(主要采用国际性期货交易所公布的离岸价格),将这些价格从高到低进行排序,除去其中最高和最低价格区域,在剩下的区域中选择最低和最高价格,加上相关进口费用,形成最终的上下限。该价格波幅每年确定并公布一次。同时,智利海关还根据相关国外市场最低离岸价格,每周确定一次该产品的参考价格,以适用于所有进口到智利的该种产品。智利征收价格波幅税的具体方法是:如果相关产品参考价格低于价格波幅下限,则按照两者的差额对其征收价格波幅税;如相关产品参考价格高于价格波幅上限,则按照差额退还已征收的从价关税;如果参考价格位于价格波幅上下限之间,则无须再征收价格波幅税。

在本案中,专家组和上诉机构主要对两个问题进行了阐述:第一,何谓《农业协定》第 4 条第 2 款中的已被要求转化为普通关税的措施?第二,智利征收价格波幅税的措施是否符合第 4 条第 2 款的规定?

关于第一个问题,专家组认为,第 4 条第 2 款的适用范围不仅仅限于乌拉圭回合谈判结束时已经实际转化为普通关税的措施,还包括那些根据要求应该转化而还没有实际转化为普通关税的措施。① 否则,该款中"不得维持"一词就会变得没有意义。专家组还指出,这种关税化是一项普遍要求而非个别要求,一成员是否在关税减让表制定过程中要求其他成员将特定措施关税化,并不影响该特定措施是否能够被关税化。从这个意义上说,智利所提出的在关税减让表制定过程中并没有任何国家对价格波幅税措施提出关税化要求,因此该措施并没有被纳入转化范围的抗辩,是不能够成立的。

关于第二个问题,阿根廷提出,智利的价格波幅措施已经构成进口差价税或者最低进口价格,或者第 4 条第 2 款注释中所提到的"类似边境措施"。专家组和上诉机构认为,进口差价税的本质在于,该措施必须包含

---

① Appellate Body report on Chile-Price Band System and Safeguard Measures Relating to Certain Agricultural Products (2002), paras. 206-208.

一套机制,确保征收幅度能够根据不同情况自动和持续地发生变化;最低进口价格的实质在于,主管机关设定价格底限并按照差额征税;特定措施要构成第4条第2款注释中的"类似边境措施",则需证明其与注释中所列措施存在足够的相似点或属于同一性质。[①] 遵循这个思路,专家组和上诉机构仔细审查了智利价格波幅税的运作方式后发现:第一,尽管价格波幅税的确定以世界市场价格为基础,但由于智利海关仅选取国际市场价格的中间区域,再加上相关进口费用,因此价格波幅的下限仍然可能等于或高于国内市场价格。第二,价格波幅的上下限缺乏可预见性,智利并没有颁布任何法律法规,澄清如何确定及计算相关进口费用,因此进口产品到岸价格的确定不够透明。第三,智利海关缺乏确定参考价格的明确标准,仅说明参考价格根据相关国外市场最低离岸价格每周确定一次,而并没有说明何谓"相关国外市场"。第四,参考价格只是根据离岸价格而非到岸价格确定,并且没有加上相关进口费用,将这种参考价格与加上进口费用的价格波幅下限进行比较,参考价格很有可能达不到下限的要求,进口产品也会因此更容易遭受价格波幅税。综上,专家组和上诉机构都认为,智利的价格波幅税无论如何都不可能像普通关税制度那样,向国内市场准确无误地传递国际市场的价格信号,不可避免地会对进口产品的国内市场价格产生扭曲作用,这种措施与第4条第2款注释中所列措施具有同一性质,因此构成"类似边境措施"。

二、非关税措施关税化的例外情况

考虑到农产品贸易的特殊性,《农业协定》并没有一律禁止所有非关税壁垒措施的使用,规定了一些例外情况,具体包括:根据国际收支条款为维持国际收支平衡所采取的措施;根据GATT1994或《WTO协定》附件1A所列其他多边贸易协定中非针对农产品的规定而采取的措施;《农业协定》第5条中所规定的措施(农产品特殊保障措施);《农业协定》附件5所列措施(农产品特别处理条款)。限于篇幅,在此我们仅对农产品特

[①] Appellate Body report on Chile-Price Band System and Safeguard Measures Relating to Certain Agricultural Products (2002), paras. 226-227.

别保障措施进行介绍。

(一) 农产品特别保障措施

《农业协定》对农产品市场准入规定了特殊保障措施(special safeguard, SSG),即在进口激增的特殊情况下,成员可以对进口采取临时性保护措施;若进口量增加到一定水平以上或者价格跌到一定水平以下,则成员可以对此征收较高的保障措施关税而无须证明国内产业是否受到损害。特别保障措施针对的是关税化的产品,只适用于关税配额外的进口,即只适用于已经将其他限制性措施转换成普通关税且在减让表中标明SSG标识的农产品。

相比于GATT1994第19条和《保障措施协定》中所规定的保障措施,农产品特别保障措施适用的条件比较宽松,无须证明国内产业损害,主要依据的是一定的进口数量或进口价格,即只要进口量超过一定水平(触发水平)或者进口价格低于触发价格,就可以采取特别保障措施。

进口量的触发水平是根据进口占进口成员最近3年相应国内消费量的一定百分比确定的,主要根据以市场准入为基础的公式确定。而市场准入机会指的是进口相当于可获得数据最近3年相应的国内消费量的百分比。如果市场准入机会低于或者等于10%,则基准触发水平应等于125%;如果市场准入机会高于10%但低于或等于30%,则基准触发水平应等于110%;如果市场准入机会高于30%,则基准触发水平应等于105%;如果产品绝对进口量超过基础触发水平与最近3年平均进口量的乘积和最近1年产品国内消费量与前1年相比的绝对变化量之和,就可以征收附加关税,但触发水平不得低于平均进口量的105%。

就进口价格低于触发价格而言,主要指的是进口农产品的到岸价格低于触发价格。根据《农业协定》,触发价格指的是各该进口农产品在1986—1988年的平均参考价格。如果出现这种情况,就可以征收附加关税,但如果进口到岸价格与触发价格之间的差额低于或等于触发价格的10%,则不得征收附加关税。此外,所征收的关税数额要受到以下限制:(1) 如果进口到岸价格和触发价格之间的差额高于触发价格10%,但低于或等于触发价格的40%,则附加关税应该等于该差额超过10%部分的30%;(2) 如果上述差额高于触发价格的40%,但低于或等于触发价格的60%,则附加关税应该等于该差额超过40%部分的50%,并可与根据上述(2)项所征收的附加关税一并征收;(3)如果上述差额高于触发价格的60%,但低于或等于触发价格的75%,则附加关税应该等于该差额超过60%部分的70%,并可与根据上述(1)(2)项所征收的附加关税一并征收;(4)如果上述差额高于触发价格的75%,则附加关税应该等于该差额超过75%部分的90%,并可与根据上述(1)(2)(3)项所征收的附加关税一并征收。

与此同时,采取特别保障措施的成员并没有义务与利害关系方达成补偿协议,只需要向其提供磋商的机会即可。

三、农产品贸易中的关税减让

除了将非关税措施关税化之外,《农业协定》还通过具体的规定,继续在成员之间实施新的关税减让要求,以更好地贯彻实现农产品贸易自由化的目的。根据承诺,发达国家成员应该在6年之内(1995—2000年),以每年平均削减的方式,将农产品普通关税平均削减36%,其中每一个税目的削减比例不得低于15%;发展中国家成员则应在10年内(1995—2004年),以不低于发达国家2/3的水平对关税进行削减,其中每一个税目的削减比例不低于10%。① 对于最不发达国家成员,则不要求其进行关税减让。

为了进一步确保关税减让和非关税化的规定得以实施,《农业协定》还规定了关税化产品的最低市场准入量,以防止有关成员通过关税化后畸高的关税阻碍农产品进口。该最低市场准入量以1986—1988年为基准期,如进口关税化产品不足国内消费量的5%,进口成员则应承诺最低数量的市场准入机会。在关税减让实施期头一年,最低进口准入数量为基准期国内消费量的3%,实施期结束时则为5%;如基准期进口量超过国内消费量的5%,则维持原来的市场准入水平。为提高最不发达国家成员的贸易能力,2015年肯尼亚第十次WTO部长级会议还针对最不发达国家成员出口的棉花和棉花产品所享有的免关税、免配额市场准入待

---

① WTO, Modalities for the Establishment of Specific Binding Commitments under the Reform Programme: Note by the Chair of the Market Access Group, 20 December 1993, MTN. GNG/MA/W/24, para. 5, https://www.wto.org/english/tratop_e/agric_e/1993_ur_modalities_w24_e.pdf, last visited on June 23, 2024.

遇问题作出了特殊安排。

第三节 国内支持措施

一、国内支持概述

"国内支持"是与"出口补贴"相对应的概念,但《农业协定》并没有对国内支持作出明确的界定。有学者认为,国内支持指的就是不包括出口补贴在内的给予农业生产的资助。[①] 一国对农业生产进行资助的方式是多种多样的,比较常见的有市场价格支持、补偿支付、直接支付、差额支付、反周期支付等。其中,市场价格支持主要通过政府设定比较高的国内农产品价格来完成,欧盟长期使用这种措施;补偿支付是由政府将价格支持改为直接向农民支付价格支持部分的金额;直接支付一般是对历史上曾经在特定面积内种植特定作物的农民提供金钱补助;差额支付是由政府向农民支付农产品政府设定价格与市场价格之间的差额,但在这种情形下,市场价格本身完全由市场决定,即政府支付的差额会因为市场价格的变化而发生相应的变化;反周期支付则是美国经常采取的措施,主要是由政府对农产品有效价格和目标价格之间的差额进行支付。

一方面,上述国内支持措施都可能在一定程度上对本国和国际农产品市场造成扭曲,但另一方面,适当的国内支持措施对于各国农业的发展也有着积极意义。因此,如何在支持各国农业发展与维护国际贸易正常秩序之间达成有效的平衡,就成为乌拉圭回合农产品谈判中的焦点问题之一。基于这样的指导思想,《农业协定》对国内支持措施采取区别对待的办法,将国内支持措施分为"绿箱"(Green Box)措施、"蓝箱"(Blue Box)措施和"黄箱"(Amber Box)措施,不同种类的措施适用不同的规制纪律。

二、《农业协定》中的"绿箱"措施

根据《农业协定》附件 2 的规定,"绿箱"措施指的是,由政府提供的、费用不会转让给消费者且对生产者不具有价格支持作用的财政支持措

[①] 参见曹建明、贺小勇:《世界贸易组织法(第二版)》,法律出版社 2004 年版,第 215 页。

施,这些措施对农产品贸易和农业生产不会产生或者仅仅产生微小的扭曲影响。由此可见,"绿箱"措施须满足两个基本标准:(1)所涉支持应通过公共基金供资的政府计划提供(包括放弃的政府税收),而不涉及来自消费者的转让;(2)所涉支持不得具有对生产者提供价格支持的作用。由于"绿箱"措施反映了各成员对农业的正常管理和调控,因此没有被纳入国内支持的削减承诺之中。

除上述规定外,《农业协定》附件2还列举了13类具体的国内支持政策,并规定了相应的实施标准和条件。具体为:

第一,一般服务。此类政策涉及与向农业或农村提供服务或利益的计划有关的支出(或放弃的税收),不得涉及对生产者或加工者的直接支付。

第二,用于粮食安全目的的公共储备。

第三,国内粮食援助。接受粮食援助的资格应符合与营养目标有关的明确规定的标准。此类援助的提供方式应为直接向有关人员提供粮食或提供可使合格受援者按市场价格或补贴价格购买粮食的方法。政府的粮食采购应按现行市场价进行,此类援助的供资和提供方式应透明。

第四,对生产者的直接支付。直接支付应符合《农业协定》的相关规定。

第五,不挂钩的收入支持。获得此类支付的资格应由明确规定的标准确定。在任何给定年度中此类支付的数量不得与生产者在基期后任何一年从事的生产的类型或产量(包括牲畜头数)有关,或以此种类型或数量为基数在任何给定年度中此类支付的数量不得与适用于基期后任何一年所从事的生产的国际或国内价格有关,或以此种价格为基数在任何给定年度中此类支付的数量不得与基期后任何一年使用的生产要素有关,或以此种要素为基数不得为接受此类支付而要求进行生产。

第六,收入保险和收入安全网计划中政府的资金参与。

第七,收入保险和收入安全网计划中政府的资金参与。获得此类支付的资格应由收入损失确定,仅应考虑来源于农业的收入;此类支付的数量应补偿生产者在其有资格获得该援助的当年收入损失的70%以下;任何此类支付的数量仅应与收入有关;不得与生产者从事生产的类型或产量(包括牲畜头数)有关;不得与适用于此种生产的国内或国际价格有关;

也不得与所使用的生产要素有关;如一生产者根据本款和本附件中的自然灾害救济支付条款在同一年接受两次支付,则此类支付的总额不得超过生产者总损失的100%。

第八,自然灾害救济支付。此类支付系直接提供,或以政府对农作物保险计划资金参与的方式提供;只有在政府主管机关正式认可已发生或正在发生自然灾害或同类灾害后,方可产生获得此类支付的资格;

第九,通过生产者退休计划提供的结构调整援助。获得此类支付的资格应参照计划中明确规定的标准确定,该计划旨在便利从事适销农产品生产的人员退休或转入非农业生产活动;支付应以接受支付者完全和永久地自适销农产品生产退休为条件。

第十,通过资源停用计划提供的结构调整援助。获得此类支付的资格应参照计划中明确规定的标准确定;支付应以适销农产品生产所用土地停用至少3年为条件,对于牲畜而言,则以其被屠宰或最终永久处理为条件。

第十一,通过投资援助提供的结构调整援助。获得此类支付的资格应参照政府计划中明确规定的标准确定,支付应限于为补偿结构性缺陷所需要的数额之内。

第十二,环境计划下的支付。获得此类支付的资格应确定为明确规定的政府环境或保护计划的一部分,并应取决于对该政府计划下特定条件的满足,包括与生产方法或投入有关的条件。此类支付的数量应限于为遵守政府计划而所涉及的额外费用或收入损失。

第十三,地区援助计划下的支付。获得此类支付的资格应限于条件贫困地区的生产者,且限于在规定地区从事农业生产所涉及的额外费用或收入损失。

由于《农业协定》并没有对"绿箱"措施的标准提出可操作性的量化措施,因此,在《农业协定》生效后,各成员方纷纷积极利用"绿箱"措施,甚至加大了"绿箱"措施的支持数量,这使得人们不禁对"绿箱"措施的未来感到担忧,多哈回合农产品谈判也因此将"绿箱"措施的标准问题纳入了审议和澄清的范围之中。尽管目前各成员方尚没有对此问题达成普遍纪律规则,但2013年WTO第九次部长级会议决定,在成员方达成最终方案之前,不得针对以粮食安全为目的的公共储备措施提出指控,同时将土地改革和农村生活保障增列入政府提供的一般服务范畴之中。

三、《农业协定》中的"蓝箱"措施

"蓝箱"措施指的是《农业协定》第 6 条第 5 款中所规定的限制产量计划下给予的直接支付措施。这类措施不受各成员削减国内支持承诺的约束。从农产品多边贸易谈判的历史来看,"蓝箱"措施规定在"布莱尔宫协议"中,是美国和欧共体达成妥协的结果。借助"蓝箱"措施,美国的差额补贴计划与欧共体在麦克希瑞改革计划下实施的补偿支付措施均达到免受削减承诺约束的目的。①

《农业协定》第 6 条第 5 款规定:"(a) 在下列条件下,限产计划下给予的直接支付('蓝箱'措施)不在削减国内支持的承诺之列:(i) 此类支付按固定面积和产量给予;(ii) 此类支付按基期生产水平的 85% 或 85% 以下给予;或按照牲畜支付,基于固定头数给予。(b) 免除符合以上标准的直接支付的削减承诺,应反映在将这些直接支付的价值排除在一成员关于其现行综合支持总量的计算之外。"由于"蓝箱"措施事实上允许各成员将从事生产作为给予直接支付的条件,也允许成员将生产产量与直接支付数额挂钩,因此这类措施对于农产品贸易显然也会产生一定的扭曲作用。不过,从实践情况来看,由于"蓝箱"措施对广大发展中国家成员意义不大,到目前为止援引"蓝箱"措施的成员数量并不是很多。

四、《农业协定》中的"黄箱"措施

(一)"黄箱"措施的范围

"黄箱"措施指的是在"绿箱"和"蓝箱"措施之外的、政府对农产品采取的直接价格干预和补贴措施,包括对种子、肥料、灌溉等农业投入品的补贴,以及对农产品营销贷款的补贴等。由于"黄箱"措施会对农产品贸易产生很大的影响,各成员需承担约束和削减的义务。但是,并非所有"黄箱"措施范围内的措施都需要进行削减,《农业协定》规定了两类例外情况:微量支持措施和发展性支持措施。

微量支持措施是指成员对产品所采取的未超过特定支持量的措施。根据《农业协定》第 6 条第 4 款的规定:"(a) 对于下列两项内容,成员不

---

① 参见龚宇:《WTO 农产品贸易法律制度研究》,厦门大学出版社 2005 年版,第 212 页。

需将其包括在其现行综合支持总量的计算中,也不需削减:(i)其他情况下本应要求包括在一成员关于其现行综合支持总量计算中的特定产品的国内支持,如此类支持未超过该成员一基本农产品在相关年度内生产总值的5%;及(ii)在其他情况下本应包括在一成员关于其现行综合支持总量计算中的非特定产品的国内支持,如此类支持未超过该成员农业生产总值的5%。(b)对于发展中国家成员,本款下规定的微量百分比应为10%。"

发展性支持措施则指的是发展中国家成员直接或间接鼓励农业发展的援助性措施。根据《农业协定》第6条第2款的规定,这些措施包括:发展中国家成员中农业可普遍获得的投资补贴;发展中国家成员中低收入或资源贫乏生产者可普遍获得的农业投入补贴;发展中国家成员鼓励对以生产多样化为途径停止种植非法麻醉作物而给予生产者的国内支持措施等。这些措施不需要进行削减,也不需包含在一成员关于其现行综合支持总量的计算之中。

(二)"黄箱"措施削减承诺的计算

由上可知,凡"黄箱"措施中不属于微量支持措施和发展性支持措施的部分,均应该受到成员削减承诺的约束,即需要进行削减。需削减的国内支持措施分为两类:针对特定产品的国内支持措施和针对非特定产品的国内支持措施。这些措施在实践中的表现形式十分多样,因此,在对不同措施进行削减之前,需要确定一个统一的措施衡量标准,这就是综合支持量(Aggregate Measurement of Support,AMS)和综合支持总量(Total Aggregate Measurement of Support,Total AMS)。

1. 综合支持量

《农业协定》第1条(a)项规定,综合支持量是指以货币形式表示的、有利于基本农产品生产者的对一农产品提供的年度支持水平,或指有利于一般农业生产者的非特定产品支持,不包括在根据本协定附件2可免除削减的计划下所提供的支持。该条(b)项规定,涉及国内支持承诺的"基本农产品",指的是指一成员减让表和有关支持材料中列明的尽可能接近第一销售点的产品。该条(d)项规定,对于在基期内提供的支持,指一成员减让表第四部分引用而并入的有关支持材料表中列明的支持;对于实施期任何一年中及此后提供的支持,指依照本协定附件4的规定计算的支持,同时考虑该成员减让表第四部分引用而并入的支持材料表所使用的构成数据和方法。

《农业协定》附件3对综合支持量的计算进行了比较详尽的规定,分为特定产品综合支持量的计算和非特定产品综合支持量的计算。其中,非特定产品综合支持量的计算比较简单,将所有支持措施货币化后累加即可。而对于特定产品综合支持量,应该以特定产品为基础,计算每一种接受市场价格支持的、不可免除的直接支付或者其他任何不属于免除削减承诺范围的补贴的基本农产品这三种形式各自的支持量,并进行累加。对于上述三种形式,《农业协定》也规定了特定的计算方法:对于市场价格支持,应使用固定外部参考价格与管理价格之间的差额乘以有资格接受管理价格的产量,其中固定外部参考价格以1986—1988年为基期,以净出口国有关基本农产品平均离岸价格和净进口国基本农产品平均到岸价格确定;对于不可免除的直接支付,应使用固定参考价格与管理价格之间的差额乘以有资格接受管理价格的产量计算,或使用预算支出计算,固定参考价格同样以1986—1988年为基期;对于其他不可免除的措施,应使用政府预算支出计算,但如果使用预算支出不能全面反映补贴情况,则应该以补贴货物或服务的价格与类似货物或服务的有代表性市场价格之间的差额乘以货物或服务的数量来确定。

2. 综合支持总量

综合支持总量指的是有利于农业生产者的所有国内支持的总和,表现为基本农产品的综合支持量、所有非特定产品综合支持量以及所有农产品支持等值的总和。在基期内提供的支持和在实施期任何一年中或此后允许提供的最大限度的支持(即"年度和最终约束承诺水平"),指成员减让表第四部分列明的支持;实施期任何一年中及此后实际提供的支持水平(即"现行综合支持总量"),指包括《农业协定》第6条的规定,及该成员减让表第四部分引用而并入的支持材料表所使用的构成数据和方法计算的支持。实践中,很多农业支持政策都会被计算到综合支持总量之内,并表现为非特定产品的支持(如运费补贴、投入补贴等)。

综合支持量和综合支持总量的计算是一个比较复杂的问题,读者可参照表8-1对相关计算规则进行理解。

表 8-1 某发展中国家成员综合支持总量计算过程①

A. 特定产品的综合支持量(单位:百万美元)			
国内支持项目/产品	小麦	棉花	土豆
管理价格(美元/吨)	2700	6400	3300
固定的外部参考价格(美元/吨)	2100	7500	3000
总产量(千吨)	1890	400	360
有资格接受管理价格的产量(千吨)	950	400	300
市场价格支持	570	−440	90
投入补贴	125	0	0
取决于差价的直接支付	0	0	10
特定产品的综合支持量	695	−440	100
特定产品总产值(管理价格×总产量)	5103	2560	1260
特定产品综合支持量/总产值	13.5%	−17.2%	7.9%
B. 非特定产品的综合支持量(百万美元)			
不可豁免的农业投入支持:			
拖拉机	900		
柴油机	500		
农业服务:			
水利灌溉	600		
农业信贷	900		
非特定产品综合支持量	2900		
农业总产值	23200		
非特定产品综合支持量/总产值	12.5%		
综合支持总量	695+2900=3595		

注:(1) 特定产品的市场价格支持=(管理价格−固定外部参考价格)×有资格接受管理价格的产量;(2) 特定产品的综合支持量=市场价格支持+投入补贴+取决于价差的直接支付;(3) 非特定产品的综合支持量=不可豁免的农业投入支持+农业服务措施;(4) 综合支持总量=特定产品的综合支持量+非特定产品综合支持量;(5) 棉花和土豆的综合支持量因为低于10%的微量支持水平,被排除在综合支持总量之外。

(三)"黄箱"措施的承诺纪律

根据《农业协定》的规定,以 1986—1988 年为基准期,从 1995 年开

---

① 转引自龚宇:《WTO 农产品贸易法律制度研究》,厦门大学出版社 2005 年版,第 212 页。为方便起见,作者对本表作了适当的修改。

始,发达国家成员在 6 年内逐步将综合支持量削减 20%,发展中国家成员在 10 年内逐步削减 13.3%,最不发达国家成员则可以继续维持基期的综合支持总量,免予作出削减承诺。在此期间内,每年的综合支持总量不得超过承诺表中所承诺的约束水平;各国在每年的实际国内支持水平也不得超过相应的年度综合支持总量和最终综合支持总量。

从《农业协定》的执行情况来看,由于所设定的国内支持措施承诺约束水平并不是很苛刻,很多成员很轻松地就履行了相关的承诺,由国内支持措施所引发的争端数量因此也并不多见。在有限的争端中,以韩国牛肉案和中国农业生产商国内支持措施案所涉及的法律问题比较典型。

案例 8-2　韩国牛肉案

1999 年 8 月 4 日,应美国和澳大利亚的申请,WTO 设立专家组,对韩国牛肉双重零售制度进行审查,判断其是否与《WTO 协定》相一致。美国和澳大利亚在申诉中都提到,韩国 1997 年和 1998 年对牛肉的综合支持量均超过微量支持的水平,因此应该被计算到现行综合支持总量之中。按照这种计算方法,韩国在 1997 年和 1998 年的现行综合支持总量均超过其在相应年度的承诺水平。韩国则抗辩,自己的牛肉综合支持量并没有超过微量水平,因此不需要计入现行综合支持总量。

专家组经过调查发现,争端双方之所以在是否超过微量支持水平问题上发生争议,主要在于双方采用了不同的综合支持量计算方法。根据《农业协定》第 1 条(a)项的规定,特定产品在实施期内任何一年的综合支持量,应该按照《农业协定》附件 3 的规定计算,同时考虑相关成员减让表第四部分的支持材料表中所使用的构成数据和方法。按照附件 3 的规定,应该将牛肉的固定外部参考价格与所适用的管理价格之间的差额乘以有资格接受管理价格的产量,其中固定外部参考价格以 1986—1988 年的平均离岸或者到岸价格为准。但韩国在计算牛肉综合支持量的时候,是将固定外部参考价格与管理价格的差额乘以实际以管理价格购买的牛肉数量,并以 1989—1991 年的相关价格作为固定外部参考价格。由于实际以管理价格购买的牛肉数量显然少于有资格接受管理价格的牛肉数量,1989—1991 年的相关价格也低于 1986—1988 年的参考价格,因此韩国按照自己的方法计算出来的牛肉综合支持量低于按照附件 3 的规定计算出来的数据。对此,韩国认为,自己的算法是有依据的,参照的是韩国减让表第四部分支持材料表中所使用的构成数据和方法,并不违反《农业协定》的规定。

在认定上述事实后,专家组认为,判断韩国牛肉的综合支持量是否超过其承诺水平需要澄清:综合支持量的计算应该以附件3的方法为准,还是以减让表第四部分支持材料表中的构成数据和方法为准?

专家组分析,减让表第四部分支持材料表中所列的是有关成员在基期内对特定产品的综合支持量,旨在确定基期综合支持总量,其中所使用的构成数据和方法应仅适用于表中所列产品的综合支持量的计算。对于支持水平没有被列入综合支持总量的产品,不存在相应的构成数据和方法,唯一计算方法就是按照附件3的规定进行。专家组查明,牛肉并没有被包括在韩国的支持材料表之中,因此牛肉综合支持量的计算只能适用附件3的规定。① 上诉机构对专家组的上述结论表示认同,并补充说,从两种计算方法的措辞来看,附件3的方法是"必须依照"(in accordance with),而减让表第四部分支持材料表中所列的构成数据和方法则是"必须考虑"(taking into account)。"依照"一词体现了比"考虑"更加严格的标准。

由此,上诉机构裁定,韩国计算牛肉综合支持量的方法是错误的,这种错误方法导致韩国相关年度的综合支持总量超过其相应年度的承诺水平,从而违反了《农业协定》第1条(a)项的规定。

案例8-3 中国农业生产商国内支持措施案

美国将中国对小麦、稻谷和玉米实施的涉案措施统称为"市场价格支持项目"(Market Price Support Program,MPS),这一项目的实施基础是中国《国务院关于进一步深化粮食流通体制改革的意见》(国发[2004]第17号)、《粮食流通管理条例》以及2012—2015年中央一号文件。就最低收购价格而言,通常由价格通知文件和执行预案文件两部分构成。其中,2012—2015年的价格通知文件明确了该期间内每一年度适用于小麦和

---

① Panel Report on Korea-Measures Affecting Imports of Fresh, Chilled and Frozen Beef (2000), para. 8.11.

稻谷的最低收购价格;而执行预案文件则规定了最低收购价政策的启动时间、启动条件、启动地区、执行主体、收购质量要求等具体内容。就玉米临储措施而言,2012—2015年间,中国政府每年均会颁布收购临储玉米的通知,该通知对玉米临储措施的适用地区、收购价格、收购主体、收购时间等作出规定。通过计算,美国认为中国对小麦、稻谷和玉米三种产品的价格支持均超过8.5%的微量免除水平,故中国的相关涉案措施违反其在《农业协定》下的相关义务。

本案中的核心争议问题之一是如何理解《农业协定》第1条(a)项(ii)的规定,尤其是如何理解各成员的构成数据和方法与《农业协定》附件3规则在特定农产品综合支持总量计算中的关系。

《农业协定》第1条(a)项(ii)规定了综合支持量的计算方法,即在计算时应依据《农业协定》附件3的规则,并考虑成员支持材料表中的构成数据和方法(以下简称"构成数据和方法");同时,第1条(h)项(ii)规定了现行综合支持总量的计算方法,即应同时依据附件3的规则和支持材料表中的构成数据和方法。中美之间就如何理解综合支持量与现行综合支持总量的关系,以及构成数据和方法在计算综合支持量与现行综合支持总量中具有何种作用产生争议。

中国认为,由于综合支持量与现行综合支持总量之间具有不可分割的联系,因此二者在计算过程中使用的数据和方法应具有统一性。这意味着,在计算时应整体性理解附件3与构成数据和方法关系,即根据附件3的相关规定确定计算公式,并依据成员支持材料表中的构成数据和方法确定具体的参数。美国则认为,综合支持量与现行综合支持总量是国内支持水平计算中的两个不同环节,应该适用不同的计算方法。《农业协定》第1条(a)项(ii)与第1条(h)项(ii)的规定表明,应优先适用附件3的规定,构成数据和方法仅具参考价值,或仅能发挥有限作用。

专家组一方面同意美国的部分观点,认为综合支持量与现行综合支持总量是国内支持水平计算中两个不同环节,应适用不同的计算方法;另一方面也赞同中国的部分观点,认可二者之间具有不可分割的联系。在构成数据和方法在国内支持水平计算中的作用问题上,专家组一方面同意美国的部分观点,认为根据《农业协定》第1条(a)项(ii)的规定,若附件3的规定与支持材料表中的构成数据和方法在计算综合支持量时发生冲突,则附件 3 规定优先;另一方面,也认同中国的部分观点,即根据第 1 条(h)项(ii)的规定,附件 3 与构成数据和方法在计算现行综合支持总量中具有同等地位,同时指出不能简单地将《农业协定》第 1 条(a)项(ii)看作一条冲突规则,而应尽可能考虑在计算中同时适用附件 3 规则和构成数据和方法,不能直接排除后者而仅适用前者。

本案另一个争议是基期国内支持总量与现行国内支持总量的关系。中国认为,二者在计算方法上应具有一致性,理由是:根据《农业协定》的规定以及前述整体性解释方法,基期国内支持总量与现行国内支持总量的计算均需使用成员支持材料表中的构成数据和方法;《农业协定》的目标是实现对国内支持的削减,而削减承诺的实现,需要保证基期国内支持总量与现行国内支持总量具有可比性,此种可比性意味着二者在计算方法上具有一致性。美国持相反立场,认为基期国内支持总量与现行国内支持总量在计算方法上并不具有一致性,因为《农业协定》本身并没有规定基期国内支持总量的计算方法;只有对作出逐步减让承诺的成员,才需要保证其基期国内支持总量与现行国内支持总量之间具有可比性,对于像中国这样作出一次性承诺(而非逐步减让承诺)的成员,基期国内支持总量仅表示一个在特定时期根据特定支持措施而计算出的既定支持水平,与现行国内支持总量采用的计算方法无关。

专家组认为,基期国内支持总量与现行国内支持总量在计算方法上应保持一致,理由包括:《农业协定》附件 3 第 6 至 13 段对二者的计算方法作出了相同规定;计算方法的一致是确保可比性、实现减让目标的前提;使用支持材料表中的构成数据和方法有助于确保二者在计算上的一致性。

本案还涉及《农业协定》附件 3 中固定外部参考价格基期问题,这也是并不多见的。中国基于其整体性解释方法,认为本案应适用的基期是中国减让表之支持材料表中规定的 1996—1998 年。美国则基于其"附件 3 优先适用"的观点,认为本案应适用的基期为附件 3 第 9 段规定的 1986—1988 年。专家组认为应适用 1996—1998 年作为基期,理由主要包括以下两点:

第一,附件 3 第 9 段中关于基期的规定不具有强制性。其主要理由是,大部分新入世成员在计算现行国内支持总量时并未根据附件 3 第 9

段适用 1986—1988 年基期。同时,这些新入世成员减让表之支持材料表属于条约文本,构成据以解释附件 3 第 9 段的相关语境。

第二,使用 1996—1998 年基期也是保证基期国内支持总量与现行国内支持总量计算具有一致性的需要。由于中国在基期国内支持总量计算中适用 1996—1998 年基期,在本案中计算现行国内支持总量时也应适用该基期。特别是,固定外部参考价格基期是计算中的唯一定量,若其数值发生变化,则在适用的管理价格和适格产量均为变量的情况下,无法确保基期国内支持总量与现行国内支持总量的一致性。

五、《农业协定》中的和平条款

由于《农业协定》和《补贴与反补贴措施协定》(《SCM 协定》)关于补贴的规定不尽相同,前者的规定显然较后者更宽松,为了防止后者对农产品领域中的补贴问题产生影响,《农业协定》专门规定了一个条款,旨在作为《SCM 协定》部分规则的例外。这就是所谓的"和平条款"。

《农业协定》第 13 条规定,尽管有 GATT1994 和《SCM 协定》的规定,但是:

(a) 完全符合本协定附件 2 规定的国内支持措施应:(i) 就反补贴税而言,属不可诉补贴;(ii) 免于根据 GATT1994 第 16 条和《SCM 协定》第三部分采取的行动;以及(iii) 免于 GATT1994 第 23 条第 1 款(b)项意义上的、根据另一成员在 GATT1994 第 2 条下产生的关税减让利益造成的非违反性丧失或减损所采取的行动;

(b) 完全符合本协定第 6 条规定的国内支持措施,包括符合该条第 5 款要求并已反映在每一成员减让表中的直接支付,以及在微量水平之内且符合第 6 条第 2 款规定的国内支持措施应:(i) 免征反补贴税,除非依照 GATT1994 第 6 条和《SCM 协定》第五部分确定存在损害或损害威胁,在发起任何反补贴税调查方面应表现适当的克制;(ii) 免于根据 GATT1994 第 16 条第 1 款或《SCM 协定》第 5 条和第 6 条所采取的措施,只要此类措施给予特定商品的支持不超过在 1992 年销售年度中确定的支持水平;以及(iii) 免于根据 GATT1994 第 23 条第 1 款(b)项意义上的、根据另一成员在 GATT1994 第 2 条下获得的关税减让利益造成的非违反性丧失或减损所采取的行动,只要此类行动给予特定商品的支持不超过在 1992 年销售年度中确定的支持水平;

(c) 完全符合本协定第五部分的规定并已反映在每一成员减让表中的出口补贴应:(i) 只有在依照 GATT1994 第 6 条和《SCM 协定》第五部分,根据数量、对价格的影响或由此产生的影响为依据确定存在损害或损害威胁后,方可征收反补贴税,在发起任何反补贴税调查方面应表现适当的克制;(ii) 免于根据 GATT1994 第 16 条或《SCM 协定》第 3 条、第 5 条和第 6 条所采取的行动。

根据上述规定,《农业协定》中的"绿箱"措施在实施期内被视为不可诉的补贴,不得采取反补贴税,并且豁免于 GATT1994 第 23 条中的违约之诉和非违约之诉;其他国内支持措施,只有在被认定为正在造成损害或造成损害威胁后,才能采取反补贴措施;在发起发补贴税调查时,应表现出适当的克制。

尽管和平条款使得《农业协定》中的一部分措施("绿箱"措施)不必受到《SCM 协定》的约束,但和平条款并不是无限期的,其有效期仅为从 1995—2003 年共 9 年时间。2003 年期限届满之后,和平条款效力终结,是否需要根据《农业协定》的规定延长,还需要各谈判方在多边贸易谈判中协商确定。

第四节 农产品出口补贴

一、出口补贴的概念

对农产品提供出口补贴是世界各国通行的农业保护措施,这种补贴容易给国际贸易造成极大的扭曲,也因此成为《农业协定》规制的主要内容。

根据《农业协定》第 1 条(e)项的规定:"'出口补贴'指视出口实绩而给予的补贴,包括本协议第 9 条所列的出口补贴。"至于何谓"补贴",《农业协定》并没有明确的规定,但《SCM 协定》第 1.1 条明确将通过政府或者任何公共机构提供的财政资助或 GATT1994 第 16 条意义上的收入或价格支持而授予的利益视为补贴。对此,WTO 争端解决机构在审理实践中认为,《SCM 协定》中的相关界定可以为解释《农业协定》中"补贴"的概念提供最为相关的上下文背景。①

根据《农业协定》的要求,成员应将出口补贴措施纳入减让表,并按照规定的时间表进行削减;对于那些没有纳入减让表的措施,超过成员承诺所实施的出口补贴措施,以及对没有列入减让表的产品实施出口补贴措施,都属于应该被禁止的补贴。为了进一步明确出口补贴措施的类型,《农业协定》第 9 条将出口补贴分为两类:受《农业协定》项下削减承诺约束的补贴以及不受《农业协定》项下削减承诺约束的补贴。

所谓受《农业协定》项下削减承诺约束的补贴,指的就是《农业协定》第 9 条第 1 款所规定的六种补贴:(a) 政府或其代理机构视出口实绩而向公司、行业、农产品生产者、此类生产者的合作社或其他协会或销售局提供的直接补贴,包括实物支付;(b) 政府或其代理机构为出口而销售或处理非商业性农产品库存,价格低于向国内市场中同类产品购买者收取的可比价格;(c) 依靠政府措施供资的对一农产品出口的支付,无论是否涉及自公共账户的支出,包括由对有关农产品或对产生该出口产品的农产品征税的收入供资的支付;(d) 为减少出口农产品的营销成本而提供的补贴(可广泛获得的出口促进和咨询服务除外),包括处理、升级和其他加工成本,以及国际运输成本和运费;(e) 政府提供或授权的出口装运货物的国内运费,其条件优于国内装运货物;(f) 视出口产品所含农产品的情况而对该农产品提供的补贴。而所谓不受《农业协定》项下削减承诺约束的补贴,指的是《农业协定》第 9 条第 1 款所规定的六种补贴之外的其他补贴措施。这类措施可以向所有农产品提供,而不受该农产品是否被列入减让表的限制。但是,根据《农业协定》第 10 条第 1 款的规定,这类补贴不得以产生或威胁导致规避出口补贴承诺的方式实施,也不得使用非商业性交易以规避此类承诺。

尽管有上述规定,但实践中,判断成员具体措施是否构成出口补贴,仍然需要通过对上述规定进行相关解释来进行。

---

① Panel Report on United States-Tax Treatment for "Foreign Sales Corporations"(1999), para. 7.150.

案例 8-4　加拿大奶制品出口案

1998年3月25日，应美国和新西兰的请求，DSB设立专家组，审查加拿大对出口奶制品的补贴和牛奶关税配额是否违反《WTO协定》。

专家组查明，加拿大奶制品管理体系中有三个主要的机构：奶制品委员会（Canadian Dairy Commission，CDC）、各省的牛奶销售委员会（Milk Marketing Board，MMB）和牛奶供给管理委员会（Canadian Milk Supply Management Committee，CMSMC）。其中，CDC是根据《加拿大奶制品委员会法》成立的公司，其成员由政府任命，对联邦议会负责，有权制定工业奶的价格、买卖奶制品、管理牛奶销售储备、参与执行特别分类和制定年度生产配额；MMB负责管理省际奶制品生产、交易以及发放生产配额，牛奶生产者必须通过MMB进行交易；CMSMC负责按照市场供应情况定期调整牛奶的生产配额，并将调整后的配额分配给各省。加拿大在成为WTO成员之后，制订了牛奶特别分类计划。该计划把牛奶分为5类，前4类供应国内市场，第5类则是所谓的"牛奶特别分类"，下设5个小类，其中(d)类（经特别谈判确定的出口产品；包括炼乳、全脂奶粉、销往美国和英国的配额奶酪等）和(e)类（消除超额产量的奶制品）产品价格由CDC与加工者或者奶制品出口商单独谈判确定，其价格比供应国内市场的工业奶低很多，其生产商因此可以得到足以补偿其加工成本和投资回报的差额。

在本案中，美国和新西兰认为，加拿大牛奶特别分类中的(d)(e)类奶制品出口商能够以低于国内市场价的价格获得其用于出口的牛奶，这相当于降低了出口奶制品的成本，因此加拿大的这种措施构成《农业协定》第9条第1款(a)(c)两项意义上的出口补贴。进一步看，如果不能认定这一点，则加拿大的措施还构成《农业协定》第10条第1款意义上的"规避出口补贴承诺的方式实施"的措施。对此，专家组意见如下：

第一，第9条第1款(a)项意义上的出口补贴必须满足四个条件：直接补贴（包括实物支付）确实存在；补贴由政府或其代理机构提供；补贴向企业或产业提供；补贴依赖于出口实绩提供。在本案中，加拿大牛奶特别分类计划中的(d)(e)两类低价奶制品仅向生产出口奶制品的加工商提供，但这些加工商如果将其用于国内销售，则还需支付相应的差额，因此该措施毫无疑问满足后两个条件。对于该措施本身是否符合第一个条件,专家组认为,不需对价而提供货物,或者以低于正常价格的方式提供货物,都可以认为是实物支付。特别分类计划使得加工商能够获得相对较廉价的原料,加工商因此获益,这种利益给予显然能够构成实物支付。对于是否符合第二个条件,加拿大认为,特别牛奶分类计划中的资金资助并不是来自政府,而是来自奶制品生产者,与国内用奶产生的差额也是由牛奶生产者集体承担。专家组对此持不同意见,由于加拿大的三个牛奶管理机构在牛奶供应过程中发挥了决定性的作用,这些机构根据加拿大相关法律设立,享有相应的行政权力,因此都可以视为加拿大政府机构。综上,加拿大的牛奶特别分类计划构成第9条第1款(a)项意义上的出口补贴,违反了其在《WTO协定》项下的义务。

尽管专家组在本项诉讼请求中作出了不利于加拿大的裁决,但上诉机构推翻了专家组的结论,认为专家组在认定实物支付和直接补贴过程中所遵循的逻辑有误。实物支付是直接补贴的一种可能形式,但进行实物支付并不意味着必然提供了补贴。[1] 因为实物支付可以通过全部或部分支付对价进行,也可以是无偿给予,而在支付全部对价的实物支付中,并不存在补贴。在本案中,加拿大相关牛奶生产者为获取用于出口的低价奶,选择集体承担差额,属于已经支付了相关对价而获得利益,因此不能认为加拿大的措施构成《农业协定》第9条第1款(a)项意义上的出口补贴。

第二,《农业协定》第9条第1款(c)项意义上的出口补贴也应该满足一定的条件:存在对农产品出口的支付,以及该支付依靠政府措施融资。对此,专家组和上诉机构的意见是一致的,即本项中的支付并不局限于金钱支付,也可以是非金钱性质的支付甚至是放弃某些应有的收入。加拿大特别牛奶分类计划措施中牛奶生产者集体承担应由出口商承担的部分差额,这本身就是一种符合(c)项意义的支付。至于该支付是否依靠政府措施融资,专家组和上诉机构的观点与专家组在第9条第1款(a)项中的分析相同,即政府始终在牛奶生产、分配和交易中起着不可或缺的作用,因此加拿大的措施构成第9条第1款(c)项意义上的出口补贴,从而违反

---

[1] Appellate Body Report on Canada-Measures Affecting the Importation of Milk and the Exportation of Dairy Products (1999), paras. 87-88.

了其应该承担的《WTO协定》项下的义务。

第三,尽管已经确认加拿大的措施构成《农业协定》第9条第1款(c)项意义上的出口补贴,就没有必要再去审查加拿大的措施是否违反第10条第1款,但为了澄清这两条的关系,专家组还是对第10条第1款进行了分析:要证明某一措施违反第10条第1款,就必须证明存在未列入第9条第1款的补贴;其实施方式导致或可能导致规避出口补贴减让义务,即对承担出口补贴减让义务但实际上超过承诺水平的产品进行补贴,而这补贴并没有被列入第9条第1款。联系《农业协定》第1条(e)项将"出口补贴"界定为"视出口实绩而给予的补贴",专家组认为,第1条(e)项的规定比第9条第1款更宽泛,没有列入第9条第1款的任何视出口实绩而给予的补贴都是第10条第1款所指的补贴。因此,加拿大的措施即使不违反《农业协定》第9条第1款,也应该被归入第10条第1款所指的补贴。

二、出口补贴纪律及其削减承诺

《农业协定》中关于出口补贴纪律的规定主要体现在第3条、第8条、第9条和第10条。根据这些规定,不同类型的补贴所需要遵循的纪律是有所区别的:对于第9条第1款所规定的六类补贴而言,只能向列入减让表中的农产品提供,并且受制于成员的削减承诺;而对于第9条第1款之外的补贴而言,可以向所有农产品提供,而无论该产品是否被纳入减让表之中,但这类补贴要受第10条第1款的规制,即不能以规避出口补贴承诺或产生规避出口补贴承诺之威胁的方式实施。

《农业协定》对于上述补贴规定了一个总的削减指标,即发达国家成员应该在6年内以1986—1990年为基期,对农产品出口补贴金额削减36%,接受出口补贴的农产品数量削减21%;发展中国家成员应该以同样的基期,在10年内对农产品出口补贴金额削减24%,对接受出口补贴的农产品削减14%;最不发达国家成员则可以继续维持基期的出口补贴水平,免予削减。在具体谈判中,成员都会在减让表中列出其每年提供出口补贴的最大金额和最大产品数量。需要注意的是,如果上一年的补贴金额或数量没有用完,成员可以将相应的金额或额度累积到下一个年度中使用。

上述削减指标在实践中也可以根据具体情况灵活履行。根据《农业协定》第9条第2款的规定，在实施期第二至第五年的任何一年中，一成员在给定年度提供的出口补贴可超过该成员减让表第四部分列明的该产品或产品组的相应年度承诺水平，但须遵循以下条件：第一，自实施期开始起至所涉年份止，此类补贴的预算支出累计数额与完全符合该成员减让表列明的相关年度支出承诺水平所产生的累计数额相比，未超过此类预算支出基期水平的3%；第二，自实施期开始起至所涉年份止，得益于此类出口补贴的累计出口数量与完全符合该成员减让表列明的相关年度数量承诺水平的累计数量相比，未超过基期数量的1.75%；第三，在整个实施期内，此类出口补贴的预算支出和得益于此类出口补贴的数量的累计总和，不高于完全符合该成员减让表列明的相关年度承诺水平时的总和；第四，在实施期结束时，该成员出口补贴预算支出和得益于此类出口补贴的数量分别不高于1986—1990年基期水平的64%和79%。对于发展中国家成员，这些百分比应分别为76%和86%。

三、出口补贴中的反规避问题

由于《农业协定》第9条第1款所列之六种出口补贴之外的其他补贴并不直接受到成员削减承诺的约束，因此在实践中，成员有可能通过六种补贴形式之外的其他形式补贴，对出口农产品进行支持，从而规避其在减让表中所列的承诺和在《农业协定》项下的义务。为了防止这种情况发生，《农业协定》特别设立了一个反规避条款，对相关的行为进行约束，即第10条"防止规避出口补贴承诺"。具体规定如下：

1. 未列入第9条第1款的出口补贴不得以产生或威胁导致规避出口补贴承诺的方式实施；也不得使用非商业性交易以规避此类承诺。

2. 各成员承诺努力制定关于管理提供出口信贷、出口信贷担保或保险计划的国际议定的纪律，并保证在就此类纪律达成协议后，仅以符合这些纪律的方式提供出口信贷、出口信贷担保或保险计划。

3. 任何声称未对超过削减承诺水平的任何出口数量提供补贴

的成员,必须证实未对所涉出口数量提供出口补贴,无论此种出口补贴是否列入第9条中。

4. 捐赠国际粮食援助的成员应保证:

(a) 国际粮食援助的提供与对受援国的农产品商业出口无直接或间接联系;

(b) 国际粮食援助交易,包括货币化的双边粮食援助,应依照联合国粮农组织《剩余食品处理原则和协商义务》的规定进行,在适当时,还应依照通常营销要求(UMRs)制度;以及

(c) 此类援助应在可能的限度内以完全赠与的形式提供或以不低于《1986年粮食援助公约》第4条规定的条件提供。

上述规定表明,第10条所列出的涉及反规避问题的行为有两类:未列入第9条第1款的出口补贴以及非商业性交易。

(一) 未列入第9条第1款的出口补贴

上诉机构在美国外国销售公司税收待遇案中认为,《农业协定》中的出口补贴承诺涉及两类产品:成员在减让表中列明的农产品和未在减让表中列明的农产品,这两类产品都可能由成员通过未列入第9条第1款的出口补贴来进行国内支持。从 WTO 争端解决实践来看,判断成员对这两类产品采取的措施是否构成第10条意义上的规避出口补贴所适用的条件也不尽相同。

对于成员在减让表中明确列明的农产品,WTO 争端解决实践并不一致。例如,专家组在加拿大奶制品出口案中认为,成员可以在减让表所列明的削减承诺范围内使用第9条第1款所列之外的出口补贴。[①] 在美国陆地棉补贴案中,专家组则进一步指出,对于减让表明确列明的农产品,只要出口数量超过了承诺水平,除非有相反证据,超过出口数量将被认定为违反《农业协定》第10条第1款。[②] 而在较早的美国外国销售公司税收待遇案中,上诉机构却没有将出口数量超过承诺水平视为必然违背反规避条款,而是进一步分析成员的措施是否转移了足够的经济资

---

① Panel Report on Canada-Measures Affecting the Importation of Milk and the Exportation of Dairy Products (1999), para. 7.29.

② Panel Report on United States-Subsidies on Upland Cotton (2004), para. 7.877.

源——只有争议措施足以达到与实施第 9 条第 1 款所列六种出口补贴措施相同的目的,能够转移足够的经济资源和利益,才能确定该措施违反反规避条款。学界对此也有不同看法。有人认为,转移足够经济资源这一标准过于模糊和宽泛;有人则认为,允许以非规避方式使用没有列举的出口补贴,不等于要求只能在特定承诺水平以内使用出口补贴,如果仅仅由超过承诺水平提供没有列举的出口补贴措施这一事实本身认定措施违反反规避条款,就是人为扩大了削减承诺的适用范围,这种解释同时也违背了第 10 条第 1 款的字面含义。①

对于成员没有在减让表中列明的农产品,判断何种方式构成规避就更加困难,因为《农业协定》中并没有对成员针对未列入减让表的农产品提供第 9 条第 1 款所列措施之外的补贴进行规定。从 WTO 争端解决实践来看,上诉机构倾向于认为,不能将判断列入减让表产品的农产品是否构成规避的标准套用在未列入减让表的农产品之中。②

(二)非商业性交易

《农业协定》并没有对"非商业性交易"进行界定,从第 10 条的措辞来看,非商业性交易主要指的是出口信贷和粮食援助。③

根据第 10 条的规定,成员需协调制定出口信贷纪律,并保证遵守达成的协议。有关出口信贷方面的多边纪律,主要是在经济合作与发展组织(OECD)框架下谈判议定。目前,各谈判方已经在一些具体领域形成一些共识。

粮食援助是当前国际形势下国际合作表现得最为突出的领域之一。在很多情况下,援助国都选择通过低价方式将粮食出售给受援助国,这种方式有时会引起 WTO 成员对于粮食出口补贴的担心。因此,《农业协定》第 10 条第 4 款要求,粮食援助尽可能以完全赠与的方式提供,或者以不低于《1986 年粮食援助公约》第 4 条的规定的条件提供,以与粮食的正常性商业交易区分开来。同时,一旦粮食援助构成出口补贴,就要受到《农业协定》规定的相关多边纪律的约束。

---

① 参见李晓玲:《WTO 框架下的农业补贴纪律》,法律出版社 2008 年版,第 128—129 页。
② Appellate Body Report on United States-Subsidies on Upland Cotton (2005), paras. 650-651.
③ 参见龚宇:《WTO 农产品贸易法律制度研究》,厦门大学出版社 2005 年版,第 204 页。

第九章 《政府采购协议》

第一节 《政府采购协议》概述

一、《政府采议购协议》的发展历史

在草拟《世界贸易组织宪章》的过程中,美国就提出将有关政府采购的约束规则写入宪章,但遭到各国的反对。GATT 第 3 条规定,有关货物贸易实施国民待遇的规定不得适用于政府机构购买供政府使用、不以商业转售为目的或不以用以生产供商业销售为目的的产品采购的法律、法规或规定;《服务贸易总协定》第 13 条第 1 款规定,最惠国待遇条款、市场准入条款和国民待遇条款不得适用于管理政府机构为政府目的而购买服务的法律、法规或要求,此种购买不是为商业转售或为商业销售而在提供服务过程中使用。因此,政府采购是被排除在 GATT 最重要的国民待遇义务之外的。这样做并不是当时的 GATT 对政府采购在未来发展中可能造成的贸易歧视估计不足,而是为当时的经济发展水平所不允许。

就这样,政府采购一直以来处于 WTO 所致力调整的包括货物和服务在内的多边贸易规则范围之外,是 WTO 多边贸易体制的一个重要空白。但是,随着经济全球化的发展,经济合作与发展组织(OECD)开始关注政府采购议题,于 1966 年形成相关工作报告;欧共体在 1971 年相继出台了政府采购的一些规则,实现了政府采购市场的区域化。随着政府采购在经济活动中的重要性不断提升,政府采购金额也越来越高。据估算,政府采购支出占各国 GDP 的比重达到 10%~15%。例如,美国联邦总务局(GSA)局长、联邦采购服务委员会主席 James A. Williams 2009 年表示,美国各级政府每年采购额超过 2 万亿美元。[①] 又如,哈佛大学教授

---

① 参见张扬:《争政府订单大饼 美采购高官为中国企业支招》,载《侨报》2009 年 5 月 22 日。

Edward Glaeser、Andrei Shleifer 的一个调研项目得出结论:"低收入、中等收入和高收入国家的公共采购规模占 GDP 的比例几乎相同。在我们调研的 190 个国家中,低收入国家的公共采购规模平均占 GDP 的 13%,中等收入国家占 GDP 的 13.2%,高收入国家占 GDP 的 14%。"[①]

  随着对歧视性采购政策造成贸易限制后果的越来越清醒的认识以及弥补这一缺陷的愿望的不断增强,在东京回合贸易谈判中各方第一次努力尝试将政府采购置于国际统一贸易规则下调整。于是,《政府采购协议》的前身《政府采购守则》在 1979 年 4 月签署、1981 年生效,并于 1987 年修改,修改后的版本于 1988 年生效。与乌拉圭回合同步,《政府采购守则》参加方也举行新的谈判以扩大其适用范围。作为《WTO 协定》附件 4 的诸边协定之一,《政府采购协议》(Agreement on Government Procurement,GPA)于 1994 年 4 月 15 日在马拉喀什签署,1996 年 1 月 1 日正式生效,但并非所有 WTO 成员都要受其约束。GPA 不仅将政府采购标的从货物扩展至货物和服务(包括工程服务),而且将采购实体范围从中央政府扩展至次中央政府和公用企业。2006 年 12 月,WTO 政府采购委员会通过对 GPA 进行的修订。经过谈判和协商,2012 年 3 月,WTO 政府采购委员会召开会议,发布了《政府采购协议》的新文本和各方新一轮出价,2014 年 4 月 6 日开始正式生效。2012 年版《政府采购协议》对原协议文本进行了简化与优化,并在市场准入上进一步扩大了采购实体的覆盖范围,囊括了从部级到其他专门机构的更多政府部门,以及新的服务和其他公共采购活动。主要修改内容包括:(1) 增加透明度、灵活性、防腐败等方面的要求,对于各项条款进行了更细致的规定,并鼓励使用电子手段进行采购;(2) 增加"定义"条款,对其文本中出现的各种概念性名词进行解释;(3) 对给予发展中国家成员的特殊和差别待遇作了进一步规定,增添了发展中国家成员加入 GPA 后过渡期的规定;(4) 增加公告要求,包括"意向采购公告""摘要公告""计划采购公告"三部分内容,均可用电子化方式发布公告;(5) 采购实体对参与采购的供应商必须具备的条件进行规定,以保证供应商具备承揽相关采购所必需的法律和财务资格以及

[①] Erica Bosio, Simeon Djankov, Edward Glaeser & Andrei Shleifer, Public Procurement in Law and Practice, *American Economic Review*, Vol. 112, No. 4, 2022.

商业和技术能力,采购实体可以设立供应商常用清单,邀请有兴趣供应商申请进入该清单;(6)对货物或服务的技术规格提出更细致的规定,同时新增环境保护的要求;(7)增加第 14 条"电子反拍"采购程序的要求;(8)在合同授予阶段,对于价格异常低于其他投标价格的投标,采购实体可以进行审查,从而避免不合理竞争的发生;(9)对争端解决进行了修改,对于提议的修改和修订进行了规定,包括"修改提议的通知""对通知的异议""磋商""修正后的修改""修改的执行""便利解决异议的仲裁程序""委员会的职责"几个部分。

目前,GPA 的参加方共有 41 个,主要是发达国家和地区,即加拿大、欧盟以及欧盟 27 国、冰岛、以色列、日本、韩国、列支敦士登、荷兰、挪威、新加坡、瑞士、美国及中国香港、中国台北。在 2001 年加入 WTO 时,中国就对 WTO 诸边协定之一的 GPA 表明了原则立场,并在《中国加入工作组报告》中正式承诺:中国有意成为 GPA 的参加方,并自加入《WTO 协定》之日起成为 GPA 的观察员,同时将尽快提交附录,开始加入该协定的谈判。① 中国 2002 年成为 GPA 的观察员,2003 年开始实施《政府采购法》,2007 年 12 月 28 日向 WTO 提交了加入 GPA 的申请以及首次出价清单,从而启动了中国加入 GPA 的谈判工作。加入 GPA 谈判涉及市场开放范围和国内法律调整两个方面。其中,政府采购市场开放范围由各参加方以出价清单的形式,通过谈判确定。出价清单包括 5 个附件和 1 份总备注。其中,附件 1 至 3 是采购实体开放清单,分别载明承诺开放的中央采购实体、次中央采购实体、其他采购实体及各自开放项目的门槛价;附件 4 和 5 是采购项目开放清单,分别载明各采购实体开放的服务项目和工程项目;总备注列明了执行 GPA 规则的例外情形。随着谈判的深入和国内改革进展,中国对出价清单进行了 6 次修改,至 2019 年 10 月 20 日共提交了 7 份出价清单,开放范围不断扩大。

二、《政府采购协议》的框架

GPA 分为正文和附录两大部分。正文为协议条款,包括序言、定义、

---

① 对外贸易经济合作部世界贸易组织司编:《中国加入世界贸易组织法律文件(中英文对照)》,法律出版社 2002 版,第 845 页。

适用范围、本协议的例外、一般原则、发展中国家、关于采购制度的信息、公告、参加条件、供应商资格、技术规格和招标文件、时限、谈判、限制性招标、电子反拍、投标文件的处理和合同授予、采购信息的透明、信息披露、国内审查程序、适用范围的修改和更正、磋商和争端解决、机构、最后条款等，共 22 条。附录共有 4 大部分，附录一是各缔约方适用于 GPA 的市场开放清单，包括 5 个附件，即中央政府采购实体清单及门槛价(附件 1)、地方政府采购实体清单及门槛价(附件 2)、其他实体清单及门槛价(附件 3)、服务项目清单(附件 4)和工程项目清单(附件 5)；附录二为发布政府采购招标和中标信息的刊物名称；附录三为发布供应商信息的刊物名称；附录四为发布政府采购法律、法规、司法判决、采购程序等信息的刊物名称。

三、《政府采购协议》的基本原则

(一)国民待遇和非歧视原则

国民待遇和非歧视原则要求不得通过拟订、采纳或实施政府采购的法律、法规、程序和做法来保护国内产品或供应商而歧视外国产品或供应商。

对于有关被涵盖采购的任何措施，每一参加方，包括其采购实体，对于来自任何其他参加方的货物和服务，以及提供任何参加方的货物或者服务的任何其他参加方的供应商，应当立即和无条件地给予不低于以下条件的待遇：(1)本国货物、服务及其供应商；(2)任何其他参加方的货物、服务及其供应商。

对于有关被涵盖采购的任何措施，每一参加方，包括其采购实体，不得：(1)因对外国的附属程度和外国所有权程度而给予一当地设立的供应商低于给予另一当地设立的供应商的待遇；(2)因当地设立的供应商为某项采购提供的是任何其他参加方的货物或服务而对该当地设立的供应商进行歧视。

(二)透明度原则

透明度原则包括四个方面的要求：政府采购规则和程序的公开；政府采购政策、法规和措施的公开；政府采购信息传递渠道的一致性；有效的监督机制和审查机制。各参加方应鼓励采购实体说明对待非参加方供应商投标的各项条件,包括与竞争性招标程序和提出异议程序的不同之处。采购实体应当以透明和公正的方式进行被涵盖的采购,该方式:(1)应当与 GPA 一致,使用诸如公开招标、选择性招标和限制性招标那样的方式;(2)避免利益冲突;(3)防止腐败行为。

（三）电子化原则

政府采购电子化是指将信息技术和基础设施在线应用于政府采购的管理、实施、评估以及报告各个阶段。以电子手段进行被涵盖的采购,采购实体应当:(1)确保在采购中使用的信息技术系统和软件,包括那些与身份验证和信息加密有关的信息技术系统和软件,是可以普遍获得的并且与其他可普遍获得的信息技术系统和软件相兼容;(2)确保投标申请书和投标文件完整性的维护机制,包括确定接收时间和防止不当访问。

（四）原产地规则

原产地规则,也称"货物原产地规则",是指一国根据国家法令或国际协定确定的原则制定并实施的,以确定生产或制造货物的国家或地区的具体规定。为了实施关税的优惠或差别待遇、数量限制或与贸易有关的其他措施,海关必须根据原产地规则的标准来确定进口货物的原产国,给予相应的海关待遇。GPA 要求:就涵盖采购而言,各参加方对从另一参加方进口或供应的货物或者服务所适用的原产地规则,不得有别于在正常贸易过程中从同一参加方进口或者供应相同货物或服务所适用的原产地规则。

（五）发展中国家特殊与差别待遇原则

发展中国家特殊与差别待遇原则要求考虑到发展中国家的经济和社会发展目标、国际收支等状况,为提高发展中国家人民的生活水平而保证其在国际贸易中能获得额外的便利,有关参加方应向发展中国家提供特殊的更优惠待遇。发展中国家的种种特殊与差别待遇,目的在于保障发展中国家的国际收支平衡,保证它们有足够的外汇储备来执行经济发展方案;促进发展中国家国内工业的建立和发展,包括促进农村或落后地区的小型工业和家庭手工业的发展及其他经济部门的发展;扶持发展中国家那些完全或基本上依赖政府采购的工业单位;在向 WTO 部长级会议提出并征得同意的情况下,鼓励发展中国家通过区域或全球安排来发展经济。

第二节 《政府采购协议》的适用范围

一、采购主体

采购主体,即由直接或基本上受政府控制的实体或其他由政府指定的实体,不仅包括政府机构本身,而且包括其他实体,如政府代理机构;不仅包括中央一级的政府实体,还包括地方政府采购实体。GPA 要求,采购实体是指每一参加方附录一之附件 1、附件 2 和附件 3 所列的实体,其中附件 1 是中央政府实体,附件 2 是地方政府实体,附件 3 为其他实体;各参加方在加入 GPA 时应提供一份采购实体清单,列入 GPA 附件;只有被列入清单的采购实体才受 GPA 约束,名单以外的其他政府部门或地方政府的采购则不受 GPA 约束。由于各国政府采购的领域有很大的差别,参加国适用协议的主体范围也各有不同:在日本,为所有中央政府机关(包括司法立法机关)、47 个都道府县和 12 个政令制定城市机关以及 84 个特殊的法人;在美国,为所有的中央政府机关、37 个州政府机关以及包括田纳西河流管理局和圣劳伦斯航路开发公司在内的 11 个政府下属机构;在欧盟,为所有的中央政府机关(包括欧盟部长会议、欧委会)、所有的地方政府机关以及电力、港口、机场等机构;在加拿大,为所有的中央政府机关(包括部分司法机关,但不含立法机关)和 9 个联邦下属企业。在中国加入 GPA 初步出价清单中,中央采购实体包括除国防部外的所有国务院组成部门、国务院直属特设机构——国务院国有资产监督管理委员会、国务院直属机构和国务院办事机构,地方政府采购实体清单(附件 2)未编列。但随着 GPA 谈判的深入,目前的出价中,地方政府采购实体清单已经列入;作为附件 3 的其他实体清单列出了新华通讯社、中国科学院、中国社会科学院等国务院直属事业单位。

案例 9-1　韩国政府采购案

1999 年 2 月 16 日,美国要求与韩国就仁川国际机场建设采购问题进行磋商,但是没有达成相互满意的解决办法。1999 年 5 月 11 日,美国向 DSB 提出设立专家组的申请。DSB 于 1999 年 6 月 16 日设立专家组。

欧共体和日本保留第三方的权利。争议的核心问题是负责该项目政府采购的机构是否包括在《政府采购协议》(GPA)中的"相关机构"(covered entities)中。美国还提出：这些采购机构的做法是否与韩国基于《政府采购协议》应承担的义务相一致，美国根据该协议享有的利益是否丧失或受到损害。

专家组裁决，韩国负责项目采购的机构不是《政府采购协议》附录一中包括的相关机构，不属于韩国根据《政府采购协议》应承担的义务。根据韩国加入《政府采购协议》谈判中韩国对美国提出的问题的答复，在回答哪一机构负责仁川国际机场项目采购时韩国出现差错，但根据事实，美国应进行进一步的澄清。在《政府采购协议》第22条第2款的意义上，美国没有证明其根据《政府采购协议》合理预期的利益受到损害或丧失。争端双方对专家组的报告没有提出上诉。

本案争议问题是负责签订此项目政府采购合同的实体是否属于《政府采购协议》所涵盖的实体范围。美国认为，仁川国际机场建设采购机构是在韩国所列的中央政府机构范围之内，韩国建设和交通部已被列入附录一，属于韩国承诺应受《政府采购协议》约束的实体。该项目动工后，韩国国会指定了不同的管理局或经营者负责该项目：1991年12月14日，指定韩国机场管理局(KAA)负责；1994年9月1日，又移交给韩国机场建设管理局负责(KOACA)负责；1999年2月1日，又移交给仁川国际机场公司(IIAC)负责。① 这些机构都属于韩国建设和交通部的下属机构，在附录中没有明确列出。韩国坚持认为，仁川国际机场政府采购并不在协议适用范围之内。专家组认为，关于适用协议的实体，特别是涉及分支机构和地方机构时，依赖于其中央政府实体在内的组织结构，其他成员可能无法了解。② 因此，上述机构是否属于中央政府实体应按韩国国内法确定。美国主张，韩国机场管理局是建设和交通部的一部分，因为它受建设和交通部的控制，至少对仁川国际机场项目来说，存在控制。韩国主张，如果专家组采纳美国提出的控制标准，可能使没有包括在韩国（和其

---

① 《韩国—政府采购案（DS163）概况》，商务部官网，2022年9月2日，http://chinawto.mofcom.gov.cn/article/zdjj/202209/20220903345331.shtml，2024年6月23日最后访问。

② 参见赵学清、曾国平主编：《WTO典型案例精析》，重庆大学出版社2002年版，第154页。

他参加方)附件3中承诺的大量机构被置于附件1,因为这样的机构可能被附件一的机构"控制"。专家组认为,问题关键在于:这些"政府"机构是否是减让表包括的有关政府机构的实际上的一部分或代理?韩国建设和交通部并不负责仁川国际机场具体建设事宜,其作用是对机场建设进行监督管理,不能把被监督企业的采购行为作为代表政府进行的采购行为。因此,本案中所列实体不属于《政府采购协议》涵盖的实体,韩国政府不需要承担相应的义务。

二、采购对象

GPA适用于以任何契约形式采购产品、工程和服务(以及产品与服务的联合采购),包括购买、租赁、分期付款购买、有无期权购买等,但不适用于建设项目特许合同的采购,如BOT(Build-Operate-Transfer)等。从采购限额上看,协议的适用限额(即门槛价)规定在附件中,其中各参加方中央一级采购实体在货物采购方面受协议管辖的最低限价为13万特别提款权(Special Drawing Right,SDR),而中央一级采购实体在服务方面、地方一级采购实体在货物和服务方面受协议管辖的最低限价由各参加方协商确定,并列入《政府采购协议》附件。例如,日本政府规定,协议适用于地方政府20万SDR以上的产品和服务采购、1500万SDR以上的建筑工程采购,政府下属机构13万SDR以上的产品和服务采购、1500万SDR以上的建筑工程采购。美国政府则规定,地方政府35.5万SDR以上的建筑工程采购,政府下属机构25万SDR以上的产品和服务采购、500万SDR以上的建筑工程采购要适用协议。

在中国2012年11月29日向WTO提交的GPA第四份出价清单中,中央采购实体的门槛价为:货物:实施后第1—2年50万SDR,第3年40万SDR,第4年30万SDR,第5年起降至20万SDR;服务:实施后第1—2年50万SDR,第3年40万SDR,第4年30万SDR,第5年起降至20万SDR;工程:实施后第1—2年5000万SDR,第3年3500万SDR,第4年2500万SDR,第5年起降至1500万SDR。

GPA第2条规定了不适用于协议的几种情况:(1)土地、现有建筑物或者其他不动产或者附着权的购买或者租赁;(2)非契约协议或者一参加方提供的任何形式的援助,包括合作协议、补助、贷款、股份权益注入、担保和财政激励;(3)财务代理或者储蓄服务、对受规制金融机构的清算和管理服务、有关公债销售、回购和发行服务的采购或者获得,包括贷款、政府债券、票据和其他有价证券;(4)公共雇佣合同;(5)为了提供国际援助的特定目的,包括发展援助的采购;(6)根据国际协议的特别程序或条件进行的采购,该国际协议涉及部队的驻扎,或者涉及签署国联合执行的项目;(7)根据国际组织的特别程序或条件进行的采购,或者使用国际援助、贷款或其他援助资金进行的采购,使用该资金采购适用的程序或条件与 GPA 不一致的。

三、例外规定

GPA 第 3 条第 1 款规定:本协议不得解释为阻止任何参加方,在涉及武器、弹药或战争物资采购,或者涉及为国家安全或国防目的所需的采购方面,在其认为保护根本安全利益的必要情形下,采取任何行动或者不披露任何信息。

GPA 第 3 条第 2 款规定:本协议不得解释为阻止任何一参加方采取或者实施以下措施,其条件是这些措施的使用方式,不得在条件相同的参加方之间构成随意的、不合理的歧视或者构成对国际贸易的隐蔽性限制:(1)为保护公共道德、秩序或安全所必需的措施;(2)为保护人类、动植物的生命或者健康所必需的措施;(3)为保护知识产权所必需的措施;(4)涉及残疾人、慈善机构或者监狱囚工提供的货物或者服务的措施。

在附件中,除了对采购限额的具体承诺,就货物而言,很多参加方还通过列举的方式把一些具体的采购对象排除在外。例如,欧盟、加拿大、挪威等国根据农业支持计划,把农产品的采购排除在外;欧盟和瑞士排除了附件 1 或 2 中的实体签订的与饮用水、能源、交通以及电信有关的合同;以色列把卫生部采购的一些产品排除在外;日本排除了附件 3 规定的公共电力通信设备采购,韩国排除了 5 年的卫星设备的采购。

中国加入 GPA 第四份出价清单排除以下采购的适用:(1)采购实体为支持农业或人类食用项目进行的采购;(2)受 GPA 约束的采购实体,代非受 GPA 约束的采购实体进行采购;(3)附件 1—3 中实体授予与饮用水、电力、能源、水利、交通运输、通信、邮政领域有关的合同;(4)为扶持中小企业、促进民族地区和贫困地区发展进行采购的项目;(5)广播节目的获取、开发、生产或合作生产以及播出时段等合同;(6)国家为战略储备、救灾目的的采购项目;(7)附件1—3中的实体或企业从另一实体或企业进行的采购。中国政府对于有可能损害国家重要政策目标的特殊采购,保留不执行国民待遇的权利。根据GPA第5条以及关于促进发展的总体政策,中国将对政府采购项目的本国比例、补偿交易或者技术转移提出要求。

四、合同估价

在采购限额确定上,一个重要的因素是合同估价。即如何确定某一项合同的总标的金额,以确定其是否达到协议规定的限额,从而确定其是否在协议适用范围之内。GPA第2条第6款规定,出于确定采购是否属于被涵盖的目的对采购价值进行估算时,采购实体应当做到:(1)既不得将一项采购分割为若干项采购,也不得选取或使用特殊方法估算价值从而全部或者部分地将其排除在GPA适用范围之外;(2)无论授予一个或者一个以上供应商,被估算的采购最高总价值应当覆盖全部采购过程,并将任何形式的报酬计入在内,其中包括:奖金、费用、佣金和利息;对于为实现期权条款的采购,期权购买纳入估算的采购最高总价值之中。

案例9-2　增值税不纳入政府采购合同价值案

1976年12月21日,欧共体第77/62号指令从其成员国政府采购合同价格中排除了增值税,确定了欧共体内公开招标要求,为其成员国供应商提供公平竞争的环境。欧共体1980年第80/767号指令对原来的指令进行了修改和补充,降低了适用的标准,但是仍然保留排除增值税的政府采购合同价值标准。美国代表在1981年政府采购委员会会议上第一次提出了与这一标准相关的税收待遇问题,截至1982年2月这一问题一直保留在委员会的日常会议日程上。

1981年10月23日,美国要求根据守则第7条第4款与欧共体进行磋商。该磋商没有结果。WTO政府采购委员会虽然作了一些调查,以促进双方达成满意的解决办法,但以失败告终。专家组于1984年5月16日作出裁定:如果采购实体不能免于支付增值税,则欧共体的做法与守则的解释不符。①

（一）应如何理解政府采购中的"合同价值"

本案的争议在于欧共体将增值税排除在政府采购合同价值之外的做法是否与守则相符合。案件适用的是1981年生效的《政府采购守则》，关于合同价值，守则1.1(b)规定，本守则适用于"价值在15万SDR或15万SDR以上的任何采购合同"，后经修改合同价值降为13万SDR。守则并没有规定合同价值的计算中是否包含增值税因素，所以增值税是否应包含在合同价值中并没有明确的法律依据。

专家组认为，守则1.1(b)或其他条款都没有提及政府采购合同价值计算，是否包括或排除增值税要根据守则1.1(b)的起草背景进行考虑。但是，相关谈判并没有具体提出计算合同价值时如何处理增值税的问题。因此，对"合同价值"一词的解释就成为本案的一个关键。合同价值是否包括增值税等间接税收因素，需要依据采购合同的履行情况进行分析。对于采购实体来说，合同价值应为该实体在购买商品所需支付的整个价格。如果增值税是由采购实体支付的，增值税就构成整个价格的一部分，无论它是包括在供应商的账单中还是通过其他方式支付。基于这种背景，以及1.1(b)没有明确规定扣除任何税项，专家组认为，对"合同价值"一词的自然解释是采购实体支付的、可能正常进入最终价格的全部因素的全部费用，因而应包括应付的任何增值税，除非该实体被免交增值税。实际上，守则的大多数缔约方一开始确定的标准就包括类似增值税的间接税收。1.1(b)虽对如何处理增值税问题没有规定，但相关的欧共体指令的相对应部分却明确排除了增值税。

综上所述，专家组裁定，1.1(b)中的"合同价值"一词应解释为采购实体支付的全部费用，因而应包括应付的任何增值税，除非采购实体被免于支付增值税。因而，欧共体排除增值税的做法与守则的这一解释不符。

（二）排除增值税的做法不符合《政府采购协议》的宗旨

从《政府采购守则》的目的和宗旨来看本案的增值税问题，守则作为GATT1947下的一个诸边协议，积极鼓励各国开放本国的政府采购市

---

① 参见韩立余编著：《GATT/WTO案例及评析(1948—1995)》(下卷)，中国人民大学出版社2002年版，第385—389页。

场,更大程度地实现贸易的自由化,改善协调世界贸易运行的环境。只有达到一定价值的采购合同才适用守则,因而合同价值影响着守则的适用范围,进而决定了政府采购市场的开放程度。如果将增值税排除在合同价值之外,则会造成合同价值低于采购实体实际支付的费用,使一些达到守则规定合同价值的采购合同不受守则约束,缩小了守则的适用范围。将增值税排除在合同价值之外无形中提高了守则适用的门槛,变相地限制了政府采购市场的开放,不利于国际贸易的扩大。基于以上分析,欧共体这一做法与守则和GATT1994的目的与宗旨是相违背的。

WTO建立了一个完整的、更具活力和永久性的多边贸易体制,以巩固GATT1947为贸易自由化所作的努力和乌拉圭回合多边贸易谈判的所有成果。WTO框架下的《政府采购协议》取代了旧的守则,适用范围较守则更为广泛;采购实体有所扩大,不仅包括中央政府,还包括地方政府以及公用事业单位;采购内容从货物扩大到工程和服务;参加方数量逐渐增加;参加方政府采购市场的开放程度也逐步提高,协议影响力也超过守则。政府采购市场的开放是必然趋势,在这一背景下,排除增值税的做法与《政府采购协议》的目的也是不相符的。

(三) 增值税本身的性质、影响决定其被纳入合同价值

增值税以商品生产流通或劳务服务各个环节产生的增值额为征税对象,20世纪在法国首次开征,随即风靡全球,目前已为世界上大多数国家所接受。增值税征收范围也很广泛,比如法国、德国、意大利、荷兰等国增值税的征税范围除了工业和商业贸易之外,还涉及农业、林业、渔业以及建筑、交通甚至金融租赁等业务。①

增值税是一种价外税,税金属于价格的附加,以不含税的价格计征。作为一种间接税,纳税人与负税人往往相分离,即纳税人纳税后可以通过提高商品或劳务价格将税负转嫁出去,商品价格=成本+利润+税金。在商品销售环节,增值税虽然由销售者支付,但最终是由购买者负担,所以在一般的商品买卖合同中,合同价格包含增值税。对于政府采购实体来说,如果购买时支付的价格包含增值税而又不能免于纳税,则合同价值

---

① 参见鄢杰:《从西方增值税的产生与发展谈我国增值税制的进一步完善》,载《四川大学学报(哲学社会科学版)》2000年第3期,第34页。

中就含有增值税的部分。

不同国家的增值税税率、征收范围等都各不相同,即便对于欧共体成员国来说,增值税仍是一国主权范围内的事项,在何种范围征税及征收多少税均由各个国家自主决定。这使得将增值税排除在合同价值外更加困难,在现实中也难以操作。如果在政府采购中不计算增值税,则可能导致有的国家的政府采购受到守则的约束,而有的国家则不受守则约束。这种形式上的平等和实质上的不平等与守则也是不符。

增值税自身的特点及其对政府采购的影响决定了将其排除在合同价值之外是不合理的,在实际操作中也存在着困难,所以增值税应当包含在合同价值之中。

四、技术规格

技术规格旨在说明拟采购的产品或服务的特征,诸如质量、性能、安全与体积、符号、术语、包装、标志及标签、生产工艺与方法以及合乎采购实体规定的评审程序的有关要求。

GPA 第 10 条对技术规格提出了下列要求:(1)采购实体不得以对国际贸易造成不必要障碍为目的或产生此种效果,拟制、采用或实施任何技术法规或规定任何合格评定程序。(2)在规定将采购的货物或服务技术规格时,采购实体在适当情形下应当:第一,根据性能或功能要求列出技术规格要求,而不是根据设计或描述性的特征;第二,如果有国际标准的话,技术规格应当基于该国际标准;否则应当基于国家技术法规、公认的国家标准或者建筑规范。(3)如果技术规格使用了设计或描述性特征,采购实体应当在适当情形下提示,在招标文件中使用包括"或相当于"那样的措辞,并将考虑能够达到采购要求的相当货物或服务的投标。(4)采购实体规定技术规格,不得要求或者指向一个特定的商标或商号、专利、版权、设计、型号、具体产地、制造商或供应商,除非没有其他足够准确或者易懂的方式描述采购要求,如果出现这种情形,实体应当在其招标文件中使用"或相当于"之类的措辞。(5)采购实体不得以产生排斥竞争效果的方式,寻求或接受来自可能在采购中有商业利益的人士提出的,将被用于拟制或采用一特定采购的技术规格的建议。(6)为了达到更高确定性,参加方,包括其采购实体,根据本条可以拟制、采用和实施促进自然资源保护和环境保护的技术规格。

在政府采购中,关于技术规格要尽量做到以下几点:

第一,技术规格的选择应与政府采购的目的相适应。(1)政府采购的目的是供政府消费,政府采购活动不同于一般采购之处就在于其公共性。因此,政府采购活动要更严格地受到维护公共利益的约束,要实现公共渠道获得的财政性资金的效益最大化。实施政府采购制度就是要使政府采购活动受到全方位的监督,最大限度地节约资金,获得物美价廉的商品、服务。政府采购实体虽然享有缔约上的自由,有权出于行使公共管理职能需要决定合同的内容,但同时又受其约束,其权限应该以此为限,恰如其分地达到满足这一需要的目的即可,要科学合理,防止偏高或偏低。任意提高采购的规格可能造成不必要的浪费。例如,在某省项目采购中,标书要求所有的交换设备都必须是同一国外品牌,但从节省资金和实际功能性需求的角度来说,县及县以下站点使用的交换设备大可不必要求那么高,选择其他价格较低的国外品牌或国产交换设备也是可以的。(2)在设定规格时,要注意使政府采购符合社会公共利益,政府采购同时也是从政府投资的角度调节社会总需求进而对整个宏观经济进行调控的一项重要政策工具。政府作为最大的买主,其购买的商品品种、结构和购买频率对产业结构和产品结构调整具有重要影响。政府采购在技术规格选择上应充分考虑这一点,以保护劳动者利益,保护环境与自然资源,扶持不发达地区和民族地区,促进中小企业发展,以利于社会公正的实现。

第二,技术规格的选择应明确清晰,避免过于空泛、笼统的规定,以便于供应商有针对性地作出响应,也有利于合同的全面履行。(1)技术规格构成采购合同的主要条款,是供应商进行投标报价以及履行合同的主要依据。招标文件的重要技术规范和指标必须清楚、全面,文字严谨,如有遗漏,投标厂商就无法响应招标文件,作出报价。如果规定得模棱两可,也将使投标人无所适从,影响投标报价的准确性。(2)投标文件是否符合招标文件中技术规格、技术标准的要求,往往是一项投标文件是否会被认定为存在投标重大偏差的重要参考因素。明显不符合技术规格要求的投标将被认定为未能在实质上响应招标,从而被视为废标,不能参与评比。因此,如果不能准确、翔实地列明技术规格要求,可能使评标无法进行,评标的标准无法细化,进而影响评标公正。(3)要合理确定重要指标,尽可能照顾不同厂商的兼容性。招标文件必须列明具体的采购要求,避免以商标、商品目录或其他类似内容为依据。如不得不提及某一制造厂商的产品商标、目录,则招标文件必须允许接受特征、性能和质量与所列规格相当的货物。关键性指标确定后,非关键性指标不宜过细,以免产生技术倾向,影响更广范围的供应商参与竞争。(4)如有必要,可明确具体地规定技术规格的机动幅度,或者在评标中允许技术参数有一定范围的细微偏差。对于具有通用技术、性能标准或招标人对其技术、性能没有特殊要求的招标项目,适用经评审的最低投标价法进行评标时对其偏差可不予价格折算,而当采用综合评估法进行评标时,可对技术部分的细微偏差进行一定程度的综合量化调整,具体标准应在招标文件中规定。在技术规格上允许一定范围的技术偏差,其目的是在更大范围内吸引条件不同的供应商积极参与投标竞争。

第三,尽量选择标准化程度高的技术规格。一个好的技术规格,最重要的一点就是标准化。这不仅有助于促进拟投标者对招标要求的理解,更重要的是有助于招标人更有效地比较各个投标方案,没有什么比在没有可比性的情况下对各种投标方案进行评价更使人感到困扰的了。如果公共机构允许投标者采用自己的标准或自己的术语,那么要选择成本最低和质量最高的投标方案几乎是不可能的。在某些情况下,采购要求不可能完全标准化,尤其是非招标方式,如单一来源采购或询价采购,更是如此。但是,在可能的情况下还是应该多采用标准化的招标书。

第三节 《政府采购协议》规定的采购程序

一、供应商资格

GPA 第 8 条第 1—3 款规定,采购实体应规定参与采购的必要条件,以保证供应商具备承揽相关采购所必需的法律和财务资格,以及商业和技术能力。在确定供应商参与采购的条件时,采购实体:(1)不得为了让某一供应商参加采购,设定条件要求供应商曾经在某一特定参加方的采购中被授予一个或多个合同;(2)如果以往经历是满足采购要求所必需的,可提出这一要求。在评估供应商是否满足参加条件时,采购实体:(1)应当根据供应商在采购实体所在参加方领土内外业务活动,评估供应商的财务、商业和技术能力;(3)评估应当基于采购实体事先在公告或招标文件中所规定的条件。

GPA允许参加方(包括采购实体)设立一个供应商注册系统,要求有兴趣的供应商在此注册并提供有关信息,以此作为取得供应商资格的程序。而每一参加方应当确保:(1)其采购实体致力于减少资格审查程序中的差异性;(2)在设立供应商注册系统的情形下,相关采购实体致力于减少注册系统之间的差异性。

二、采购方式的分类

(一)概述

《政府采购协议》规定的采购方式可以分为招标方式和电子反拍方式。

招标方式包括公开招标(Open Tendering)、选择性招标(Selective Tendering)和限制性招标(Limited Tendering)三种招标方式。公开招标是指所有感兴趣的供应商都可以参与投标的采购方式。选择性招标是指只有符合参加条件的供应商才能被采购实体邀请参加投标的采购方式。限制性招标是指采购实体与其选择的一个或数个供应商接触的采购方式。其中,公开招标是原则,而采用其他两种方式则需要具备一定条件。2006年修订的GPA的重大变化之一是增加专门的电子反拍(Electronic Auctions)条款,这一规定在2012年版GPA中得以保留和细化。电子反拍,是指通过电子手段展示投标供应商的最新报价或可量化非价格评标因素折算的价值,或两者兼有,从而产生投标排序或重新排序的迭代过程。

(二)选择性招标的适用

采用选择性招标程序的,为了确保最有效的国际竞争,在符合执行采购制度效率的条件下,采购实体应最大限度地邀请国内和其他参加方的供应商参加投标。GPA第9条第5款规定,采购实体应当允许所有合格供应商参加一项特定采购的投标,除非采购实体在意向采购公告中说明了对允许参加投标供应商的数量限制和选择有限数量供应商的标准。

GPA第9条第4款规定,在采购实体意图使用选择性招标的情形下,该实体应当:第一,在意向采购公告中至少应当包括以下信息:(1)采购实体的名称、地址、联系采购实体和取得有关采购文件所必需的其他信息,如果需要付费的话,还应当包括取得这些文件的成本费用和付款条件;(2)对于采购的描述,包括拟采购的货物或服务的性质和数量,或者不能明确数量时的估算量;(3)将采用的采购方式,以及它是否引入谈判和电子反拍;(4)提交投标申请书的地址和截止日;(5)供应商参加条件的清单和简要介绍,包括供应商必须提交的相关具体文件或证书,除非此类要求已经包含在招标文件之中,且该招标文件在意向采购公告发布的同时可以为所有有兴趣的供应商获得;(6)在采购实体意图选择和邀请有限数量合格供应商参加投标的情形下,用于选择供应商的标准;在可行时,包括允许参加投标的供应商数量的限制;(7)关于该项采购适用GPA的提示。第二,在投标期开始时,该实体至少向具备资格的供应商提供以下信息:(1)对于重复采购合同,如有可能,公布意向采购后续公告的预计时间;(2)关于任何购买选择权的说明;(3)交付货物或服务的时限,或合同的延续期间;(4)提交投标文件的地址和截止日;(5)提交投标文件或者投标申请书必须使用一种或多种语言,如果允许使用的语言不同于参加方及其采购实体官方语言。

(三)限制性招标的适用

GPA第13条第1款规定了可以采用限制性招标的情形:

(1)没有合格的供应商参加投标,包括:没有投标或没有申请参加的供应商;没有符合招标文件基本要求的投标;没有满足参加条件的供应商;提交的投标是串通的,条件是招标文件的要求不作实质性修改。

(2)由于以下原因之一,货物或服务只能由一个特定供应商提供,并且不存在货物或者服务的合理选择或替代:需求针对艺术作品;保护专利、版权或其他专有权;因为技术原因而缺乏竞争。

(3)没有包括在原采购之中的由原供应商补充提供的货物或服务,如果更换此类补充货物或服务的供应商:由于经济和技术原因,在满足与原采购中取得的现有设备、软件、服务或者安装的互通性或共用性要求方面不可行;将导致采购实体严重的不便,或者造成采购实体成本的实质性成倍增加。

(4) 在确有必要的情况下,由于采购实体无法预见的事件引起的极端紧急状况,使用公开招标或者选择性招标不能及时获得货物或服务。

(5) 在商品市场上采购的货物。

(6) 采购实体采购原型产品或者首件产品或服务,而这个原型产品或首件产品或服务是根据其要求,在一特定的研究、实验、探索或原始开发合同执行中开发出的。首件产品或服务的原始开发,可包括通过适量生产产品或提供服务,取得实地试验结果,并证明该产品或服务达到预定的质量标准,可以进入大量生产或供应阶段,但不包括为提高商业活力或收回研究开发成本而进行的大量生产或供应。

(7) 对于由于如财产清算、财务清算或破产产生的非常规资产处理等只在非常短时间内出现的极为有利的条件下的采购,但不是自正常供应商处的例行采购。

(8) 将合同授予设计竞赛获胜者,条件是:组织竞赛的方式与 GPA 的原则相一致,特别是在有关意向采购公告的公布方面;由一个独立的评审团对参加者进行评判,以期将设计合同授予比赛获胜者。

(四)电子反拍的适用

电子反拍主要用于满足采购实体对标准化的、简单并且普遍供应的货物的重复需求。报价为其决定因素,但不需要有复杂的评价过程;预计在完成最初合同以后不会有任何服务或附加益处。当然,报价可以不是唯一因素,还可以有其他评价和授予标准,但应当是可以计量的非价格因素标准,且能够将这类标准通过互联网进行自动排序。

GPA 第 14 条规定,采购实体意图使用电子反拍进行一纳入适用范围的采购,该实体应当在电子反拍开始前将以下内容提供给每一个参加者:(1) 基于招标文件中所列评估标准并将在拍卖过程中自动排序或重新排序所使用的自动评估方法,包括数学公式;(2) 在合同是被授予最具优势的竞标者的情况下,对竞标因素的最初评价结果;(3) 有关反拍活动的其他相关信息。

三、招标公告或投标邀请的发布

除限制性招标外,采购实体应发布拟进行的采购的公告。采用选择程序的要发布"意向采购公告",内容包括采购实体的地址;所购产品或服务的性质与数量;采用何种程序,是否涉及谈判;交货或完工时间;供应商提交要求被邀请投标或要求进入资格审查名单的申请书,或提交投标文件的截止日期及地点;供应商应具备的经济技术条件,资金担保和资料;购买招标文件的费用及支付条件等。

附件2及附件3所列实体可用"计划采购通知"或"资格审查通知"作为参加招标的邀请。计划采购通知至少应包括采购标的、投标及提出被邀请投标的时限、获取合同文件的地址、有兴趣的供应商表达其对此项采购感兴趣的声明等。采用资格审查的,应及时向有兴趣的供应商提供有助于其评估参加此项采购利益的资料,除非这种提供有碍法律的实施或违背公共利益,或损害特定企业的合法商业利益,或有损供应商之间的公平竞争。

四、招标文件的提供

招标文件应包括使供应商能及时作出投标决定的所有资料。除采购公告中的信息外,还应包括寄送投标书的地址、投标书须使用的语言、投标截止日、开标日期及时间地点、对供应商提出的经济技术要求、资金担保、产品或服务的说明、授予合同标准(评估投标的因素)等内容。

在公开招标程序中,采购实体应在参加投标的供应商的请求下向其提供招标文件,并对有关解释招标文件的合理要求迅速给予答复。在选择性招标程序中,采购实体应在要求参加投标的供应商的请求下向其提供招标文件,并对有关解释招标合理要求迅速给予答复。

五、投标截止日期

采购实体决定投标截止日期,以使国内外供应商有足够的时间准备并提交标书。GPA第11条第1款规定,采购实体在符合其合理需要的情形下,应当给予供应商充足的时间准备和提交参加申请和响应投标,并考虑如下因素:(1)采购的性质和复杂性;(2)预期的合同分包程度;(3)在不使用电子方式的情况下,自国外和国内各地传递投标书所需的正常时间。

(一)一般要求

(1)进行公开招标的,应从采购公告发布之日起不少于40天;

(2)使用选择性招标的采购实体应当确定,提交投标申请书的截止期限从意向采购公告发布之日起原则上不得少于 25 天。如采购实体能合理证明因紧急事态致使这一时限不可行的,该期间可以减至不少于 10 天。

(二)可以减少投标期限的情形

有下述情形的,采购实体可以将上述第 3 款规定的提交投标文件的期限减至不少于 10 天:

(1)采购实体公布的计划采购公告不少于 40 天,且在公布意向采购公告前不超过 12 个月,而且计划采购公告包含:对采购的描述;提交投标文件或者投标申请书的大致终止日;关于兴趣供应商应当向采购实体表示其兴趣的声明;获得有关采购文件的地址。

(2)对于重复采购合同,采购实体在最初的意向采购公告中提示,后续公告将基于本款规定提交投标文件的期限。

(3)采购实体适当地证明因紧急事态导致一般规定提交投标文件的期限不可行。

采购实体在下列情况下可以将提交投标文件的期限减少 5 天:(1)以电子手段公布的意向采购公告;(2)从意向采购公告公布之日起全部招标文件都可以通过电子手段获得;(3)采购实体可以通过电子手段接收投标。

六、投标文件的处理和合同授予

(1)投标文件一般应以采购实体要求的形式提交。采购实体应当按照程序受标、开标和处理所有投标,该程序应保障采购过程的公平、公正以及投标文件的保密性。

(2)由于采购实体方面工作不当造成延误,致使在规定的投标期截止后才接到投标的,采购实体不得对供应商进行惩罚。

(3)在开标至授予合同期间,如果采购实体向一供应商提供更正因非故意而造成的形式上错误的机会,则该采购实体应当给予所有参加供应商相同的机会。

(4)授予合同应当考虑的是,投标必须以书面形式,必须在开标时符合公告和招标文件的基本要求,必须是由满足参加条件的供应商提交的。

(5)除非采购实体确定授予合同不符合公共利益,采购实体应当将合同授予已被其确定完全具备履约能力的供应商,且仅根据公告和招标文件所列评价标准,供应商已提交:最有利标;在价格为唯一标准的情况下,最低价格。

(6)收到价格异常低于其他投标价格的投标,采购实体可以核实供应商是否符合参加条件和是否具备履行合同条款的能力。

(7)采购实体不得以规避 GPA 义务的方式,使用期权条款、取消采购或者修改已经授予的合同。

七、政府采购购买国货原则

购买国货原则又称"歧视性政府采购制度",是指一国为了本国的经济和政治利益而采取偏向自己国内供应商的政府采购政策和措施,是政府采购法的重要制度之一,美国、阿根廷、日本、韩国等许多国家法律中都有相关规定。

(一)体现了政府采购的公共属性

"政府采购"(Government Procurement),也称"公共采购"(Public Procurement),是指公共部门为了开展日常政务活动或为公众提供公共服务的需要,在财政的监督下,以法定的方式、方法和程序(按国际规定一般应以竞争性招标采购为主要方式),利用国家财政性资金和政府借款,从市场上为政府部门或所属公共部门购买商品、工程及服务的行为,具有明显的公益性。

第一,资金来源具有公益性。政府采购资金来自国家财政,主要来源于税收,因此,政府采购资金的本质属性应当是公共资源。根据公共产品理论,公共资源属于"准公共产品",在受益方面具有非排他性。而根据财政收入"取之于民,用之于民"的原则,政府采购的商业机会应该公平地给予每一个纳税人,不得采取歧视性措施剥夺其应有的权利,而实现这种权利的途径之一就是采购本国货物、工程和服务。

第二,行为和目的具有公益性。政府采购是政府为满足社会公共需要,使用财政资金,代替社会公众进行的采购。其实质是社会公众采购,根本目的是维护纳税人的整体利益。

第三,社会影响力具有公益性。政府作为消费市场上最大的购买者,其购买行为的主导地位和影响力将会带动整个市场,在社会经济生活中起着举足轻重的作用。因此,政府采购不能仅考虑节约财政资金,更应当从国家和社会利益出发,支持和引导民族产业发展。

(二)符合政府采购的调控性目标

政府采购的目标体系可以划分为经济性目标和调控性目标。现代经济法是一种社会本位之法,作为其重要组成部分的政府采购法,无疑也要体现社会本位性。这种社会本位性在政府采购目标体系中主要表现为调控性目标。所谓调控性目标,又称"公共政策目标",是指政府通过立法所确立的,通过其采购活动所推行的政治、经济、社会或者环境等体现社会公共利益的政策目标。也有西方学者将其称为"次级政策",即合理经济成本以外的其他政策。次级政策在世界各国的政府采购立法和实践中被赋予普遍性的关注和采纳。① 它主要包括:采购国货,促进自主创新和保护民族工业,保护环境,协调区域发展,促进中小企业发展,等等。

在市场经济条件下,政府采购实际上就是财政支出方式的市场化,即政府通过市场化的运作方式,使公共需求和私人产业发展得以契合。② 但是根据市场失灵理论,由于市场机制本身固有的缺陷,政府采购资金的使用也会出现市场性滥用,也就是英国经济学者哈丁所说的"公共的悲剧"。这是市场本身无法逾越的障碍,需要依靠政府摆脱困境。因此,政府采购除了考虑经济性目标外,还要注重宏观调控,通过购买国货的方式引导公共资源流入本国企业,帮助国有产品拓宽发展空间。

(三)符合国际惯例

从国际上实行政府采购制度的国家来看,没有一个国家的政府采购市场是完全开放的,购买国货已经成为这些国家政府采购法的基本原则之一。

(1)美国对此进行了单独立法。《购买美国产品法》明确规定:美国政府必须购买本国的货物、工程和服务,除非有关机构或部门的负责人断定,本国所采购的货物或服务的价格"不合理",或者购买它们将不符合美国的公共利益。

(2)欧盟《公共采购指令》规定了非歧视待遇、透明度等原则的适用

---

① See S. Kusunoki, Japan's Government Procurement Regimes for Public Works: A Comparative Introduction, *Brook. J. Int'l L.*, Vol. 32, 2006, p. 547.

② See V. Mosoti, The WTO Agreement on Government Procurement: A Necessary Evil in the Legal Strategy for Development in the Poor World, *U. Pa. J. Int'l L.*, Vol. 25, No. 2, 2004, p. 597.

例外。同时,德国等欧盟国家法律规定,采购金额达到500万欧元以上的工程、20万欧元以上的货物和服务,必须在欧盟范围内采购,也就是将欧盟作为一个整体而言的购买"国货"制度。

(3) 日本通过立法规定,在招投标程序上政府采购必须注重投标者在日本的业绩,这就使外国产品难以入围。此外,日本还巧妙利用《政府采购协议》中的例外条款,制定保护措施,默许地方政府和特殊法人采用不公开、不公平的做法保护本国企业中标。

(4) 法国现行的《政府采购合同条例》《公共工程招标条件》等法令规定,航空、铁路、电信等要害部门,应优先购买本国产品。

除此之外,泰国、波兰、澳大利亚、马来西亚等许多国家都有类似的规定,购买国货原则已经成为多数国家所遵循的政府采购国际惯例。

(四)符合WTO相关规定

1. 政府采购是WTO一揽子协定规定的自由贸易原则的例外

GATT1947第3条规定,有关货物贸易实施国民待遇的规定不适用于"政府机构购买供政府使用、不以商业转售为目的或不以用以生产供商业销售为目的的产品采购的法律、法规或规定";《服务贸易总协定》第13条规定,最惠国待遇条款、市场准入条款和国民待遇条款不应适用于关于政府机构为政府目的而采购服务的法律、法规或要求,而不是为商业转售或为商业销售提供服务之目的;《与贸易有关的投资措施协定》第3条和其他WTO一揽子协定中也有类似规定。也就是说,成员在政府采购中对外国产品实行歧视待遇而并不违背WTO义务。

2. 购买国货是《政府采购协议》(GPA)的例外

(1) GPA是WTO框架下的一项诸边协议,并非多边协议,由WTO成员通过双边谈判的方式自愿加入,只对参加方具有约束力。因此,GPA参加方的政府采购,对来自非GPA参加方的货物、工程或服务仍可采取购买国货原则。

(2) GPA非歧视原则仅适用于其附录一开放清单范围内的政府采购,该清单内规定的适用GPA的货物、工程、服务、采购主体、采购限额都由参加方之间谈判确定。而对于此清单范围之外的政府采购、GPA第23条等规定的例外情形和参加方间约定不适用GPA的例外等,GPA参加方仍可遵循其本国或地区国货政策。

(五) 并不必然构成贸易壁垒

购买国货本质上是在政府采购领域对国外供应商给予歧视待遇,很容易被作为保护本国产业的非关税壁垒。但是,经济学者 Trionfetti 通过一个简单的模型证明了歧视性政府采购政策并不必然构成贸易壁垒:当政府采购需求低于国内产出时,歧视性政府采购政策会使政府对外国产品的需求转移到私人市场需求;只有当政府采购需求高于国内产出时,歧视性政府采购政策才会导致国内产量上升,部分取代进口,从而改变自然状态下的国际贸易分工。从纯经济学的角度看,国货采购制度有可能仅仅是将公共市场的需求转移到私人市场,并不必然导致贸易保护。[1]

---

[1] See F. Trionfetti, Discriminatory Public Procurement and International Trade, *World Economy*, Vol. 23, No. 1, 2000, pp. 57-76.

第十章 《贸易便利化协定》

《贸易便利化协定》(Trade Facilitation Agreement，TFA)是 WTO 第九次部长级会议达成的具有里程碑意义的开拓性成果，是自 1994 年 WTO 成立以来所缔结的第一个多边贸易协定，与 GATT1994、《SPS 协定》、《TBT 协定》等 13 个货物贸易多边协定同为 WTO 附件 1A 的组成部分。该协定旨在建立更为快捷、透明的国际贸易程序，提升跨境贸易效率，降低贸易成本，从而促进 WTO 成员尤其是发展中国家成员的经济发展。

第一节 《贸易便利化协定》概述

一、《贸易便利化协定》的产生和发展

贸易便利化可追溯到 1921 年《过境自由公约与规范》(Convention and Statute on Freedom of Transit)[①]以及 1923 年《关于简化海关手续的国际公约》(International Convention Relating to the Simplification of Customs Formalities)。[②]前者对过境自由进行了规范，这一内容也体现在后来的 GATT1947 第 5 条中；后者对进出口限制、法规公布以及放宽原产地证书要求进行了规范。而 1974 年《关于简化和协调海关制度的国际公

---

① University of OSLO, Convention and Statute of Freedom of Transit, April 20 1921, https://www.jus.uio.no/english/services/library/treaties/09/9-04/freedom-transit-statut.html, last visited on June 24, 2024.

② United Nations Treaty Collection, International Convention Relating to the Simplification of Customs Formalities, 3 November 1923, Articles 3,4 and 11, https://treaties.un.org/Pages/LONViewDetails.aspx? src=LON&id=572&chapter=30&clang=_en, last visited on June 23, 2024.

约》(International Convention on the Simplification and Harmonization of Customs Procedure)①对贸易便利化作出了更为详尽的规定,包括过境手续简化、关税评估以及海关事务机制等内容。以上国际条约所涉及的内容成为 TFA 所关注的重点。

　　WTO 贸易便利化进程始于 20 世纪 90 年代中期,1996 年 WTO 新加坡部长级会议提出了贸易与投资政策、贸易与竞争政策、政府采购透明度、贸易便利化四大议题。当时,WTO 各成员已认识到贸易便利化的重要性,试图将贸易便利化问题纳入 WTO 工作日程。② 虽然这一阶段的活动为 2013 年"巴厘一揽子协定"奠定了基础,但是,1996 年新加坡议题一开始并未获得发展中国家成员的广泛支持,直到 2001 年多哈部长级会议才正式将新加坡议题列入多哈发展议程,且当时并未就是否展开谈判以及谈判的形式达成一致,这一问题直到 2003 年 WTO 坎昆部长级会议才得到解决。2004 年 7 月,WTO 总理事会通过多哈工作计划,明确以附件 D "贸易便利化谈判模式"作为基础,启动贸易便利化谈判。2004 年 10 月,贸易便利化谈判组成立,谈判正式启动。由于谈判进展过于缓慢,2005 年香港部长级会议呼吁 WTO 各成员尽早进入协定的起草阶段,但收效甚微。③ 2006 年,多哈回合谈判全面中止,贸易便利化谈判的前景变得极为严峻。

　　在成员提案的基础上,TFA 文本草案于 2009 年 12 月形成。④ 2012 年,贸易便利化议题开始作为早期收获议题获优先推动。谈判一直持续到 2013 年,许多分歧在谈判中得到协调,但海关合作和"特殊和差别待遇"(Special and Differential Treatment, S&D)问题仍然阻碍着谈判的进程。2013 年 3 月,来自智利、尼日利亚、瑞士以及中国香港的四位代表对海关合作、透明度、进出口手续、S&D 等问题进行了专门的协调,新上

---

① European Union, International Convention on the Simplification and Harmonization of Customs Procedure, https://eur-lex. europa. eu/EN/legal-content/summary/international-convention-on-the-simplification-and-harmonisation-of-customs-procedures. html, last visited on June 24, 2024.
② WTO, Singapore Ministerial Declaration, WT/MIN(96)/DEC, para. 21.
③ WTO, Hong Kong Ministerial Declaration, WT/MIN(05)/DEC, Annex E, para. 4.
④ WTO, Draft Consolidated Negotiating Text, TN/TF/W/165, https://www.wcoomd. org/-/media/wco/public/global/pdf/topics/facilitation/activities-and-programmes/tf-negociations/wto-docs/tntf/w165r18e. pdf? la=ru-RU, last visited on June 24, 2024.

任的 WTO 总干事阿泽维多亲自主持了一系列的谈判会议,在其积极推动下,TFA 终于在巴厘部长级会议上得到通过,打破了多哈回合全球贸易谈判十多年来的僵局。

2014 年 7 月,TFA 的批准和实施再遭阻碍,印度提出 TFA 的接受应与粮食安全问题挂钩。同年 11 月,美国与印度就落实 TFA 和粮食安全问题达成共识,TFA 正式进入批准生效阶段。2014 年 12 月 12 日,中国香港批准 TFA,成为第一个签署 TFA 的 WTO 成员。2015 年 1 月 23 日,美国批准 TFA。同年 9 月 4 日,中国完成接受 TFA 的国内核准程序,成为第 13 个接受 TFA 的成员。2017 年 2 月 22 日,卢旺达、阿曼、乍得和约旦 4 个成员向 WTO 递交接受书。至此,批准 TFA 的成员已达 112 个,超过 WTO 成员总数的 2/3,TFA 正式生效并对已批准的成员实施。

TFA 是在较低的贸易便利化水平严重阻碍全球贸易增长的时代背景下,为了加快货物的流动、放行和结关,促进国际贸易发展,在世界海关组织(World Customs Organization,WCO)等国际组织的帮助下,①参照已有的贸易便利化制度,在 WTO 框架下缔结的一项多边贸易协定。

二、《贸易便利化协定》的宗旨与架构

(一) TFA 的宗旨

从 TFA 的前言中我们可以看出,该协定主要有如下宗旨:

第一,澄清和改善 GATT1994 第 5 条、第 8 条和第 10 条的规定,以加快货物的流动、放行和结关。GATT1994 第 5 条"过境自由"规定,不得通过不必要的拖延、限制或通过征收不必要的费用阻碍运输自由,对于所有成员的过境货物应按照最惠国待遇予以处理。GATT1994 第 8 条"进出口规费和手续"、第 10 条"贸易法规的公布和实施",要求 WTO 各成员以统一、公正、合理的方式实施相关法规,同时对透明度问题作出规定。

第二,认识到发展中国家成员尤其是最不发达国家的特殊需要及期

---

① WCO《都柏林协议》表明了其对 TFA 的认可,同时表示将对 TFA 的实施提供技术援助。

望增强在此领域能力建设方面的援助和支持,促进成员间在贸易便利和海关守法问题上的有效合作。TFA力图提升成员的贸易便利化水平,利用技术手段完善基础设施建设,为能力不足的成员提供技术援助。

第三,总的来说,TFA的宗旨在于提升成员贸易程序的效率,改善跨国贸易环境,削减成员间贸易成本,促进全球贸易增长。据经济合作与发展组织(OECD)估算,TFA的实施能够为低收入国家、中低收入国家和中高收入国家分别降低14%、15.1%和12.9%的贸易成本。① 据WTO估算,如果协定得到落实,到2030年将使全球出口额外增加2.7%,推动全球经济额外增长0.5%。同时,发展中经济体和最不发达经济体的出口商品数量将分别增加20%和35%,海外市场规模将分别扩大1/3和60%。②

(二) TFA的架构

TFA主要由序言、第一部分、第二部分、第三部分以及附件1构成。序言明确规定了协定的目标定位和宗旨。第一部分由第1条至12条构成,规定了各成员在贸易便利化方面的实质性义务,涉及信息公布、预裁定、货物放行与结关、海关合作等,共约40项贸易便利化措施。第二部分由第13条至22条构成,主要规定发展中国家和最不发达国家成员在实施TFA第一部分条款时可享受的特殊和差别待遇,具体体现在实施期限和能力建设两个方面。根据TFA的规定,发展中国家成员可在第一部分条款中自行确定在协定生效后立即实施的措施(即A类措施),或者经过一段过渡期实施的措施(即B类措施),或者经过一段过渡期并通过能力建设、获得实施能力后实施的措施(即C类措施),并向WTO通报。③ 第三部分由第23条至24条组成,主要涉及机构安排和最终条款,规定成立WTO贸易便利化委员会(以下简称"委员会"),各成员应成立国家贸易便利化委员会或指定一现有机制以促进协定的国内协调和实施。此外,

---

① See OECD, The WTO Trade Facilitation Agreement-potential Impact on Trade Cost, February, 2014, p.1.

② See WTO-FTA, Speeding up Trade: Benefits and Challenges of Implementing the WTO Trade Facilitation Agreement, 2015, pp.73,83, https://wtocenter.vn/chuyen-de/13189-world-trade-report-2015-speeding-up-trade-benefits-and-challenges-of-implementing-the-wto-trade-facilitation-agreement, last visited on June 24, 2024.

③ FTA, Article 14.

还对协定如何适用争端解决机制作出了规定。附件 1 是协定第 22 条项下的通知样式,规定了提供能力建设援助的 WTO 成员向 WTO 贸易便利化委员会通报能力建设援助和支持相关信息的格式。

TFA 第一部分和第二部分构成整个协定的主要内容。

第二节 《贸易便利化协定》的主要内容

《贸易便利化协定》主要由两部分内容构成。

一、第一部分:贸易便利化措施

TFA 的第一部分和第二部分是协定的核心条款,其中第一部分的条款包括强制性条款、鼓励性条款和自愿性条款,主要是对 GATT1994 第 5 条、第 8 条和第 10 条的澄清和改善。协定第 1 条至 5 条是对 GATT1994 第 10 条的澄清和改善,主要关注贸易规则的公布与实施,其中第 5 条还涉及卫生和动植物检疫措施相关的内容,与《SPS 协定》密切相关。[①] TFA 第 6 条至 10 条是对 GATT1994 第 8 条的进一步丰富和扩充,主要解决的是与进出口相关的规费和手续问题。TFA 第 11 条是对 GATT1994 第 5 条的澄清和改善,主要解决的是过境自由问题。TFA 第 12 条为其实施提供了进一步的指导,主要涉及海关合作问题,包括促进守法和合作的措施以及信息交换等。[②] 具体如下:

1. 信息的公布与获得

TFA 第 1 条主要作出了如下四项规定。第 1 款规定:"每一成员应以非歧视和易获取的方式迅速公布信息,以确保政府、贸易商和其他利益关系方知晓。"[③]这些信息可能与进出口、过境程序及所需的表格和单证、与进出口相关的关税和税率及该条所列举的其他方面相关。第 2 款涉及通过互联网提供的信息,WTO 成员有义务在互联网上提供进出口、过境程序及其他相关的贸易信息,而且上述信息须以 WTO 官方语言提供。第 3 款要求 WTO 成员设立和维持咨询点,以答复政府、贸易商和其他利

---

① TFA, Article 5.1(b).
② TFA, Articles 12.1, 12.2.
③ TFA, Article 1.1.1.

益方有关第 1 条第 1 款所载的信息公布的问题。第 4 款要求 WTO 成员须通知贸易便利化委员会其涉及第 1 条第 1 款(a)项到(j)项各项目的官方地点,涉及第 2 条第 1 款的网站链接地址,以及涉及第 3 条第 1 款的咨询点联络信息。①

2. 评论机会、生效前信息及磋商

TFA 第 2 条要求 WTO 成员在切实可行的范围内,以符合国内法律制度的方式,为贸易商及其他利益关系方提供机会和适当时限以评论法律法规的采用和修改,以及对包括在途货物在内的货物流动、放行和结关的法律法规的普遍适用进行评论。WTO 成员须在制定、修订的法律法规生效前公布相关信息,应酌情规定边境机构与其领土内的贸易商或其他利益关系方之间进行定期磋商。

3. 预裁定

预裁定是指一成员在申请所涵盖的货物进口之前向申请人提供的书面决定,其中规定该成员在货物进口时有关货物的税则归类及原产地方面所提供的待遇。② TFA 第 3 条要求 WTO 成员作出涉及货物税则归类及原产地的预裁定,并规定预裁定须在合理时限内以合理方式作出,同时规定了 WTO 成员驳回申请的情形。TFA 鼓励 WTO 成员对诸如关税评估及关税减免要求等事项作出预裁定。

4. 上诉或审查程序

TFA 第 4 条主要在于敦促 WTO 成员为贸易商提供就其所作出的海关事务行政决定提请行政申诉或司法上诉审查的权利,且该行政或司法审查须以非歧视的方式进行。

5. 增强公正性、非歧视性及透明度的其他措施

为了增强公正性、非歧视性及透明度,TFA 第 5 条提出了增强监管或检查的通知、扣留、检验程序等三项措施。其中,在 WTO 成员所采用或维持的涵盖食品、饮料或饲料的边境监管或检查水平的通知措施中,各成员遵循以风险为基础和统一适用的原则。③

---

① TFA, Articles 1.1.1, 1.2.1, 1.3.1.
② TFA, Article 3.9(a).
③ TFA, Article 5.1(a)(b).

6. 关于对进出口征收或与进出口相关的规费和费用的纪律

TFA 第 6 条要求 WTO 成员公布对进出口征收的或与之有关的规费和费用的信息,并且应对规费和费用进行定期审议,以期减少其数量和种类。同时,对海关处理中的规费和费用作了进一步规定:须限定在所提供服务的近似成本内,或将特定的进出口操作考虑在内;无须关联到特定的进出口作业,除非它们是为与货物海关处理紧密相连的服务而收取。①此外,TFA 第 6 条还对处罚纪律作了规定。

7. 货物放行与结关

TFA 第 7 条包括抵达前业务办理、电子支付、将货物放行与关税、国内税、规费及费用的最终确定相分离、风险管理、后续稽查、确定和公布平均放行时间及对经认证的经营者的贸易便利化措施、快运货物、易腐货物等内容的规定。这些规定旨在要求 WTO 成员采用和维持允许在货物抵达前提交进口单证,以及允许提交电子格式单证的程序,要求 WTO 成员采用和维持风险管理、后续稽查等现代化管理方法。

8. 边境机构合作

TFA 第 8 条规定,WTO 每一成员的边境机构需相互合作,协调边境管制和过境程序以促进贸易便利化。此处的合作与协调应包括工作日和工作时间的协调、程序和手续的协调、共用设施的建设和共享、联合监管、一站式边境监管站的设立等。

9. 受海关监管的进境货物的移动

TFA 第 9 条规定,WTO 每一成员应在可行的范围内,并在所有管理要求得到满足的前提下,允许进口货物在其领土内在海关的监管下进行移动,从入境地海关移至予以放行或结关的其领土内的另一海关。②

10. 与进口、出口和过境相关的手续

TFA 第 10 条鼓励 WTO 成员简化与进出口以及过境相关的手续和单证要求,以降低进出口、过境手续的发生率和复杂度,尽可能地确保海关程序迅捷而高效。具体包括手续和单证要求、副本的接受、国际标准的使用、单一窗口、装运前检验、报关代理的使用、共同边境程序和统一单证

---

① TFA, Article 6.2.1.
② TFA, Article 9.

要求、拒收入境货物、货物暂准进口及进境和出境加工等规定,此类规定对海关现代化是必不可少的。

11. 过境自由

TFA 第 11 条规定,WTO 成员过境运输法规或程序不得对过境运输构成变相限制,不得寻求任何自愿限制,过境费用应与所提供服务的成本相当,手续和单证要求不得超过必要限度,不得对过境货物适用技术法规和合格评定程序,同时还规定了担保条款,并呼吁各成员建立过境协调机构。

12. 海关合作

TFA 第 12 条鼓励 WTO 各成员海关在信息交换等领域进行合作。鼓励 WTO 成员在尊重信息交换秘密性的前提下,共享海关信息以确保有效的海关控制。鼓励 WTO 成员达成与维持双边、诸边和区域协定,共享与交换海关信息和数据。要求各成员确保贸易商知晓守法义务,鼓励自愿守法,允许进口商在适当情况下自我纠错而免予处罚,对违法贸易商实施更为严厉的措施。[1]

二、TFA 第二部分:给予发展中国家成员和最不发达国家成员的特殊和差别待遇条款

为了帮助发展中国家成员和最不发达国家成员实施 TFA 第一部分规定的贸易便利化条款,TFA 第二部分规定了给予发展中国家成员和最不发达国家成员特殊和差别待遇的条款,即 TFA 第 13 条至 22 条。其中,第 13 条和第 14 条分别规定了特殊和差别待遇条款的总则和条款类别;第 15 条至 20 条规定了各条款的通知与实施,包括 A 类条款的通知和实施、B 类和 C 类条款最终实施日期的通知、预警机制;B 类和 C 类条款实施日期的延长、B 类和 C 类条款的实施、B 类和 C 类条款之间的转换、适用《关于争端解决规则与程序的谅解》(Understanding on Rules and Procedures Governing the Settlement of Disputes,DSU)的宽限期等内容;第 21 条和第 22 条分别规定了能力建设援助的提供和向委员会提交的援助信息。具体如下:

---

[1]　TFA,Article 12.1.1.

1. 一般原则

由 TFA 第 13 条可知,TFA 第二部分的特殊和差别待遇条款是根据 2004 年 7 月框架协议(WT/L/579)附件 D 及《香港部长宣言》(WT/MIN(05)/DEC)第 33 段和附件 E 中议定的模式制定,目的在于向发展中国家成员和最不发达国家成员提供能力建设援助和支持以帮助其依照协定条款的性质和范围实施这些条款。就 TFA 而言,能力建设援助和支持可采取技术、资金或双方议定的任何其他援助形式。实施协定条款的程度和时限应与发展中国家成员和最不发达国家成员的实施能力相关联。在发展中国家成员和最不发达国家成员获得实施相应的能力之前,不要求其实施相关条款。仅要求最不发达国家成员作出与其自身发展、财政和贸易需求或其管理和机构能力相一致的承诺。

2. 条款类别

基于以上原则精神,TFA 将发展中国家成员和最不发达国家成员对 TFA 第一部分的条款义务分为 A、B、C 三类。A 类包含发展中国家成员或最不发达国家成员指定的自 TFA 生效时起立即实施的条款,或对于最不发达国家成员在 TFA 生效后 1 年内实施的条款;B 类包含发展中国家成员或最不发达国家成员指定的在 TFA 生效后的过渡期结束后开始实施的条款;C 类包含发展中国家成员或最不发达国家成员指定的在 TFA 生效后的过渡期结束后开始实施、同时要求通过提供能力建设援助和支持以获得实施能力的条款。每一发展中国家成员和最不发达国家成员可自行指定 A、B、C 类分别包含的条款,指定仅影响条款的实施期限,并不影响条款本身的性质。

3. 条款的通知与实施

(1) A 类条款的通知与实施

发展中国家成员应自协定生效时起,实施其 A 类条款,A 类项下所指定的承诺也将因此成为协定的组成部分。最不发达国家成员可在协定生效后 1 年内向 WTO 贸易便利化委员会通知其所指定的 A 类条款并开始实施,同样,其在 A 类项下所指定的承诺将成为协定的组成部分。

(2) B 类和 C 类条款最终实施日期的通知

对发展中国家成员而言,自协定生效时,应将其指定的 B 类条款及相应的指示性实施日期通知委员会;在不迟于协定生效后 1 年(可延长),将实施B类条款的最终日期通知委员会;自协定生效时起,将指定的C类条款及相应的指示性实施日期以及为实施目的所要求的能力建设援助和支持信息通知委员会;自TFA生效后1年内,发展中国家成员及相关捐助成员应将其提供能力建设援助和支持所必需的现行或已达成安排的信息通知委员会;自提交提供能力建设援助和支持所需的现行或已达成安排信息时间起18个月内(可延长),发展中国家成员及相关捐助成员应将其提供援助和支持方面的进展通知委员会,发展中国家成员应同时通知其最终实施日期清单。

对最不发达国家成员而言,不迟于TFA生效后1年,应将其指定的B类条款及条款相应的指示性实施日期通知委员会;在不迟于指示性实施日期通知后2年(可延长),将其实施B类条款的最终日期通知委员会;自协定生效1年后,应将其指定的C类条款通知委员会;在指定条款通知时间后1年,应将其为实施目的所要求的能力建设援助和支持信息通知委员会;在为实施目的所要求的能力建设援助和支持信息通知时间后2年内,最不发达国家成员及相关捐助成员应将其提供能力建设援助和支持所必需的现行或已达成安排的信息通知委员会;自提交提供能力建设援助和支持所需的现行或已达成安排信息时间起18个月内(可延长),最不发达国家成员及相关捐助成员应将其提供援助和支持方面的进展通知委员会,最不发达国家成员应同时通知其最终实施日期清单。

(3) B类和C类条款的实施

发展中国家成员和最不发达国家成员在按照上述规定所确定的截止日期前,如认为实施其指定的B类和C类条款存在困难,则应将预计能够实施相关规定的新日期以及推迟实施的原因通知委员会。发展中国家成员应不迟于实施日期期满前120天通知委员会,最不发达国家成员应不迟于90天通知委员会。一般而言,发展中国家成员请求的额外实施时间不超过18个月,最不发达国家成员请求的额外实施时间不超过3年。如果发展中国家成员或最不发达国家成员认为其所需第1次延期长于该期限或者尚需第2次或后续延期,则应按照前述要求再次通知委员会。

发展中国家成员或最不发达国家成员的延期请求未获批准或者遇到未预见的情况导致实施条款仍然存在困难,向委员会通知其无能力执行相关条款的情况,委员会应在收到通知后60天内设立专家组,专家组应在组成后 120 天内,审查该事项并向委员会提出建议。同时,自该成员向委员会通知其无能力实施相关条款时起至委员会收到专家小组建议后的第一次会议时止,该成员在此事项上不受 DSU 的制约。此外,发展中国家成员和最不发达国家成员可通过向委员会提交通知,对 B 类条款和 C 类条款进行转换。

争端解决方面,经 DSU 详述和适用的 GATT1994 第 22 条和第 23 条的规定,在 TFA 生效后 2 年内,不得适用于发展中国家成员涉及 A 类条款的争端解决;在 TFA 生效后 6 年内,不得适用于最不发达国家成员涉及 A 类条款的争端解决;在实施 B 类或 C 类条款后 8 年内,不得适用于最不发达国家成员涉及此类条款的争端。

上述灵活性极强的机制安排,考虑到了发展中国家成员与最不发达国家成员的现实困难,给予了其充分的自主性,极大地提升了发展中国家成员与最不发达国家成员加入 TFA 的积极性,对实现可持续发展目标意义重大。

4. 能力建设援助的提供和援助信息的提供

(1) 能力建设援助的提供

为了援助发展中国家成员和最不发达国家成员实施 TFA 第一部分条款,捐助成员通过双边或适当的国际组织,向发展中国家成员和最不发达国家成员提供能力建设援助和支持。捐助成员多为发达国家成员,但并不排除发展中国家成员充当捐助成员的可能性。考虑到最不发达国家成员的特殊需要,应向最不发达国家成员提供定向援助和支持,以帮助其增强实施承诺的可持续能力。此外,委员会每年至少应召开一次专门会议,来讨论和审议与能力建设援助相关的问题。

(2) 向委员会提交的援助信息

为了提升向发展中国家成员和最不发达国家成员提供的援助与支持的透明度,一方面,捐助成员应在协定生效时及随后每年向委员会提交此前 12 个月提供的能力建设援助和支持的信息,以及尽可能地提供未来 12 个月承诺提供的能力建设援助和支持的信息。具体包括能力建设援助和支持的描述、承诺/支付状态和金额、援助和支持支付的程序、受惠国或受惠地区、提供援助和支持成员的实施机构等。另一方面,希望获得援助和支持的发展中国家成员和最不发达国家成员,应向委员会提交关于负责协调和确定能力建设援助和支持优先次序机构的联络点信息。上述信息的提供将会促使对发展中国家成员和最不发达国家成员的援助与支持更加公开与透明,更具针对性。

TFA第三部分主要是机构安排和最后条款。在国际层面设立贸易便利化委员会,同时要求各成员设立贸易便利化委员会或借助现有机制协调TFA的实施。最后条款是对协定争端解决等事项作出的解释和安排,不再赘言。

第三节 《贸易便利化协定》与WTO其他协定的关系

WTO的许多协定都与TFA密切相关,如GATT1994、《SPS协定》《TBT协定》《原产地规则协定》《与贸易有关的知识产权协定》等,这些现有的WTO规则在不同的层级以不同的方式影响着TFA。它们既影响着TFA目标和宗旨的确定,又影响着TFA条款范围和协定项下的争端解决。就GATT1994而言,TFA是对GATT1994第10条(贸易法规的公布和实施)、第8条(进出口规费和手续)和第5条(过境自由)的澄清和完善。按照WTO附件1A项下"后法优先于先法"的解释方法,[①]在判断WTO成员的某一贸易便利化措施与GATT1994条款的一致性之前,绝大多数情况下我们应先在TFA下对其进行评估。即便如此,按照TFA第24条第6款的规定,TFA所规定的延期实施以及争端解决豁免等内容并不能减损WTO各成员在GATT1994项下的义务。[②] 下文将对TFA条款与GATT1994相关条款之间的关系进行具体考察,并结合相关WTO争端解决案例予以阐明。

一、TFA第1至5条与GATT1994第10条

TFA第1至5条主要涵盖信息公布、评论机会、预裁定、上诉或审查

---

① WTO附件1A《货物贸易多边协定》前言"关于附件1A的总体解释性说明"规定:"如《1994年关税与贸易总协定》的条款与《建立世界贸易组织协定》(附件1A所列各协定中称《WTO协定》)附件1A中另一协定的条款产生抵触,则以另一协定的条款为准。"

② TFA第24条第6款规定:"尽管有《马拉喀什建立世界贸易组织协定》附件1A的总体解释性说明,但是本协定任何条款不得解释为减损各成员在GATT1994项下的义务。……"

程序以及增强监管的通知等内容,与 GATT1994 第 10 条贸易法规的公布和实施密切相关。具体而言,TFA 第 1 条项下的信息公布义务与 GATT1994 第 10 条的规定较为类似,《TBT 协定》与《SPS 协定》对此也有涉及,都是长期存在的 WTO 成员义务。同时,TFA 第 1 条第 1 款对信息公布的规定较 GATT1994 第 10 条更为具体,增加了一些新的款项[TFA 第 1 条第 1 款(a)项至(j)项]。而通过互联网提供信息、建立咨询点、向委员会通知是 TFA 新创设的规则(TFA 第 1 条第 2 款至 4 款),GATT1994 以及其他协定并未涉及。当然,推行 GATT1994、《TBT 协定》《SPS 协定》所获得的经验也有助于上述条款的实施。

TFA 第 2 条项下的生效前信息的预先公布与 GATT1994 第 10 条第 2 款的规定在很大程度上也是相同的(涉及评论机会的规定则是新创设的),并且逐渐被视为正当程序要求的一部分,美国海虾案等上诉机构对此也提出要求。[①] 同样,TFA 第 4 条项下的上诉或审查程序和 GATT1994 第 10 条第 3 款(b)项的规定高度相似,也与正当程序要求相关。正是出于正当程序的考虑,TFA 对非歧视、信息提供等问题的规定,较 GATT1994 更加规范、严格。

TFA 条款中信息公布、上诉或审查程序等 GATT1994 已经有所涉及的内容,应当逐渐纳入 WTO 成员的国内法律法规之中,以尽快实施。而 TFA 条款中预裁定、增强监管或检查的通知等较新的内容,尚需更多的时间和努力来推进其实施。出于实施能力的考虑,这些条款大多都规定了最低限度要求,发展中国家成员和最不发达国家成员被允许延期实施。

对于 TFA 与 GATT1994 第 10 条的关系,可通过欧共体特定海关事项案作进一步说明。该案主要案情如下:2004 年 9 月 12 日,美国根据 DSU 第 1 条和第 4 条以及 GATT1994 第 22 条第 1 款的规定,就欧共体特定海关事项提请与欧共体进行磋商。美国与欧共体于 2004 年 11 月 16 日进行了磋商,但磋商未果。2005 年 1 月,美国要求 WTO 成立专家组。2006 年 6 月,专家组报告公布。同年 8 月,争端双方均提起上诉。同年

---

① Appellate Body Report on US-Underwear (1997), p. 21; Appellate Body Report on US-Shrimp (1998), paras. 182-183.

11月,上诉机构报告公布。美国认为:(1)欧共体对 GATT1994 第 10 条第 1 款所指的法律、法规、判决和裁定的实施方式不统一、不公正、不合理,违反了 GATT1994 第 10 条第 3 款(a)项的规定。(2)欧共体未尽快审查与海关事务相关的行政行为,而是将其交由各成员国负责,违反了 GATT1994 第 10 条第 3 款(b)项的规定。

该案专家组认为,欧共体在遮光布内衬的海关归类实施方式、带数字视频接口的液晶显示器的海关分类以及连续销售条款的执行问题上违反了 GATT1994 第 10 条第 3 款(a)项的规定,同时认定欧共体对海关行为进行审查的法庭和程序符合 GATT1994 第 10 条第 3 款(b)项的规定。① 该案上诉机构对专家组的职权范围以及涉及 GATT1994 第 10 条第 3 款(a)(b)项的事项进行了审查,推翻了专家组作出的遮光布内衬的海关归类实施方式不统一的认定,维持了专家组对另外两个问题的认定。②

该案在 TFA 生效前发生,适用 GATT1994 第 10 条相关款项。由于 TFA 第 4 条澄清和改善了上诉和行政审查程序的规则,若将其适用于该案,根据 TFA 第 4 条第 1 款,WTO 每一成员应规定海关作出的行政决定所针对的任何人在该成员领土内有权:(1)向级别高于或独立于作出行政决定的官员或机构提出行政申诉或复查或由此类官员或机构进行政申诉或复查;及/或(2)对该决定进行司法上诉或审查。虽然 GATT1994 第 10 条第 3 款也规定了行政审查程序,但该条款对于寻求行政审查救济的人而言不够明确和具体,而该案中行政审查又要基于欧共体各成员国的自由裁量权进行。TFA 第 4 条则明确表明任何被施加行政决定的当事人均有权提起行政审查,当事方可以在 GATT1994 第 10 条第 3 款(b)项之外提出相关当事方违反 TFA 第 4 条第 1 款的主张。

如上所述,TFA 是对 GATT1994 第 5 条、第 8 条和第 10 条的改善和澄清,以更为明确具体的规定消除 GATT1994 条款解释上的困惑。就欧共体特定海关事项案而言,适用 TFA 条款并不意味着争端结果的改变,但借助 TFA 条款可以进一步佐证专家组的分析认定,从而加速争端解决进程,明确当事各方在海关事项上的义务。

---

① Panel Report on EC-Selected Customs Matters (2006), para. 8.2.
② Appellate Body Report on EC-elected Customs Matters (2006), paras. 231-240, 298, 301-302.

二、TFA 第 6 至 10 条与 GATT1994 第 8 条

TFA 第 6 至 10 条主要涵盖了费用和处罚纪律、货物放行和结关、边境机构合作、货物移动以及与进出口和过境相关的手续等内容,与 GATT1994 第 8 条"进出口规费和手续"密切相关。TFA 对 GATT1994 费用和手续方面的规定作出了较大程度的补充,具体如下:

TFA 第 6 条第 2 款将海关费用"限定在对所涉特定进口或出口操作提供服务或与之相关服务的近似成本内",GATT1994 第 8 条第 1 款(a)项也作出了类似的规定。而规费和费用的预先公布则是 TFA 新创设的规定,由于 GATT1994 第 10 条项下已规定了公布贸易规则的相关机制,因此 TFA 的该项规定比较易于实施。为了减少规费和费用的数量和种类而对其进行定期审查的规定并非 TFA 首创,但在 GATT1994 第 8 条第 2 款项下,该义务只有在其他成员提出请求时才会产生,在 TFA 项下这项规定成为一项长期义务。GATT1994 第 8 条禁止"对轻微违反海关法规或程序要求的行为进行实质性处罚"的规定被 TFA 改进为处罚"应与违反程度和严重性相符",不过二者的法律效果大致相同。此外,相较于 GATT1994 第 8 条,TFA 还对施加处罚增加了额外的要求,这些要求大多源于正当程序原则。

相较于 TFA,除费用的处罚纪律问题外,GATT1994 第 8 条在进出口和过境手续方面的规定比较有限,仅要求各成员认识到简化手续和文件要求的必要性,而 TFA 则作出了 9 款更为详尽的规定(TFA 第 7 条第 1 款至 9 款),这些规定一部分来自《TBT 协定》和《SPS 协定》,另一部分则为 TFA 新创设,较 GATT1994、《TBT 协定》《SPS 协定》更为严格。

对于 TFA 与 GATT1994 第 8 条的关系,可以通过阿根廷鞋类案作进一步说明。该案案情如下:1997 年 1 月,美国对阿根廷的相关措施向 WTO 提出申诉,认为阿根廷超出约束关税税率 35%,对从美国进口的纺织品、服装、鞋类及其他产品征收最低特别进口税及 3% 的统计税。阿根廷声称,最低特别进口关税按照国际价格计算时总是低于 35%,而征收统计税是为了覆盖贸易统计的成本。[1] 专家组最终裁定,阿根廷征收的

---

[1] Panel Report on Argentina-Textiles and Apparel (1997), paras. 6.17-6.18.

最低特别进口关税不符合GATT1994的关税减让原则,而统计税的计价方式也不符合GATT第8条第1款(b)项"有必要消减(a)项所指规费和费用的数量和种类"的要求。① 此外,阿根廷辩称,统计税已包含在关税减让表中,征收此税种并不违反GATT1994规则。专家组援引GATT1994第2条第1款(b)项的规定驳回了阿根廷的主张,认为WTO成员减让表中的非关税条款不得与GATT1994和WTO的一般规则相冲突。② 阿根廷还向上诉机构主张,专家组未考虑征收统计税是为了履行与IMF所签订的谅解备忘录项下义务这一情况。上诉机构则认为,阿根廷并未说明IMF项下的义务与GATT1994第8条项下的义务存在冲突,也未说明前者可以对后者进行代替,故没有支持阿根廷的主张。③

又如,在美欧墨诉中国原材料案中,申诉方认为中国违反了GATT1994第8条第1款(a)项、第8条第4款、第10条第1款、第10条第3款(a)项和第11条第1款。④ 具体而言,GATT1994第10条的内容主要涉及法律、法规、判决和裁定应以统一、公正和合理的方式实施以及相关法律法规的及时公布,前文已有涉及,在此不再赘言。同时,申诉方认为中国在海关问题上存在收费过度和实施手续过于烦琐的情形,违反了GATT1994第8条的规定。由于TFA第6条第2款也有与之类似的规定,故该案也可为涉及TFA第6条的争端解决提供参考。

三、TFA第11条与GATT1994第5条

TFA第11条主要涉及过境自由,是对GATT1994第5条的澄清和完善,其中部分条款是对GATT1994第5条项下义务的再现,部分条款与GATT1994第5条极其类似但更为规范,而另有部分条款创设了一些新的义务。具体而言,TFA第11条第7款将GATT1994第5条第3款的基本原则植入其条款之中,禁止收取不必要的海关费用或者作不必要的延迟或限制。TFA第11条第2款吸纳GATT1994第5条第3款的基

---

① Panel Report on Argentina-Textiles and Apparel (1997), paras. 6.80, 7.1.
② Ibid., paras. 6.81-6.82.
③ Appellate Body Report on Argentina-Textiles and Apparel (1998), paras. 69-70.
④ Panel Report on China-Raw Materials (2011), para. 7.839; Panel Report on China-Raw Materials (2011), paras. 7.732-7.736; Panel Report on China-Raw Materials (2011), paras. 7.804, 7.751-7.752.

本精神,规定运输费用或过境所产生的行政费用应与所提供服务的成本相当。TFA 第 11 条第 4 款秉承 GATT1994 第 5 条第 6 款的精神,规定"每一成员应给予自任何其他成员领土过境的产品不低于给予此类产品在不经其他成员领土而自原产地运输至目的地所应享受的待遇"。

TFA 第 11 条的部分条款已为 GATT1994 第 5 条的内容所涵盖,TFA 只是对其作了进一步的澄清。例如,提高对限制的合理性要求,以减少过境限制或者变相限制(TFA 第 11 条第 1 款);禁止自愿限制(TFA 第 11 条第 3 款);对过境货物不适用技术法规(TFA 第 11 条第 8 款)等,上述规定在 GATT1994 第 5 条中都已有所涉及。TFA 第 11 条中也有部分规定是新创设的,如允许"货物抵达前提前提交和处理过境单证和数据"的规定(TFA 第 11 条第 9 款),对 TFA 参加方而言,此类条款尚需时日来获得实施。

对于 TFA 第 11 条与 GATT1994 第 5 条的关系,可以通过哥伦比亚入境口岸限制措施案作进一步说明。该案主要案情如下:2007 年 10 月 22 日,DSB 应巴拿马请求,就哥伦比亚涉及部分纺织品、服装、鞋类的管理措施纠纷设立专家组。2009 年 4 月 27 日,专家组报告公布。同年 5 月 20 日,DSB 通过该案专家组报告。该案主要涉及适用于特定货物的指导性价格以及特定货物进入港口所受的限制。就后者而言,哥伦比亚仅允许巴拿马出口或复出口到该国的货物从波哥大和巴兰基利亚两个口岸入境,如果要进入其他口岸,则必须通过转运或以转运的方式递交申请。巴拿马认为哥伦比亚的限制措施违反了 GATT1994 第 5 条的规定。[①] 该案与 TFA 相关的争议点如下:

1. "过境自由"的释义

专家组首先通过 GATT1994 第 5 条第 2 款以及 GATT1994 第 5 条第 1 款的上下文对"过境运输"一词进行考察。GATT1994 第 5 条第 1 款将过境运输定义为"经过一缔约方领土的一段路程,不论有无转船、仓储、卸货或改变运输方式,仅为起点和终点均不在运输所经过的缔约方领土的全部路程的一部分,则应视为经该缔约方领土过境"的运输。专家组随后援引 1921 年《过境自由公约与规范》的相关条款,以及 GATT1994 第 5

---

① Panel Report on Colombia-Ports of Entry (2009), paras. 7.219-7.223, 7.374-7.375.

条过境自由的起草历史,对"过境自由"的含义进行了解释。① TFA 第 11 条没有对过境自由进行定义,若涉及类似争端,可借鉴该案专家组的经验,对"过境自由"进行解释。

2. 争议措施是否违反 GATT1994 第 5 条第 6 款

GATT1994 第 5 条第 6 款要求一缔约方对经由另一缔约方领土过境的产品所给予的待遇,不应低于这些产品如未经另一缔约方领土过境而直接从原产地运到目的地时所应给予的待遇。该案中,哥伦比亚要求巴拿马涉案货物只能从波哥大或巴兰基利亚两个口岸入境,而这一措施仅适用于原产自巴拿马或运自巴拿马的货物,不经由巴拿马而直接运抵哥伦比亚的货物则不受上述限制。哥伦比亚并没有给予前者不低于后者的待遇(GATT1994 第 5 条第 6 款并不要求前后两种货物为同类产品)。② 显然,这违反了 GATT1994 第 5 条第 6 款的规定。TFA 第 11 条第 4 款的规定与 GATT1994 第 5 条第 6 款的规定基本一致,故该案对于此类限制措施的认定,在适用 TFA 第 11 条第 4 款时可以借鉴。此外,虽然 TFA 没有关于 GATT1994 第 5 条第 2 款、第 5 款的直接表述,但 TFA 第 11 条对过境自由的规定更为严格,举轻以明重,涉及违反该两款措施的认定,对 TFA 的适用同样具有参考价值。

综上所述,TFA 或在 GATT1994 规则框架基础上对 GATT1994 内容进行重现,或通过更为严格、规范的条款对 GATT1994 规则进行完善,或创设 GATT1994 未涵盖的新规则来规范现代跨国贸易。WTO 成员先行向委员会通知业已成为 GATT1994 项下义务的 TFA 条款,这样做有助于在尽可能短的时间内推进 TFA 的全面实施,同时也有助于提升多边贸易体制的确定性和可预测性。同时,由于 GATT1994 与 TFA 联系紧密,涉及 GATT1994 条款的争端解决对 TFA 而言具有极高的参考价值。

第四节 《贸易便利化协定》与中国

TFA 是中国参加 WTO 后参与并达成的第一个多边贸易协定,作为

---

① Panel Report on Colombia-Ports of Entry (2009), paras. 7.394-7.396.
② Ibid., para. 7.477.

全球第一大货物贸易国,中国对 TFA 给予了高度的重视与支持。中国积极参与并推动 TFA 谈判,先后提交和联署了 8 份提案,内容不但涉及贸易法规的公布与实施、风险管理、后续稽查等具体贸易便利化措施,还涉及成员需求和优先领域的确定、技术援助和能力建设支持等综合性问题。在《TFA 议定书》通过过程中,中国多次强调 TFA 实施符合所有成员的利益,呼吁各成员重视发展中国家成员诉求,切实落实多哈回合发展目标,全面平衡地推进巴厘部长级会议决定的落实。2015 年 9 月 4 日,中国向 WTO 总干事递交接受书,宣告中国正式完成《TFA 议定书》的国内核准程序,成为第 16 个接受 TFA 的成员。TFA 的正式生效和实施,会进一步提升中国的海关治理水平,促进中国贸易增长和经济发展。

一、中国作出的承诺

如上所述,TFA 给予了发展中国家成员和最不发达国家成员特殊和差别待遇,允许其依照自身实施能力对协定条款的实施以及时限进行因地制宜的调整。基于此规定,2014 年 6 月 30 日,中国致函贸易便利化筹备委员会主席,提前一个月提交了中国在 TFA 项下的 A 类措施通知。该通知将 TFA 第一部分中绝大多数条款指定为 A 类措施,下列条款除外:[1]

(1) TFA 第 7 条第 6 款:确定和公布平均放行时间。

(2) TFA 第 10 条第 4 款:单一窗口。

(3) TFA 第 10 条第 9 款:货物暂准进口及进境和出境加工。

(4) TFA 第 12 条:海关合作。

因此,按照 TFA 第二部分的规定,除上述条款所涵盖的措施外,中国将在协定生效后(即 2017 年 2 月 22 日),立即实施其他所有条款所涵盖的贸易便利化措施。

二、TFA 在中国的实施

中国一直致力于将 TFA 实施工作与海关现代化改革相结合,长期深耕于涉及法律法规配套政策、监管体制和机构职能等内容的准备工作,积

---

[1] 《中国向 WTO 提交〈贸易便利化协定〉A 类措施通报》,商务部官网,2014 年 7 月 7 日, http://chinawto.mofcom.gov.cn/article/ap/q/201411/20141100792228.shtml,2024 年 6 月 24 日最后访问。

极推动相关领域的改革和制度建设,不断提高口岸管理水平和行政效率,努力营造便捷高效的通关环境。以下将逐条对 TFA 项下的贸易便利化措施在中国的实施情况进行具体说明,①并重点以中国自由贸易试验区(以下简称"自贸区")为视角。

1. TFA 第 1 条的实施

自加入 WTO 以来,中国便高度重视政府信息公开工作。中国海关根据国务院颁布的《中华人民共和国政府信息公开条例》和其下发的有关政府信息公开工作的通知,制定和实施了《中华人民共和国海关政府信息公开办法》。中国海关除了运用书籍、报纸、杂志、电视等传统媒体以及互联网、移动终端 APP 等现代传媒渠道主动发布信息,还通过热线电话以及网络平台为公众提供咨询服务,并接受公众申请提供相关信息。此外,中华人民共和国 WTO/TBT 国家通报咨询中心、中华人民共和国 WTO/SPS 国家通报咨询中心、中国 WTO/TBT-SPS 通报咨询网的存在以及 WTO/FTA 咨询网站的设立,可确保政府、贸易商和其他利益相关方就 FTA 第 1 条第 1 款所涵盖事项提出的合理咨询得以回复,并可提供 TFA 第 1 条第 1 款(a)项所需要的表格和单证。总体而言,中国对 TFA 第 1 条项下的信息的公布与可获取性实施较为充分,进步比较明显。当然,当前的海关信息公布制度仍然存在一些不足之处,例如,隶属海关政务公开工作缺重视、缺标准、缺评价,存在明显短板,影响企业和群众对海关政务公开的"获得感",②贸易商对跨境贸易信息的公布和获取有着更高的期盼。

就地方具体举措而言,以全国 21 个自贸区为例,或依靠互联网搭建相应的门户网站,或依靠微信公众平台,设立相应的"政务公开""常用下载"等专栏,发布最新信息,方便进出口企业和社会公众查询相关政策规章、了解进出口通关流程、所需表格和单证、提供进出口商品税率查询等服务。例如,自 2018 年 7 月 3 日起,重庆口岸全面推行"三公示"制度,进

---

① 本部分内容参考了北京睿库贸易安全及便利化研究中心出版的《中国贸易便利化年度报告》。

② 参见《全国海关 2020 年政府信息公开年度报告》,海关总署官网,2021 年 3 月 26 日,http://fuzhou.customs.gov.cn/customs/302249/zfxxgk/gknb/3590811/index.html,2024 年 6 月 24 日最后访问。

出口货物通关流程全程可查,"三公示"的内容包括:公示口岸作业时间,界定通关准备、通关查验、货物提离等口岸作业环节,公布除特殊情况外货物通关和口岸操作各环节的主要流程及作业时间;公示口岸收费清单,列出口岸服务的收费项目、收费标准和服务内容,明确清单以外一律不得收费;公示咨询服务联系方式,公开口岸管理部门、口岸经营单位、口岸监管部门咨询服务热线电话,提供24小时业务咨询服务。[1]

2. TFA 第 2 条的实施

就 TFA 第 2 条第 1 款(评论机会和生效前信息)而言,海关总署 2009 年发布《中华人民共和国海关立法工作管理规定》,明确海关立法工作应公开透明,鼓励和方便行政相对人和社会公众参与海关立法的原则,规定海关规章起草完毕后,应通过各种形式征求行政相对人意见,并规定在一定情况下举行立法听证会。《中华人民共和国海关政府信息公开办法》第 8 条、第 14 条也对此作出了类似的规范。遗憾的是,海关总署对 TFA 第 2 条的实施尚存在一些问题。例如,就 TFA 第 2 条第 2 款(磋商)而言,虽然中国海关对于和商界进行磋商事项持开放态度,但尚未形成规范的定期磋商机制,其实施有待进一步落实。

就具体举措来看,中国海关门户网站设置了征求意见专栏,但由于缺乏规章制度保障,海关部门开座谈会、征求意见的比例偏低。[2] 在法律法规的公布时效方面,《中华人民共和国海关立法工作管理规定》第 42 条规定:"除特殊情况外,海关规章应当自公布之日起至少 30 日后施行。"但根据北京睿库贸易安全及便利化研究中心对中国海关门户网站公布相关规章的情况进行的初步统计来看,未达到此要求的情况较多。[3] 就磋商而言,中国海关及质检机构根据工作需要,定期或不定期组织和企业、商会之间的对话磋商活动,但仍不够规范化。

---

[1] 参见陈钧:《重庆口岸全面推行"三公示"制度》,国务院官网,2018 年 7 月 3 日,http://www.gov.cn/xinwen/2018-07/03/content_5303058.htm,2024 年 6 月 24 日最后访问。

[2] 参见《中国贸易便利化年度报告》编撰委员会:《中国贸易便利化年度报告(2020)》,https://www.re-code.org/upload/file/20200407/1586240211540011055.pdf,2024 年 6 月 24 日最后访问。

[3] 同上。

3. TFA 第 3 条的实施

就 TFA 第 3 条而言,中国海关颁布了一系列有关预裁定的法律规章。具体而言,海关总署 2001 年发布《中华人民共和国海关行政裁定管理暂行办法》(2023 年修正),对预裁定进行了规范;2007 年公布《中华人民共和国海关进出口货物商品归类管理规定》(2024 年修正),对预归类进行了规范;2005 年公布的《中华人民共和国海关进出口货物征税管理办法》(2024 年修正)第 10 条对预审价、预裁定等进行了规范。国务院 2005 年公布的《中华人民共和国进出口货物原产地条例》(2019 年修订)第 12 条对原产地预先确定进行了规范。同时,海关总署还以通知形式对直属海关开展价格预审核以及原产地预确定事项进行了规范。但是,由于有关预裁定的法律制度框架结构过于烦琐,相互之间缺乏整体协调,流程和规范不够统一,导致实施不够充分。

就各自贸区具体举措来看,《上海海关关于在中国(上海)自由贸易试验区范围内推进实施商品归类行政裁定全国适用制度的公告》(上海海关公告 2015 年第 9 号,已失效)海关总署授权全国海关进出口商品归类中心上海分中心可以应试验区内注册登记企业的申请,就特定范围内的进出口商品(《中华人民共和国进出口税则》第 84 章至 90 章所涉商品)作出归类行政裁定,并由海关总署统一对外公布。2018 年《中国(辽宁)自由贸易试验区大连片区优化跨境贸易营商环境若干措施》第 5 条计划在大连片区开展关税领域预裁定,即在货物实际进出口前,申请人可以就货物的商品归类、原产地或者原产资格以及进口货物完税价格相关要素和估价方法等 3 项海关事务申请预裁定。除此以外,海南自贸港推动实施原产地预裁定制度,湖北、天津自贸区也加快施行原产地预裁定制度;福建自贸区推广海关归类行政裁定全国适用,要求相同商品适用同一归类行政裁定,对全国关境内的企业和海关具有同等约束力。

4. TFA 第 4 条的实施

TFA 第 4 条(上诉或审查程序)也是我国相关部门已经实施情况较好的条款,基本满足 TFA 要求。2007 年,海关总署根据《中华人民共和国行政复议法》,制定和颁布了《中华人民共和国海关行政复议法》(以下简称《海关行政复议办法》)。该办法第 17 条规定:"对海关具体行政行为不服的,可向作出该具体行政行为的海关的上一级海关提出行政复议申请。对海关总署作出的具体行政行为不服的,可向海关总署提出行政复议申请。"

除行政复议外,《中华人民共和国海关法》第64条对行政诉讼作出规定:"纳税义务人同海关发生纳税争议时,应当缴纳税款,并可以依法申请行政复议;对复议决定仍不服的,可以依法向人民法院提起诉讼。"除上述涉及关税争议外,其他事项可向海关提出行政复议或直接向法院提起行政诉讼。《中华人民共和国行政诉讼法》第2条对此也作出了类似的规定。总体而言,中国海关的行政诉讼和行政复议制度已经得到比较充分的实施,基本符合TFA的要求。

就各自贸区实际情况而言,上海自贸区内依法施行《中国(上海)自由贸易试验区相对集中行政复议权实施办法》,赋予公民、法人或者其他组织以及境外投资者对本市行政机关在自贸试验区内实施的具体行政行为不服申请行政复议的权利,并对相关权利的行使途径和要求作了详尽规定。其他自贸区尚未有相关专门的规范性文件,但实际上并不影响相对人申请行政诉讼和行政复议权利的行使,相对人依然可依据《海关行政复议办法》《中华人民共和国海关法》以及《中华人民共和国行政诉讼法》维护自身权益。

5. TFA第5条的实施

就TFA第5条第1款(增强监管或检查的通知)而言,中国制定并颁布了《中华人民共和国国境卫生检疫法》《中华人民共和国国境卫生检疫法实施细则》《中华人民共和国进出境动植物检疫法》《出入境检验检疫风险预警及快速反应管理规定》等法律法规,对出入境卫生检疫事项作出了明确的规范。相关法律法规的实施也较为充分,产生了非常明显的法律规制效果。就TFA第5条第2款(扣留)而言,《中华人民共和国海关行政处罚实施条例》第42条、《中华人民共和国进出口商品检验法实施条例》第41条、《出入境检验检疫查封、扣押管理规定》第15条均对问题货物的扣留作出规定,包括要求相关机关通知行政相对人。以上规定已得到相关部分的充分实施。就TFA第5条第3款(检验程序)而言,《中华人民共和国海关化验管理办法》、海关总署公告2014年第79号《关于发布〈中华人民共和国海关化验方法〉的公告》对检验程序作出了较为完善的规定,《中华人民共和国海关进出口货物查验管理办法》第11条、《海关化验工作制度》第八章"复验"规定、《进出口商品复验办法》第5条对TFA第5条第3款项下的第二次检验也作出了专门的规定。上述规定也基本上得到中国相关部门的充分实施。总体而言,中国对 TFA 第 5 条的实施情况也较为理想。

就各自贸区具体举措来看,2015 年 6 月 18 日,上海出入境检验检疫局(以下简称"上海国检局")、上海自贸试验区管委会正式发布《上海国检局关于深化检验检疫监管模式改革支持上海自贸试验区发展的意见》,提出要在自贸区率先试点进口食品基于风险的预警布控、重点检验、验证抽查、风险监测相结合的分类监管模式,进一步提高通关便利。2018 年《辽宁省人民政府关于借鉴推广中国(辽宁)自由贸易试验区首批改革创新经验的通知》提出要借鉴推广复制检验检疫行政执法全过程记录集成体系以及"无人机+检验检疫"工作新模式,构建"申报无纸化—抽查随机化—作业标准化—记录电子化—监督可视化—放行自动化"的全过程记录模式和网上办理通道,利用无人机无线高清图像数据传输获得照片,结合移动有害生物远程鉴定系统,实现"边普查、边鉴定、边处理"。杭州海关支持中国(浙江)自贸试验区建设第三批监管创新举措中,提出波音飞机"区港联动、直通入区"。

6. TFA 第 6 条的实施

近年来,中国海关在减少收费项目以及公布收费信息等方面取得长足的进步。在相关部门的努力下,涉及海关事项的收费种类和数量不断减少,相关收费信息在各部门门户网站等媒介上予以公布。总体而言,TFA 第 6 条(关于对进出口征收或与进出口和处罚相关的规费和费用的纪律)在中国得到较为充分的实施。不过,质监部门等单位收取的费用仍然较为繁杂,有待进一步清理和规范。

就各自贸区的实际情况来看,各自贸区均积极出台相应的政策文件来落实规范进出口环节收费,降低企业收费成本。2018 年《上海口岸优化跨境贸易营商环境若干措施》第 11 条至 13 条提出"进一步完善和规范口岸收费"。2019 年《广东省人民政府关于印发广东省优化口岸营商环境促进跨境贸易便利化措施的通知》第一部分提出"规范和降低口岸收费"。重庆自贸区提出实行口岸收费目录清单制度,降低进出口环节合规成本,加强口岸收费联合督促检查。黑龙江自贸区为贯彻落实全国"放管服"改革优化营商环境,提出动态调整行政事业性收费和实行政府定价的经营服务性收费目录清单,全面公示收费项目、标准和依据。云南自贸区为发挥云南特殊区位优势,提出扩大对周边国家海鲜产品进口,协调对方进一步降低口岸通关收费,为边民和企业创造更加公平的贸易环境。

7. TFA 第 7 条的实施

就 TFA 第 7 条第 1 款而言,海关总署 2017 年《中华人民共和国海关进出境运输工具舱单管理办法》(2018 年修正)、2014 年《关于明确进出口货物提前申报管理要求的公告》等均对抵达前业务办理作出了规定,但没能得到有效落实。就 TFA 第 7 条第 2 款而言,《海关总署公告 2011 年第 17 号——海关税费电子支付业务操作规范》对海关税费的电子支付作出了规范,《海关总署公告 2018 年第 74 号——关于推广新一代海关税费电子支付系统的公告》决定自 2018 年 7 月 1 日起在全国推广新一代海关税费电子支付系统,提升了进出口货物发货人支付海关税款的便捷性。与此同时,中国已经部分实现了货物放行与海关税费的最终确定相分离,海关总署以及各口岸海关也设立了专门的风险管理处室,具体负责风险分析及管理工作,基本满足了 TFA 第 7 条第 3 款和第 7 条第 4 款的规定。就 TFA 第 7 条第 5 款而言,《海关稽查条例》及其实施办法对海关开展稽查的相关程序作出了规定,上述规定得到充分实施。TFA 第 7 条第 6 款是中国在作出 TFA 承诺时列为推迟实施的义务。就 TFA 第 7 条第 7 款而言,海关总署令 2014 年第 82 号《海关认证企业标准》和第 225 号《中华人民共和国海关企业信用管理暂行办法》对经认证的经营者的贸易便利化措施作出了规范,相关规定也得到充分实施。就 TFA 第 7 条第 8 款而言,《中华人民共和国海关对进出境快件监管办法》对快运货物作出了规定,相关规定也得到充分实施。就 TFA 第 7 条第 9 款而言,海关总署《中华人民共和国海关进出口货物查验管理办法》第 13 条、《中华人民共和国海关进出口货物查验操作规程》第 5 条对涉及易腐货物的海关措施进行了规范,相关规则正在实践中。总体而言,中国海关对货物放行与结关条款的实施基本满足 TFA 第 7 条的要求,但仍有进一步改善和落实的余地。

就自贸区而言,对该条款的落实情况较为充分。各自贸区均实施 AEO 互认管理,实施企业注册登记改革,实行"一地注册全国申报",取消自贸区报关企业行政许可,且在自贸区内全面实施自动化通关系统,仓单以及进出口货物报关单证均可以电子方式提交。上海自贸区内实行境外入区货物"先进区、后报关"的作业模式,在外高桥港区施行"提前申报、运抵验放"通关模式。福建自贸区实行简化报关单位管理模式,取消异地关区报关服务限制。辽宁海关积极创新监管方式,优化通关流程,提高进口货物"提前申报"比例,鼓励企业采用"提前申报",提前办理单证审核和货物运输作业,非布控查验货物抵达口岸后即可放行提离。推行查验后货物"先放行,后改单"作业,对不涉证且不涉税,仅涉及查验后改单放行的报关单,允许在海关放行后修改报关单数据。其中,大连自贸片区实施口岸危险货物"谎报匿报四步稽查法",取消口岸危险货物"包装两证"核销,推出"以审代查"和"非侵入式稽查"(无感稽查)海关稽查创新举措,标志片区海关稽查全面进入以企业信用管理为基础的"互联网＋稽查"时代。①

8. TFA 第 8 条的实施

2014 年,国务院《落实"三互"推进大通关建设改革方案》确立了通过信息互换、监管互认、执法互助来提高贸易便利化水平和贸易安全的目标。中国目前正在大力推进信息共享共用机制以及海关场地、海关设施共用,与其他国家的边境机构合作也在逐步加强。总体而言,中国对 TFA 第 8 条的实施情况较为理想且逐渐向好。

就各自贸区实际情况来看,对该条的落实情况比较充分。各自贸区根据设立时间已经或正在推进国际贸易"单一窗口"建设,推动实现信息互换、监管互认、执法互助以及建立健全信息共享共用机制。例如,广东自贸区在旅检、邮递和快件监管等环节推行"一机双屏双控,联合查验、分别处置"的通关合作新模式。整合监管设施资源,统筹使用现有口岸查验

---

① 所谓的危险货物"谎报匿报四步稽查法",是通过搭建智慧信息获取和行政稽查链条执法模式系统,对口岸危险货物实行"智慧获取、信息核查、开箱查验、调查处理"四步稽查模式,这是对原有稽查制度的重大突破和创新。以往海事部门由于获取信息途径有限,对谎报匿报现象只能靠人工筛选信息的方式随机抽查,属于大海捞针,效率较低,并且无效开箱查验对普通货物的正常通关造成一定干扰,增加了货主额外的资金成本和时间成本。实施"谎报匿报四步稽查法"之后,通过系统智能分析确认,不仅可以大幅度提高危险货物稽查的精准度,有效保障口岸作业安全和运输安全,并且可以大幅度降低对正常货物的无效查验比例。在此基础上,大连海事局进一步创新工作思路,简政放权,取消了危险货物"包装两证"核销。所谓危险货物"包装两证",是指《出入境货物包装性能检验结果单》和《出境危险货物运输包装使用鉴定结果单》,前者是对包装性能的检验证明,后者是记载批次及适用的危险货物名称和相应的鉴定结果。据悉,取消"包装两证"核销后,海事部门不再核销"包装两证"的分批使用情况,也不再收取包装性能结果单正本,而改为企业自主核销,海事局事后抽查,结束了自 1996 年开始至 2019 年长达 23 年的核销制度。

场地,加强新设口岸查验场地的规划设计,实现各口岸管理部门共享共用。陕西检验检疫局为支持自贸区建设,积极配合口岸监管部门实现"信息互换、监管互认、执法互助",加强与海关等口岸监管部门的沟通协调,运用关检联席会议等机制,深化关检合作"三个一",加强与海关"一站式查验"协作配合,共享共用查验场所、监管设施,推动陆港联动,实现口岸功能延伸。《中国(四川)自由贸易试验区管理办法》第 23 条提出,"根据自贸试验区发展需要,推动口岸监管部门信息互换、监管互认、执法互助。探索口岸监管制度创新"。浙江出入境检验检疫局支持自贸区建设,提出要探索与境外相关机构的通关合作,加强与"一带一路"沿线国家在检验检疫、认证认可、标准等方面的合作与交流,探索开展贸易供应链安全与便利合作。

9. TFA 第 9 条的实施

依照《中华人民共和国海关关于转关货物监管办法》的规定,中国海关允许进口货物在其关境内在海关的监管下进行移动。由此可见,中国已经充分实施了 TFA 第 9 条项下的受海关监管的进口货物移动的规定。

就各自贸区具体举措来看,均推广实施海关特殊监管区域及保税监管场所间保税货物流转监管模式,允许保税货物在跨关区海关特殊监管区域间流转。

10. TFA 第 10 条的实施

就 TFA 第 10 条第 1 款而言,中国海关在进出口和过境手续方面制度比较完备。《中华人民共和国海关进出口货物申报管理规定》《中华人民共和国海关对过境货物监管办法》均对相关手续和单证要求作出了规定,但单证及手续的简化尚有改进空间。中国海关在监管实践中,接受纸质或电子副本,满足 TFA 第 10 条第 2 款的要求。中国海关采用了 HS 商品编码[①]、AEO 制度等国际标准,[②]符合 TFA 第 10 条第 3 款的要求。TFA 第 10 条第 4 款"单一窗口",系中国纳入 B 类措施的承诺,即中国经

[①] HS 是"商品名称及编码协调制度"(The Harmonized Commodity Description and Coding System)的简称。

[②] AEO 是"经认证的经营者"(Authorized Economic Operator)的简称,是指以任何一种方式参与货物国际流通,并被海关当局认定符合世界海关组织或相应供应链安全标准的一方,包括生产商、进口商、出口商、报关行、承运商、理货人、中间商、口岸和机场、货站经营者、综合经营者、仓储业经营者和分销商等。

过一段过渡期方予以实施,"单一窗口"的指示性实施日期为2020年2月22日。① 加快建设并全面推广应用"单一窗口"是中国履行WTO承诺、实施高水平的贸易和投资自由化便利化政策的充分体现。实践中,中国于2014年6月在上海自贸区首先试点联合国研发的国际贸易单一窗口项目建设。"单一窗口"试点在上海取得初步成功后,迅速向福建、天津、广东等沿海省市推广。经过五年的改革和创新发展,中国国际贸易单一窗口项目建设覆盖全国,取得巨大成绩,已于2019年7月19日全面实施,提前落实了TFA第10条第4款的要求。②

中国国际贸易单一窗口建设依托国家和地方两个层面的政府公共平台。国家层面统筹推进"单一窗口"基本功能建设,主要包括:国家相关部门对国际贸易监督和服务功能,跨部门信息共享和联网应用,"单一窗口"相关国家标准的建立(中国国际贸易数据元目录标准等),中国国际贸易单一窗口法律框架的建立以及与相关各国信息交换协议等。地方层面负责拓展实施进出口企业业务实际需要的"单一窗口"服务功能,主要包括:地方政务服务、地方口岸物流服务、地方大数据服务和金融服务、国际货运服务等应用。各省市可以委托企业进行地方国际贸易单一窗口公共平台管理和运行。例如,上海、福建的地方国际贸易单一窗口除了运行国家统一开发的许可证、报关、出口退税等12项功能外,还有地方开发的10项功能。③ 另外,中国不存在"与税则归类和海关估价有关的"装运前检验的情况,充分满足TFA第10条第5款的要求。中国也未强制要求使用报关代理,完全符合TFA第10条第6款条的要求。中国在境内实施统一的通关制度,完全满足第10条第7款的要求。海关总署《中华人民共和国海关进口货物直接退运管理办法》第6条、《进出口水产品检验检疫监督管理办法》第22条、《进出口肉类产品检验检疫监督管理办法》第21条等均对不符合要求货物的拒绝入境作出了规定。上述规定也得到

---

① WTO, Notification of Category Commitments under the TFA, Communication from China, G/TFA/N/CHN/1,6 June 2017, https://docs.wto.org/dol2fe/Pages/SS/directdoc.aspx? filename=q:/G/TFA/NCHN1.pdf&Open=True, last visited on June 24, 2024.

② WTO, Trade Facilitation Agreement Database, https://www.tfadatabase.org/en, last visited on June 23, 2024.

③ 参见孟朱明:《国际贸易单一窗口让营商环境持续优化》,载《中国对外贸易》2019年第10期,第48—51页。

充分的实施,中国同样符合 TFA 第 10 条第 8 款的要求。中国暂准进口和进境加工制度完备且得到充分的实施,但对出境加工的规制尚处于起步阶段,基本满足 TFA 第 10 条第 9 款的要求。需要说明的是,中国履行 TFA 第 10 条第 9 款义务是 B 类义务,即属于过渡期后实施的义务。综上所述,中国对 TFA 第 10 条的实施情况较为理想。

11. TFA 第 11 条的实施

海关总署《中华人民共和国海关对过境货物监管办法》《进出口肉类产品检验检疫监督管理办法》《进出境转基因产品检验检疫管理办法》等规定表明,中国现行的海关程序未对过境运输设置变相限制,符合 TFA 第 11 条第 1 款的要求。中国海关及有关单位的现行行政事业性收费项目也未对过境运输收取费用,符合 TFA 第 11 条第 2 款的要求。同时,中国未对过境运输采取额外的自主限制或者其他类似措施,未歧视对待经由其他成员关境过境产品,符合 TFA 第 11 条第 3 款和第 4 款的要求。中国部分海关为过境货物开通了绿色通道,较为充分地实施了 TFA 第 11 条第 5 款项下的规定。中国海关现行相关手续、单证要求和海关监管未给企业增加不必要的负担;过境中国的货物不必支付任何海关费用,也不会受到不必要的延迟或限制;中国过境管理机构也未对过境货物适用《TBT 协定》范围内的技术法规和合格评定程序;允许提前提交和处理过境单证和数据;对符合过境要求的货物,可立即办结过境手续,充分满足 TFA 第 11 条第 6 款至 10 款的要求。国务院 2011 年公布的《中华人民共和国海关事务担保条例》(2018 年修订)对海关事务担保进行了规定,该规定也得到充分实施,完全满足 TFA 第 11 条第 11 款至 15 款的要求。中国与俄罗斯、巴基斯坦、哈萨克斯坦、吉尔吉斯斯坦间的运输协议表明,中国致力于通过国际合作与协调来增强过境自由,符合 TFA 第 11 条第 16 款的要求。海关总署《中华人民共和国海关对过境货物监管办法》规定了国家经贸以及运输主管部门为中国国家层面的过境运输协调人,该规定得到了充分实施,符合 TFA 第 11 条第 17 款的规定。综上所述,TFA 第 11 条是我国已经实施,且实施情况较好的条款,基本满足 TFA 的要求。

12. TFA 第 12 条的实施

如前所述,尽管 FTA 第 12 条为中国递交 TFA 承诺时纳入 B 类措施的承诺,中国在批准 TFA 时对其作出了保留,即经过一段过渡期方予实施,其指示性实施日期为 2020 年 2 月 22 日,但实际上在此之前,中国已经对照这些要求广泛开展国际海关合作,与美国、俄罗斯、欧盟及其成员国、东盟及其成员国、南非、澳大利亚、印度等 60 多个国家和地区执法机构,以及世界海关组织、联合国环境保护署、联合国禁毒署、国际刑警组织、《巴塞尔公约》秘书处等国际组织开展了双边、多边国际(地区)执法合作,取得了显著的成绩。

由于自贸区作为进一步深化改革的先行试验区,该条款规定在自贸区层面的实施情况较为理想。海关总署在支持和促进广东、浙江、湖北、辽宁等自贸区建设发展的若干措施中均在不同程度上提出"深化国际海关合作",要求以贸易安全与便利为重点,开展国际海关间通关便利化、AEO 互认、能力建设、执法等合作,积极开展"一带一路"沿线国家、地区间自由贸易园区海关监管合作。以广西自贸区为例,《广西加快推进中新互联互通南向通道建设工作方案(2018—2020 年)》第 26 条提出,推动"两国一检"试点。在中越陆地边境口岸管理合作委员会机制下,与越南谅山省共同推动友谊关—友谊口岸"两国一检"试点。在中马"两国双园"联合合作理事会机制、中新互联互通南向通道合作机制下,加强与马来西亚、新加坡等国家海关合作,积极推动双方企业通过 AEO(经认证的经营者)认证,探索实现新型通关便利化。

总的来说,作为发展中国家成员,中国积极推动实施《贸易便利化协定》,在整体上已经建立起一整套贸易便利化制度。早在 2017 年,中国的 A 类措施所占比重已达 94.5%,[①]特别是在信息公开、行政救济、过境自由、通关制度改革以及行政收费清理等方面取得了长足的进步。对于保留的 4 项 B 类措施,中国也在 3 年过渡期内采取了相应的行动积极落实,且情况也逐渐向好,如期实施。目前,中国已全面履行 TFA 义务,并不断努力以进一步提高贸易便利化水平。

---

① 该数据源于国务院新闻办公室 2018 年 6 月 28 日发表的《中国与世界贸易组织》白皮书。